從 煤礦工人 到 大學教授

▶ 我 的 回 憶　　　　盧盛江　著

目錄

中國人的「品格」
——讀盧盛江回憶錄有感　　呂正惠

　　本書作者盧盛江教授是大陸非常著名的唐代文學研究專家，唐代文學學會副會長，研究《文鏡秘府論》的權威，任教於南開大學。他的《文鏡秘府論彙校彙考》（四冊）2006 年由中華書局出版，我不久就買到，並且按照慣例，立即讀了〈前言〉和〈後記〉，對他在日本奔走搜集《文鏡秘府論》各種抄本的勤奮和辛苦印象極其深刻。書出版的當年，台灣大學的何寄澎教授邀請他來台灣講學，我們在何教授的宴請中認識。2012 年他到東吳大學客座半年，我們才有機會深談。其後有一次在大陸開會，由於房間有限，我不得不和別人共住一房，因為我抽煙，怕影響別人，我問盧教授可不可以跟他同房，接受我的煙熏，他欣然同意，從此成為無話不說的好朋友。

　　我們談話的內容很寬泛，說得上無所不談，跟我有關的部分我就略去，關於他的經歷，我像打蛇隨棍上一樣的追問不捨。我先問，他如何認識他的博導羅宗強教授，還有他跟傅璇琮教授的關係，沒有這兩人的提攜，他不可能有今天的學術地位。再接著我就不斷的詢問他的早年經歷，然後我才知道，除

了和同世代的知青一樣上山下鄉務農之外，他還當過礦工，下過礦坑，盡心盡力的當了好幾年的煤礦工人，因此被選為工農兵學員，推薦到江西師範學院讀書。這樣，他才有機會讀上來，最後成為著名的學者。

盧教授生於一九五一年，小我三歲，我們可以說是同一世代的人。在把他的經歷和我的相互對比的時候，我常會產生奇異的感受。譬如，一九七五年二月走進江西師範學院開始讀大學時，他已經二十四歲，而我一九七三年二十五歲時即已得到碩士學位。一九八九年他在南開大學獲得博士學位時，我已經在那一年在台灣清華大學升上正教授，並且接任中文系的系主任。二○○六年出版一百二十萬字〈修訂版擴增為一百六十五萬字）的《文鏡秘府論彙校彙考》時，他五十五歲，而我已五十八歲，正感到前途茫茫，不知道下一步要往哪裡走，並且在三年前就從清華大學提前退休。剛開始，他的經歷比我曲折得多，但五十歲以後，他逐漸步入坦途；我的前半生似乎非常平順，但五十歲以後日子卻越來越難過。他的生命歷程和一九四九年以後大陸的社會發展息息相關，他個人的發展其實反映了大陸社會整體發展的一個側面，我從他零零星星的敘述中，彷彿看到大陸五、六十年歷史的某些側影。以前我讀過一些有關中華人民共和國的歷史書籍，但從盧教授的個人經歷中，我卻能夠得到那些歷史書籍所不能提供的具體的生活感受。我跟不少大陸朋友都有這種談話經驗，我覺得他們如果把這些經驗寫下來，應該可以讓我們更具體的了解大陸近期的歷

史。我跟幾個大陸朋友談過我的想法，希望他們寫一點回憶，但他們大多認為這些經歷不值得一談，只有盧教授例外。他認真的考慮了我的建議，每寫一章就傳給我閱讀，問我的感想，再加以修改。他斷斷續續寫了兩年多，每章至少修改三次，這樣就形成了目前這本書。

這本書我前後讀了兩次，第一次是一章一章的讀，第二次從頭到尾通讀，有些地方還反覆的讀。這兩種讀法的感受是不同的，把這兩種感受加在一起，又會產生一種獨特的整體感。如果是大陸人來讀這本書，他們也許會覺得，盧教授所經歷的他們都熟悉，沒什麼意思。如果是台灣人來讀這本書，他們可能又會認為，共產黨統治下的大陸就是這麼回事，這些事寫它幹嘛，不讀也罷。但我卻讀得津津有味。我從小就愛讀歷史書，又很想了解共產黨統治下新中國的歷史，我是用這種歷史眼光來讀盧教授這本自傳。我希望有心的讀者能夠參考我的讀法，這樣，你就會發現這是一本很有歷史價值的書。

一、

經過四十年的改革開放，大陸經濟發展的成就極為輝煌，既讓世人震驚，又讓人感到困惑，不知道這些成果是如何取得的。我個人對此是有一些看法的，但要把這些看法全部寫出來，至少要寫一本書。在這裡我只想講其中一點，而這一點正是我在閱讀盛江的自傳時深切感受到的。那就是，中國人具有極佳的「品格」，在困難的時候非常能夠吃苦，腳踏實地的一

步一步往前走，所以只要客觀條件有了改變，他們就能夠把握時機，迅速往前發展。盛江生長於貧困的農家，又經過十年文革的波折，最後成為全國知名的教授，寫出兩本引人矚目的學術大作，所憑藉的就是這種中國人所具有的優秀的品格。

從本書〈引言〉所描寫的唐江盧屋村的深宅大院來看，盧屋村曾經非常富裕，但到了一九四九年中華人民共和國建國時，盧屋村一般百姓都已變得非常貧窮，可以想像，這是中國百年來的內亂與外患不斷侵襲所造成的。盛江的父親是個老木匠，手藝極巧，他為自己家所造的那一張大床就是最好的証明。可是他空有一身好本事，因為民眾普遍貧窮，沒有能力添購精緻的傢俱，父親只能幫人修補舊的木桶腳盆，或者在乾鮮果廠修理裝貨木箱，收入很少。為了貼補家計，母親不得不一天到晚勞動，除了做飯之外，還要種菜、紡紗織布等等，備極辛勞。盛江說：

> 母親每天晚上納鞋底，做針線，縫補一家人的衣服，或者紡線，從沒有停歇的時候。我常常躺在被窩裡，看著母親在昏暗的油燈下紡線，右手輕搖著紡車輪，左手握著一團棉花，紡車輪轉動著另一邊的小紗錘，手往上一拉，手中棉花拉出長長的棉線，又往下一送，那紡出的棉線乖巧的圍繞到轉動的紗錘上。那紡車輪輕輕地轉動，有節奏的「嗡……，嗡……，嗡……」，就像催眠曲，把我送入夢鄉，不知道母親忙

到夜裡幾點纏上牀睡覺。第二天一早我醒來，母親早已起牀，又開始了新一天的忙碌，廚房挑水做飯，菜地澆菜鋤地……。（見本書 53-4 頁）

母親生了十個小孩（前五個沒養大），終日為生活操勞，三年困難期剛過，一九六三年就去世了，盛江時年十二歲。她的一生具體反映了中國最貧困時期一般人民是如何過日子的。

母親一去世，家裡的負擔全落到父親身上。除了大哥已從軍外，盛江和二哥、三哥也更努力在家裡做事，種菜、撿紅薯、花生、蔗皮、拾稻穗。後來父親年老體衰，不再能工作，只能依靠大哥、二哥過日子。盛江大學畢業後，一九七九年，因到外地辦事，順道回家看望父親。下面是他所看到的晚年的父親在大哥家的生活：

到家的最深印象，是窮得近乎寒酸。晚上等看望的人走了，我去舀水洗澡，從水缸拿起一把水梗子，一下子驚呆了。記得我讀小學之前就在用，竹製的梗子，邊沿已經足足磨損了五六分，口子變成了月牙形，差一點就磨到竹把子上了。我放下梗子，想換一個東西，不料又是一個破得幾乎不能再用的鋁盆。我認得出，我讀中學時就在用。底部已經磨出兩個小洞，可還當好的舀水器在用。除了這兩樣，沒有舀水的東西了。我又看到那個粗陶茶罐，也是我懂事的時候就在用，壺嘴已經脫

落，用膠灰糊上，照常使用。家裏其他用具都很破舊。早上，大嫂買了豆腐，算是準備招待我。中午兩個菜，全是蕹菜，一碗菜葉，一碗菜梗，油沒油，味沒味。那群小孩七雙筷子一齊叉向兩碗菜。父親和他們一起吃。看著大哥家裏過得這麼難，八十多歲的老父親和他們一起過這種日子，心裏一陣心酸。（275-6 頁）

　　這就是父親的一生（這也是盛江最後一次見到父親），雖然活得比太太久，但後來的日子也沒有好過。大哥也差不多，退役後雖然到郵局當局長，但薪水微薄，不足以養家（前後生了七個小孩），因此自願到山裡下鄉送信，可以多得一份補貼，也可以從山裡買到便宜的木柴。

　　改革開放前的農村，為了配合國家的整體建設，政府採取統購統銷的方式，農村極少餘糧，加上家家戶戶都生了許多小孩，日子當然過得苦。改革開放後，改採包產到戶，又限制生育，農民的生活才有明顯的改善。盛江的父親和大哥的生活狀態就是這種歷史背景下的產物。

　　盛江比大哥小二十歲，出生時父親已五十三歲，因此備受疼愛。進學校以後，他喜歡聽老師講課，下課知道要做完作業，是一個喜歡讀書的小孩，因此父母竭盡全力供他讀完中學。即使如此，在家裡他仍然需要勞動，小小的年齡就需到井邊挑水。還常常和二哥、三哥一樣到處撿紅薯、花生、蔗皮等。

　　但文化大革命改變了一切，書沒有辦法再讀下去，父親只好決定讓他找工作。父親本來打算讓他學木匠，但因為個子矮小，木匠師父不收，只好讓他去挑沙。這是他的第一項工作，他的回憶值得大段引述：

　　　　小鎮河對面通往糖廠有一條沙土公路需要維護，辦法是在土路上鋪上沙，特別是鋪在輪胎輾壓的兩條轍印上。那時還有護路工，每天用推把將濺散出來的沙推回到那兩條輪轍印道上。當然，要不斷地添加新沙。離公路三四百米就是流過小鎮的那條小河，河水千年流淌，在河邊積下了一個又一個沙灘。我的工作，就是把河邊沙灘的沙挑到通往糖廠的這條公路上。

　　　　這個小鎮，其實還有其他工作可供選擇。比如，小商店站櫃臺，那是讓人非常羨慕的工作。比如，小餐館當徒工，也還是可以的。至於鎮機關的勤務人員工作人員，那是連想都不敢想。這一切，都需要關係。父親祇是一個老實巴交的普通木匠，祇有讓我走進暴曬的太陽，赤腳踩上滾燙的熱沙。

　　　　我從小就在家裏挑水。挑擔對我來說，不是難事。但這樣整天的挑，早起一直到下午，卻沒幹過。夏天時節，沒有任何遮擋，任由毒辣的太陽暴曬。喝水是方便的，清清的河水，兩手一捧就可以喝個痛快。上衣是肯定不可能穿的。衣服被扁擔磨破了，哪有錢一件一件地

買，何況，那時做衣服買布要布票。一年祇有那點布
票。祇能赤膊，任由扁擔直接在肩膀赤裸的皮肉上碾
壓。天熱，扁擔也是滾燙的。後來，每次挑擔時我把扁
擔往河水裏浸一下，這樣扁擔片時稍涼一些，但浸過水
的扁擔，那摩擦力更大，碾壓在肩膀上更疼。於是改用
一塊舊布墊在肩膀上。舊布家裏是有的。肩膀先是有點
紅疼，後來越來越紅疼，再後來，就沒有感覺了。幾個
月下來，上面已滿是厚繭。腳下感覺也是難忘的。夏天
不可能穿鞋。能省一點是一點。沙子都是滾燙的，赤腳
踩上去，像踩上燒紅的鐵板。（89-90頁）

　　初中尚未畢業，沒書讀了，只好工作。面對工作，不管多
麼苦，就咬緊牙關做下去，直到適應為止。以後只要外在環境
一變化，需要盛江重新面對一項新工作，他就會以同樣的方
式，堅忍、刻苦的幹下去，這就是盛江的生活態度。後來的歷
史條件變化迅速，盛江一貫以這種態度去面對，決不取巧，絕
對踏實，終於得到令人羨慕的成就。不了解盛江過去的人，看
到的只是他的成就，如果你知道他所走過的每一步路，你就會
對他肅然起敬，不是因為他目前的成就，而是他從頭到尾所付
出的努力。改革開放後，各行各業都有像盛江這樣的人，沒有
這樣許許多多的人堅持不懈的努力，就不可能有今天的中國。

二、

其實盛江的父親為盛江的工作憂慮得太早了，國家早已為城鎮中學畢業生安排好工作了：「上山下鄉」，先到農村去種田。盛江被下放到沙溪公社李村大隊的李村生產隊，是在深山的山溝裡，四面是山，一條山溝進去、岔開一條山溝，進去還是山。山雖不太高，但層層疊疊，連綿不斷。

盛江父親是小手工業者，家裡沒田，盛江沒有種田經驗，一切從頭學起，包括上山砍柴，挑柴下山，犁田耙田，搶收早稻，搶插晚稻等等。盛江對農活的勞累有一段生動的描寫：

> 砍柴要把柴砍好，在山上沒有路的嶇崎地方挑到也是嶇崎的山路上，再從山上挑下來。插早稻之前要播秧種，早春，水田還有薄冰，要犁田耙田，赤腳踩下去，刺骨的冷。到茅坑裏舀糞，挑到稻田裏，潑撒開來，又髒又臭。插秧也累。腰一直彎著，不一會兒，就會很累。而農忙時節常常是一整天腰都彎著插秧。割稻子捆稻草，手在稻草上擦來擦去，常常很疼，甚至擦破皮。「雙搶」最累。搶收早稻，搶插晚稻。正大夏天，頭頂大太陽毒毒地曬著，腳下田裏的水滾燙滾燙，熱氣上蒸，上曬下蒸。（95-6頁）

這些工作盛江不久就全都學會了，雖然效率不如村裡人，

但樣樣賣力幹。

公社知青第一次招工，盛江就被選上了，盛江說：

> 這是公社知青第一次招工。那麼多知青，不知道怎麼會輪到我。我不認識大隊幹部，更不認識公社幹部。我祇認識生產隊的人，隊長葉大江，副隊長鄧堯書，組長葉新桑。這是當時我所認識的最高領導。
>
> 後來稍知道一點內情的人告訴我，說他們一致認為我表現好。農民喜歡踏實肯幹的人。在那個年代，還有人討厭走關係，農民尤其如此。從農民身上，我們懂得了什麼叫淳樸。（111 頁）

盛江第一次被推薦到贛州鋼廠當工人，但因為個子比較小，下鄉只有一年半，不符合規定（需要兩年），所以沒有被接受。滿兩年後，他再次被推薦當礦工。盛江雖然從小愛讀書，但生長在偏鄉，是否能一直往上讀，自己大概也沒把握。下坑挖煤礦，工資高，比種田好，可以幫助父親和幾位哥哥，他已經很高興了。

盛江仍然像學種田一樣，認真學習挖礦，不久就成為很稱職的礦工了。也仍然像在山溝種田一樣，認真負責的完成自己的任務。試舉一例：

> 採煤連和運輸連經常鬧矛盾。採煤連怪運輸連礦車

供應不上來，運輸連怪採煤連下煤太晚，又下水煤，埋住鐵道，不好推車。軌道跑車，煤全灑在軌道上，運輸連沒有扒子等工具，不願清。採煤連說：「這不是我們的事，出不出煤，也不是我們採煤一個連的事。」那一天晚班，我在大巷裝煤斗。礦車裝好煤，本來是採煤連派四個人從岔道推到主巷道。因為會戰，加強一線採煤力量，這個任務給了運輸連，祇有我一個人裝煤斗。但我一到井下，就來火了。大巷滿是煤斗衝下來的水煤，水煤埋住了鐵道，車子推不進去。我一個人用鏟子把水煤一鏟一鏟鏟進礦車。運輸連六個人就在一旁閒看。我清好一段鐵道，裝滿一礦車煤，運輸連的纜推著車子大搖大擺進來。進來之後，把車子往岔道一放，就各自找地方睡覺。我沒有作聲，繼續一個人埋頭清煤，直到把埋住礦車的煤清完，又把長長一段鐵道的煤都清完，把礦車推出來。該是他們倒車了，他們還一個個躺在竹簾子上呼呼地睡覺。（148-9 頁）

這只是盛江做事決不偷懶的一個例子，礦區的領導和同事都知道的。另外，盛江從小就愛寫作文，一直努力學習，他這方面的能力也被發現了，常常要求他在會議時擔任記錄，又寫了很多通訊報導、批判材料、先進典型、年終總結等等。有一次二十天內要出五期通訊報導，其中要寫好多篇文章，任務基本上落在他身上。到了後來，他自己所屬的分礦區要寫什麼

材料，基本上都找他完成。而且，這些工作常常是在白天下坑工作很累之後，在晚上加班完成的。這種種的表現博得分礦區政工組長、黨委常委郭隆金的激賞，在選拔工農兵學員時就把他推薦上去，並且為他力爭。郭隆金在整個礦區為人正派，威信高，礦區領導層雖然有很多人對他不滿，但也承認他推薦的人選確實很好，最終盛江就被選上了，那是 1974 年 8 月的事情。

四分礦六百多人，整個礦區一、兩千人，盛江突然被選上，事先毫無所知，這讓他非常驚訝。後來他漸漸知道，力薦他的就是郭隆金，每次回礦，他都懷著感恩之心去看望郭隆金，幾十年後，有了一次暢談。郭隆金對他說：

> 盛江，你能有今天，我們無親無故，無幫無派，誰也沒有得誰的什麼好處，我不過是扶了一把。你也是吃苦來的。我沒有文化，但我愛才，喜歡文化……我不喜歡吹吹拍拍的人，不喜歡過份暴露的人。那些人，成天跟著我，不是實事求是，說寫了多少詩詞出來，好傲，不實在，不是想什麼就幹什麼，有七十要說到一百。盧盛江就不會。盧盛江是說一百就有一百，甚至一百二十。（163 頁）

對於郭隆金的提拔，盛江說了這麼一段感人的話：

車離郭家，我看到一座座山丘被劈開，眼前一條筆
直寬闊的高速大道通向遠方，我們這一代的很多人，很
多有才之士，在那個非常的年代確實被擠壓，祇有在底
層掙扎。但也確有不少郭隆金們，用他們堅毅的臂膀掀
翻巨石，讓壓在底下的幼苗茁壯成長，用他們頑強的雙
手，劈開一座山丘，開出一條大道，讓一輛一輛汽車順
利駛向遠方。我們這一代很多人是不幸的，但也有一些
人是幸運的。我就是幸運的一個。（165 頁）

盛江在人生的每一階段都有貴人相扶，但這也歸因於他
做人做事實在，就像部隆金評論的，「盧盛江是說一百就有
一百，甚至一百二十。」

三、

礦區要選拔工農兵學員，盛江事先完全不知情，那時他正
請假回家看望父親。父親住在二哥偏僻山村的家中，二哥下鄉
到這個村子，就在村裡安了家。一天晚上，父親、二哥、二
嫂和盛江坐在屋前的小院裡，忽然看到山外傳來火把的亮光，
亮光越來越近，原來是大哥從鎮上趕來了。大哥接到一封加急
電報，是給盛江的，上面寫著：「火速返礦讀大學」。大哥
騎自行車連趕了近九十里的路，最後一段是七、八里的崎嶇山
路，衝到庭院，急不可待的說：「大學，讀大學，快給我水
喝！給我水喝！」盛江說：「大哥郵遞員出身，一輩子遞送無

數重要的信件電報。但這一次，可能是他送過的最重要的一個電報。這是決定我一生命運的一封電報。」盛江一直記得大哥那一晚騎自行車趕到山中的身影。

父親、大哥、二哥、盛江都在，當時一起討論了這件事，去不去讀？三哥在數百里外，後來也問了他意見，他明確反對。按照規定，工作滿五年，推薦讀書才能帶工職，而盛江只有四年半。現在盛江每月工資四十多元，畢業後也不見得會有這麼多，即使有這麼多，也損失了三年的工資。現在正準備工資改革，將來可以拿五十多元，盛江讀大學，工資改革也輪不到他身上。況且讀的是師範，出來當老師，有什麼意思。

二哥從一般人的眼光來看問題，具體而有道理，所以二哥也贊成。父親也不贊成去讀書，因為盛江已經二十三歲，還沒有對象，讀書還要三年，他希望看到最小的兒子結婚，看到最小的兒媳和最小的孫子。不過父親說，最後還看盛江自己決定。只有大哥堅持要盛江去讀書，他講今後國家發展的情勢，講了很多道理。大哥似乎想得比三哥還要遠。

當時父親七十多歲，已不能工作，大哥七個小孩，大嫂沒有工作，二哥只是農村民辦教師，三哥在鋼鐵廠，有兩個小孩，工資也沒有盛江多，全家經濟非常困難，少了盛江一個月四十多元的工資，經濟壓力非常大。但最困難的大哥卻最堅持要盛江讀大學，而盛江從小就愛讀書，這種好讀書的願望被壓了那麼多年，現在有了機會，怎麼捨得放棄。盛江說，「我只能走一步看一步，太想讀書了。」這個時候的盛江，絕對不會

想到他將來會成為全國知名的學者。

盛江這一段記事，讓我既感動又感慨，貧窮人家的小孩，從小愛讀書，但升學的條件又非常困難，未必人人能夠幸運的讀上去。既然有機會讀書，就不顧一切的讀下去，這真有一點賭徒式的心情，這種心情我能理解。

盛江在山溝裡種田兩年，根本找不到書，在礦區四年半，雖然有了假日，但只能找到零星的書，閱讀根本沒有系統。譬如，有一次他借到游國恩主編的《中國文學史》第二冊，才知道世界上居然有這等好書，他狼吞虎嚥般的讀了下來。這是他對中國古典文學最早的認識，可惜就只有這麼一本。以他這種「太想讀書」的心情，進入江西師範學院（後來升格為江西師範大學）學習，可以想像用功的程度。三年後（1977 年年底）他以優異的成績畢業了，而且留校擔任學報編輯。

在擔任學報編輯時，他一貫的認真負責，除了編輯工作之外，他還學習如何審稿、改稿，深得學報領導信任。但漸漸的，他感到不滿足了。首先，改革開放已經開始，研究風氣和研究方式正在改變，在看了很多學報的稿子以後，盛江開始產生困惑：到底什麼樣的論文才是真正的研究性論文，他認為自己還需要再學習。更重要的是，在改革開放的氣氛底下，「工農兵學員」這個曾經榮耀的頭銜，如今已被人嫌棄，像一頂不光采的帽子壓在頭上。盛江自己就聽過這樣的話：「情願要文革前老五屆畢業生，也不要工農兵學員。」盛江現在需要考慮，如何才能在高校立足了。

　　中文系要全系的工農兵學員重新考試，寫一篇《路》的文章，有幾個被判不及格，不能任教。這幾個人力爭不果，一氣之下就到別的學校考研，都考上了，有的還直接考上博士。盛江在學報的工作得到肯定，所以沒有要求他考試，但他知道只有考上研究生，自己在高校的地位才能穩定下來。

　　當時江西師院中文系只有古代文學可招研究生，他準備報考。盛江做事的原則是，讓自己努力到一百分，因此，同學考研準備兩年，他卻花了四年半。他古代文學史看下來，同時看作品選，有時也看全集本。自己綜合歸納：綜合幾家文學史的論述，綜合自己看作家作品的印象，給它條理化，把它寫下來，從先秦到明清，累積了好多筆記本。實際上這是為自己將來做古代文學研究奠定紮實的基礎。

　　考研要考外語，盛江決定選日語，因為他覺得做古代文學日本方面有比較多的資料可以參考，選擇完全正確，因此他將來才能研究《文鏡秘府論》。他把學習日語分成語音、語法、辭彙三大塊，底下是他所述學習後兩塊的方法：

　　　語法是一大塊。先跟著教材一點一點地學。後來自找例句，做了好幾本關於日語語法的筆記。辭彙是一大塊。開始，也是跟著教材，學一課，背一課的單詞。後來買了日漢詞典，把日語簡明詞典從頭到尾泛讀一遍。後來背誦默記至少三次，平時翻看查看就不計其數。用破了一本，又買一本新的。（251頁）

　　反覆把資料整理成筆記，反覆背誦默記，這不但是盛江在準備考研時所下的基本功夫，也是他後來做學問的基本功夫，可稱之為「盧盛江模式」。

　　憑著這種紮實的努力，盛江不論是專業還是外語，都得了第一名，順利考上碩士研究生，當然也順利得到碩士學位，並且留在中文系任教。從此以後，盧盛江就是一位非常稱職的學者兼教師，可以在高校立足了。

四、

　　當盛江逐步在江西師院站穩腳步之後，機運就開始降臨到他身上。一九七八年盛江曾隨江西師院學報的團隊，到全國高校學報訪問，其中包括南開大學學報。接待他們的其中一位瘦小個的中年老師，其實是剛從贛南師專（後來改為贛南師院）調回南開的羅宗強先生，當時還默默無名。兩年後，盛江代表江西師院學報到廬山參加全國文藝理論研討會。這是一次盛大的會議，與會的有三百多人。盛江還是個小角色，對於在大會上發言的大人物只能瞻仰、贊嘆。開會餘暇，盛江到著名的東林寺參觀，沒想到身後竟然有一個清晰的聲音叫他：「小盧」。盛江回頭一看，竟然想不出叫他的人是誰。那人說，「我是羅宗強啊！」盛江還是茫然。那人又說，「我是南開大學的，學報的。」盛江才想起，當年在南開接待他的就是這位老師。從一開始，羅宗強先生就注意到了盛江，這是盛江的幸運，因為再過幾年羅先生就成為全國知名的古代文藝理論專家。

　　此後他們開始通信，羅先生一直關心盛江在碩士階段的研究方向，還把他的論文推薦到刊物上發表。中間有一次訪師查資料的機會，盛江特別到南開拜訪已經調到南開中文系的羅先生。一九八六年暑假，羅先生寫信告訴他，國務院已批準他為博士生導師，問他願不願意報考他的博士研究生？如果被推薦為工農兵學員，是盛江命運的第一次大轉折，現在就是第二次了，因為他要到名校跟從名師學習，將來很可能就會留在南開教書。

　　改革開放初期，全國知名高校都為了學術研究中斷二十年而傷透腦筋，因為人才嚴重短缺。許多極有潛力的學者被下放到基層，沒有發展的機會，像羅先生就在贛南待了十年，戶口還差一點被轉到農村。改革開放改變了一切，只要肯努力、有成績，很容易受到重視。羅先生一九七八年回到南開，八年之後就被評為博導，就是因為他的著作和論文得到普遍的肯定。反過來說，所有高校有使命感的博導，也都想要努力培養人才。不但羅先生本人有這種想法，南開的校長也特別希望羅先生要在全國物色人才。應該說，盛江的機運是中國歷史發展帶給他的，改革開放以後，許許多多的人都像盛江一樣，在歷史的某一個階段，得到機運的照顧。當然，在這之前，如果他不是在農村、礦坑、工農兵學員的每一個階段都認真踏實的一步一步走過來，也不可能有這種機遇。

五、

盛江理所當然的順利完成博士論文，得到博士學位，留校任教，並且成為非常受學生歡迎的老師。但是，有一件事一直困擾著他：將來要從事哪方面的研究？這關係到他一生的研究事業，不能不慎重。

盛江有自己的考慮，而羅先生也在思考如何讓盛江參與到他所規畫的「中國文學思想史」的系列工作中。但是，一個偶然的事件改變了一切。「南方一家出版社，想做《中華文藝理論集成》。從上古到近代，從長篇巨著，到隻言片語，凡文藝理論的批評論述，都收錄集成。準備做一千多萬字。分數卷。延請羅先生主持做隋唐五代卷。羅先生找到我，做初唐。」由此，一本書進入了盛江的視線，這本書就是《文鏡秘府論》。關於這本書，中國的權威著作是王利器的《文境秘府論校注》。但是，王利器的著作不能解決盛江所想了解的一些問題。剛好日本漢學家興膳宏來南開講學，他是日本研究《文鏡秘府論》的權威，他的《文鏡秘府論譯注》剛出版不久。「我請教，怎樣作《文境秘府論》？興膳宏先生說，做《文鏡秘府論》要去日本。」那時南開鼓勵年輕老師到國外做研究，盛江一提，南開就給了他半年的時間（包括在日本的生活費用）。這件事徹底改變了盛江的一生，為此他耗費了十幾年的時間，也奠定了他後來的聲名。

盛江到日本後，先要習慣日本的生活，等一切都安定下

來，已經過了兩個月。盛江知道，除了興膳宏之外，日本還有一位更重要的《文鏡秘府論》權威小西甚一，著有《文鏡秘府論考》三卷。盛江好不容易找到了書，讀了之後，「完全怔住了。我想到的，小西甚一都想到了。我沒想到的，小西甚一也都想到了⋯⋯到日本來的目的，是做《文鏡秘府論》，可人家把該做的都做了，我還能做什麼？」盛江說：

> 多年來，讀碩、讀博，習慣告訴我，遇到問題，一定要從一手材料出發。對，一手材料！一手材料是什麼？是古抄本。其他材料國內或者可以看到，但古抄本藏於日本。對，從古抄本入手！小西甚一的著作列出了許多種古抄本。最早是平安時代，在京都的，有高山寺本。對，去看高山寺本！
>
> 清水凱夫不以為然：「小西甚一的已經很好了。」多年來他一直用小西的本子。蔣凡先生也懷疑：「有必要嗎？」
>
> 我說：「試試看吧！」（353 頁）

盛江所看的第一件古抄本是高山寺本，他拿著王利器本和小西甚一本和高山寺本仔細核對，

> 突然！突然的驚異把我從寧靜中拉回，錯了！我一字一字對勘，帶去的王利器校注本居然漏了四句話！我

睜大眼睛，反覆比勘，前前後後，看了一遍又一遍。不錯，白底黑字，是漏了。不是四個字，而是四句話、整整四句話！

作為校勘，漏了四句話，是不可思議的。好一陣驚異，也好一陣興奮。有一處錯，就有兩處錯。果然，又發現一處，再發現一處。雖然是小誤，但畢竟有誤。小西甚一的本子也有誤，有漏收，也有誤收。

還發現一個問題，《文鏡秘府論》六卷，一般的整理本卷次都是天地東南西北，南卷為第四卷，西卷為第五卷。但高山寺本子，第四卷卻為西卷，第五卷纔是南卷。這又讓我驚異、興奮。（354-5 頁）

於是，盛江決定要找到所有的古抄本，一字一字的重新核對，這就是他的《文鏡秘府論》研究最原始的方法論。盛江尋找每一件古抄本的過程，都極為曲折，也極為辛苦。我初讀他的《文鏡秘府論彙校彙考》的〈後記〉時，完全被吸引住了，不知不覺就把幾千字的長文讀完，好像在讀一本偵探小說。當盛江決定從古抄本的校勘入手，我也會跟清水凱夫一樣的疑惑，「有必要嗎？」而盛江卻決心蠻幹下去，所以才有了後來的 160 多萬字的《文鏡秘府論彙校彙考》。這就是盛江做學問的基本功，別人是學不來的。

正當盛江的研究工作步入正軌，越來越順手時，半年的期限眼看就要到了，盛江向南開申請延長，南開同意了，但不再

提供經費補助。為了籌措經費，盛江真是傷透腦筋。盛江在日本的指導教授筧文生先生為盛江的熱忱所感動，主動提供日幣三十萬元，這個禮實在太大了，盛江不敢接受。後來還是靠筧文生教授的幫忙，從立命館大學申請到研究助成金，每月五萬元。主要的花費是資料影印，不但要為自己印資料，還要為在他之後讀博士的學弟印資料。為了節省，盛江不搭公交車，從學校借了一部舊自行車，住處離學校比較遠，盛江仍然不乘軌道電車，一切以自行車代步。不在學校食堂吃飯，更不在外面吃飯，自己做，省錢。即使在外查資料，只要能趕回，不論多遠，都回家自己做飯吃。

　　有時路上真是餓、累。清楚記得一次，計劃跑三個點。三個點都有資料，我的資料，兩個師弟的資料，都查好了，要去複印。三個點在京都同一個方向，算好時間，應該跑得下來。第一個點順利下來，第二個點也順利下來。到第三個點，算好時間，應該可以。可京都是盆地，那個點在京都市郊，恰是盆地邊緣，要上坡，又下著雨。算好下午六點圖書館閉館之前能趕到的，一下子打破了計劃。每天的工作日程都排得滿滿的，時間算得緊緊的。不知道前面還有多遠，坡地騎不上去於是下車，推著車，冒著雨，拼命跑。那是最狼狽的一次。還好，下鄉煤礦勞動煉出了體力。閉館前五分鐘趕到了。日本這點好，不會提前下班，而且祇要你人到了，儘管

祇有幾分鐘，他們仍會耐心地幫你找，讓你複印，把事辦完。那天把事辦好，已經六點半過了，到了吃飯時間。那個點離住處騎自行車要一個小時。可我仍然冒著雨，往回騎。到得住處，把濕衣服換下，趕緊做飯。那天真是又餓又累。

一年多下來，太太說我瘦了一圈。（377-8 頁）

我的大連襟也是中文系教授，已退休，幫忙校對，他說他看到這一段特別感動。這種苦學功夫大概很少人比得上吧。

盛江還在日本辛辛苦苦收集各種《文鏡秘府論》的古抄本時，還沒有考慮到將來的研究工作要如何進行。但他想到了他非常景仰的傅璇琮先生，於是跟他寫了一封信：

不知為什麼，當我還在日本的深山寺院探尋的時候，第一個想到了傅璇琮先生，很自然地。

於是提筆，給傅先生寫信。我說，在日本看到很多東西。我說，想翻譯小西甚一的著作，我覺得很有價值。那時我確實還祇想到翻譯，另外自己做一部二三十萬字的理論研究的書。

很快，真的很快，收到回信。傅先生說，他考慮再三，與其翻譯日本學者的書，不如你自己來做，從自己研究的角度做，充分吸收現有成果。信寫得比較長。先生最後說，回國時把要用的材料帶來。「我們以後再商

量，如何？」

　　非常溫馨，一種在迷惘時找到方向的感覺。我在
「考慮再三」和「我們以後再商量」幾句上多停留了片
刻，但沒往細處想。「考慮」？考慮什麼？「商量」？
傅先生那麼高的聲望和地位，操心那麼繁雜的事務，我
不過是一個毫不起眼的青年學人，一個小小的研究課
題，傅先生會和我商量什麼？（393 頁）

後來盛江把一篇四萬多字的考証文章寄給傅先生，傅先生
除了教導他如何修改之外，還說，「有些具體問題你回來後我
們可再商議，我一定盡我所知抽出時間與你共同商討。」又
說，「我相信能整理出一部高水平的《文鏡秘府論》來。」

回國後，盛江到中華書局找傅先生，

　　傅先生說，按你的想法，可以做一個整理稿，一
個研究稿，供《文鏡秘府論》的研究者用，同時做一個
供一般研究者用的本子。一定要整理出一部高水平的
書，要寫成一個總結性的東西，長編性的東西，讓日本
人以後研究《文鏡秘府論》，也要到中國來看這本書。
（396 頁）

接著，傅先生就幫盛江向國家古籍小組申請經費，又連繫
中華書局和盛江簽定了出版合同，列入國家古籍整理「十五」

規劃重點圖書，那個時候盛江連一個字都還沒有寫。十年後，當盛江拿到《文鏡秘府論彙校彙考》四卷本的樣書，第一時間就送給了傅先生，「在中華書局附近的餐館，傅先生笑得跟小孩一樣。我很少見傅先生喝酒，那天卻見他和眾人一樣頻頻舉杯，好像傅先生自己出了書一樣。」（445 頁）

我看了盛江的回憶錄，才知道傅先生是《文鏡秘府論彙校彙考》真正的催生者。我跟盛江說，「如果沒有傅先生，你大概不會把書寫成這個樣子吧？」盛江回答，「當然，所以我一輩子感激傅先生，從來沒有忘記。」

完成《文鏡秘府論彙校彙考》以後，盛江繼續寫作《文鏡秘府論研究》。《研究》二〇一三年出版，距盛江一九九五年赴日收集資料前後十八年。

六、

我這篇序文並不只是要表彰盛江，因此在把盛江一生發展的主線梳理清楚後，還想提幾個盛江書中所寫令我難忘的人物。盛江下到山溝務農的時候，雙搶的季節，連著幾天強勞動，從早到晚沒有休息，太陽就跟火一樣，熱極了，盛江終於中暑了，

　　當我醒來的時候，已經躺在牀上。頭發沉，身子發軟，整個人迷迷糊糊。好不容易睜開眼睛，見屋裏好幾個人。坐在牀邊是一位中年農民，滿臉是心疼。見我醒

來，要來一杯水，拿出一根煙杆，把煙窩拔下，放在水裏，讓我含著煙嘴：

「使勁吸！」我不知就裏，祗順從地使勁一吸，不料一股從未見過的辛辣味猛然吸進嘴裏，一下子衝向鼻腔腦腔，頓時鼻涕眼淚全流出來，全身冒汗。汗發出來了。接著多喝開水，幾天熬粥喝。終於緩過來了。那是一根特有的煙杆，用當地特有的一種辣蓼草做成的。辣蓼草的莖比較粗，老的辣蓼草莖可以像竹子一樣硬。當地人把辣蓼草的莖割下，中空部分弄乾淨，一頭套上煙嘴，一頭套上煙窩，用它來抽煙葉。常年抽煙的辣蓼煙杆，裏面有厚厚的一層煙膏。大熱天農忙勞動，很容易中暑，他們就用土辦法，讓病人對著辣蓼煙竿猛吸，把汗給發出來。或者切一小截辣蓼煙竿煮水喝。很有效果。他們給我吸的，就是這種辣蓼煙竿。（101-2 頁）

這個中年男人就是葉新桑組長，盛江一直沒有忘記，有一年回李村探望鄉親時，他已經去世了，只看到他七十多歲的弟弟，和他剛接任村長的兒子。

第二個是江西師院（一九八三年改為江西師範大學）的劉世南先生。劉世南只有高一肄業，但國學功底極深，少年時讀了十二年古書，很多古籍都能背誦，但因為家庭陷入困境，讀完高一便失學了。在一九四九年之前，曾發表過文章，楊樹達稱讚說，「發前人之所未發」。因為學歷不足，一直在中學教

書。後來他的學生，有在省委工作的，也有在省文聯和南昌市教育局工作的，還有兩位在江西師大，他們五位聯名向江西師大的書記鄭光榮推薦，鄭書記愛才，將劉世南調到江西師大。

　　江西師大圖書館豐富的藏書，極大的滿足了他閱讀的欲望。真是如饑似渴，每天除了吃飯、上課、睡覺，基本上就泡圖書館。他對他的幾個學生說：「你們推薦我來師大教書，我最感激你們的，不是使我當上了大學老師，而是讓我跳進了知識的海洋，任情游泳。」當《四庫存目叢書》和《續修四庫全書》陸續陳列上架的時候，他說他心裏真是灌滿了歡樂，他說，每次從書庫出來，走到圖書館大門的臺階上，陽光和微風照拂著他的全身，他會注視著藍天，內心說：「我是世上最幸福的人！」……

　　但他淡泊名利。剛從中學調到師大，按他的水平，評個正教授也完全夠格。領導找到他，說，先評你一個講師，可不可以？他二話不說：「完全可以。」後來評上副教授，再評正高。領導又找他，說，現在名額有限，能不能讓別人先上。他又說：「沒問題。」他的想法，圖書館那麼豐富的藏書可以看，這就夠幸福了，到於什麼職稱，他毫不在意。（298-300頁）

劉世南用了十五年的時間寫了一本《清詩流派史》，我買

過，也翻閱過，對於他的博學非常震驚，沒想到竟然在盛江的書中「遇見」他了。

還要提到中華書局的兩位編輯，許逸民先生和張文強先生。盛江做了一點樣稿，請許先生看，許先生一看，就說不行，盛江心裡嘀咕，「不至於吧？」

> 許先生卻不理會我，指著樣稿一點一點講：「這個要刪去。刪去纔清楚。」「這樣寫，到後面就亂了。」說著，他給我一份東西，是他寫的《古籍校點釋例》，發表在《古籍整理出版情況簡報》。「這個你拿去看看。」……
>
> 回到天津，不幾天，收到一封信件。卻是許先生另起爐灶，親自動手為我寫的幾頁校稿。果然清晰。我一下明白，做整理和寫論文不同。它需要用極簡潔、極明瞭、極規範的體例格式，表達最準確、最豐富的內容。
>
> 當然有一點是後來我纔明白的，交往並不多，許先生為什麼花那樣的精力幫我？他對古籍整理，對中華情有獨鍾，看到不規範的，忍不住就要糾正，中華出的東西，他忍不住要把關。當然，他也愛護年輕人，希望年輕人在古籍整理上能接班。這是中華的先生！（404頁）

我自己買過許先生擔任責編的許多書籍，也買過他的《徐

陵集校箋》和《酉陽雜俎校箋》，對他非常佩服，沒想到他對
後輩會這麼諄諄教誨，對他更增敬意。

張文強先生是《文鏡秘府論彙校彙編》的責編，

> 非常謙恭。「您意下如何，請告知。麻煩了，謝
> 謝。」「您以為可否，望示下。」「請您斟酌。」「請
> 您定奪。」「我不大懂，如方便您給我個解釋好嗎？」
>
> 夜以繼日。連春節也在忙校稿，我很過意不去，他
> 回信：「至於我，節不節的無所謂，那主要是給老人和
> 孩子過的，您是否也如此呢。」
>
> 我太太說：「張先生太辛苦了。」他回信：「幸好
> 和您合作非常愉快，也自有一番樂趣，我們本來就是念
> 書的，說不上辛苦。」我表示感謝他。他說：「這是編
> 輯應該做的。我們文人之交淡如水吧。」堅決不要我的
> 感謝之禮。
>
> 一封一封郵件。總計有近十萬字吧！發現問題，
> 常常就是排查。有的可以用電腦，但很多時候，必須手
> 檢查找，這就意味著，要將那一百六十多萬字全部看一
> 遍。一處錯誤，排查一遍，又一處錯誤，又排查一遍。
> 那工作量，真是大啊！（405 頁）

中華書局的校對一向是出名的，看了盛江對張文強先生的
稱讚，讓我印象更為深刻。

我還想起盛江剛到江西師院時，對師院老師的一段描寫：

> 很多老師剛剛復鈎從農村上來，家裡生活還沒完全
> 安頓，他們大多和進駐校園的工人一樣，住筒子樓。一
> 家四五口人，有的老少三代，祇有十幾平米一間房間。
> 樓道裡一個爐子，就是做飯的地方。那樓道一溜全排滿
> 了黑乎乎的爐子，堆滿了煤球、木柴和其他雜物。做飯
> 時，這家點火，那家生爐子，滿樓道是濃煙，那煙熏得
> 整個樓道就像當年的煤井巷道。
>
> 有的老師還沒有解脫，在文革中受到批鬥，還戴著
> 各種帽子，沈重的政治壓力還在他們頭頂。那時根本沒
> 有評職稱這一說，很多老師祇是講師、助教。但他們毫
> 無怨言，一旦投入教學，經歷過的許多磨難在他們心裡
> 似乎都沒有了痕跡。從農村復鈎一上來，還沒有洗淨鄉
> 下的泥土，馬上投入緊張的教學。中國的知識分子，總
> 是那樣有責任感。在他們心目中，其他都是次要的，唯
> 有教書育人纔是天職，纔是最大的責任。他們對學問，
> 對專業，對學生，真是真誠。（218-9 頁）

那是文革末期，情勢逐漸在變化之中。接著改革開放，人
人奮發，社會欣欣向榮。勤勞踏實的盛江把握了時機，終於在
學術界取得了可觀的成就。豈只盛江如此，中國社會的各行
各業都有像盛江這樣的人，經過不斷的努力，開拓出許多新天

地。從整個社會來看，所有個人的總和，就是社會的整體發展，累積了四十年，就有了今天令世人驚嘆的「中國奇蹟」。

西方有各種經濟理論，告訴我們說，要走哪些道路，一個落後的社會才可能走上現代化。中國並沒有完全遵循，然而卻好像成功了，讓西方人大惑不解。他們應該沒有想到，中國人從幾千年的農業生活中所培養起來的吃苦耐勞、堅忍不拔的精神，正是中國能夠發展的主要動力來源。盛江從一個貧農子弟，經歷上山下鄉、礦坑挖煤，再重新回到學校，一路努力學習，正是中國農民精神的典型例子，這樣的例子在學術界比比皆是，在各行各業也無不如此，這是我讀盛江回憶錄最深的感受。我們讀這本書，不是要看盛江如何成功，而是要能體會他的歷程所代表的那種中國農民精神。習近平在改革開放四十週年的講話中談到，中國能夠有今天的成就，要感謝中國人民的勤勞、智慧與勇敢，確實如此。

2019 年 3 月 10 日完稿

引言：唐江，那邊遠小鎮

一、唐江盧屋村，明清深宅大院，迷宮一樣的大巷小巷

唐江，生我養我的地方，這個地名，官修全國性史志，唯見《元一統志》卷五十八：

> 唐江橋。在南康縣北四十里。宋乾道間，上猶縣人劉權仕於贛，經此建石橋。景定間，權孫雷奮霆奮重修。元延佑間，霆奮子文卿重建。鄉人皆為立碑。

南康縣北四十里，正是現唐江之地。宋乾道在南宋一一六五至一一七三年間。而據贛南盧氏族譜考證，盧氏始祖世興公乃於北宋哲宗（一〇八五年）自遂川龍泉遷居唐江。又據民間之説，安史之亂之後，唐江即有七間店。

但是，這座千年古鎮，早年卻和贛南其他地方一樣，祇是刀耕火種的蠻荒之地。唐宋之間、宋蘇軾被貶路經此地，他們

的感受還是林昏瘴暗，水蜮含沙。但是，客家來了。贛南百分之九十五是客家。經秦漢、魏晉、唐中葉到五代、北宋末期、明清幾次大遷徙，土客合力，於五嶺之麓，一代又一代，堅韌不拔，用勤勞和聰明智慧，終於天移地變，唐江也成為江西四大歷史名鎮之一。

先人真會選地。祇說那條江，就是宋人劉權架橋的那條江，從鎮邊流過，水是那樣的清澈，真是魚翔淺底，波映藍天。水灣淺汀，常有沙灘，那灘上細沙，被江水清洗過無數次，舒軟如綿，潔白賽銀。岸邊或是古榕蔽日，或是蘿薜低垂，或是鳳竹搖曳。那江從上游迤邐而來，又向東瀟灑而去，流向贛江，再出長江，奔東海。

那江邊谷地，平坦開闊，土壤肥沃，水稻、甘蔗、花生、紅薯，都可盛產。谷地兩邊，則是低矮的山丘，緩緩地延伸，往北，延伸到羅霄山，往南，則延伸到五嶺，山上樹林茂密，資源豐富。東西方向，既有水路，又有陸路，都可上達上猶，下通贛州，直至南昌。南北方向，則有陸路北通縣內北部各鄉，直至遂川，往南則通南康縣城，直至大庾、廣州。

這是贛南鄉鎮第一商阜中心。最早傳有寥寥七間店，後來有十間店。再後來就淹沒在繁華的街市之中。那南方特有的騎樓，一間接一間，排滿了兩條主街和小街。騎樓二樓，淩空伸出一截，臨街一層形成像遊廊一樣的過道。騎樓是一家家店鋪。店面全是板門。二樓住家，一樓店面。晚上插上門板，獨成封閉一戶，白天卸下門板，則敞開豁大的店面迎客營業。

　　平日裏兩條主街便行人不斷。每逢赴墟之日，真是商賈雲集，人山人海。兩條主街交匯處店鋪裏賣布賣衣服賣日用百貨五金雜貨南貨北貨，還有餐館小吃店，街道上則滿是地攤，用籮筐的，畚箕的，竹籃的，扁擔挑著，獨輪車推著，蔬菜，雞鴨，乾貨，雜器，還有做米果的小吃攤，又是應有盡有。另外有柴行，豬行，雞鴨行，有篾器行，鐵器行，有一個專門的蔬菜行。那蔬菜行全一溜遊廊式的長條棚亭。

　　繁盛的還有盧屋村。

　　以那條貫穿南北的馬路為界，以西是街市，以東是盧屋村。那是一個巨大的自然村。房子連著房子，一片連著一片，五千人全聚住在一平方公里的村莊裏。走進盧屋村，像走進了迷宮。數不清的大巷小巷，大路小路，都用漂亮的鵝卵石鋪成。數不清的方塘，水平如鏡。數不清的鳳尾竹。池塘岸邊，村邊江畔，婀娜多姿，浮春瀉翠。數不清的古樟高聳挺拔，清香暗溢，古榕枝幹舒展，如亭似蓋，綠葉婆娑，擬舞若歌。

　　還有多口古井。都用厚厚的青石砌成高高的井欄，井洞也用青石一圈一圈地砌下去，直到井底。井深足有十幾米，水深三四米。那井水冬暖夏涼，清澈清澈，喝一口，甘甜甘甜。井欄邊都是平臺，也用青石砌成。有數百年歷史，那青石井欄被人們一次一次打水，磨得溜光發亮，那井壁滿是青苔。

　　更氣派的是佈滿全村的深宅大院。一座宅院連著一座宅院。青磚灰瓦連成一片幾乎望不到邊，整個村落仿佛就是一座氣勢恢宏、巨大無比的宅院。雕樑畫棟，畫梅蘭竹菊，三

國八仙故事，畫福（蝙蝠）祿（鹿）壽（壽桃），輩輩封侯（猴），山牆高聳，飛簷翹角。大門樓，大院落，大天井，大廳堂，大屏風。大院落套著小院落，有前院，後院，側院。有的僅那前門的門樓，就是一座不小的建築。

　　多有明清建築。千姿百態，格局不同，像個小迷宮。稱為「晉昌和」的，至少是清乾隆建築，可能也是明代建築。一式青磚到頂，山牆高聳，翹角飛簷。門前小廣場一樣的一大塊草坪，草坪下寬厚的大麻石砌成六七層臺階，草坪往上又是五六層大麻石臺階，纔是高聳的宅院門樓。大門門框門楹門檻都用大麻石砌成，還有一對大石墩雄踞兩側。門楹上四個遒勁渾厚的大字「庭敦三禮」。非常開闊的大院子，也是青磚鋪地。有大廳。寬寬的簷階就相當於小半個院子。大廳分前廳和後廳，隔著天井連在一起簡直就像個小禮堂。

　　有廂房。廂房一側又兩個大院子，圍著兩個大院子，又有側房、小廳，又有小廂房，小院子。轉過後廊還有後院。後院比前院還大，全種的果樹，棗子、桔子、柚子，還有花草。這樣有名的宅院，村裏還有很多，侍郎師汪故居、寶善堂、攀桂堂、泰來堂，都是明清建築。

　　我們家的宅院，在村子的東南方。出巷口就是蜿蜒流過的上猶江，江邊村口一株大榕樹。那是清乾隆建築。兩個大院子，三四個小院子，兩個大廳，幾個小廳，五六個天井，還有一對直徑二米多大圓門。這是這家宅院祖上有過顯赫地位的標誌。四五米的圍牆中央，一個雄渾蒼勁、大氣磅礴的浮雕

「福」字。

　　還要說到村裏的祠堂。村裏祠堂甚多。五千人的盧屋村，宗系繁盛，歷史上又出了不少名人，有不少紀念名人的祠堂。有名的，就有覺宇公祠、敬池公祠、康王廟。至於盧屋村的總宗祠，始建于明朝末年，至今已有三百七十多年歷史。那真是雄偉恢宏，泱泱大氣。自身占地面積近五千平方米不說，臨江一個大空坪，容納數萬人沒有問題。立於祠前，放眼望去，寬闊的江面，江對面一直延伸到遠處山麓的田地。緩步走過大空坪，再走上祠堂門前長長的鵝卵石鋪就的寬闊神道，你自然會有一種莊嚴肅穆之感。神道兩側各一祠外庭院。高高的圍牆外，大青條石砌成的前門外左右兩側，各有一株數百年古柏蒼翠遒拔，又有一對石製華表高高豎立，華表上雕刻麒麟，活龍活現。盧氏祖先曾有人封王，故有華表。

　　走進前門，是大大的祠內庭院。走過寬寬的鵝卵石甬道，拾階而上，是巍峨雄偉的正大門。門前是寬寬的簷廊，大麻石砌成階沿，大青方磚鋪地。巨型花崗岩砌成門框，門框架下兩個巨型雕花石礎，門前兩側一對巨型石鼓。走進正大門，深邃開闊的殿堂，一下展現在你的眼前。有前廳，有中堂。前廳和中堂之間一大天井，左右各一桂花池，金桂、銀桂各一株，樹高數丈，伸展在數層樓高的廳簷之外，樹冠像兩把巨傘遮蔽了整個天井。花開季節，整個祠堂飄蕩著桂花的清香。

　　走過兩個天井之間的筆直甬道和寬闊簷廊，是中堂。整個宗祠堂殿，十幾根一人合抱、數丈高的整木粗大柱子，支撐起

數層樓高的天頂。天頂上同樣粗大的整木大樑橫跨整個大堂。

中堂往前，是又一個巨型天井，天井同樣用長條麻石砌沿鋪底。天井兩側，是數級臺階，登上臺階，纔是正祠。正祠正前，一條碩大的神案。前楹中央，掛著巨型紅色匾額，上書「范陽堂」三個金色大字。神案前一個大型圓鼎香爐，神案上供奉著祖先靈牌。

整個祠堂，深邃而富有節奏，開闊而不顯空曠，肅穆而不顯壓抑，莊嚴而自然親近。從前院、前門、前廳、中堂，緩緩拾階而上，寓意步步高昇。兩個天井及池中桂花，既顯出殿堂的層次變化，桂花寓攀桂登仕之意，又空間開放，引四時之輝光，匯八方之元氣，天人合一，融于自然。前院與後院互相照應又不重複。後有方塘輝映藍天，依幾千戶村落之雄厚根基，前有大江直流東海，展數十里山田之無盡視野。

這是客家藝術的珍品，這是東方文化的佳作，這是祖地阜盛的標誌。一九三〇年，一代偉人毛澤東率部分紅軍來到唐江，他看到了這一切。傳毛澤東感歎道，真不愧是四大名鎮！

從千年之前的蠻荒之地，到今天的繁榮阜盛，背後是先輩們一代又一代的堅韌努力，勤勞奮鬥。這是先輩留給我們這一代的寶貴遺產。

二、聰明勤勞的客家人，你吃過新鮮燙皮和美味可口的米豆腐嗎？

水稻梯田，順山勢而上，春播一片翠綠，秋收一片金黃。

甘蔗兩人多高，一整片一整片，像小樹林。甘蔗榨糖，也可當水果生吃。蔗渣造紙，蔗葉可做燒柴。油茶樹，我們叫木梓樹，茶油又香又清涼。腳板薯又肥又大，有紅的有白的，鮮嫩美味爽口。水塘多，養魚養鴨。

街市有騎樓，擋雨又遮陽。宅院有天井，瀉雨通風又敞亮。獨輪車，從車輪、車輻，到車架、車柄，甚至最易磨損的車軸，全用硬木製成。方便極了。再窄的路也能推著走。一般的緩坡也沒問題。二三百斤甚至三四百斤，兩邊車板一放，推起來特別輕巧，小家小戶這就夠了。赴墟賣柴賣菜，買肥購物，秋收運糧送穀。甚至媳婦回娘家也可以用它。一邊坐著媳婦，抱著孩子，撐把漂亮的擋雨遮陽傘，一邊載著送給娘家的禮物貨物，是贛南鄉間路上一道獨特風景。

河流水溪，有水車、水磨。像大風車一樣，借著水勢，衝動車輪，水就順著車輪上的竹筒，轉著流向上層，灌溉高處農田，還可以帶動水磨，輾米磨油茶籽。南方竹子多，用竹子做竹筐、竹籮、竹籃、竹扁擔，舀水的容器，我們叫梗子。有竹簸箕。簸箕有大有小，大簸箕有大圓桌面那麼大，小簸箕有鍋蓋大，曬花生曬豆子曬梅乾菜曬辣椒醬南瓜醬，生食熟食，不沾灰不沾土，特別乾淨。小簸箕細細密密，透氣不漏水，稀稀的米漿薄薄地淋一層，滴水不漏，熱騰騰的鍋上隔水一蒸，不到一分鐘，新鮮的米燙皮就蒸熟了，即刻卷上自家製的芥藍小鹹菜，真是熱呼呼，香噴噴。

南方有棕櫚樹，樹葉可做蒲扇，棕樹鬃毛做簑衣。簑衣厚

實，下雨在田裏幹活穿著最方便，如果愛惜牛，下雨還可以給牛披上。天晴了，往地上一鋪，可以坐著休息，即使地上稍有點濕也不要緊，地上一點草莖碎石雜物也不會紮人。

有火籠，細竹編成小籃筐，裏面放一小陶鉢，陶鉢裏一些細細的爐灰，燒著一點木炭，上蓋細竹編框，鐵絲圈頂的蓋子。那小巧精緻，不亞於《紅樓夢》賈母、鳳姐用的暖手爐。

吃的東西真是豐富多彩。臘肉是最普遍的，可以保存一年甚至兩年，隨便吃用，特別方便。贛南特有的麻鴨做成鹹鴨，平展展像一塊板，故名板鴨。板鴨蒸著吃炒著吃，都特別香。各種醬，辣椒醬、南瓜醬、豆瓣醬。南瓜醬我們叫番葡醬。大米可以做成各種特色吃的。米酒米粉米果米燙皮，還有米豆腐，細嫩爽滑，真是美味。

魚更可以做成各種口味。紅燒熬湯這是最普通的。肚皮上的魚肉做成的小炒魚，是贛南特色菜。魚絲又叫錘魚，曬乾了，可以保存一年之久，自食待客，取出一點，水煮油炒，片時便熟，特別方便。最具特色的當屬魚脯和魚丸。取二三斤重的新鮮草魚去頭去尾，去骨去皮，祇留下最鮮嫩的魚肉，跺成肉醬，幾乎不加澱粉，祇加水和一點鹽，順著一個方向拼命攪，攪得十分筋道，然後用手擠出一個一個圓球，用匙子舀出來。用油稍炸，叫魚脯。直接放到水裏，叫魚丸。魚丸最難成形，比豆腐還要嫩，還要輕，放到水裏，立時可以浮起來。用高湯一氽便起鍋，加點南方特有的小蔥，這時最鮮嫩，放在口裏，不用咬，祇輕輕一含，就溢出滿口鮮湯。

　　先輩留給我們的，還有重教養，重禮節，重文化。

　　敬老愛幼，友鄰睦親。對父母要孝敬，對長輩要尊敬，對幼小要愛護。盧屋村五千人，百分之九十九姓盧。即使不是盧姓，也與盧姓有關，或是盧家姑爺女婿。論輩份，有尊稱。稱某某叔，或某某伯，或某某爹，北方稱爺爺，南方稱為爹。或某某哥，或是某某姐。

　　坐席吃飯，要敘齒論輩，請客辦席，尤其如此。正對門為上席，上席又是左手為上，右手為下，然後兩邊，也是左為上，右為下，前為上，下為下。小孩一般不上桌，原來女人也不上桌。家裏圍桌吃飯，長輩先動筷子，晚輩纔能開吃。上一碗新菜，也須長輩先嘗，然後其他人再吃。

　　民風淳樸。老老實實做人，實實在在做事，講良心，講本份。女性溫婉，男性平和，一如水溪輕輕而流，山巒緩緩延伸。有跳神之俗。跳神之人，稱為巫婆。這當是楚俗所謂巫覡作樂，歌舞以娛神。

　　宗族有權威。即使到了二十世紀五十年代甚至六十年代前期，年輕晚輩的基層行政官員，執行某項議策，往往要考慮村裏有聲望的長輩的意見和感受。某某爹某某叔說的話，常常比某某長說的話更有權威。親情鄉情，千百年來維繫著村落成千上萬的族人。至今很多旅居外地的族人，每到清明，必回故土掃墓，我們家叫掛紙。宗族觀念，親情關係，根深蒂固。

　　唐代詩人綦毋潛出南康縣學，說明南康其時即有縣學。唐重科舉取士，雖南方偏遠之地文化或者因此得以發展。五代時

盧光稠治虔韶三十多年，一如孫權之治東吳，贛南經濟文化得以迅速發展。蘇軾遭貶路過贛州，與僧道多有交往。僧道多為文化之人。

據縣誌、族譜等記載，盧屋村自宋元至明清，出進士十三名，文武舉人三十多人，其他拔貢、庠生、廩生、登科及第者百餘人。當地民謠：「盧屋的頂子，幸屋的品子。」謂盧屋村讀書人多，當官戴頂子多，鄰村幸屋村人長得漂亮。清嘉慶元年御書進士石碑仍存。清乾隆間盧元偉中舉人時始十三歲，後取進士殿試三甲第三名。傳盧屋村有預考，先通過預考，方可參加南安府組織的秀才考試。傳某考官不服，某年秀才考試，凡盧姓考生試卷均扔於蚊帳頂上，不預批改。豈料，即將公榜之際，一場天火將已改試卷盡數焚毀，考官祇好從蚊帳頂盧氏試卷錄取，此年考中秀才者全為盧屋村人。

民國時期，盧屋村出上將二人，中將一人，少將五人，國外留學，取得學位之大學士二十多人。解放之前，唐江有小學四所，中學二所。不少民家富有藏書。解放之後，據不完全統計，盧屋村有正副高職稱、碩士、博士學位者有近百人。尊師重教一如敬老愛幼，是千百年的傳統。「先生」意味著有知識文化，上年紀的老先生，在村裏特別德高望重。

邊遠小鎮，安逸封閉。中原逐鹿，三國爭雄，甚至安史之亂，此地均無礙。不知秦漢，無論魏晉。天高皇帝遠，無論怎樣大的時局變化，到這裏都晚一個節拍，甚至無法波及。很多人一輩子沒有走出方圓二十里的範圍。千百年來，外面的世

界，對他們來說太遙遠了。

三、邊遠小鎮，來了紅軍的足跡，蔣經國的新政，解放軍的槍炮

到二十世紀前半葉，時局的變化終於波及到這個安逸而封閉的邊遠小縣鎮。

二十世紀二十年代大革命，有陳贊賢領導贛南工人運動。三十年代，中共紅軍在贛南建立根據地。一九三〇年三月，紅軍攻打贛州，駐守唐江。林彪、聶榮臻帶部分紅軍就住在盧屋村裏稱為棗子樹下的侍郎師汪故居，朱德住在盧屋村的另一座宅院。毛澤東則住在街上一間有騎樓的房子。村裏人見過毛主席，老人後來回憶說，毛主席當時很年輕，頭髮很長，長得很秀氣，對村民很親近。一九三四年，紅軍長征之後，陳毅帶領留下的紅軍打遊擊。三年遊擊，主要在贛粵邊的梅嶺油山，在贛南信豐、大庾和廣東南雄交界處，離南康不到一百里。在信豐、南康、贛縣間還開闢了遊擊區。一九三七年九月，國共合作，陳毅就在贛州和國民黨談判。

自一九三九年起，蔣經國主政贛南。他推行建設贛南新政。禁賭，禁煙，禁娼，清槍，清鄉。他走遍了贛南十八個縣，到各地巡視，事先不向區鄉打招呼，祇帶兩個隨員。老一輩人還記得蔣經國的樣子，中等身材，皮膚棕黑，方正面孔，語操浙音，頭戴鴨舌帽，身穿士林布中山裝，舊長褲，腳穿草鞋或布鞋。每到一地，吃的是豆腐、青菜還有當地特色土菜，

或者就是農家的剩飯剩菜，有什麼吃什麼，渴了用手捧起水溪水就喝。他在贛南人心目中留下親民的形象，也留下了三青團，一些人稀裏糊塗參加，解放以後，這些人都倒楣了。

　　一九四九年，是翻天覆地的一年。八月，解放軍進軍贛南。在唐江以北五十里的太坪打了一仗。現在年紀七十歲的鄉村老人，那年正是六七歲的小孩，當時情形還記憶猶新。「可以聽到北邊的槍炮聲。先是國民黨的軍隊住在村裏，大家都很害怕，怕國民黨抓壯丁。後來解放軍到村裏來。我就坐在河邊把腳伸在水裏玩水，看著解放軍進村。有馬有炮，馬是拉炮的。大家都不害怕，知道解放軍很好。紀律很好，不擾民，住廳廈，屋簷下，不進房間。有一個師吧？周圍村子都住滿了。」解放唐江，也犧牲了一些戰士。唐江鎮主街路旁一座叫圓壇嶺的小山丘，莊嚴的臺階上去，肅穆的松柏叢中，豎立著高高的革命烈士紀念碑。

　　新中國誕生了。我們這一代人，有的生在舊社會，有的生在新中國，都長在紅旗下。解放軍的槍炮聲，改變了歷史，也改變了我們這一代人命運。

第一章　幼年和中學時代

一、爸媽和哥哥真喜歡我

我們這一代人的幼年，正是國家凱歌行進的時期。

打了土匪。土改。劃階級成份。打地主，我們家也分得一張太師椅。盧屋村同時還劃城鄉戶口。父親是小手工業者，劃歸城鎮戶口。抗美援朝，全國捐款捐物。唐江家家戶戶做軍鞋。我出生在一九五一年農曆十一月，正是抗美援朝邊打邊談時期。我媽媽應該是一邊懷著我，一邊做軍鞋。

還有掃盲。農村互助合作。城鎮是手工業合作社。還有統購統銷。蘇聯專家來了。唐江西邊五十里有個上猶縣，上猶縣有個陡水水庫，就是蘇聯幫助建的。

安定。不少人不再祇限在方圓二十里地，走出小縣鎮，出外求學，參軍，做工，經商，任職。城鄉成為不可逾越的界限。城鎮戶口對農村戶口，有明顯的優越感。劃階級成份，我們這一代很多因為出身不好，一輩子很難有發展的機會。

影響深遠的還有思想觀念和思維模式。我們知道萬惡的舊

社會。最熟悉口號是「中國共產黨萬歲」，「毛主席萬歲」。最熟悉的歌是《東方紅》。我們家是小手工業者成份，相當於下中農。我的外婆家也是下中農，姐夫家是貧農。三個哥哥都是中共黨員。這保證了我後來招工、推薦入學、考研究生，歷次政審，一路過關。

父親是老木匠。手藝巧極了。家裏那張牀精緻極了。那是南方人家用的大牀。四周柱子支著頂棚，三面用木板隔作矮矮的牀沿，上沿整一板牀簷，那牀簷真是精雕細畫。分三層，上一層是浮雕，蝙蝠（福）、仙桃（壽）、寓意家運長青的松枝，代代連綿的藤蔓。中一層雕花木框中鑲嵌著一組景德鎮瓷板，上繪八仙法物，形象生動，色彩鮮豔而線條細膩飄逸。再下一層，是祥雲圖案。兩側窗扶，又是雕花，帶著靈動之氣。整個牀用紅心杉木製成，全用生漆。這是父親和我媽媽結婚時，父親親手做的。他還做了一個梳粧檯，一個掛衣櫥，都相當精緻。梳粧檯僅一尺見方，卻一層又一層，如袖裏乾坤，琳琅滿目。這幾件家俱，到現在有百年之久，依然結實光亮如初。

祖上留下那一大棟房子的東大廳，我家和一個堂兄家共有。大廳擺放雜物，兼作父親的工作場地。長長的木工大桌凳。架起來鋸木料的大馬凳，鋸子、鉋子、斧子、鑿子。父親說，不用看，祇聽聲音，就知道這個人會不會做木工。父親幹活，我們是不能打擾的，祇能在門外看著。真是全神貫注。鋸木料，「嚓，嚓，嚓」，鉋木料，「嗡，嗡，嗡」，不緊不

慢。聽著富於節奏的脆落聲音，就像聽一首悠揚的樂曲。

父親個子瘦小，可一根根粗大的木料到他手裏，就會變戲法一樣，一砍一鋸一鉋一鑿一拼接，變成精美的木工成品。父親勞作一輩子，七八十歲，還翻山越嶺，還做木工活。

父名諱同鎬。老實厚道，輩份比較大，人緣又好，一些小修小補常常不要人工錢。村裏人多尊稱木匠叔木匠爹。「爹」在北方是爺爺的意思。

母親出身農家，嚴姓，名諱茂珠。異常勤勞能幹。不但家務做飯是一把手，而且很會種菜。母親種的蔬菜，在周圍一片菜地中，絕對是長勢最好的。母親還會自己紡紗織布，家裏很長時間還保存有她用過的紡車和織機。做布鞋更是拿手好戲。除鞋面外，都用碎舊布料，用煮飯的米湯，或熬一點醬糊，糊成一整塊，曬乾，剪成鞋樣，一層層疊起來。用自己種的苧麻搓成麻線，一針一針納成鞋底，再用合適的碎布新料，做成鞋面，縫合在一起。那布鞋真是又舒服又耐穿。母親每天晚上納鞋底，做針線，縫補一家人的衣服，或者紡線，從沒有停歇的時候。我常常躺在被窩裏，看著母親在昏暗的油燈下紡線，右手輕搖著紡車輪，左手握著一團棉花，紡車輪轉動著另一邊的小紗錘，手往上一拉，手中棉花拉出長長的棉線，又往下一送，那紡出的棉線乖巧的圈繞到轉動的紗錘上。那紡車輪輕輕地轉動，有節奏的『嗡……，嗡……，嗡……』，就像催眠曲，把我送入夢鄉，不知道母親忙到夜裏幾點纔上牀睡覺。第二天一早我醒來，母親早已起牀，又開始了新一天的忙碌，廚

房挑水做飯，菜地澆菜鋤地……

我有三個哥哥。大哥盛泓，長我二十歲，我出生的時候他已入伍。他在部隊當警衛戰士，機靈能幹，深得省軍區首長喜愛，當上副班長，立三等功。退伍後到郵局工作，積極踏實，先入黨，後當局長，曾負責保密工作，一個人內外兩個辦公室。裏面的辦公室特別神秘，任何外人不能進。因為家裏負擔太重，他請辭局職，到山裏下鄉送信，這樣可以多一份下鄉補貼，同時可以從山裏買到便宜的木柴。常年頂風冒雨，爬山越嶺，走村穿寨。他爽直熱情，走到哪裏，就一片熟人。每週末，他必騎自行車馱著重達百斤的便宜木柴，從五十里外的山鄉郵局回唐江家中。他一到家，孩子們就像一群小鳥撲了上去。他和我的大嫂生了三男四女七個小孩。那時我已離開家裏，先是下鄉，後到煤礦。

二哥盛減，是一個讀書人，善良老實，但運氣不佳。早年考取撫州農學院，恰遇困難時期，學校調整解散。回家不久即和三哥一起知青下鄉。在農村後來當打工分的民辦小學老師，在那屋頂漏雨，四壁透風的教室裏，一個人教十幾個人六個年級，什麼課都教。在深山裏一呆就是二十多年。別的知青都調上來了，就他上不來。還是農民，還是民辦老師，轉不了公辦。後來想盡辦法纔調上來，在鎮郊的一家小學任教。他勤勤懇懇，在那家小學幹得很好。退休又熱心公益事業，籌款修橋補路，做了不少好事。村裏尊稱他是「老師」。去世時，好些鄉居村民也遠遠跟著送葬，流下眼淚。

　　三哥盛池，聰明機靈。父親説做木工掙不了幾個錢，不讓我們接班，也沒有把他的木工手藝傳授給我們兄弟。我們是偷偷地拿著他的斧頭鋸子學了一點，三哥是學得最好的。他還不知在哪裏學到了砌牆泥工活，在家裏天井旁的屋簷下找幾塊舊磚，自己攪拌一些三合土，硬是砌起了一個頗有點樣子小澡堂。安上一扇門，方便極了。那時纔十幾歲。他不愛讀書，也調皮，挨了老師不少批，也挨了父親不少打。但正是這調皮後來幫了他。下鄉，報名參軍，年齡差幾個月，他硬是軟磨硬泡，説通了接新兵的。到部隊，他先到炊事班，後當汽車兵，沒有吃那麼多苦，又學到技術。果然一退伍，他就到新余鋼鐵廠，那是國營大廠。開汽車，比一般工人強多了。

　　大姐丁珠，家裏窮，早年就到鎮東五里外一農家作童養媳。姐姐老實人，姐夫卻很能幹，當過生產隊長，很幹練的。姐姐的婆婆也是裏裏外外一把手。外婆舅舅則在鎮西沿江上游十里的農村，大舅務農，二舅則撐船。他們家就在河邊，就是流過唐江的那條上猶江。下到東邊六十里外的贛州，上到西邊五十里外的上猶，為人運送貨物。

　　父親生我時，已經五十三歲。老年再得子，又最小，當然十分疼愛。但是父母忙於生活，沒有時間天天抱我帶我。帶我的任務落到比我祇大幾歲的二哥三哥身上。我還算聽話，但少不了出點小事，掉到水裏，從樓梯上摔下來。這個時候，兩個哥哥就倒楣了。輕則挨罵，重則挨打。兩個哥哥挨過不少罵和打，卻從沒有怨言，祇是加倍小心帶好幼小的我。帶我到河邊

沙灘上玩沙，到草叢裏捉蟋蟀，當然也教我玩彈弓。後來讀小學，上學放學都是他們陪送我。

姐姐和舅舅都喜歡我。逢年過節，父親會帶著我去作客。剛進屋，那碗熱騰騰的燙皮是少不了的。滑爽又有嚼勁，上面浮著嫩滑的荷包蛋，底下還可能藏著兩塊又肥又香的臘肉。二舅舅有個女兒和我同年出生，我叫表妹。兩家曾經指腹為婚。兩人後來均為生活各奔東西，沒有聯繫，加上近親，此事再未提起。但當時，明顯感到二舅舅二舅母對我特殊的疼愛。給我的好吃的，明顯比別人多，有時還特意留好吃的給我。

大哥特別喜歡我。一九五四年他退伍返鄉，家裏人都出去了，我三歲，在門外玩。鄰居告訴他：「這是你弟弟。」他來不及整理行李，一把抱著我就上街，到一家小餐館要了一碗熱騰騰的麵條。當時南方唐江祇出大米，麵條特別稀罕。大哥坐在餐館桌子一邊，看著我把一碗麵條吃得精光，這纔心滿意足地抱我回家。他常糾正我的不好習慣。我小時握筆用筷子，都用左手。他發現了，每次吃飯，祇要我一用左手握筷子，他就舉起手中筷子，裝著要打我的樣子。我嚇得趕快改用右手。握筆也是一樣。這樣好幾次之後，我終於改用右手。他用各種方法要我學東西。記得教我磕瓜子，我沒有耐心，老學不會。一次跟大哥到舅舅家做客，半路，他突然停下不走，說：「不學會磕瓜子就不去作客了。」我很想去舅舅家，好玩，有好吃的，舅舅又喜歡我。沒辦法，反復照著他的樣子，一次一次用牙齒磕瓜子，終於學會了。

　　家鄉的風情是幼年美好的記憶。那元宵舞龍燈，真是熱鬧。家家湊錢，十幾個年輕力壯的小夥子，村裏多是大的宅院，元宵夜晚，一家一家舞。先在那大院子裏舞，又轉到眾廳廈舞，回到大院又再舞。那龍燈長長的，多的十幾節，少的也有七八節。裏面點著燭燈，照得一片通紅。那龍頭忽而高高躍起，忽而平地穿行，忽而向左飛跳而來，忽而向右舞騰而去，後面的龍身龍尾也緊跟著躍起，穿行，飛跳，舞騰。整個大院廳廈是一條長長的紅光在快速地流動。天上是明月高懸，空中是金龍狂舞，地上則是鞭炮飛響，聲音震耳，火花四濺。鞭炮聲、喝彩聲，鼓掌聲，此起彼伏，皎潔的月光，龍燈上下飛騰流動著的紅光，鞭炮四濺流星般的火花，匯成一片。

　　端午節划龍船。比賽就在流經鎮邊的那條河裏舉行，兩岸擠滿了觀戰的人群，真是人山人海。江面上一字排開幾條龍船。每條船二十個壯小夥，都是各單位精挑出來的，赤膊，露出鐵疙瘩一樣黑黝健壯的肌肉。船頭高立著領隊，手舉著一面銅鑼。一聲令下，領隊敲響銅鑼，槳手隨著鑼聲節奏整齊用力地划動木槳。兩岸人群一個勁地喊著「加油！加油！」鑼聲越來越急，木槳划動也越來越快，越來越有力。龍船像離弦的箭一樣向前劈浪而去。「噹！噹！噹！」船頭那急促的鑼聲回蕩在江面，也催動著岸上人們的心。

　　我們這一代人，走過很多艱難曲折，有過很多茫然驚愕，這一段親情鄉情，總會給我們無盡的慰藉和力量。

二、那些年真是很餓

我的小學和初中的前半期，正是國家曲折發展的歲月。

我七歲入學的一九五八年，敲鑼打鼓，慶祝人民公社化，家家到公共食堂吃飯。大躍進，大煉鋼鐵，家家把鐵鍋交出來。農村人們把十幾塊地的水稻堆到一塊地裏，同樣有畝產萬斤的衛星。三年困難同樣鬧饑荒，減口糧，從每月三十幾斤減到二十幾斤，再減到十幾斤。於是到處挖野菜，吃豆葉，吃喂豬的水浮蓮，樹皮草根，觀音土。一切能吃不能吃的都吃了。接著是浮腫，脹肚子，疾病，有的人就死了。

接著是精減城鎮人口。三年困難之後，經濟調整，情況好轉，加上學雷鋒，社會又一派祥和安定氣象。

我們這個小縣鎮，相當多的貧窮之家。我也是其中之一。

祖上雖留給我們一所大宅子，但沒有其他財產。那所大宅子，後代分家，再分家，五六家人住著，也就不顯大了。父親除了一套木匠工具，家裏沒有別的什麼。他要養活我們兄弟幾人，供我們讀書，每年學費書費，吃穿用度，是一個大負擔。解放之前，父親就有五個子女沒有養活。他祇有東家西家拼命幹零活。那年代，能做精緻家俱的人很少。父親空有一身好手藝沒法施展。他多是幫人修補舊的木桶腳盆，或者在乾鮮果廠修理裝貨木箱，收入很少。

母親一刻也沒有停歇，有時比父親還忙。一家人漿洗縫補，洗菜做飯，她奇跡般地在河邊沙灘地上開出一小塊菜地，

居然把蔬菜種得出奇的好。辣椒、茄子、空心菜、南瓜，什麼都種。也種豆子、紅薯。母親把在娘家幹農事的巧活都拿出來了。這些蔬菜豆薯，三年困難時可是救命的。

家裏能利用的地方都利用上了。宅子東北角巴掌大的小園子，直接開作菜地。那個鵝卵石鋪地的院子，中央用舊磚壘起兩個七八十公分高的高壇，裝滿泥土，種絲瓜。院子靠路的牆根堆上泥土，種一種賤生賤長的紅葉菜，我們叫紅皮菜。有時還能挑到街市上賣一點錢補貼家用。

母親經常出去撿東西，週末假期要我們兄弟跟著去。在村子四周收穫過的田地裏拾稻穗，撿花生，撿紅薯。鎮子河對岸一家糖廠，專用甘蔗製糖。收穫甘蔗的季節，泥沙馬路上，不停的是運甘蔗的車，獨輪車，汽車。押車的推車的，吃甘蔗，一路撒的是甘蔗皮。我們撿回去，曬乾，當柴燒。

那些年真是很餓。基本上一天兩頓飯。也不能保證頓頓吃飽。中午放學回來沒有飯吃。三年困難時正好讀小學。真是餓得發慌，肚腸像翻軲轆一樣轉個不停，下午上課有時就發暈。

不幸的是，三年困難剛過，母親就去世了，那是一九六三年，我才十二歲。家裏負擔全落到父親身上。我們兄弟祇有更努力地在家裏做事，種菜，撿紅薯、花生、蔗皮，拾稻穗。就在母親去世那一年，二哥三哥上山下鄉，他們的命運從此改變，卻極大地減輕了家裏父親的負擔，至少兩個哥哥的吃飯問題可以自己解決了。

穿，祇能維持最基本的。家裏棉被祇有蓋的沒有墊的。到

冬天，床上墊的是稻草。衣服褲子一般都是兩個哥哥穿過之後，個子長高，不能穿了，就傳給我穿。記得從小學到中學，一直都是穿單褲。記不得是否穿過棉襖，新棉襖肯定沒有穿過。不論衣服褲子，破了都縫補丁繼續穿。小學五年級，母親去世，從那以後，我就學會了衣服自己縫補丁。至於鞋子，沒有印象。自初中起，我為鍛煉寫作能力，有了寫日記的習慣。一九六四年十一月十五日是周日，那天日記寫道：

> 早上，……挑上水桶挑水。一到井邊，向裏邊一看，裏邊霧氣騰騰，簡單看不到水面。我放下吊桶，打個滿桶水，吊上來時，手凍得很，一抓繩，就像抓住一根刺人的冰柱，又痛又冷。好容易吊上一桶，我擦擦手，腳下又凍得冰冷。好一會，我纔挑著水回家。不料路上這桶搖搖晃晃，水濺出來許多。腳下又被石頭壓得很疼。艱難地挑了一擔，挑第二擔時，快要到家了，不料腳下一滑，險些摔了我一跤。……

從日記描寫看，那天很冷，但我沒有穿鞋。

醫藥是顧不上了。我們兄弟幾個也爭氣，印象中就是三哥有一次得了病，父母咬牙帶他去過醫院。一般小病小感冒，都是家裏解決。家裏堆滿了從野地裏採摘來曬乾了的車前子等草藥，小感冒一般熬點湯喝了轉天就可以好。重一點的感冒，就自己鉗痧或者刮痧。絲瓜皮刮下來，揉成一團粘在牆上，曬

乾。有點小傷，敷上去，止血是很管用的。

　　至於學習條件，更談不上。小學六年，家裏沒有給我買過新鋼筆。門前那條河發大水，退水之後，有時在沙灘上可以撿到上游衝下來的舊鋼筆，換個筆尖，就這樣寫作業，考試。

　　買課外書更無法奢望。一九九六年，少年兒童出版社（上海）出版《一百個博士的少年情》，我應邀寫了一篇《一本課外書》，說我讀中學時不太進書店。不是不愛讀書，不想買書，而是家裏不可能有餘錢為我買課外書，每次經過我們小鎮那小小的書店，儘管眼饞得很，也不敢起買書的念頭。但是：

　　　　祇有一次例外。那是一個同學要買一本什麼書，我正好陪著他。和往常一樣，一進書店，我本來也是貪婪地看上幾眼就準備離開。可是這一看，眼睛卻不由地一亮，盯住一個地方再也不想移開。我看到了一本書，一本早就想看的書，《寫作基礎知識》。……

　　　　我常常吃不飽，但還沒有過那次那樣的饑餓感，一種難忍的精神上又饑又渴的感受。我後來又去了幾次書店，最後終於大膽地問了一下書價，知道是八角六分錢一本。

　　　　八角六，實在算不了什麼，現在小孩上街，一瓶橘子水，一根雪糕就是一塊多。但那對於我，這可是一筆巨款。它等於家裏三個月的鹽錢或者半年的煤油燈錢。這筆巨款無論如何不能從父親那裏得到。好幾天，我努

力打消買書的念頭，想忘掉這件事。但越是想把它忘掉，它越是在眼前晃蕩，就像一隻鼓足了氣在水裏壓不下去的皮球。

我得想辦法得到八角六分錢。我首先想到的是幹點零活。我們兄弟幾個有時為了掙點學費也常常利用假期幹點零活。可一時哪有合適的零活呢？就算有，功課怎麼辦？我又想到家裏幾支舊牙膏皮，拿出賣廢品也可換幾個錢。不料我去找時，舊牙膏皮一個也不見了。原來前幾天家裏缺錢買鹽已經把它換錢了。最後我盯住了家裏種的菜。

就是家裏牆角種的紅皮菜。賣紅皮菜常常是我們孩子的事。每次奉命賣菜，回來總是把所得一分不少上交。自己很少留零用錢。但那次之後，我每次賣菜就留一點錢。紅皮菜很賤，每次賣不了幾個錢，不可能多留，多留了父親會發現，家裏油鹽柴米常常算計又算計，少一角錢就趕不上趟。這樣賣了好幾次菜，每次留一小點，好不容易攢夠了錢，買下了那本書。

晚上做作業，祇有煤油燈，而且煤油燈祇有小鋼筆水瓶那麼大，那微弱的燈光真是祇有豆大，祇能照見最眼前的作業本。全家人晚上就用這一盞燈。像今天床頭櫃大小的一張破舊小方桌，是我的「書桌」。放學回家，擺到屋外，借著傍晚的微光把作業寫完，節約晚上的燈油。

唯一的優勢是刻苦，能吃苦，聽話，喜歡讀書。上課喜歡

聽老師講，下課知道要做完作業。

　　貧窮地區孩子有自己的遊玩和鍛鍊運動方式。擠暖。冬天，身上穿得單薄，課間在教室一角擠，十幾個孩子擠作一堆，拼命用力，擠得身上暖暖的。滾鐵環。抽陀螺，玩彈弓，粘知了，摔紙包。把柿子吃剩的籽留下，玩柿秕籽，兩邊擺陣對彈，看誰把誰的柿秕籽彈下格子。背著家長游泳。流經村鎮邊那條上猶江就是我們的最愛。

　　班裏窮孩子多。我讀書的初中，同班有一些農村同學，他們家遠，要住校，在食堂吃飯，常常祇是從家裏帶米到食堂蒸飯，從家裏帶鹹菜，週一帶一次，吃到週三晚上回家再帶一次，吃到週末。不敢在食堂買來吃，因為沒有錢。

　　我們這一代的很多人，特別是贛南老區農村的很多孩子，祇讀了小學，甚至連小學也沒有讀完。早早輟學，在家種地，或者在外打工，養活自己，還要養家。貧窮，改變了我們這一代很多人的命運。我是幸運的，父母竭盡全力供我讀完了中學，奠定了後來從文化上發展的基礎。

三、唐江中學和田老師真好！

　　唐江三所小學。我在第三小學。盧屋村祠堂是我們的校舍，那是村裏最好的建築。中學則在唐江中學。那校舍校園真闊氣。占地三四百畝應該有吧。大門進去，是一條長長筆直的中心大道。四排教室樓旁又一條長長筆直的大道。兩層樓的圖書館，兩層樓的行政辦公室樓，有音樂教室、兩層樓的物理化

學實驗樓。教工有宿舍，學生有男女宿舍。一個大禮堂，兩個有環形跑道的大操場，一個可以容納兩個球場的籃球場地，有食堂和廚房，一口學校專用的水井。有花園、果園、池塘。

　　小學是正規的管理。中學有明確的校風口號，「嚴教勤學」四個大字，就鑲嵌在正對大門長長大道那個」形建築高高樓簷下的匾額上。確實是嚴教勤學。走進校園，可以感受到濃烈的教學讀書氛圍。那老師拿著專用的講義夾，還有粉筆，數學課的大三角板之類，往講臺上一站，那氣度，就像他們正莊嚴地打開一扇大門，引領學生進入知識的殿堂。學校紀律很嚴，課堂紀律自不必說，早上一節自修，晚上兩節自修，都有老師值班，還有班幹部輪流管理。課程都是規範的，語文、代數、幾何、物理、化學、英語、植物學、地理、歷史、音樂、圖畫等等。

　　課堂之外，學校用其他各種辦法幫助大家學習。玩遊戲。一般是作為少先隊的活動。全班圍一個圓圈，中間一個同學敲臉盆，一個球順序傳下去。敲臉盆的響聲一停，球落在誰手裏，誰就要答一個問題，或是背一段課文，或是中文譯成英語，或是英語譯成中文。故事會，不定期，大家講故事。有助於擴大知識面，也鍛煉口頭表述能力。班裏經常開班會，同學互相介紹學習經驗。

　　學校組織高中優秀學生或團幹部到初中班級結對子，當輔導員。我們班就來了幾位。我們初二，他們高二，後來我們初三，他們高三。我因此認識了幾位朋友一樣的大哥哥。有梁

貴剛和蒙敬樟。兩位都是高中優秀學生，年長三歲，就成熟多了。他們和我談人生，教我學習，方法一套一套。我和他們因此有了幾十年的友情。梁貴剛後來和我同年上山下鄉，插隊到離唐江八十里的橫市公社，再後來，先是上調到公社商店營業員，後是回到唐江自己開了小店鋪。蒙敬樟回鄉，一九七○年，和我一同招工到八景煤礦，再後來，先是考取宜春師專，畢業任教，後來到深圳。

小學到中學，我學習成績好，一直是班上的學習委員。小學一年級班主任羅先蓮老師，是我的啟蒙老師。個子高高，臉上看上去嚴肅，說話語音沒有多少彈性，其實很溫和。小學算術嚴來明老師，瘦瘦高高，白白淨淨，一幅白邊眼鏡，很文靜的樣子。他特別喜歡我，心特別細，思想一點小波動，他都能覺察，然後找我談話，開導我，幫助我。初中的數學老師，個子高高，短頭髮，年紀不大，卻已有白頭髮，走路急急的。物理老師則矮胖個，臉闊大，嘴唇有點厚，嗓音有點粗。兩個老師講課有點按部就班，少一些生動，但有條有理。雖滿臉嚴肅，但學生都不怕他們。

小學高年級和初中的班主任，都是語文老師。小學是羅昌迎老師。我對作文的興趣，就是從那時開始的。初中班主任田允洋老師很受學生尊敬。個不高，額頭寬闊，頭髮總是往後梳理得很整齊，臉總是紅澤光潤，性溫和，人慈祥。他既教地理，也教語文。地理課講得好極了。不看講義，也不看書，可以隨手在黑板上畫出某省或某國某地區的地圖模樣，和標準地

圖，分毫不差，並且一一說出那裏的山脈河流物產。後來知道，他的本行就是地理。但他的語文課也同樣講得好。平實，沒有多少花哨，但張馳有致，有一種自然的節奏，讓學生很容易跟上他講課的節奏，而順著這個思路，講完一段一篇，很自然就能歸納出段落大意，中心思想，該懂的也就懂了。作文課尤其細緻。那時寫記敘文比較多。比如記敘一次什麼活動，他會在活動之前告訴大家，要注意觀察什麼，哪些場景哪篇課文有怎樣類似的描寫。作文批改，然後講評，他會指出，哪篇作文哪些地方寫得好，哪些地方如果怎樣寫就更好。他講的，都切合學生的實際。或者這就叫循循善誘吧！

目光溫和。上課，那目光伴著和藹的微笑像春風一樣在教室裏輕輕拂過，每個同學都可以感受到。後來我也當老師，纔明白，田老師當年是注意每個同學聽課的表情。他對學生太熟悉了。他能從同學聽課的表情表現，知道哪些地方學生可能不懂，哪些地方要多講一些，哪些地方少講一些。

初中一年級開始，我養成了寫日記的習慣，那時每週還有週記。田老師佈置作文，批改成績，最高分是八十五分。我的總是最高分。田老師經常拿我的作文作範文，在班上講評。我在中學作文水平有提高，和寫日記的習慣，和田老師的教育有很大關係。

田老師很關心我。稍有小差失，就找我談話。一次上體育課，我不守紀律，還說老師的怪話。晚自修下座位和同學說話。還和同學打過架，追著同學在教室前的空地跑。這時田老

師就要把我叫去談話，對我說：「不管在什麼場合，都要遵守紀律，向好樣學習，爭取當個『三好』學生。」一點一點地說，讓我明白很多道理。寫這篇文字的時候，田老師已九十二歲高齡，身體還非常健康，寫詩，書法，思維還非常敏捷。

初中第一學期，班上學習成績並不好。期中考試，五十人的一個班，全部及格二十五人，代數平均五十九點二分，政治五十四點七分。升二年級，情況就大為改觀。主科基本上都及格，沒有留級生。為學生的學習，老師花了不少心血。

我們那裏深山裏的小學，十幾個人六個年級一個班是常有的。即使鄉村的中學，條件也不好。好的老師留不下來，民辦老師很艱難。和他們相比，我是很幸運的。

四、階級教育，憶苦思甜，批投機倒把

這是我們那個年代的必修課。憶苦思甜活動，小學就有，初中一年至少一次。鎮長親自到校作報告。那位姓褚的女鎮長，從小當童養媳，受盡欺壓。一邊講，一邊露出身上的傷痕。初中一年級，請鎮郊農村一位朱姓大隊書記作報告。朱書記解放前本來十口人，沒有一分土地，有三間破屋，一天祇吃一頓稀飯。叔叔被抓當兵，不久死了。父親從小給地主放牛，後當長工，一當就是三十年。做長工，一旦有病，地主就不給工錢，一家就得挨餓。母親生小孩不到二十天，被國民黨反動派抓去做苦工，以後就病。有一次，偽保長逼交鄉丁米，他父親交不起，被抓去坐牢。家裏祇得去討飯。到地主家，被放出

狗咬傷。母親賣掉女兒，纔保出父親。可父親得病，不久死了。母親改嫁，兩個弟弟也死了。一家祇剩下他一個孤兒。初中二年級，聽一位叫李傳庚的講解放前的經歷。祇有兩間破茅房，七歲姐姐被賣，九歲死了父親，為埋葬父親，賣掉一間茅屋，和母親討飯度日。後來他給地主家放牛，受盡壓迫。母親死了，又賣掉僅剩下的一間茅屋。他自己被抓壯丁。

參觀階級教育展覽。知道地主高利貸，月息百分之二十。借錢要房、田、妻、女做抵押，窮人還不起債，要賣兒賣女抵債。還有壯丁稅，人頭稅，門牌稅，地頭稅。一幅幅圖畫。一幅畫，地主惡霸李贊瑚張牙舞爪，一手搖「文明」棍，一手指揮爪牙燒民房，殺人搶東西。又一幅畫，寒冬臘月，窮人還不起債，沒有吃，餓得皮包骨頭，衣著襤褸，到處討飯。

批鬥投機倒把。那是初中一年級的暑假。在盧氏祠堂，鎮長先作報告。接著投機倒把分子坦白。日記寫道：

> 她傲慢地走上來，屁股對著大家，說：「嗯，叫我坦白什麼？我又沒有做生意。」一句話，把大家激怒了。「你還不老實！」「坦白，不坦白就不行！」「不准把屁股對著大家！」這傢夥有些慌了，忙轉過身來，故作鎮靜地說：「噢，好好，我坦白，我坦白，我就祇販過幾絞洋紗，賣過幾匹布。」
>
> 「何止這些！」「還有，一定要你坦白！」「你還想狡辯！」憤怒的聲潮使她更加驚慌，她更加狡猾，咬

定一口：「我就這樣，我就這樣，你們知道，就你們檢舉我好了。」

接著是檢舉。鄧××不得不坦白她投機倒把的事實。

　　腦海裏滿是舊社會的苦難，滿是階級鬥爭。讀報，是《永記階級仇》的文章。讀小說，《朝陽花》，看到吳小蘭一家受地主的剝削壓迫，當童養媳受折磨。看電影，《礦燈》，看到解放前煤礦工人的痛苦生活。《農奴》，看到強巴父母被奴隸主害死。《冰山上的來客》，看到假古蘭丹姆，階級敵人千方百計破壞我們的家園。《金沙江畔》，看到炊事班長為了紅軍喝上水，身中四槍三箭，光榮犧牲。我一次又一次在日記中寫道：「忘記過去，就意味著背叛。」「永記階級仇，繼承革命事業，時刻保持革命的紅顏色，努力學好知識本領，建設祖國，保衛我們的幸福生活。」

五、學習毛主席著作，學雷鋒，做好事。

　　班裏有集體學習毛主席著作時間，一般每週一次。各級都有學習毛主席著作積極分子表彰大會。學校組織我們去贛州參觀廖初江、豐福生、黃祖示的事蹟展覽，這三人都是解放軍學習毛主席著作的先進模範。當然，更多的時候，是自己學習。在校學習，假期返家也學習。我還輔導過村裏居民學習毛主席著作。那是初中一年級的暑假，可能是學校假期安排的一部分。日記記下了當時的情形。晚上，明亮的燈光下，大家坐得

整整齊齊，有居民，也有返鄉學生。學的是《中國社會各階級的分析》。我念一段，解釋一段。開始我有點緊張，後來就不慌了。大家靜靜地聽我輔導。當時學得最多的是《為人民服務》、《愚公移山》、《紀念白求恩》

全校有「學習雷鋒做革命事業接班人」的動員大會，班裏有主題班會，還有省軍區的廣播報告會。組織看《雷鋒》的電影。唐江鎮郊，駐有一支雷達部隊，學校請他們來校作學雷鋒的報告。還學王傑。這名雷鋒式的解放軍戰士，在一次事故中，撲在即將爆炸的炸藥上，用生命保護了在場群眾的安全。學焦裕祿。這位縣委書記，身患肝癌，依舊忍著劇痛，鞠躬盡瘁，堅持工作，帶領河南蘭考人民和嚴重的自然災害作鬥爭，努力改變蘭考面貌。那一次班裏學習，田老師讓我讀報紙上登載的焦裕祿事蹟，我讀著讀著，就流下了眼淚。

大家爭著做好事。利用星期天打掃教室衛生。學校分給每個班有清潔區。一次，班裏學完《為人民服務》，學完大家到清潔區鏟草，有工具的就用工具鏟，沒有工具的就用手拔，幹得熱火朝天。吃過晚飯，又拿臉盤端水澆樹，校外馬路兩邊新栽的樹，一棵一棵地澆。講臺前老師上課的踏板斷了腳，馬上有同學找來磚塊墊好。突然刮大風下大雨，想到教室有一扇窗戶沒關好，會在風雨中受損，趕到學校，發現早有人做好事，把窗戶關好了。大家搶著擦黑板，為同學打水。

我個人也做了不少好事。教室一張凳子壞了，從家裏帶來釘子、鐵錘，把凳子修好。家裏常挑水的那口井，井沿比較

高，老太太站上去打水不方便，也危險，稍不留神就會掉到井裏，於是幫老太太站在井沿打水。日記寫道：「雖然我有點累，但很愉快。」一次雨天，爸爸生病，我去醫院買藥，回來的路上，發現醫院票房多給了我四角五分錢，日記寫道：「雷鋒的精神鼓舞我選擇了到衛生院的大路」，送還了錢，「雨住了，我踏著泥濘的道路，提著藥包回家去。雖然一路滑得很，但我心裏很愉快，因為我做了一件好事。」

一天中午，剛要去學校，忽然聽得汽笛叫，見沙塘邊一幢房子著火了，濃煙滾滾，火苗往上竄。日記寫道：「我想起王傑叔叔，他為了抗洪，不是奮不顧身嗎？火著了，損壞人民財產，我不能臨陣逃走。」於是趕緊回家拿臉盤，「燒屋的地方很多人在搶救，傳水的傳水，潑水的潑水，我趕忙舀一盆水傳過去。」後來消防車來了，把火救滅了。

還有團的教育。團總支書記上團課。參加了班裏的青少年學習小組。班裏一個同學，做了很多好事，經常擦黑板，為同學打開水，當了副班長，後來入團了。班長也入團了。班長叫羅開鸞，是一個忠厚的農村同學，高個，大眼，方臉，有點黑黝，平時不多說話，肯幫助人，學習也好，也有工作能力，為人成熟，學習毛主席著作很認真，年年三好學生。

在那個年代，需要一種可以凝聚幾億人思想的信仰和精神，這就是毛主席著作中體現的道德，六十年代前期的雷鋒社會清明和這種精神，是值得人們懷戀的。

六、勞動：中小學的又一記憶

家裏勞動是常有的。

挑水。從日記看，至少初中一年級，也就是十三歲時，就要挑水。挑水第一要體力。兩桶水，五六十斤重有吧？從水井到家裏，有不短一段路。家裏用大水缸，五六擔水不一定能裝滿。第二還要有膽量。站在五六十公分高的石井欄上，望著井沿以下十幾米的水面，水面以下還不知多深，二十公分寬的青石井沿，滑溜溜的，光要站穩就不容易，一不小心，就掉到那深井裏，僅那一站，就需要膽量。第三，站在井沿打水，用一根粗粗長長的棕繩，拴著一隻吊桶。吊桶從井沿下到水面，總是桶口朝上，浮在水面，隨你怎麼弄，桶裏就是裝不上水。這就要技巧。要把吊繩用力一甩，借著那力，將桶口甩著朝下，吊桶纔能裝上水。這技巧，我至少十三歲就學會了。當然，膽量也練出來了。初中一年級，兩個哥哥已經下鄉，家裏水缸的水基本就是我挑的。

其他家務勞動就比較雜了。掃地當是常事，已算不上什麼勞動。撿紅薯花生，挑水澆菜，是常事。洗用具。春節之前，要打掃衛生，沒有油漆的木製用具，飯桌，板凳，碗櫃，鍋蓋，臉盆架子，其他小木櫃，都得拿去洗。我們家離河邊近，一般拿到河邊沙灘上，擦一點帶鹼性的榨過了油的木梓渣餅，用點稻草使勁擦，或者就直接用河灘上的細沙用力擦，把表面的髒東西擦掉。蚊帳和被單也要洗。有時到井邊，更多的時候

是到河邊，用一個大腳盆，裝滿水，站腳盆裏用腳使勁踩。

學校勞動也是常有的。小學要打掃教室。到了高年級，還到教室前的院子拔荒草。中學除去經常性的值日打掃教室，每週有一個下午勞動課。每年四月下旬和十月下旬，各有一周左右的農忙假，農村學生回鄉幫幹農活，城鎮學生一般在學校勞動。暑假有護校勞動。少先隊隊日活動有時也是勞動。

有清潔區的經常性打掃。那時，教室外校園內的公共地段，都劃分區，每個班有一個責任清潔區。有校內其他勞動。中學校內兩個大操場，雜草瘋長，要經常性的鏟草。

學校食堂廚房到校外煤場買了煤，由學生挑回食堂。食堂師傅經常埋怨，煤場欺負學生，明明買的塊煤，卻挑回一些碎煤。碎煤粉煤不能直接燒，我們要做成煤球。還挑過石灰。

校內路面壞了，坑坑窪窪，我們挑泥挑沙把路填平修好。學校有一口魚塘，我們還拔過魚草。學校操場果園就有很多魚草。還編草繩捆雜柴。植樹造林，到鎮郊的荒山種樹。

中學有一個農場，河對岸。幾十畝地，種了紅薯、花生、油菜、蘿蔔，其他蔬菜。幾位農工師傅常年看守。我們去農場送肥、除草、鋤地、澆水施肥，蘿蔔間苗，拔蘿蔔，挑紅沙土種花生，選花生種，選芋種，挖紅薯。選花生種選芋種要選壯實沒病的。蘿蔔間苗是細緻活。紅薯鋤地也不能粗心，要把紅薯藤蔓一根一根小心掀開，然後鋤地，把地鋤鬆，又要把土重新培到紅薯根上。

送肥比較髒，送大糞尤其臭氣熏人。挑擔對小孩來說，比

較累。在操場拔草，一般都在暑熱天，正是雜草瘋長的時候，頭上太陽曬得很，下午二三點鐘太陽尤毒。腳下雜草刺人。

鄉村孩子有的害怕學習，一拿起課本，一做作業就頭疼。但淳樸，愛勞動，不怕髒不怕苦不怕累。一到勞動，這些同學幹得歡，還常幫著別的同學幹。有一次挑煤。有三個同學每人已經挑了七八十斤。我個子小，力氣也小，他們一路還搶著把我擔子裏的煤放到他們擔子上。那個班長更是髒活累活搶著幹。送肥到農場，他搶著挑大糞，別的同學兩人抬一桶，他一個人挑一擔。熱天在操場鏟草，別的同學幹不一會就到樹蔭下喝水歇一會，可他很少休息，一直幹下去。

正常的課程學習，階級教育，學習毛主席著作，學雷鋒，勞動，那是一段寧靜的日子，也是一段寶貴的時光。但接著，一場史無前例的文化大革命如暴風雨突然襲來，攪亂了一切，也改變了我們這一代人的命運。再過多少年，我纔再一次回到教室，纔有課堂學習的機會，但那已經天翻地覆，經歷了人生的多少曲折。

第二章　文化大革命

一、一夜間，大字報鋪天蓋地

　　一九六五年十一月起，批《海瑞罷官》，批「三家村」。那天晚自修，老師佈置：「寫大字報！」同學問：「寫什麼？」「批三家村！」「怎麼寫？」「看報紙！」報紙不多，大家搶著看。有幾個同學寫。基本上是抄報紙，用上黑幫黑線，反黨反社會主義，影射或指桑罵槐等一些新詞，和惡毒、瘋狂攻擊，別有用心，憤怒聲討，粉碎陰謀，向黑線、黑幫開火、開炮，決不允許誣衊，等等嚴厲的字眼。

　　進入一九六六年六月初，火藥味越來越濃。京津等地早就動起來了。中旬，「三家村」黑店江西分店也被揪出來了。二十四日，唐江中學終於貼出了批本校老師的第一張大字報。

　　記不得上午還是下午，有同學拉住我：「走，看大字報去！」我不以為然，因為批「三家村」的大字報看得多了。「不是批『三家村』，是別的大字報！」看同學急切的神色，我也加快了腳步。行政辦公樓前，果然圍滿了人。樓前牆上，

赫然幾張大紙。

　　大字報批的是姓賴的老師。賴 ×× 老師教文藝，負責學校的學生文藝隊，之前排演過《豐收歌》，評上優秀節目。這次批他的是另一個歌舞節目，叫《車水謠》，表演公社社員抗旱的場景，佈景和燈光很美，稍微暗了一點，兩組男女演員，有互相嬉戲、打逗的場景，免不了眉目傳情。大字報厲聲喝問：「為什麼寫暗送秋波？！」「這是要把青年引向何處！」

　　老師來看，學生來看，看過都不言不語走了。沒人煽動，也沒人串連。但一夜之間，大字報便鋪天蓋地。進大門長長主幹道兩邊房屋的牆上，所有的宣傳欄，正對大門辦公樓前後左右的牆上，都貼滿了。這是一顆耀眼的火星，剛一蹦出，滿地乾柴頓時點燃。

　　那天晚上全校沒有上自習。有同學寫大字報一直到天亮。第二天沒有上課。此後也再沒有上課。這一停課，再一次比較正式的上課，就是十年之後了。

　　老師課堂上的各種事都揭發出來了。為什麼宣揚「清官」論！為什麼讚美封建帝王！為什麼說農民起義領袖容易蛻化變質，這分明是影射我們的革命領袖！為什麼宣揚資產階級的名利思想、色情觀念！什麼博覽群書，難道資產階級的書也要博覽嗎？為什麼不說學習毛主席著作？什麼學生以學為主，分明是要我們忘記階級鬥爭！什麼學好數理化，走遍天下都不怕，為什麼不突出政治！為什麼不講無產階級專政！為什麼在課堂上講一隻鳥沒有尾巴？這是什麼用意！為什麼講毛主席年輕的

時候像孫中山，這是對我們偉大領袖毛主席的誣衊！

找到了唐江中學的「三家村」。一個是前面說過的教文藝的賴老師，一個教數學的李老師，一個教政治的劉老師。三人都愛好文藝，都比較活躍，都有一些言論，都是中青年。

地富出身的老師當然更逃不脫。開始是學生寫，後來老師也寫老師的大字報。出身不好的老師不敢動筆，一般是出身好的老師寫。從老師的大字報，我們知道一些老師原來家裏是地主資本家，有人當過國民黨的什麼官，知道還有老師同性戀，知道誰有作風問題，政治問題。老師更熟悉情況，大字報「水平」更高，更狠，更准，威力更大。

小學也寫大字報。小學生們對他們不喜歡的老師有不雅的諢號，都用上了，「老狐狸！」「大壞蛋！」粗粗地寫在不大的半張舊報紙上，再用紅筆劃上大大的 ×。上午大字報，下午開會評論，有同學發笑，老師說：「這是對文化大革命的態度，不准升學！」

唐江中學教師職工一百多人，祇有極少數沒有大字報。

二、破「四舊」，大批鬥，從未見過的狂風暴雨

一九六六年八月十八日，毛主席在天安門接見百萬紅衛兵。很快，唐江也有了紅衛兵、造反派，接著破「四舊」。一時間，素日平靜的小鎮被捲入抄家的瘋狂風潮之中。

所謂「四舊」，即舊思想、舊文化、舊風俗、舊習慣。封建迷信的不少。神臺一般不敢動，那是供奉祖先靈牌的，但各

式各樣的菩薩和香爐毀了不少。有一家一個很精緻的木菩薩，可能是楠木，被造反派毀掉。結果這家的老媽媽病了一場。

舊圖書舊字畫不少，查出來或者燒掉，或者沒收。族譜家譜也是封建的，有一家，兩箱族譜，全被燒了。

更多的是金銀首飾。袁世凱頭像的銀元，叫「袁大頭」。不少人家裏有，都害怕。被抄出來要被批鬥。於是好幾家偷偷地背著「袁大頭」，丟到水井裏或者河裏。鎮邊流過的那條河，那個僻靜之處石閣庵，後來人們游泳，潛到水底，就找到不少「袁大頭」。

一個單位，一條街道，總有幾個「階級覺悟」高，有「革命激情」的人，他們對這個單位這條街道誰是資本家，誰家有「四舊」，一清二楚。一人招呼，數人和應，結成隊，加上圍觀看熱鬧的一幫大人小孩，手裏舉著《毛主席語錄》，呼拉拉便掃過一家又一家。翻箱倒櫃，還找不著，就挖地三尺，屋子裏，院子裏。小小的唐江鎮，成百家被抄。

弄一塊紅布，做一個袖章，印上「紅衛兵」三個金黃的大字。成立戰鬥隊很自由，幾個人祇要願意，起一個名字，刻一個公章，就可以成立。也有連公章也不要的。

批「走資派」即當權派，批書記、校長、鎮長的大字報出現了。我大哥盧盛泓當唐江郵電局的局長，也被揪鬥。不能回家，不能和家人見面，祇能寫信，要家裏來人取換洗的衣服。郵電局一樓到二樓的樓梯牆上赫然寫著大標語：「×××不投降，就叫他滅亡！」讓人膽戰心驚。

　　各單位都有了一批「牛鬼蛇神」。大大小小的批鬥會。臺下滿是群眾，被批鬥的人押到臺上，脖子上掛著厚重的木板，上面寫著：「打倒×××！」名字上用紅筆劃上大的×。高帽子當然少不了。往往是一聲厲喝：「老實交代！」於是全場口號：「敵人不投降，就叫他滅亡！」批鬥，也遊街，大熱天，穿棉襖，押著曬太陽。有的戴豬籠。

　　姓褚的女鎮長，遊街的時候撐一把又沉又重的大傘。有的跪在瓦礫上，用釘板打手背，腿上壓上杆子。還有坐飛機，那是把雙手往後再往後翹上去。有些人下手特別狠，一邊說砸爛狗頭，一邊就真的一個大傢夥狠狠地砸下去。鎮郊農村章良大隊的書記，批鬥遊街，正遊著，後面一個人喊著口號，一根梭標猛刺過去，那個書記的腸子當場就流出來。

　　慘無人道的批鬥，一些人選擇了自殺。紅旗路兩夫婦，資本家，抄他們家的金銀珠寶，挖地三尺，也沒有找到。於是批鬥，要交代把金銀珠寶藏在哪裏。兩夫婦雙雙上吊自殺。街上還有一個，解放前是國民黨的隊副。一個居民組長，平時得罪人，被抄家，受不了都自殺了。唐江中學一個女老師，教英語的，從教導處二樓跳下來，送到醫院沒有救過來。一位姓張的女老師，出身資本家，敢說真話，說學生以學為主，批鬥戴豬籠，也自殺了。一個姓劉的數學老師，業務非常好。妻子是紅旗小學的老師，教學骨幹。三個女兒，學習都很優秀。資產階級學術權威，又出身地主，於是批鬥，下跪，壓杆子！一天早上，戴著一頂草帽外出，再沒有回來。人們在鎮邊的森林小鐵

道上發現一具屍體。他臥軌自殺了！還有一個養豬的，盧屋村人，加入過國民黨，並沒有什麼活動，仍然是國民黨的殘渣餘孽。受不了，就在學校後面操場邊他每天工作的養豬場，在屋樑上，上吊自殺。

《毛主席語錄》人手一冊。人人佩戴毛主席像章。開會學習之前，必要全體起立，齊聲讀毛主席語錄。跳「忠」字舞。擺「忠」字臺。早起之後晚睡之前，要在毛主席像前恭敬站立，叫早請示，晚彙報。就餐之前要表忠心。

我不太積極。村裏破「四舊」，跟著去看過幾次熱鬧。批鬥會無數，看過的不多，喜歡搞批鬥的那些人，不喜歡我們文文靜靜。被批鬥的有自己的老師，怎麼也「恨」不起來。我是愛大哥的，他不過是秉性耿直，因此得罪了一些人。

已經不上課了。農村同學大多見不到了。他們要回家幹活，家裏窮，能供他們讀書就算不錯了，哪有時間讓他們參加「革命」！

三、大串連：嚴冬的井岡山，睡在硬梆梆的水泥地上真冷

八月開始的大串連也席捲了我們這個小鎮。

先是每個班選了一個代表去北京天安門參加毛主席接見紅衛兵的大會。後來有膽大的先出去。外面的消息不斷進來，寫信，發電報：「很好，乘車免費，吃住不要錢。」串連證，單位蓋章就行，戰鬥隊的公章也行，帶學生證也行。迅速傳開的

消息把人們的心一下子帶飛了。於是出去一批，又出去一批，不久，偌大的校園就基本走空了。

我是步行串連。約了三個同學。第一站，贛州。第二站，往東到瑞金。第三站，回到贛州，往西，經遂川到井岡山。井岡山之後，聽到乘火車不再免費的消息，於是打道回府。

一路果然是接待站。打著標語：「歡迎毛主席的紅衛兵！」供茶水，供吃住。纔十五歲，第一次走出家門。第一天不覺得累，到贛州五十多華里，一天時間走到了。到瑞金也還可以。但從贛州西行就有路途遙遠的感覺。兩條腿越來越沉，拖著往前走。五十多里路，好像總也走不到頭。

贛州、瑞金、遂川的吃、住還可以，人不算太多。到井岡山，可了不得，滿山是人。茨坪，井岡山的中心。山坳下，水田邊，散落一些房屋。山坳的上端，有一個較大的坪場。一條泥濘小路彎彎曲曲，連通著散落的房屋。從那較大的坪場，到各屋前的小坪，從屋外到屋裏，那泥濘的小路上，就連那田間的田埂，都滿是人。

我們住的是大倉庫。水泥地，一塊東西墊著，一牀蓋的，這就是鋪位。橫七豎八，一不小心，就可能踩著別人的「牀鋪」，甚至踩著正在睡覺的人。記不得我墊的是塑膠布還是草席，衹覺得在冰冷的水泥地上，躺著磕得硬硬的難受。記得最清楚的是那蓋的。有一牀被單，但被單裏不是棉絮，塞的全是舊衣服和碎布條。十一月份，天氣已經很冷，又是在山上，氣溫更低。雖有幾百號人，但除了難聞的氣味之外，一點熱氣也

沒有。房子太空曠了。那「被子」實在不能禦寒，唯一的辦法就是全身縮作一團。吃的也不行，祇有冰冷的硬硬的粗麵饅頭，就著熱開水，硬嚼咽下去。

來山上的人太多。物質供應已達到極限。棉絮全部用完了。能有這碎布條被子，已經算不錯了。所有的東西都從山下運上來，包括我們吃的饅頭，山上祇能保證開水供應，連加熱饅頭的能力也沒有。沒有人力，沒有柴火，沒有鍋灶。運力也達到極限。一條山間公路，幾輛大卡車，已經遠遠不能滿足。於是動用了軍用直升飛機。一趟一趟地運。

一路興致勃勃。在贛州，第一件事，就是到幾所高校，看大字報。在瑞金，看紅軍當年挖的水井。看中央大禮堂。那是當年紅軍蓋的，贛南蘇區很多會議就在這裏召開。想像紅軍當年就在這裏建立根據地，又從這裏長征。井岡山，山高林密，群峰環抱，易守難攻，真是好地方。五大哨口，真是險要。八角樓，想起八角樓的燈光。

串連的同學陸續回來。他們帶來更滿滿的消息和感受。哎呀，車上塞滿了，太擠了！上廁所？哪裏擠得開，就從肩膀上踩過去！女的憋不住，哭了。上車？車門哪裏上得去！從車窗硬塞進去！有坐悶罐車的。那哪是人坐的！運豬的，聞著儘是豬味道。那個冷啊，真受不了。也塞得滿滿的。不過還算好，到站還有人送開水。帶回更多的，是各地特別是北京的造反消息和各種傳言。

四、派戰，真是天昏地暗，天翻地覆

到處是兩派，造反派和保皇派。我們這個小鎮，也攪得像翻了天。

串連回來，學校就分成兩派。一派叫「東方紅兵團」，一派叫「井岡山兵團」。兩派都說自己是最革命的，大開戰事，互相攻擊，互不相讓，勢若水火。大字報更多了。學校到處都貼滿了，祇有蓋住原來的大字報再貼一層。往往一份大字報沒貼幾天，就被新的大字報蓋上。層層疊疊，厚厚實實，成為一道景觀。還有傳單。傳單以數量取勝。一份傳單，印幾百張，站在樓上，往樓下人群一撒，像雪片一樣飄散。

整個校園，滿鎮子在辯論。學校教室裏，走廊過道上，大路上，果園裏，鎮子街道上，餐館裏，甚至居民家裏，都在辯論。越來越激烈的派戰，有的已帶著火藥味。

奪權之風也刮進來。奪地區的權，奪省裏的權。我們學校，一個政治課老師是老師造反派的頭，聯合另外幾個造反頭頭奪了學校的權。

我參加了井岡山兵團。那是造反派。都是熟悉的同學，特別是高中那些對我很好的同學。編紅衛兵小報。

那是油印小報。一週一期，一期一般就是一張。刊名叫「井岡山」。一般在頭條位置有「毛主席語錄」，或稱「最高指示」。重要大字報的觀點摘要，本兵團的通告，有時也刊登關係密切的其他造反組織的通告。本地和外地造反資訊很多。

某兵團成立，某兵團狠批某走資派大會，某保皇派向真理投降。最難得的，是中央首長指示。時而也有短評。

辦報難的是組稿。特別是還沒有傳開的中央首長重要講話，還有外地重要資訊。於是發動兵團成員。好在有些同學有資訊源，在贛州高校造反隊裏有人。贛州他們又在上海北京有人。資訊層層轉來。短評也難寫。有時沒有稿源，就找一些毛主席語錄，根據形勢，編幾條上去。

小報油印。用鋼板刻蠟紙，刻好用油印機印。油印機是老式的。鋼板還有刻鋼板的鐵筆、蠟紙，油印機以及油墨、滾筒，現在是見不到了。鐵筆有點像現在的圓珠筆，祇是尖頭是一根鋼針。鋼板的材料倒真是鋼板，祇是特製的，上面有細紋，這樣用鐵筆在上面刻蠟紙，纔能寫出字來。薄薄的一塊，像現在的智能手機那麼寬，筆記本電腦那麼長。蠟紙大約現在的 A3 紙大小。上面真有蠟，印著小格子，這樣刻字更整齊。刻好的蠟紙，貼在油印機上，用滾筒沾上油墨，往上面一滾，油墨印下去，一張就印好了。

刻鋼板和油印都是技術活，細心耐心活。我是慢慢掌握這些技術的。編輯部三個人，技術最好的，是一位高中同學。姓徐，名始立。單薄瘦瘦個，清秀白淨臉，架一副白邊眼鏡，性文靜。徐同學刻得一手漂亮的仿宋體。他印刷也有一手，滾筒用力霑墨用力非常均勻，一般一張蠟紙，我們來印，祇能印一百張，一百五十張，他來印，能印上二百張，蠟紙還不破。徐同學對我很好，我把他當大哥哥。

　　辦公室是學校老師原來用的。「文革」開始以後，老師不上課，就被戰鬥隊占了。有兩間。一間是頭們開會。熱鬧的時期，頭們幾乎每天在辦公室議事。一間就是我們小報，戰鬥隊抄大字報，普通隊員相聚，一般也在這間。很有幾個積極分子，每天都來。頭們隔壁議事完畢，就會到這一間來分派人。誰誰去寫大字報，誰誰去抄大字報，誰誰去寫大標語，誰誰去把大字報和大標語貼出去。雖說誰都會寫大字報，但頭們總想大字報寫得好一些，有力一些。於是代表戰鬥隊的大字報，常常找那些平時作文寫得好的來寫。當然不能寫得文縐縐，要有戰鬥力量。我被指派寫過不少。主要是駁論，駁另一派的觀點。我的大字報文風很久沒有改過來。

　　如果要遊行示威，則要這些同學去招集更多的同學。這些同學閒散在各地，教室，寢室，看大字報的地方，街上，甚至家裏，都招集起來。這時，人越多越好，呼拉拉一片，兵團紅旗開路，後面舉著各戰鬥隊的旗幟，拉著橫幅大標語，有時還有鑼鼓，高呼著口號，儼然一支上陣的隊伍。

　　我們編報忙，有時遊行也不會讓我們去。也有沒什麼事的時候，這時，辦公室仍有一些同學閒著嘰嘰喳喳，徐同學就會嫌吵得慌，會把他們趕走。「走走走，到隔壁去！」他要安靜的環境編報。

　　這是一段忙碌的日子，小報出了二十多期。徐同學家就在隔河相對的農村。他後來回鄉務農，再也沒有見過。戰鬥隊的其他人，都回鄉的回鄉，下鄉的下鄉。硝煙散盡之後，落了片

白茫茫大地。

造反派一些人，結局各不一樣。我所知，我們中學好些學習特別優秀的，後來都因各種原因沒能上大學。雖然後來恢復高考，但時過境遷，當年的條件再也回不來了。

五、贛州老街騎樓下絕食的紅衛兵，接著是武鬥，震驚全國的「六二九」事件

唐江中學沒有什麼武鬥。祇有一次，一派佔據一座樓，這是學校的一座科技樓。不知為什麼，另一派要強佔這座樓。於是一些人衝進去。有肢體衝突，並沒有武鬥。

唐江有一次。臨街一座矮山，叫圓壇嶺，也就幾十米高，山上一座禮堂，一溜臺階上去。幾百號人，在山上辯論，接著就動手。有說打起來了，有說祇有肢體衝突。

可怕的是贛州的大武鬥。這是從舒北斗事件開始的。舒北斗是贛州一中的高三學生。一九六七年二月四日，他與另幾個造反的同學批鬥學校三個老師。舒北斗等人認為認罪態度不好，於是便打。一個老師被打死，另兩人被打成重傷。三月十四日，贛州市公安局將舒北斗拘捕並關押。造反派覺得當時打死個「牛鬼蛇神」已是常事，公安局小題大作，有意保護「黑五類」而阻礙文化大革命。於是組織營救。四月，營救達到高潮。先是數千紅衛兵衝擊市公安局，強行要釋放舒北斗；後是在市公安局、軍分區門口靜坐、絕食。

消息傳到五十多里外的唐江，也可能是贛州的造反派來唐

江聯絡求援。於是一大群學生一呼而起，到了贛州。記不清是幾十個還是一百多個。我也跟著去了，參加到絕食的隊伍。

絕食在贛州老城區。市中心有叫「標準鐘」的，四周一片老街。絕食學生就在老街的騎樓下。四月天，還有點冷。陰天，有幾天還下了點小雨。地是硬硬的石板路，一點墊的，擁著一床被子，或者披著一件棉衣，學生們背靠著街牆坐著，或者躺著。一個接著一個，一條街，又一條街。

驚動了社會，驚動了市民，驚動了醫生，驚動了家長。開水送過來了，開水桶就放在騎樓邊。人們勸我們：「絕食不能絕水，喝水不算沒有絕食。」一箱一箱餅乾送來了，一筐一筐熱饅頭送來了，後來又改為肉包子，香噴噴的就擺在路邊。「這是保皇派引誘我們，不能上當，一定要堅持下去！」家長來了，往孩子手裏塞吃的，餅乾，糕點。

第一天，很餓，第二天，也餓。第三天，就沒有感覺了。看見有的同學被送到醫院去了，那是餓暈了。但我還堅持著。記不得第幾天，終於我也暈倒了，被送進了醫院。葡萄糖針高高地吊著。送我到醫院的是一個對我很好的高中同學。他滿臉是心疼和嗔怪：「你真的不吃東西？」後來我纔知道，有的同學借上衛生間，偷偷地吃東西。

我被送回唐江。絕食的其他同學後來也回來了。大哥盧盛泓讓我到他的郵局去。他已經解放，恢復工作。裏外兩間辦公室，讓在外間，每天做作業，看書，「做什麼都行，就是不能到學校去，不能到外面去。」大哥時時關注形勢，也關注我。

知道危險即將到來，他要保護我。

後來的情況，大哥也不太跟我講。他是希望我不受外界干擾，安下心來讀書。但消息還是不斷傳來。那些郵差都是消息靈通人士。他們一回來，就會聚談，從旁邊偷偷地聽，不斷有聲音飄過來。

「哎呀，不得了啦，贛州又死人啦，傷了一百多號。遊行啊！好多人，抬著屍體啊！」說話的人神色都變了。

又過一段時間，「贛州打槍了，哪裏打槍？滿城都在打！當然死人了！死了多少？好幾百號！那個血流啊，街都染紅了。」說話人神色變得更厲害。

這是震驚全國的贛州「六二九事件」。

恍若隔世之夢。那時真不知道槍聲就在身邊，流血就在身邊，危險就在身邊。

六、自謀生計第一步，赤腳踩在滾燙的沙路上

當有一天，父親帶著我站在一個高個木匠面前，終於發現已經從幻若雲天的夢中走了出來，頃刻跌到了冷硬的現實。

高個木匠一張方正有棱角的臉，寬大厚實的腰身，粗大壯實的雙手。他不住地說著閒話，鄉下收成怎麼樣，哪家哪家娶了媳婦，哪家哪家兒子出去做了什麼事。好像不知道我的存在，但能感到他的目光時不時往我身上一瞥。父親本不愛說話，這時祇低著頭聽。我更像一個作業不及格的小學生，怯生生地站在一旁，批鬥大會遊行示威振臂高呼口號的昂揚氣概早

已跑到爪哇國裏去了。

　　一路無言。到家，父親纔歎口氣：「他不要你。」

　　這是我的第一次面試。文化大革命看不到盡頭。學校鬧得一塌糊塗，書是讀不成了。父親可以盡力供我讀書，但既然不能讀書，他要給我找到活路，可以養家糊口。生存是人生第一要義。沒有生存，一切都是空的。從小學到中學九年間，滿腦子的革命理想人生志向，階級鬥爭，反修防修，防止資本主義復辟，共產主義事業接班人，頃刻間化作了簡單的「生存」兩個字。父親是老木匠，第一想到的，是讓我也做木匠。他已年老，接不到像樣的木工活，無法收我做徒弟，祇能借助他在木匠界的人緣。

　　高個木匠顯然沒有看上我。木工分大料小料，父親是做小料的，做家俱，衣櫃桌椅之類。高個木匠是做大料的，蓋房子，架房梁，做門窗。做大料需要力氣。我的三好學生，成績優秀，都不起作用。我那時個子小，高個木匠當然不會看上我。

　　這或者是我人生的一個重要轉折。如果我被高個木匠看中，可能就一輩子做木匠了。

　　接下來的一次「求職」，是不要面試的。祇是在某一天早上，聽從父親的指派，挑著一副畚箕就上路了。

　　挑沙。小鎮河對面通往糖廠有一條沙土公路需要維護，辦法是在土路上鋪上沙，特別是鋪在輪胎輾壓的兩條轍印上。那時還有護路工，每天用推把將濺散出來的沙推回到那兩條輪轍印道上。當然，要不斷地添加新沙。離公路三四百米就是流過

小鎮的那條小河，河水千年流淌，在河邊積下了一個又一個沙灘。我的工作，就是把河邊沙灘的沙挑到通往糖廠的這條公路上。

這個小鎮，其實還有其他工作可供選擇。比如，小商店站櫃臺，那是讓人非常羨慕的工作。比如，小餐館當徒工，也還是可以的。至於鎮機關的勤務人員工作人員，那是連想都不敢想。這一切，都需要關係。父親祇是一個老實巴交的普通木匠，祇有讓我走進暴曬的太陽，赤腳踩上滾燙的熱沙。

我從小就在家裏挑水。挑擔對我來說，不是難事。但這樣整天的挑，早起一直到下午，卻沒幹過。夏天時節，沒有任何遮擋，任由毒辣的太陽暴曬。喝水是方便的，清清的河水，兩手一捧就可以喝個痛快。上衣是肯定不可能穿的。衣服被扁擔磨破了，哪有錢一件一件地買，何況，那時做衣服買布要布票。一年祇有那點布票。祇能赤膊，任由扁擔直接在肩膀赤裸的皮肉上碾壓。天熱，扁擔也是滾燙的。後來，每次挑擔時我把扁擔往河水裏浸一下，這樣扁擔片時稍涼一些，但浸過水的扁擔，那摩擦力更大，碾壓在肩膀上更疼。於是改用一塊舊布墊在肩膀上。舊布家裏是有的。肩膀先是有點紅疼，後來越來越紅疼，再後來，就沒有感覺了。幾個月下來，上面已滿是厚繭。

腳下感覺也是難忘的。夏天不可能穿鞋。能省一點是一點。沙子都是滾燙的，赤腳踩上去，像踩上燒紅的鐵板。沙灘上還好一點，表層滾燙，鬆鬆地踩到下層，還不那麼燙。硬實

的公路上那沙子一粒一粒顯得更硬實，腳板皮踩壓過去，又燙又刺腳。祇好揀沙薄露著泥土的地方走。這時最舒服的就是沙灘和公路間的那段鄉村田間土路，平實，不熱，又軟乎，如果有一點野草露著，赤腳踩上去，就更舒服了。

挑沙是計方的。所謂「方」，就是立方。沙子在公路邊堆成梯狀立方形，驗收員量一個下邊的長度，一個上邊的長度，再量一個高度，算出立方數，依此算工錢。一般一堆沙挑夠一個立方來算，這樣方便。因此不需要「面試」，不需要看你個大個小，你挑的沙夠一方，就給你錢，不夠，就不給錢。那沙方好像總也挑不夠。眼估著夠了，但驗收員一量，還是不夠。祇有再挑。驗過一次再挑，好像更累，有如爬山，最後那幾十米最累。爬一段，要望一段，快到了沒有。

家鄉這一片沙灘，留下了我自謀生計的第一個腳印。那時我不到十六歲。我不知道，在前方，等待我的是什麼。

第三章　上山下鄉

一、李村，那深山溝，土坯房，還有喊出工的大嗓門和雙搶

　　不久，我就知道，前方是幾年知青生活。我們這一代，一九六六、六七、六八年三屆中學畢業生，初中的叫初中「老三屆」，高中的叫高中「老三屆」。這三屆中學城鎮畢業生，都下放農村，叫「上山下鄉」，叫「知識青年」。

　　一牀梆硬的薄被子，幾件破舊衣服，一條毛巾，收拾簡單的行李。鎮裏安排的歡送場面是熱鬧的。幾百人吧，下放在唐江北面的幾個公社。招展的紅旗落在身後，喧鬧的鑼鼓聲漸漸遠去。剩下的是沙土公路上一步一步地前行。

　　三十里，到了公社。會議室硬硬的乒乓球桌上睡一晚，蚊子咬得一個晚上沒睡著。大件行李另有人推獨輪車幫送過去。第二天，接我們的是幾個年輕女社員。見是男的，不好意思跟我們說話，也不幫我們拿東西，祇拿了隔壁生產隊幾個女知青的隨身行李。我們祇好自己拿著隨身東西，鍋、鋪蓋、鍋鏟和

水桶，悶頭跟著。走過簡易的勉強可以通汽車的土路，再走過彎彎曲曲、坎坷不平、連自行車也通不了的鄉間小路。

一路悶悶地走，二十五里，終於放下行李。

一陣喧騰過後，留下一個清晰的日子，一九六八年八月十九日。「八一八」，我們是紅衛兵，這是毛主席第一次接見紅衛兵的日子，「八一九」，我們是「知青」。

我下放在沙溪公社李村大隊（後來叫內潮）李村生產隊。

全是土坯房。屋裏地面也是泥土，一次一次被踩壓得結結實實。牆裏沒有粉白，至多貼上一些舊報紙。窗戶很小，房間裏陰暗陰暗的。沒有玻璃，冬天一般糊上一層白紙擋風。

廁所叫「茅坑」。矮小的土坯屋裏，一兩米深、兩米多見方的坑，儲滿了人和豬、牛的糞便，全攪在一起，深不見底。土坑懸空架兩塊木板，人蹲在上面方便，仿佛下臨深淵。沒有通電，沒有電燈，一到晚上，除了一星兩點煤油燈的微弱亮光，整個村裏黝黑一片。茅坑小屋更黑洞洞的。

四面是山。一條山溝進去，岔開一條山溝，進去還是山。山雖不太高，但層層疊疊，連綿不斷。一條小溪從兩山間流過，小溪旁，山坡下，散落著幾個屋場。合在一起，叫李村。

緊靠村邊有幾塊平地，田畝較大。剩下山坡上的都是梯田。基本上是種稻子的水田，一小塊一小塊。有的水田祇有一塊大桌面大，一邊是山崖，一邊是陡直往下的梯埂。山裏用牛犁田，常常拉犁的牛已上到了田的那頭，這邊犁還下不了田。

我們就住在這樣的土坯房裏。牀是兩張長木條凳，架兩塊

木板。條凳和木板都是生產隊安置經費準備好的。國家配發給我們的還有一人一把鋤頭，一頂斗笠，一席簑衣，還有其他必需品。冬天天冷，牀上墊的是稻草。

晚上去那黑洞洞的茅坑是一個大事，拿手電，或是點著松明火把，一步不敢亂邁。我至今心有餘悸。不知道女知青們怎麼過來的，她們愛乾淨又膽小。洗澡就在屋外角落，偏僻無人處，腳下一塊石板，一桶水提過去，嘩啦啦就往身上衝。

一早集體出工。有時吹哨子，有時就是喊。生產隊長葉大江，嗓門特別大，每天早上準時一聲：「出工囉！」整個山谷聲音都在回蕩，幾個屋場都能聽到。他用大嗓門分工。其他隊長和組長住在對面屋場，隔著幾百米，幾個人就用大嗓門商量，今天哪些人到哪裏做什麼，然後用大嗓門通知全村。

晚上有時也得出工，在室內，揀木梓之類。家裏需要燒柴，祇有利用早上出工前的時間，上山砍好一擔柴，挑下山，趕上出早工。我們剛下去是七分，但不久就八點五分。年底分值算下來，滿十分也不過六角五分錢左右。一年下來，年底分紅，很難拿到多少現錢。

勞動是苦是累。砍柴要把柴砍好，在山上沒有路的嶇崎地方挑到也是嶇崎的山路上，再從山上挑下來。插早稻之前要播秧種，早春，水田還有薄冰，要犁田耙田，赤腳踩下去，刺骨的冷。到茅坑裏舀糞，挑到稻田裏，潑撒開來，又髒又臭。插秧也累。腰一直彎著，不一會兒，就會很累。而農忙時節常常是一整天腰都彎著插秧。割稻子捆稻草，手在稻草上擦來擦

去，常常很疼，甚至擦破皮。「雙搶」最累。搶收早稻，搶插晚稻。正大夏天，頭頂大太陽毒毒地曬著，腳下田裏的水滾燙滾燙，熱氣上蒸，上曬下蒸。

挑擔子也很累。真佩服村裏那些小夥子，呈英雄，雙搶時挑稻穀，剛收割打下來的濕濕的稻穀本來就沉，兩個籮筐一擔嫌不過癮，兩擔四個籮筐摞在一起，將近二百斤，放著大路不走，偏從一兩尺高的田埂飛一樣地往下跳，往前跑。我們就不行，一擔八九十斤還可以，但挑得路長了也不行。

李村五個男知青，都是盧屋村的。盧盛堅、盧盛桓都是唐江中學，同初三年級。盧和柏、盧和粉兩兄弟，都是唐江林業中學。盧和柏高中，盧和粉初中。這是一所民辦中學，在唐江鎮隔河五里路遠的一片荒山嶺上。五人中，我個子最矮，盧和柏年紀稍長，處事也最成熟。隊裏一個五保戶老奶奶，叫蕭灶秀，我們習慣稱她「奶奶」。無依無靠，隊裏讓和我們住一起，有個照顧。其實老奶奶做飯洗衣做其他事都可以，我們不過挑幾擔水而已。

我們五人吃過半個多月的派飯之後，自己做飯。農村女子辛苦。勞動收工回來，男子一般一把椅子往院子裏一放，往上一躺，一根煙一抽。女子則忙完田間回到家還要繼續忙碌。洗米洗菜燒火做飯，飯做好了，招呼男人吃飯，自己則提著一桶豬食去餵豬。餵好豬，男人正好吃過了飯，於是一邊匆匆往嘴裏咽幾口飯，一邊收拾洗碗洗筷子。有的還要給孩子餵奶。剛放下碗筷，出口的號子又響了。我們則不同。收工回來，累得

不行，還得洗米洗菜挑水做飯。

緊鄰的冬水田有四個知青，都是女的，唐江一起下放的。葉民蘭是唐江中學高三的優材生，如果不是文化大革命，憑她的實力，應該能考上重點大學。另外三人李桂英、廖春英、劉方平，都是唐江林業中學的初中畢業生。勞動關對她們來說更難，她們同樣要一早打柴，自己擔水做飯，出工收工後又要匆匆做飯吃飯，又出工，摸黑收工，洗衣做飯。

文化生活基本沒有。收工回來，休息之前，有時望著四周黑黝黝的山影，望著高渺不可測的星空，心裏就像這星空一樣空落落的。因為空落，什麼也不想，所以乾淨。第二天照樣砍柴、犁田、插秧、耘禾、挑擔。

二、從當地農民那裏，我們知道什麼叫手把手。

說實在話，當地農民對我們知青不錯。為寫這本書，我採訪了很多當年和我一起下鄉的知青。我應該寫下這句話。

我們住的是土坯房，但當地農民都住土坯房。國家給我們安置費，每個知青第一年每個月八元，除去其他費用，剩下的錢即使在當時年代，也沒有辦法蓋新房子。當地生產隊盡力解決我們的住房。距沙溪公社三十多里的橫市公社，我調查過兩戶。一戶知青，二男四女，住生產隊廢棄的兩個會堂，原是地主房子的大廳，有五六十平米，另外有廚房。另兩處知青點，都是四個女的，都是隊長家讓出來的一間房，另有一個廚房。距沙溪二十里的麻雙。下廳生產隊，二男三女，住眾廳邊的兩

間房。東排生產隊，住孤老太太多餘的房子。三男三女，男的一間，女的一間。為方便女知青洗澡，生活隊專門另搭建了洗澡間。壩子生產隊，三個知青住二間。那是地主的房子。房子現在還保留，土坯平房，很破舊，已經廢棄，畢竟五十年了。注意觀察當地五十年前尚存的其他房子，知青的房子不是很差的。畢竟原來是地主的房子。

我所在的李村，生產隊給我們的住房應該是最好的了。五個知青，先住在東邊叫院裏的屋場。房間外不太開闊，正對著小天井，小巷子，幾間房子擠在一起，但也有一人一間。那一家房主，弟弟是國民黨的團長，土改時被槍斃。他本人解放初搬到贛州，房子因此空下來了。

後來，五人移住北邊叫新屋裏的屋場，那就寬敞舒服多了。每人一間，房間都不算小。我的一間門口還有一個過道式的小廳，另有一個不小的眾廳。和我們一起生活的五保戶老太太另外單獨一間。一間大大的廚房。這還不算，屋前還有一個足有兩個籃球場大的院子，四周圍牆，高高的門樓。

那是一家富農的，姓彭。不知道是土改時沒收的，還是我們到了之後要這家富農空出來的。我們去的時候，那家彭姓富農還在，三兄弟，除一家住我們隔壁，共用一個大院子，另兩家都住別的地方。在李村兩年，住隔壁的一家，同一個院子，從來不到我們這邊來，也不太打招呼。每天跟著哨子上工，不作聲響的扛著農具出門。我們也不跟他說話。階級鬥爭的弦讓我們不敢隨便跟富農分子說話。

農民手把手教我們農活。上山砍柴，捆柴是一技術。我們割的是蘆蕨。這是一種蕨類植物，山上滿是，割完再長。一根莖，粗粗的，硬硬的，葉子也粗硬，曬乾了做柴燒。用專門割蘆蕨的刀，割下的蘆蕨是散的，要捆成一擔纔能挑下山。割蘆蕨不難，但捆蘆蕨、穿柴擔不容易。一開始我們都不會。當地一般女人砍柴，男人不砍柴。隊裏派人帶過我們幾次，以為差不多了，沒再派人。女人不好意思約我們。到了山上，也和我們隔一些距離。不過隔得不遠，總是遠遠地看著我們，等我們割得差不多，要捆柴的時候，就會從不遠處過來幫忙。

記得一次是兩個女孩，説是女孩，其實年齡跟我們差不多，可能稍大兩歲。一個微胖，一個苗條，做事都很麻利，微胖的靦腆一些，苗條的潑辣一些。先是遠遠地看著，後來看我們不會，看不過，潑辣的性急，從山坡上橫插過來。

「哎呀！不是這樣！蘆蕨要弄成一撥一撥，下一撥的頭要壓在上一撥的尾上，一撥一撥壓好。」

我們剛一動手，「哎呀，不行，底下要墊樹栫！」

女孩炒爆豆般急匆匆地説我們，隨手用刀麻利地就身旁的松樹砍下幾根樹枝。她説的樹栫就是樹枝。鋪好底下的樹枝，又順手把我們割好的蘆蕨一撥一撥鋪上壓好。靦腆的也跟著過來，在一旁幫忙，祇是不説話，潑辣的卻嘴裏不停：

「要這樣，看到沒有？」

但疊蘆蕨祇是第一步。兩女孩又教我們捆蘆蕨。蘆蕨捆好捆緊之後，又教我們插茅杆。這都要技術。潑辣女孩和靦腆女

孩，其實都溫順，教我們很耐心。看我們柴弄好了，她們纔放心地到別處去割柴。這樣幾次之後，我們就可以獨立砍柴了。

犁田耙田更有技術。先是我們一邊幹別的活，一邊看他們犁田，心裏揣摩。他們看我們真想學，中途歇工（他們叫抽煙）的時候，或者是我們說：「我來試試吧？」或者是他們說：「你來試試！」我們拿著牛鞭，這時他們會說：

「犁要扶平穩，犁把不能太高，犁把高了犁頭就低，往深處鑽，會把深處的生土翻上來。也不能太低，犁把低，犁頭就往上飄，犁得淺。腰要直，身要正，這樣纔犁得直。」

還教耙田。教犁田耙田，一般是老農。老農更有經驗，牛也欺生，老農在，牠知道是老主人，不敢欺生。記得教我的是同住在院裏的一位老農，叫葉新淦。五十多歲，個子不高，很精幹，一個兒子，一個女兒，都不太說話，但一上工就埋頭幹，很麻利。我在下丘田犁田。他站在另一丘田遠遠地瞟一眼，知道我哪裏不對，就過來糾正。插秧，耘田，築田埂，收割水稻打斗脫粒，穿草鞋，都是農民手把手教我們。

當我寫下這段文字的時候，腦海裏總是浮現山村梯田那一片綠油油的禾苗。這些禾苗到秋天都成熟了，那些金燦燦的稻穀，早已離開那片土地。但是，怎麼能忘記曾經滋養它苗壯生長的那片沃土呢？

三、忘不了那滿是心疼的臉和辣蓼煙杆

農民淳樸，熱情。

　　剛到村裏，生產隊安排各家輪飯，也叫派飯。吃了半個多月，每家基本輪了一遍。農家平時不可能有大魚大肉，但雞蛋、泥鰍是有的。這是他們在那個時節能拿出來的比較好的吃的。輪飯過後，自己做飯，當地農民就送柴送菜。

　　當地農民對女知青比較照顧。鄰隊冬水田四個知青都是女的，太重的活一般不會派。有些活稍輕一些。比如，雙搶時曬穀場曬穀，插秧時拔秧或挑秧苗。曬穀場曬穀子祇要時不時用木耙子翻動曬著的穀子就可以，可以時不時到陰涼處躲一躲毒辣的太陽，喝一口水。插秧時拔秧可以一張凳子坐著，時時舒一舒腰。挑秧苗也不會太重，比起挑稻穀來，輕多了。

　　知青生病，常常得到他們的細心照顧。為寫這本書，我采訪過不少當年知青，他們很多都有過這種經歷。生病了，感冒了，好幾天，農民熬粥，做菜做飯，送到牀前。

　　我自己就有過一次。那是一年雙搶。連著幾天的強勞動，割稻，打穀，插秧，從早到晚，沒有休息。除了吃飯，都在田頭。正七八月，天熱極了，那太陽就跟火一樣，那腳下的水滾燙滾燙，在田裏勞動，跟在蒸籠裏一樣。我祇穿一條短褲衩，渾身曬得黝黑，還在拼命幹。

　　那一天，我終於倒下了。我中暑了。

　　當我醒來的時候，已經躺在牀上。頭發沉，身子發軟，整個人迷迷糊糊。好不容易睜開眼睛，見屋裏好幾個人。坐在牀邊是一位中年農民，滿臉是心疼。見我醒來，要來一杯水，拿出一根煙杆，把煙窩拔下，放在水裏，讓我含著煙嘴：

「使勁吸！」

我不知就裏，祇順從地使勁一吸，不料一股從未見過的辛辣味猛然吸進嘴裏，一下子衝向鼻腔腦腔，頓時鼻涕眼淚全流出來，全身冒汗。汗發出來了。接著多喝開水，幾天熬粥喝。終於緩過來了。

那是一根特有的煙杆，用當地特有的一種辣蓼草做成的。辣蓼草的莖比較粗，老的辣蓼草莖可以像竹子一樣硬。當地人把辣蓼草的莖割下，中空部分弄乾淨，一頭套上煙嘴，一頭套上煙窩，用它來抽煙葉。常年抽煙的辣蓼煙竿，裏面有厚厚的一層煙膏。大熱天農忙勞動，很容易中暑，他們就用土辦法，讓病人對著辣蓼煙竿猛吸，把汗給發出來。或者切一小截辣蓼煙竿煮水喝。很有效果。他們給我吸的，就是這種辣蓼煙竿。

中年農民，是葉新桑。李村按屋場，分三個組，葉新桑是院裏組的組長。幾十年來，我一直記得那天他那張心疼的臉，記得他瘦高的個子。那年我去李村看望鄉親，他已經去世了。他七十多歲的弟弟葉新梅在新建的房子裏接待了我。還有他的兒子，新一任村長，比他父親壯實，眼睛一樣大大的，很有神，腰間兩部手機，跟我說幾句話的功夫，就接了好幾個電話。他在縣城辦了鋸板廠，儼然一個農民企業家。

很多知青和當地農民結下了很好的關係。農民經常給知青送點吃的，知青回家，也給農民帶點小禮物，小特產。後來知青調走了，還經常來往，一有紅白喜事，互相都要送禮。有的農村大媽特別喜歡知青，有文化，能幹，長得又好，喜歡得不

得了，簡直就想讓知青做自己的女婿。女婿沒有做成的，有的知青卻在鄉下認了乾媽，有的認了好幾個乾媽。都同一個縣，相隔幾十里路，鄉親有事到唐江鎮，常常看望已回鎮工作的知青，知青也熱情接待。知青也經常回去看望鄉親，有時一兩個人去，有時全體結伴去，帶著禮物，有的每家走訪，每家送一個紅包。有的知青，已經到外地工作，但祇要從遠處回到唐江父母的「家」，就一定要到農村鄉親的「家」去看看。

　　一些知青，真是在農村安了「家」。有男知青在農村結婚成家的。我二哥就是。我二哥和三哥，一九六四年下放，在本縣北部山區一家林場。三哥參軍，離開農村。二哥後來離開林場，在當地鄉村當民辦教師。在一座破落的空房子裏，一個人教六個年級的幾乎所有課程，學生多的時候三十多人，少的時候，則一個也不來。那時正是「文革」，説是復課鬧革命，但要求每天學「老三篇」，學毛主席語錄。家長説：「什麼知識都學不到，還不如回來幫家裏多幹點活呢。」二哥於是一家一家走訪，做工作，勸他們回來上學。這樣的工作幾十年如一日。上調無望，年紀已大，於是找了農村姑娘。這位農村姑娘，就是我後來的二嫂。他們後來生活很幸福，二嫂很勤勞，很樸實，對二哥照顧得很好。

　　比較多的情況，是有的女知青嫁到農村。一般是農村男青年追求女知青。自覺具備條件的，心思會轉得多一些。常常是青年的家人，特別是母親，走在前頭。女知青離家一人在外，孤單寂寞苦悶又勞累，細心的農村大媽看在眼裏，疼在心裏。

於是，從家裏送點吃的，拿點用的，再進一步，讓知青到家裏吃頓飯，嘮嘮家常。女人在苦悶的時候最需要關心，何況是來自母性的關心。女知青心上的冷冰逐漸化開了。

緊鄰李村的冬水田，有一個女知青，嫁給當地，男青年在生產隊是比較優秀的，有一定文化，能幹，長得也不錯。她們生了一男一女，改革開放後，雙雙出外打工，在縣城安了家。

鄰近的麻雙東排，一個女知青和當地人結婚，後來雙雙回女方老家唐江，開雜貨鋪，小日子過得可以。壩子一個女知青嫁給當地青年，男子是民兵營長，也是比較優秀的。

下面將要詳細講述的一個女知青，貌美如花，才華橫溢，地位日著，而與普通農民的丈夫婚姻和諧，不離不棄。

我回李村看望過鄉親。還探訪過其他一些知青點，親眼看到當地鄉親接待回去「走親戚」知青的熱情場面。我問當地鄉親：「知青好不好？」「好哇！」「你們對知青怎麼那樣好？」「他們好作群啊！」

「好作群」，這是對知青的評價，這是最簡單的回答，最樸素的回答，也是最恰當的回答。這是方言。所謂「好作群」，就是好交朋友，好打交道，很好相處。知青之所以和鄉親相處融洽，就因為他們互相理解，互相尊重，以心交心。

四、一個知青的路：從校花到牛鬼蛇神子女，從富農家媳婦，到縣政協委員

我要寫一個人物。她曾是超越校花級的人物。「文革」一

夜風雨，她父親受盡打擊後自殺，她和我們一起下鄉。多年青梅竹馬般的熱戀瞬間腰折。她嫁給了當地一個富農的兒子，在農村又陪著富農的兒子接受新的批鬥和苦難。改革開放之後，她像經歷風雪的頑強雪蓮，重新綻放豔麗的花朵。當選為縣政協委員，聲譽日益隆盛，但對他的農民丈夫依然不離不棄，並依然住在幾十年前的土坯房裏。

她是劉西平。

那是一段風華正茂、沐浴春光的日子。學習成績名列前茅，唱歌、跳舞、彈琴，籃球、排球、乒乓球，樣樣都會，參加比賽，總能拿到名次。當然美貌。

一夜，就是一夜。她説，「一夜之間，學校全貼滿了大字報。」這是她終身難忘的一夜。「學校死了六個人。」

幾十年後，面對坐在灶間聽她講述的我，她説得很平靜。

她用農村常用的長木柄舊式鍋鏟，翻動著鍋裏的炒菜。她在準備午餐，招待來訪的昔日知青夥伴，還有村裏要好的鄉親。我不停地往老式土坯灶裏添木柴。隔著一扇門，可以看到緊鄰著的山坡，山坡下，一股清泉從老式的土坯廚房屋簷下汩汩流過。她就在這清泉裏洗菜。一根竹管接過來，清泉就直接流進屋內的老式水缸。

她沒有再説下去。她不需要再説下去。凡是唐江中學的，都知道「文革」那一段。在批鬥中死去的六個人中，就有她的父親，那受打擊後臥軌自殺的數學老師。

命運驟然改變。以她的優異成績，考上名牌大學沒有問

題。但是，紅五類子女尚且要下鄉，何況她父親是牛鬼蛇神。

幸好，伴隨她的，還有山間的清風，知青點同伴的談笑，還有遠方鴻雁傳書熱戀的文字。那鴻雁傳書來自部隊。在學校，她的美貌和才華，傾倒了無數人。最終，一位白馬王子般同樣優秀的男同學，得到了她的芳心。記不清中學同窗六年，還是從小學就同學，總之，那感情如同青梅竹馬。

但是，這一點慰藉也很快消散。這天來了一個鄰村瞎子算命，大家哄笑著給西平算一命。說是那算命先生正襟危坐，掐指一算，大意說道，眼前這位女主正與一位戴五星帽的來往，但這位女主命中所依是扛鋤頭把。知青暗自驚訝瞎子說的前半，但對後半則不以為然。西平性開朗，情書來信都是公開的，就在知青同伴中傳閱，真是海誓山盟。怎麼可能……。

大家哄然一笑，沒當一回事，但不久……

部隊提幹，白馬王子準備提升排長，如實告訴西平。後來，一說白馬王子信中隱約露出憂心，對象是西平這樣的牛鬼蛇神家庭，政審不可能通過，不可能提幹。一說白馬王子希望西平入團，政審就可以通過。但西平怎麼可能入團呢？

接下來的說法是一致的，兩個戀人斷絕了關係，並且是西平主動。

西平當時是何心情，我們不得而知，採訪時我也小心翼翼，不敢觸及這酸楚。但可以想見，她一定感到那山風淒厲寒峭，那泉水冰冷刺骨。

大家惋惜，但是更大的惋惜還在後面。

「她嫁給村裏一個富農。」同伴說。「為什麼？破罐子破摔唄。」大夥一陣感歎。「很悲觀，不願出來，就願呆在山裏。」大夥無語。「改革開放後，她條件好了，可還是跟那個富農。」我知道，有些知青條件好了，就和農村的離婚。但西平沒有這樣做。「為什麼？守婦道唄。」大夥一陣嘖嘖，惋惜中帶著敬佩。

當決定寫這本書，寫我們這一代的知青生活時，腦子出現了劉西平。我採訪她的同伴，邀早已在外工作的她的知青同伴一起去探訪。一個個片斷，慢慢組合成比較清晰的畫面。

男子姓歐陽。有說是歐陽的母親時不時給西平送點吃的用的。有的說是歐陽先接近西平。但有一事得到證實。這個村知青有二男三女，住眾廳邊的兩間房。兩間房中間就隔著一層薄板，晚上睡覺，翻個身對面都能聽見。歐陽和男知青已經混得很熟，晚上先是常常過來和知青聊天，後來就乾脆和男知青一起睡。歐陽就睡在靠隔板一邊，和隔壁房間的西平隔著薄板聊天，常常聊到深夜。

這時隊裏建副業隊，需要人手。副業隊有單獨的房子，和知青們的房子隔一個山坳，又恰恰和歐陽家同一個山坳。

西平去了。有人說是天意巧合，有人說是西平主動要求去的。後來，除了知道歐陽母親經常給西平送吃的送用的，其他情況不得而知。當然，結果是早就預知的，兩人決定結婚。

消息傳出，知青們大抱不平。「西平怎麼能嫁給他！」直到幾十年後我去採訪，知青們仍憤憤不平。他怎麼配得上西

平！脾氣不好，就知道亂摔東西。做泥工，背彎得有點駝。

西平的叔叔則憂心忡忡，說：「又多了一個下跪的。」果不其然。「文革」還沒有結束，歐陽家被抄，西平再次嘗到下跪挨批的滋味。

「文革」結束之後，西平到麻雙公社中學當老師，教英語。到處參加比賽和演出，唱歌跳舞彈琴、籃球排球乒乓球，樣樣都會，參加比賽，總能拿到名次。

但是，心裏存著疑惑。西平怎麼會跟他結婚？怎樣一個男人，值得西平一輩子不離不棄？她怎麼甘心一輩子呆在農村呢？我們這一代知青中，西平是一個典型。我想見到西平。

終於，我和這個村當年的知青們來到了麻雙下廳，這個西平生活了近五十年的地方。我見到了西平。

一件花格衣服，頭髮已是花白。臉笑得像一朵盛開的花，張開雙手，差一點就要跳起來似的，在村頭迎了過來，那樣子，我竟然還能想到那輕盈的燕子。

我的第一感覺，她的心境是開朗的。

「八三年之前很苦。一個月三十天，祇有二十天的糧食。大隊幹部家有糧食吃，我們沒有糧食吃。祇要有義務工，就派我們去。一年到頭的義務工。」灶間，她忙碌著做菜做飯，我一邊幫添柴，一邊聽她訴說，想像著幾十年前那艱難的歲月。

「八三年之後，分了田，日子就好過了。五分多田，就養活了家裏五口人。還是鄧小平好，還是鄧小平好。」

她連說了好幾遍「鄧小平好」。

再後來，她到公社中學教書。她培養的學生，好些考上大學，有的考上重點大學，名牌大學。「祇要回了家，他們就會來看我。好多啊，都會來看我。」語氣中，看出她對學生的喜愛，帶著一種舒心的滿足。「後來，我當了縣政協委員。《贛南日報》刊了我的大幅相片呢！還有長篇報導。」

我見到了那條山坳。滿山樹木茂密蔥鬱，清風吹過，松濤在迴響。這松濤應該記得當年的情景，歐陽母親給西平送吃的用的，就在這片松濤下，西平作出了讓知青們直到現在還大抱不平的決定。

我見到了歐陽。果然有點駝背。個子並不矮，如果不駝背，可以稱為高個，甚至可以想像年輕時高大英俊的樣子，不知何以小名叫矮牯。有點棱角的長方臉，方正的嘴角，長長的鼻子，眼睛不大，濃眉，手粗大，皮膚有點粗糙，黑黝中透著紅色。典型的農民膚色。

能感受到他的興奮。話多，特別愛和我搭話。居然知道不少，說話有條理，時露鄉土式幽默，又很有分寸，俗中帶雅。和我想像的不一樣。他就是這樣混在男知青的房間，用這談吐，這言語，隔著木板和西平交談到深夜，最終把西平征服？

話語中，我知道歐陽樣樣都能幹。有的是西平介紹的。種田是一把好手，「木工、篾工、泥工，什麼都會。」西平指著家裏的木器、篾器，「都是他做的。這房子也是他一個人做起來的。生產隊把原來的房子拆了。沒有地方，就自己蓋了這一幢。」話語中帶著誇耀。我再次打量這幢四扇三間的房子。確

實值得誇耀。這應該是當時村裏比較新的房子。四十多年過去了，雖然陳舊，但很結實。「脾氣不好，經常摔東西。」話語中帶著嗔怪，嗔怪的話語中帶著一種衹有他們自己能感覺到的昵愛。我看到西平是愛歐陽的。

西平不停地忙進忙出，麻利的洗菜，切菜，炒菜，做飯，擺桌子，布筷子。我看到西平賢慧的一面。她是真心愛這個家的。鄰居的鄉親也在座。交談中她們親密無間。在村裏，和鄉鄰打招呼，一點也看不出西平是外來的。她已經完完全全融入到了這個小山村。

當巨石重壓，這株幼苗幾於窒息的時候，是農村的土壤給了她水份和養料，農村的空氣給了她生機。她沒有必要離開這片給她帶來溫暖和幸福的土地。在西平身上，我們看到感恩，看到善良和賢慧，看到在艱難中堅毅不拔地奮進，在逆境中追求幸福，看到這一代知青可貴的精神品質。

五、差點成了鋼鐵工人，我命裏還是煤黑子

後來招工我離開農村。第一次消息來得很突然。我正在田裏埋頭幹活，隔著小溪對面小路上生產隊長葉大江大聲喊：

「盛江！盛江！」

小溪不寬，中間放三塊石頭，踩著石頭幾步就邁過去了。隊長嗓門又大，我聽到喊聲，抬頭看去，隊長正向我招手。

「快去！到公社去，到工廠去！什麼？不要幹活了！人家在公社等著你。現在就去！」

全然沒有思想準備。一下子怔住了，仿佛作夢。直到重複好幾遍，是去工廠，去當工人，而且一清二楚是大江隊長親自在喊。大江隊長礅實，黑黑的大方臉，臉上有麻子，在村裏很有威信。大江隊長是不會開玩笑的。

這是公社知青第一次招工。那麼多知青，不知道怎麼會輪到我。我不認識大隊幹部，更不認識公社幹部。我祇認識生產隊的人，隊長葉大江，副隊長鄧堯書，組長葉新桑。這是當時我所認識的最高領導。

後來稍知道一點內情的人告訴我，說他們一致認為我表現好。農民喜歡踏實肯幹的人。在那個年代，還有人討厭走關係，農民尤其如此。從農民身上，我們懂得了什麼叫淳樸。

抑制不住內心的驚喜。葉大江隊長笑得似乎比我還開心。我看到他對知青的喜愛，對知青前途的關心。他希望知青們遠走高飛。幾十年過去，我仍清楚地記得大江當時親切而開心的笑臉。

馬上放下農活，用最快的速度回到家，記不得怎樣換上衣服，收拾行裝，祇記得一路陽光特別燦爛，天特別藍，雲朵特別白，走路特別輕快。二十五里路，好像一會兒就到了。

一個人見了我，幹部模樣，一眼就看出來。贛州鋼廠。是當鋼鐵工人！來不及細想，幹部喚我過來，打量著我，問了一些事。

這是我第二次面試。第一次是見高個子木匠。這次又失敗了。我個子比較小。另外，按規定，知青下鄉需滿兩年，纔能

招工回城，而我下鄉衹有一年半。猶如一瓢冷水潑了下來。記不得從公社怎麼回來的，衹記得腳步很沉，走得緩慢。

下鄉滿兩年後，再次推薦我去煤礦。「煤礦」，是什麼？去煤礦意味著什麼？腦子沒有半點概念。我們沒有半點考慮，更不用說猶豫。衹要離開農村，哪裏都去。

知青點朝夕相處的同伴們相對無言。生產大隊送我筆記本，上面寫著毛主席語錄：「我們的同志不論到什麼地方，都要和那裏的人民打成一片，在人民中生根、開花、結果。」一知青送我筆記本，上面寫著：「作為新時代的青年，一定要胸懷世界，放眼全球，做無產階級革命事業的接班人。」

兩個知青送我一程又一程。一個知青老大姐似地叮囑再叮囑。不論到什麼地方，一定要和領導的關係搞好。幾十年過去，回想起來，恰恰這一點沒有做到，沒有做好。

家裏當然很高興。一個縣一百多號人。幾輛卡車拉行李，幾輛帶蓬卡車拉著人。過贛州，一路向北。到遂川縣城，停車休息。縣城街上有饅頭賣，我們從未吃過，跑去買，等回來，車已開了。幸虧剛開一段，還聽到我們的急喊，沒有拉下。過吉安，進宜春地區，進高安縣界，離縣城八十里的八景，一個比我們南康縣一個墟集還小的小鎮，離小鎮五里路，一片荒坡，這就是我們的目的地。

這是一九七〇年十月。

第四章　八景煤礦

一、教我們挖煤的竟然有勞改犯

單位全稱，是「中國人民解放軍江西生產建設兵團二十七團六營」。我是一連二排六班。有團長、營長、連長、團政委、營教導員、連指導員。部隊下來的都身穿軍裝，不過沒有領章、帽徽。

這裏原來是關押勞教犯的，圍牆上還可以看到當年殘留下來的鐵絲網，圍牆四角還能看到崗樓的遺跡。現在成了營部。一個不算小的禮堂，兩層樓的營部大樓，這是整個礦區最高的建築。圍牆內另有兩排平房宿舍，一個小學，空地被人開墾出來，稀稀拉拉種著蔬菜。

圍牆外，一排排平房宿舍，一順到遠處的農田。平房一邊是食堂、澡堂、調度室、礦燈房、修理房，再過去，是井口。井口有兩個，一個井口鋪著小鐵道，前面是機房，絞車也就是捲揚機成天不停地轉動，一根粗粗的鐵索把一輛輛礦車從井下拉上來。井口往下看去，黑洞洞的。礦車是鐵的，像一個個

裝著鐵輪、沒有蓋的大鐵箱子。礦車裏滿是黑黑的煤。一邊把裝滿煤的礦車從井下拉上來，一邊又把空礦車用鐵索順著鐵道放下去。這個井口異常繁忙，緊挨著並排另有一個井口卻緊閉著，顯得異常安靜，祇靜靜地露著黑乎乎的洞口。一排排平房宿舍的另一邊，過一片農田，有另一個井口。這井口也緊閉著，祇有風機呼呼地轉動，把井下的風拼命往外抽。這口井，我們後來稱之為「西風井」。

來自南康縣不同的公社，也有來自其他縣。有像我一樣的知青，也有各縣本地青年農民，現在一律成了兵團「新戰士」。新發的工作裝。藍色衣褲，大褲腿，和尚領衣服，單排扣，口袋上方印著四個黃色小字「安全生產」。

開學典禮辦學習班，也就是新工人培訓班。營首長報告，團首長報告，各連學習，指導員講話，連長講話。技術幹部講解。各排表決心。日程排得滿滿的，我們腦子也擠得滿滿的。

國際形勢，國內形勢。聽得雲遮霧罩。我們是工人階級的一員，又是兵團的戰士。聽得似懂非懂。井有豎井、平井，我們是三十度的斜井。下井以前不准喝酒，喝了酒反應遲鈍。一切人員下井必須經過井口檢查，禁止攜帶煙草、點火工具下井，防止瓦斯爆炸。一切人員下井必須戴安全礦帽。井下、井口棚、井口附近三十公尺，壓風機旁，不准抽煙。沒有點亮的礦燈不准攜帶下井。上井以後，礦燈要交還工棚充電。使用安全礦燈，禁止拆下敲打。乘坐人行車必須遵守秩序，禁止搶上搶下。不准登乘煤車、材料車。在井下行走時，必須走人行

道，躲避來往車輛。井下行走和工作，不准打鬧。不得在井下亂跑，以免跑入舊巷和報廢的巷道。保護井下一切工具設備。井下休息時，要注意頂板和兩旁，在井下不准睡覺，要找安全的地方吃飯休息。遇到水火災害，按照預先指定的路線撤退。井下工作要穿上工作服和套鞋，不准打赤膊、打赤腳。要注意瓦斯。瓦斯是一種無毒無害無氣味的氣體，多了會佔據氧氣的空間，人的呼吸會困難，引起窒息。瓦斯百分之六以下碰到火會燃燒，引起火災，百分之六以上碰到火會引起爆炸。聽了又新奇又緊張。

我們是六營，要到一營培訓。一營成份較複雜。有一部分勞改期滿的就業人員。還有一種勞改犯，祇許他們老老實實地勞動改造，但不許打。

十多天的學習班結束。我們終於把腦子轉了過來，知道已經從農村到了工礦，需要從地上到地下——一百多米或者數百米深的井下。而且，教我們技術的師傅，還有勞改犯。

第一次下井，洗澡足足用了一個小時。

貼身單穿一件工作服。腳繫一根皮帶，皮帶上繫一個方盒形礦燈充電池。頭戴安全礦帽，礦帽前端一盞礦燈，一根電繩，在身後連接著頭頂的礦燈和腰間的電池。

井下。巖巷掘進，高高架著的鑽機，長長的鑽桿，一邊向巖石噴水，一邊那鑽頭突突突，往堅硬的巖石裏鑽。鑽開洞眼，裝上炸藥，轟地炸開一段，再往前推進。煤巷掘進，是在煤層挖出一條巷道，架上支架。順著巷道，向兩邊開挖，採煤

工作面頂上橫著一根根支架，像屋樑一樣排列，另一些支架，則像房柱一樣頂住頂層。挖一層，就架一排支架。像水牛腿一樣大小的風鎬，在工人手裏震顫著，鎬頭的鋼釺，同樣達達達地，往烏黑的煤層裏鑽去。烏煤一塊又一塊，一片又一片地被「挖」下來。有工人拖到電溜子裏。電溜子有馬達帶動鏈條，把煤運到溜子頭，通過一垂直小巷道，傾倒到下一巷道。下一巷道有礦車把煤裝好，順著鐵道運到井底，再用地面絞車，用那長長的鋼索，把煤拉上來，運到煤場，或者直接裝上火車。

祇在井下轉了一圈，身上就是黑的。衣服是黑的，衣服遮擋著的身體，從手到腳都是黑的，臉是黑的。戴了口罩，那黑黑的煤粉仍然無孔不入，往鼻子裏滲，往嘴角邊沾。除了兩個眼球是白的，渾身上下全是黑乎乎。

我們沒有經驗。洗澡，祇往那易見的地方搽肥皂，擦毛巾。一遍洗過來，不乾淨，二遍再洗，還是不乾淨。手腋下，耳朵根後，耳朵眼裏，鼻窩處，還是黑的。好不容易把這些地方洗乾淨了，回到家裏，用鏡子一照，眼睫處還是黑的，鼻孔裏用手一摳，還有黑的。

井下真黑，真深。順著斜斜的井巷往井底走，用礦燈照去，那微弱的燈光就像要被那無邊的黑暗吞噬，前方深不見底，黑不見底。

一營培訓。這是勞改煤礦。教我們挖煤技術的，真有勞改犯，還有就業教養人員。這幾種人，順口了，統稱勞改就業犯。一起勞動的還有南昌下放的學生叫「五七」戰士。

　　勞改犯在另外地方，由管教人員或領班人員領著進班。我們則在另一個地方進班。到了井下，在同一個工作面，就見面了。都很謹慎，祇是幹活。我們做小工，他們做大工。大工負責主要工作，挖煤，支架，小工負責輔助工作，扒煤，送料。當然他們的人也有做小工的。

　　開始他們祇是埋頭幹活，並不教我們。全憑自己看。看他們怎樣挖煤，怎麼砍料，怎樣支架，怎樣加固工作面，怎麼處理各種險情。看得熟了，偶而一句：「我來試試？」或者他們認為你可以了，也會說：「你來試試？」這時他們會在一旁看著，看得不對了，指點一兩句，改過來。從來不問工作之外的事。直到離開，不知道他們犯什麼罪。

　　他們的人偶而會在井下吵架，吵架的時候，偶而會把對方的老底翻出來。這時纔會知道一星半點。一開始互相也不知道名字。他們互相喊他們人的名字，我們互相喊我們人的名字，聽得多了，慢慢地有的人的名字也能叫出來。

　　他們的人幹活特別賣力。有一個矮墩墩的，拖料特別厲害。重的木料，我們的小工一次祇能拖一根，他可以拖兩根。從下一巷道到上一巷道，有近乎垂直的巷道連通，叫小眼。這是從下面巷道到工作面的必經之路，也是拖料上下的必經之路。小眼筆陡濕滑，這矮個蹭蹭蹭幾下就上去了。

　　安排的任務，他們絕對二話不說，拼力要完成。下班一定要等到交接班。有時到了下班時間，叫我們先上去，他們在工作面等著交接班。他們賣力，表現好，纔能減刑或者釋放。

一個姓吳的，個子高大，各種複雜的情況都能處理。有一個做施工，在井下代替地面調度隨機處理各種意外情況。好像姓王。猴子一樣，特別靈活。有一種近乎垂直的短壁工作面，有點像建築工地的腳手架，工人腳踩支架，近乎懸空作業。祇有上下兩個出口，突發情況，祇見他「蹭」地一下，一竄就到了下面巷道，再往旁一竄，就到了安全巷道。

也出了事故。我們一個姓邱的工人被埋。工作面放頂，把採空區的頂板放下來。工作面突然垮了下來，也就是冒頂。邱××跑錯了方向，於是被埋。腰以下都被埋了，幸而頭和手沒有被埋。大家回頭搶救。總算救出來了。

接下來，是送醫院搶救。連、營、團領導看望慰問。再後來，邱×× 火線入黨。後來的先進典型、黨代會都有他。先是副排長，後來是副連長，礦革命委員會委員。

把人救出來是帶班勞改犯。事故一出，他們奮力而上。對勞改犯來說，這類事已經習以為常。他們說，隔一段時間，他們就要開一次追悼會。開完追悼會，照樣下井、幹活。他們擔心的，是帶班不能讓我們出事。出了事，他們有責任，就不能減刑釋放。他們盼著早日回家和父母或者老婆孩子團聚。

對我們來說，一時震動不小。但震動之後，也漸漸淡化。五個月培訓結束，從滿是勞改犯的一營回到六營。不到一年，兵團改制，歸地方管理，二十七團以鐵路為線，以上一營為勞改單位，叫新華煤礦，歸司法局，以下改為八景煤礦，我們六營改為八景煤礦的四分礦，一連、二連、三連分別改為採煤

連、掘進連和運輸連。到這個時候，一切都適應了，習慣了。

二、黑洞洞的井下，巷道窄得祇能爬著進出，那天工作面塌方遇險，出口卻被胖子堵住了……

適應了井下的黑暗。習慣了每天井下上班。早班六點，中班下午二點，晚班晚上十點。哨子一吹，呼拉拉換上工作衣，穿上雨鞋，戴上安全帽，領礦燈，開進班會。進班室有一塊牌，上面寫著某人的名字。下井前掛牌，掛在下井人員一欄中，下班後翻過來，表示已經出井。

穿戴完備，有時從主井，乘運人的車，被絞車順著斜井的鐵軌送下去，但更多時候是從主井旁的副井，一步一步，一直走到離地面一百多米的深處。

每個作業組有三四人，五六人甚至七八人不等。我們是採煤連。除風鎬外，我們有手工工具巖尖和斧子。巖尖即常說的鐵鎬，斧子用來砍木料。一般由帶班大工帶巖尖斧子，副大工背風鎬下井，而小工則要帶扒子、拖鞭等等工具。下班則由小工背風鎬出井。拖料工一般要提前把料，木料或竹簾子，從主巷道拖到工作面。

學會了在井下吃饅頭。那是三兩一個的大饅頭。沒地方洗手，祇能用沾滿煤灰的兩個手指輕輕地捏住饅頭的一角，吃乾淨的地方，吃到最後，把手指捏著沾有煤灰的一小塊皮扔掉。一開始每天認真戴口罩，擋煤塵，後來嫌礙事，有時就不戴。老下井的說，少量煤塵吸入肺裏沒事，巖塵則不行，吸入肺裏

會得矽肺病。

　　下井一般要求帶毛巾和水壺，水壺裝滿水，除了喝之外，瓦斯危險時，可以用毛巾沾濕水捂住嘴和鼻子自救。我們還看到了井下的老鼠，全身白得透明，肥肥的。丟棄的饅頭和糞便養活了它們。老工人告訴我們，井下老鼠是吉祥物，有老鼠的地方，一般是安全的，至少空氣沒問題，不會瓦斯中毒。

　　下班，祇見一群黑呼呼的人走過，全身都是黑的。冬天真冷。特別是上早班，凌晨五點多鐘，真不願從熱呼呼的被窩裏起來。地面所有保暖的衣服，包括內衣內褲，全得脫下換掉。猛地把那冰冷的工作服往赤裸的身子上一套，真是冷嗖嗖。身上祇有一件單薄的工作服，至多加上棉襖，從宿舍到礦燈房、進班室，再到井口，室外寒風一吹，一個個都是抖嗖嗖。

　　井下出汗會弄濕衣服。滴水更會弄濕衣服。井下有各種滴水。有地面自然滲透的水，有老窿的水。所謂老窿，就是採空區。地面的積水，探測的時候是知道的，但地下的老窿，很多卻探不出來。這類老窿很可怕。離開煤礦後，人們告訴我，有一次掘進打到老窿，先是一股白漿，接著是濁水湧出，轉眼之間，水就沒了膝蓋。那一次，把整個礦井淹了。幸好人都及時撤出來了。後來救難，在地面找準決口，打探井，一車一車的乾黃豆和乾海帶往裏倒往裏塞。乾黃豆和乾海帶遇水發脹，終於把地下的決口堵住。

　　老窿更多是沒打通它，在巷道上面，水不停地往下滲，衣服被弄濕。這時下班從井下走上地面，從井口到澡堂有好一段

路，冬天冷風一吹，祇有抖嗖嗖地快跑。

　　真是強度勞動。打風鎬，突突突在震動，身上每一塊肌肉也在震顫。煤層硬，或者打到矸子，風鎬震得手發軟。支架用的一根根粗重的木料，全靠人工從底層大巷往上拖到工作面，一步一步，在筆陡的小眼裏，手腳並用，連蹬帶爬，十幾米高，每個班好幾趟，就像登高攀巖，而身後肩上拖著幾十斤重的木料。到小眼筆陡處，腿肚子發抖，手發軟，腳下滑，踩不到踏實地方，手也抓不到踏實地方。小眼有水，拖幾趟料，渾身上下全濕透了。

　　煤層巷道矮窄，一般祇有弓著腰行走，有的地方低矮得祇能「鑽」過去，爬進去。

　　井下頭頂就是萬鈞壓力，採煤工作面，情況複雜，時時可能有險情，不論大工小工，都要耳朵尖聽，聽出壓力來臨，面臨危險的聲音。眼睛要明，照看到工作面的每一個支架，頭上的頂板，腳下的底板，照看到每一處情況的細微變化。

　　工作面遇險，要瞬間判斷安全方向，迅速逃離險境。近乎筆陡的短壁工作面遇到險情動作尤要快捷，要雙足併攏往下跳，腳一著地，頭馬上往安全方向倒，這樣即使被壓，也不會傷著頭部。至於安全出口在上，則幾乎是踩著支架像猴子一樣竄跳上去。在井下，來不得半點遲緩和拖遝。

　　下井的前兩年，我就遇過好幾次險情。

　　遇險多在工作面。一九七二年三月的一次，在短壁工作面。採煤工作面有兩種，一種是水平的。一種是前面所提到的

近乎垂直筆陡的，這就是短壁工作面。短壁工作面操作最危險。採煤工作面採完一排打一排支架，叫一空。一般採五空，放兩空，把靠裏的兩排支架拆除，把頂棚的碴子放下來，以減輕工作面的壓力，同時也回收材料。這叫放頂。

這天班指令是先加固放頂後採煤。我拿了一根木料往上傳給帶班大工加固，正在這時，背上一根打在浮煤上的豎支架輕輕一碰就倒，頭頂橫支架失去支撐，馬上垮下來，頂棚的碴子「嘩嘩」往下落，打在頭上、身上。

大事不好！我不顧一切連跑帶跳地跳下工作面唯一的下出口。幾乎同時，三個同伴也跑跳下來。幸好我們一進班就在加了固，頂住了壓力，整個工作面纔沒有垮下來。同伴告訴我，看見我被埋住。居然自己逃出來，但腿受了傷。

這年四月的一次，在採煤工作面，任務仍先是放頂。放頂用葫蘆，用鏈條鉤子把準備折除的支架掛住，用葫蘆用力拉出。頂棚的碴子衝下來，用竹簾子擋住。這天先加固，工作面的幾個重要地方都補了支架，接著掛起葫蘆，開始放頂。我和另一同伴拉葫蘆，另兩個大工掛鉤擋竹簾。排長也在場。

以為這個工作面加固得很好。不料拉了四五根杠子，頂板還沒下來。頂板不下來，空區大，壓力就大。但也祇有繼續拉。拉靠底板中間一根加固支架，剛一拉掉，老塘「轟」的一聲，全部下來，把切斷線的支架和加固的支架全打斷了。掛鉤的大工知道不好，頭一鑽，進了巷道，我和一個小工跟著鑽出來。整個工作面「咔嚓嚓」、「嘩啦啦」一陣亂響。在巷道觀

察了一會，大家仍衝進去，擋住老塘衝下來的碴子，用最快的速度補支架加固，總算頂住壓力，工作面沒有垮。

但是五月的一次就沒有這麼幸運。同樣的情況。工作面「咔嚓嚓」、「嘩啦啦」亂響，大家往巷道鑽，不意巷道口被堵。這是礦長到工作面視察工作，正堵在出口。這位八級老礦工出身的礦長比我們經驗更多，聽聲音知道情況不好，轉身就從出口往安全巷道裏鑽。不料他體胖，也是慌，衣服掛在支架被壓壞撐出的木岔上。後面工作面就要垮下來了，幸好大家還冷靜，把胖礦長的衣服從木岔上弄開，連順帶推，硬把礦長推出去。我和幾個工人隨後趕快鑽進巷道。剛一撤出，整個工作面就「轟」地全壓下來了。這一次，生死就在幾秒鐘的時間。

拖料也遇過險。一次三個人拖料，上筆陡的小眼。一個緊跟一個，兩腳蹬著小眼上去。正到小眼半途，上邊拖料的一聲驚叫：「不好！」原來木料沒有綁好，鬆落了，那粗大的木料就從頭頂飛落下來。小眼就那麼點大，筆陡筆陡，身子懸空，根本沒法躲。飛落的粗木料祇要打到身上，懸空的身子必然要從十幾米高的小眼裏摔下來，那高飛落而下的粗木料再重重地砸在身上，情形可想而知。幸虧我們都有經驗。兩腳緊緊撐住兩壁，雙手緊緊抓緊小眼的托盤支架，身子緊緊貼住小眼的後壁。祇見那滑落的粗長木料「唰」地一下，擦著身前胯下那麼一點點距離的地方一溜而下。終於躲過一劫。

幸運的是，我沒有遇上瓦斯爆炸和透水事故。

幾年煤礦，我更懂得了工人，懂得了底層，懂得了生活。

這一段經歷時時激勵我不畏任何艱難不停前行。那一段苦都吃下來了，還有什麼苦不能吃呢！

三、礦友們說：我們掙的錢，祇可父母用，連老婆也不可用

　　住的是平房。小間四人，大間八人。採煤連基本上由南康人和廣豐人組成，後來有吉水人。廣豐是江西東北上饒山區的一個縣，吉水在吉安地區。我是二排，礦工們習慣稱「老二排」。我住的小間，有曾繁銀、張祖樣、鄧普通和我。曾繁銀是平田公社，年紀稍長。張祖樣是贛州下放沙溪公社的知青，身體比較弱，後來找個理由調回贛州當中學老師。鄧普通是我下放鄰村的冬水田人，農村時很能幹，當過生產隊會計。到煤礦後，勤勤懇懇、任勞任怨，直到六十歲沒有離開過井下。

　　「老二排」像我這樣的唐江下放知青有幾個。有盧致音。他讀南康中學，是省裏數得上的重點中學。盧致音高中時是學習尖子，作文全校第一名。如果不是文化大革命，他應該會考上名牌大學。到農村，樣樣農活不久都能拿下，可與當地強勞力相比。在煤礦，大工技術有難度，特別是處理複雜情況，處理險情，需要技術，需要動作敏捷，而且有危險。他第一個報名學大工，並且很快掌握技術。從新華煤礦培訓回來，別的很多礦工祇能做小工，他就擔任了主要大工，每次都帶班，處理很多險情。評級時，小工二級，大工一般三級，他卻毫無爭議地被評為四級。個子不高，但有才，志大，有主見，經常在我

們中間講：「人生在世，不能默默無聞，要轟轟烈烈做一番事。」文化大革命他遇到麻煩事。有一造反隊到武裝部搶槍，盧致音的戰鬥隊把槍攔下來送還武裝部。按說應該有功，他在煤礦的表現也無可挑剔，但是送還武裝部時槍枝數量少了幾枝，這就說不清，因此入黨、提幹、推薦讀大學，政審都通不過，一再遇到麻煩。但他仍然憑實力努力幹，後來成為煤礦生產部門的負責人。他可以作為我們這一代人的一個典型，一個被「文革」所毀又堅韌不拔苦幹的人。盧致音在家裏也很勤快能幹，做家務帶孩子甚至開荒種菜，樣樣行。人說：「誰找著他誰享福。」盧致音年齡比我們稍長，我們都把他看作兄長，很有威信，有什麼事，都習慣找他拿主意。

有陳義生。一雙大眼睛特有神。聰明，爽直，好動。大工技術也很快學會，經常和盧致音配對，一個大工，一個副大工，幹得有聲有色。他後來做電工，全是自學。如其名字，身處生活底層，而獨秉義氣之性。好交往，且多為底層人物。盧盛堤，長得清秀，白淨，聰明機靈，愛說話，遇事愛發議論。李財元，個稍高，眼睛不大，說話不多，心計不少，沉穩愛觀察，若說話，往往有高明之見。

二排還有方立意，是麻雙當地農村青年，敦厚，不多說話，埋頭做事。方立意後來被評為礦先進典型，被推薦讀山東礦業大學，畢業後回礦成為技術員。

我們幾個玩得最好。年紀都相近，都是唐江人，都是知青，下放的地方也挨著，沙溪和麻雙。方立意和鄧普通也都是

沙溪和麻雙人。上班，扛著風鎬巖尖一起下井。下班，一起全身黑呼呼從井下上來。常常是同一個工作面，一起打風鎬，架支架，一起放頂，一起修理巷道，幹活都很默契。井下遇險，好幾次就是我們幾個人在一起。要麼大家一起脫險，要麼一起遇難。可以說得上是出生入死的戰友。採煤掘進第一線，都來自偏遠山區農村。家裏都窮苦。很多人是家裏經濟的主要來源。維持基本生活，蓋房子，娶媳婦，看病買藥，買米吃飯，贍養父母，都靠他們的錢。都是底層中人，沒有門路。明知煤礦危險艱苦，也沒有別的選擇。

祇有起碼的生活條件。宿舍平房很簡陋。上無天花頂板，下無水泥鋪地。兩張木條長凳，架兩塊木板，就是牀。一個房間祇有一張桌子。每人一張小方凳。食堂沒見餐桌。工人往往是一個大飯盆，飯菜打在一起，從食堂出來邊走邊吃。或者在宿舍擠在那唯一的桌子，或者把牀上被子掀開，一張方凳坐在牀前吃。那張牀，既是睡覺的地方，也成了吃飯的桌子。寫東西，那張牀也當桌子。我的很多東西，包括每天的日記，就是把牀當桌子寫下來的。

房間正中一般有一煤爐，那是冬天取暖的。冬天太冷，屋外是凌厲的寒風，上班身子全裸，換上井下的工作衣，冰冷冰冷的，沒有煤爐不行。

來了家屬是一件大事。礦裏雖然也有一點空餘的家屬房，但遠遠滿足不了。一般是礦工內部自己解決。簡單的辦法，就是讓房。一個房間四個人，其中三個人另找地方。好在生活本

來就簡單，都是年輕人，都是一個排的，隨便一張牀，兩個人擠一下，也就過去了。家屬一般不會長期，多是住一個月。但如果家屬來得多了，特別是八人一間的，那些廣豐人來了兩個家屬，就不好辦。祇有在房間當中掛上布簾，一邊住一家。

婚姻要求也是起碼的。工人中流行幾句話：「讀書看報，一般容貌，自帶飯票。」這是工人找對象的希求。完全沒有知識不行，長得太難看了對不起自己。但是，要求女方知識很多，掙錢很多，很漂亮，既不現實，也守不住。因此，文化知識能讀書看報，容貌一般就可以。養家糊口是大事，既要養孩子，又要養老婆，上還有父母，負擔太重，因此要有起碼的工作，至少能養活她自己。因此要自帶飯票。

業餘生活單調。翻遍礦工宿舍角落，找不出幾本像樣的書。都是農村來的，每天下井挖煤，要書幹什麼？儘管同伴們後來說我當時每天下班就知道看書，但我的心緒卻在礦井。礦裏有幾個愛讀書弄筆桿子的。但他們身上文皺皺的味道，總讓我感覺隔一層。老是評評點點，礦裏某某幹部工農出身，水平都不行，井下礦工更不用說。言語中讓人感到不舒服。我回到那低矮的工棚，回到那一群礦友中間，就像回到了家。

讀書沒有計劃。祇能在漫無目的地在文字間行走。讀得多的是政治書籍，是毛主席的光輝著作。也讀小說。也寫體會。讀中國古典小說，《三國演義》，《水滸》，《紅樓夢》，《豔陽天》，《鋼鐵是怎樣煉成的》。讀詩歌，讀宗白華「生命的流」。一次，不知從哪裏弄來一本古詩，後來查知是清詩

選。豎排，繁體，沒有注釋，也不瞭解背景，看得似懂非懂。也讀其他文史類書。讀《中國近代史》。一次不知從哪裏借得一本《中國文學史》，記得是第二冊，應該是游國恩主編的。真是煥然一新，纔知道世界上居然有這等好書。岑參，高適，這些名字都是第一次讀到。這可算是我對中國古典文學最早的認識。可惜祇有一本，但也狼吞虎嚥般地讀了下來。

下班空閒時候很多就是睡覺。哨子一吹，換衣服上班再下井。打撲克。那時竟然買不到撲克。於是有人用竹片自製撲克。後來有一個豐城的採購員，在附近樟樹紙箱廠購得二十副紙質撲克，一下子就被搶光了。

抓蛤蟆抓泥鰍很有樂趣。一般是中班和晚班，提早出班，還是天黑，不能去進班室翻牌，因為翻牌就會被抓住出早班，被打曠工。從西風井上來，井口周圍就是一片農田。那是水田，禾苗長高，田裏灌有水，那時最好抓蛤蟆，抓泥鰍。腳步要輕，打亮礦燈，遠遠地看見蛤蟆或泥鰍，用燈緊緊照著。有燈照著，蛤蟆和泥鰍一般不會動。蛤蟆在田埂上，用燈照著不動，用腳輕輕踩住，就可以抓。泥鰍則在水田裏，要準備一把小叉子，對準一叉，就能抓住。有一次一氣抓了兩斤多鱔魚和泥鰍。抓了蛤蟆或泥鰍，一般可以改善一頓。沒有調料和烹飪工具，做得粗糙。不過大家哄然一吃，哈哈一樂而已。

有人偷農田的西瓜。這往往會被抓住。不過被抓住之後，農民並不怪罪，反而說：「你們多摘幾個吧。」礦區和當地農民的關係有點微妙。農民經常偷煤。他們認為，礦井建在他

們的地面，井下的煤本來就是他們的。礦裏有武裝班，專管此事。祇要不是太過份，祇是偷一點煤家裏燒，武裝班也是睜一隻眼，閉一隻眼。或者因此，當地農民對我們也比較客氣。

聚餐是常有的。都捨得吃。礦工們說：「我們掙的錢，祇可父母用，連老婆也不能用。」食堂的飯菜，二角五分的紅燒肉，一角五分的白菜炒肉，二角的辣椒炒肉，一角的冬瓜炒肉，五分的南瓜，二分的饅頭。

離礦區最近的「鎮」，是五里外的八景鎮。祇有稀稀拉拉十幾處房子，一家理髮店，一家郵局，一家小賣店，就是全部商家，連一條「街」也沒有。不知道為什麼也稱八景「鎮」。我們一個月來一次八景，一角五分錢理髮，郵局寄錢回家。去縣城高安有八十里路，交通不方便，基本不去。比較近的倒是鄰近的清江縣城樟樹。浙贛鐵路在樟樹分支，先向西，再向北，伸出一條支線鐵路，那是專為這一帶的煤礦而鋪設的。這條支線礦區鐵路，有客運，老式綠皮車，甚至直接用悶罐貨車。從礦區到八景五里，八景到樟樹四十里，三角錢火車票可到。我們常常就乘車到樟樹「逛街」。那需要一整天。

去樟樹主要是聚餐。肉啊，雞啊。總之，改善伙食，把礦裏沒法吃到的營養給補回來。那時我們工資四十三塊五角，加上下井補貼，白班四角，晚班六角，一個月有五十多元。除去寄給老父親，剩下的，一多半被吃掉了。

沒有電視、收音機，連隊普通礦工看不到報紙。所有的新聞來源，基本靠那一排宿舍外電線杆一樣高的柱子上掛著的大

喇叭。電影一個月難得一場。轉來轉去是那些老片子。

老鄉觀念很重。都意氣中人。井下救難必盡全力。有的幾個人飯票是共用的。誰家有困難，借錢是常有的事。我的日記就記了好幾筆別人問我借錢的事。問我借錢的，有礦友，也有原來知青的戰友。借出去的錢有沒有還，就沒有記載了。

也打架。下班食堂排隊買飯買菜，都想早點吃完休息，都想買點好菜。於是往老鄉隊裏插隊。排隊在後面的異鄉人有意見，一陣口角，往往就拉拉扯扯，打將起來。看電影看戲，都想站一個好位置。坐在或站在前排的擋住後排的，幾聲叫喊之後，有時也是拳腳相加。打架的多是吉水人和廣豐人。

有開玩笑的。一次出井洗澡，有人沒有穿好衣服，被他要好的老鄉拉出澡堂，赤裸裸暴露在外。於是兩人吵打起來。本來開玩笑，並未當真，那人卻氣不過，以為當眾出醜，被人哄笑，實在不舒服，於是跑回宿舍，操起一把菜刀衝了出來，叫嚷著，要把 ×× 殺了。眾人勸住，那人仍怒火不熄，在房間嚯嚯地磨刀，揚言要在晚上把 ×× 殺了。

打架，除個別惡意的外，多是意氣用事。都有個性，有脾氣，都不善機巧，直來直去，打完拉倒，很少結仇。到了井下，該幹什麼就幹什麼。那幾個打架的，拉出澡堂的兩個老鄉，照樣玩得好，照樣一起喝酒，一起打球，一起玩。

四、搞運動，那年頭，不抓這些人，抓誰？

一九七二年下半年，礦裏打擊刑事犯罪，重點在我們二

排。接連四天，排裏都開會，都是我作記錄。那天，連指導員劉傳墀對我說：「把記錄整理成一份綜合材料，要上交。」下午我沒有上班，正整理材料，劉指導員又對我說：「分礦準備到我們連抽一個人去搞運動，你願意去嗎？」我答應了。

我到礦後就愛寫東西，經常報導連排好人好事，寫通訊稿，是連裏的通訊員。領導對我的印象比較好。運動開始，我就作記錄，整材料。領導讓我參加搞運動，除了工作需要之外，可能多少有點培養我的意思。

那時礦裏批判運動不斷。剛進礦是批修整風。食堂伙食不好，一張大字報貼出去：「炊事班向何處去！」「九一三」事件之後，批林彪。平時，每週有四天排裏要學習。一般在八人住的大房間。有時說是學習，實是排裏有事。一次，井下打掘進，風鎬釺子斷了，周排長叫一個礦工到另一工作面去拿一根。那礦工一句話頂過來：「我拿個屌，媽的！」還有一些難聽的。一邊說，一邊用手指點著排長的眼睛。排長用手把那人的手撥開，那人冷不防從下面就給排長一拳。周排長是天河煤礦過來的老工人，非常踏實忠厚，幹得多，說得少，雖沒有文化，但聲望很高。那礦工姓陽，是個中專生，平時總拿著一副知識分子腔調，不要說周排長這樣的大老粗，就是排裏連裏高中的高材生，他也不放在眼裏。那天開會，要他作檢查，他就歪頭哈腰，一臉的不屑。

類似的事，一般要作檢查。有時出黑板報，寫批判文章。一個礦工戀愛過程發生兩性關係，礦裏本來不知道。兩人回老

家辦理結婚，拍電報問單位要證明，電報很急，說：「她懷孕了！」礦裏這纔知道情況。那年代，談戀愛是可以的，但戀愛期間不能發生兩性關係。這也要作檢查。男子一個勁地說：「我一定好好學習馬列，痛改前非！」深刻檢查之後，纔給辦了結婚證。井下浪費坑木嚴重，要寫批判稿，說：「這是×××一類政治騙子的流毒沒有肅清的表現。」

這次運動，實際是借打擊刑事犯罪，解決這些麻頭的問題。二排搞運動，矛頭針對的是一個姓吳的老大工。吳××因盜竊被判教養二年，家裏可能確有困難，因為是勞改就業，雖是老大工，十幾年了，還祇是二級工。個高，壯實，技術還可以，平時幹活祇要高興，其實也還行，就是牢騷太多。「五十二斤米不夠吃。一個月纔拿四十幾塊錢，家裏有老婆孩子，簡直沒法活，要使每月補助我十元，什麼問題都解決了。你少給我十元，我在井下就少幹點，少挖一噸煤就是二十多元，還不是國家倒楣。」林彪事件後，說：「這跟我們有什麼關係，一個月還不是祇有四十多元。」學習中央文件大會不參加，去喝酒，理髮。又說：「×××是草包連長，×××草包礦長。」大會戰，強調井下交接班，他第一天就帶頭提前下班翻牌。按規定給他曠工，他說：「讓他們打曠工吧，嚴尖斧子在我手裏，我想幹就幹，不想幹就不想幹。」大家檢舉揭發，都上綱上線：裝窮叫苦，攻擊領導，對社會主義制度不滿，煽動無政府主義。

第二天，我將四天記錄整理成材料，將大家的發言歸納成

幾大條，下面又有幾小條，再一條一條整理出來。對我來說，
這事簡單。我要感謝中學的作文訓練。

　　再第二天，我到分礦部，就是分礦唯一那棟二層辦公大
樓。打擊刑事犯罪辦公室歸屬政工組。有一個老太太，應該是
負責的，我們管她叫張幹事。張幹事是礦長的太太，就是那個
八級礦工李礦長的太太。礦長個子不高，老太太卻個子較高，
並且總是很嚴肅的樣子。具體交待工作的，卻是黃幹事。黃幹
事對我說：「叫你上來，任務就是搞這次運動，整一些材料。
一連是吳 ××、周 ××，二連是熊 ××，三連是周 ××、鄧
××，四連是袁 ××，分礦部是黃 ××。重點是這些人，各
連開批鬥會在下去聽，瞭解一些情況，然後整理成材料。」

　　各連都抽調了人。其中一個劉 ××，黃幹事叫他畫漫
畫，什麼井下睡覺，偷東西，出早班，打架等等。這天沒有哪
個連開會，不需要下去。有同伴約我打乒乓球，我沒有去，到
了分礦部，正好黃幹事在畫漫畫。他發牢騷說：「劉 ×× 這
傢夥裝頭疼，一張畫也沒有畫就走了。」我看畫的幾張，不會
畫，就用毛筆去填他的草圖。後來他看自己無能為力，就去小
學找來老師，還有搞地質測繪的一個人也拉來畫了幾張。這是
為了出批判專欄。

　　填完畫，沒有事幹，黃幹事就叫我在漫畫紙上寫幾句順口
溜。思路還順當，稍想想就寫出來了。

　　一個順口溜這樣寫道：「時間六點半，張三跑得慌，累了
半個班，出班理應當，什麼奪高產，什麼交接班，老子就不

幹，看你怎麼樣？」旁配漫畫：一個人拿著巖尖，慌忙趕路，連礦帽也弄丟了。

又一順口溜：「上次偷皮箱，實在不理想，被人抓住了，挨打又批判。十天不敢偷，雙手直發癢。趁著半夜裏，摸進宿舍房。現金一百三，手錶是全鋼。生怕人來抓，豎耳聽聲響。兩眼不住朝外看，偷東西我是老行當。」旁配漫畫：一人偷東西，眼睛不住地東張西望，怕人來抓的樣子，手裏拿一把鈔票，旁邊一塊手錶。

黃幹事看我寫得出來，後來又叫我寫了不少。打架的，罵人的，浪費材料的，都寫了順口溜。黃幹事也叫別人寫，但不滿意，又叫我修改。黃幹事看我還行，聽話，也叫我做其他事。那天辦完正事，黃幹事說：「幫我整理整理書吧！」他從南昌買了很多書，有小說，有故事，有思想性的，歷史知識和世界知識的，有科學技術的。我陸陸續續幫他整理了幾天。正愁沒書看呢！從他那裏看了好些書。那天，繼續整理圖書，正要回去吃飯，被黃幹事拉住，硬到他那裏吃了飯，喝了酒。

接著是參加各種批判大會。這天下午，採煤連召開大會，會題是「堅決打擊刑事犯罪分子吳××批鬥大會」。上晚班和早班的都參加大會，正上中班的也派代表參加。分礦領導、連裏幹部都到會。我以分礦運動辦的身份參加。

發言的很多，都是準備好的。吳××嚇得直流汗。胥連長是退伍軍人，總結說：「這次會議，一是火力集中，二是目標正確，三是群情激憤，四是批判有力。開得很成功。打掉了

吳 ×× 的威風。」分礦陳主任講話，説：「還有真正的階級敵人沒有揪出來。吳 ×× 背後還有幕後指揮者。」當時我不明白，陳主任説的幕後指揮者是誰？

第二天上午，在分礦部開預備會，準備分礦的批鬥大會。下午，到二連即掘進連參加批熊 ×× 大會。熊 ×× 的問題主要是打架和消極怠工，挑撥幹群關係。一次打架，把一個工人打得兩天不能上班。

次日下午，全分礦開批判大會。批我們連的吳 ××，還有三連即運輸連的周 ×× 和鄧 ××。鄧 ×× 是打架，把食堂炊事員打傷住院，又冒充連隊領導打電話到礦部醫院，探問病情，説：「如果病勢不重，就叫他回來勞動！」周 ×× 是爬看女澡堂，偷東西，又裝病到礦部醫院拿了一些藥，回家的路上扔了，被人撿到交給醫院，一查，是周 ××。

批判大會上，三人作檢查。臺下的人一個接一個跳上臺，揭發批判。發言的都事先安排好，作了準備。三個人站立在臺前。吳 ×× 雖然低著頭，但滿臉不在乎。周 ×× 嚇得有點發抖，臉色都變了，連檢查也作不下去。鄧 ×× 則若無其事，昂首挺胸，雙手叉腰，神氣十足。

我繼續寫稿子，寫材料。那天批判會後，我按照要求，寫了一篇關於吳 ×× 如何煽動無政府主義的稿件。黃幹事説要送礦部《運動簡報》。這天，根據吳 ×× 的話，寫了一篇稿子《到底誰倒楣》。這天出了批判專欄。橫幅：「橫掃一切牛鬼蛇神」，兩邊：「奮起千鈞棒，痛打落水狗」。幾篇批判文

章，題目是：「撕開畫皮，看這隻披著羊皮的狼」，「鬧補助
是假，搞破壞是真」，「吳 ×× 為什麼不願幹」。都是批吳
××。盧盛堤和盧致音各一篇，另兩篇都是我寫的。辦了運動
簡報。簡報名是黃幹事起的，叫「戰地黃花」。刻寫，印刷，
全是我一個人。有時寫稿也全是我一個人。

重點還是整吳 ×× 的材料。黃幹事讓我先看了一些檔
案。連裏繼續批吳 ××。發牢騷的話，何時何地對誰說的，
周圍有哪些人聽到，都一一核實了。但他還有一條是流氓成
性，亂搞男女關係。說他在原單位，用金錢引誘等手段，和某
某某、某某某的老婆有不正當關係。到另一單位，又於某日上
夜班，半夜上來，利用某某某上夜班或外出或看電影等機會，
和某某某的老婆多次通姦。又說他還以此教唆青年。一青年礦
工戀愛發生兩性關係的，所謂「先奸後娶」，據說就是他教唆
的。吳 ×× 對那青年礦工說：「你怎麼那麼老實。」那青年
礦工聽了吳 ×× 的話，不再「老實」，於是有了事。

揭發的時候，都說得有鼻子有眼。那天派我去調查。帶著
介紹信，借了一輛破舊自行車幾個地方轉。

先到一分礦礦部。吳 ×× 原來是一分礦的勞改就業人
員。一位姓朱的女幹事接待我。我說明來意，一是調查吳
×× 和一分礦就業人員謝 ××、朱 ×× 的老婆有不正當關係
的問題，二是向朱 ×× 瞭解同二分礦鄧 ×× 的老婆有不正當
關係的事。朱幹事介紹我去徐府嶺找管教幹部項連長。

於是騎車到徐府嶺，找到項連長。項連長說，前一個問

題，需要到礦管教組找曾幹事查吳 ×× 的檔案。項連長告訴
我，就業人員每隔半年就有一次鑒定。後一個問題，項連長介
紹我去找生產組老蔡，讓老蔡去找朱 ××。説著，項連長在
我帶來的介紹信上寫了幾句話，説：「給老蔡看就可以了。」

我掉轉頭，再到一分礦礦部，找到老蔡。老蔡説：「朱
×× 上晚班，在睡覺，時間纔十點多呢。」我説：「下午我
還要去二分礦呢！」老蔡於是帶著我，把朱 ×× 從睡夢中叫
醒。朱 ×× 睡眼惺忪，説：「吳 ×× 和鄧 ×× 的老婆是有
些勾勾搭搭，但並沒有捉他的奸。」他讓我去找四分礦二連的
郭 ××。

結束一分礦的事，翻過山，來到礦部。沒有找到曾幹事，
卻找到了吳 ×× 的檔案。原來，吳 ×× 是流竄到江西靖安
縣，在街上偷了別人的毛衣、被單等，被群眾押解到公安局。
拘留一天，釋放後第五天，再偷別人的東西，又被扭送公安
局，判為教養，押送新華煤礦（第七勞改支隊），教養兩年
後就業。就業期間每半年一次鑒定，沒有發現吳 ×× 和謝
××、朱 ×× 老婆有不正當關係。

礦部接待的同志很熱情，在他的指點下，我在礦部食堂買
了飯菜票，吃了午飯。午飯後，又騎著那輛破舊自行車朝二分
礦飛奔而去。還沒有到機關下午上班的時間，幸虧一位好心
的工人帶我去找姓張的保衛幹事。張幹事很熱情，聽明來意，
馬上去各連找人瞭解。轉一圈後回來告訴我，瞭解情況的何
×× 已經在一個月前調到五分礦任二把手了。

轉了一天，一無所獲。

接下來，還有批判會。那兩天，在二連接連開了四個會，前一天開兩個預備會，第二天開兩個批判會。上午三排批袁××，說他企圖強姦×××的家屬，又偷東西。晚上二排批熊××、曾××。但是，批判會明顯少了。我也轉做其他事。那之後好像黃幹事就不太管我，主要是張幹事管我，礦裏其他領導也給我派活。

那年打擊刑事犯罪運動，各連都有人受批判。實際很多並未按刑事犯罪處理。礦裏不過借此打擊歪風邪氣。那些受批判的，批判完了，照樣上班拿工資。陳主任反復說，吳××背後一定有幕後指使者，一定要把幕後指使的人找出來。後來我們都知道說的是誰。姓趙，也是勞改刑滿就業的，也是老大工。趙××技術好，一輩子在井下，遇險無數，連皮也沒有破一點。性沉穩，工心計，平時沒有牢騷，但關鍵時候說一兩句話，往往在點子上，很能鼓動人，排長、班長拿不住他，年輕的新礦工很多都聽他的。明知道是這個人，最後還是沒有辦法「揪」出來。這兩個人，就在我所在的二排，而且就住在我對面的房間。那幾年，我基本和他們一起上班、生活。後來他們都一直在四分礦。吳××已經去世，趙××是上門女婿，先是把家屬調到礦裏，退休後又回浙江老家安居。

接下來工作就沒有什麼進展。好人好事不是天天有，加上產量低得古怪，也不好寫。張幹事叫我組織各連通訊員寫稿。但各連通訊員也動不起來。打擊刑事犯罪分子的運動實際不

了了之。我主要轉為搞通訊報導。這是長期的工作。短短幾個月時間，各連抽上來搞運動的都回連隊去了。這天張幹事對我說：「你也回去吧。」就這樣，我又回到採煤連。

五、再次下井，記不清幾次遇險，可以說是火線入黨吧

再次下井，第一天，是拖料，有點累。第二天，做副大工，技術有點生疏。接著幾天，都是趙××帶班，我是副大工。趙××就是那個勞改就業的老大工。這天掘進，煤層很硬，風鎬壓力又不足，半個班，祇打了一架棚。趙××說：「就打一架吧。」我說：「不行吧。」於是又打了一架。

這天轉早班，寒冬時節，凌晨五點多起牀，換下井衣服，冷嗖嗖的。短壁工作面採煤。從下往上衝杠子，衝通了，但介面的地方懸著一大塊底板，像老虎口一樣，樣子很嚇人，事實上也很危險。因為底板沒有頂死，很容易滑動，而一旦滑動，整個工作面就會坍塌。幸虧趙××有經驗，纔沒有出事，但整個班提心吊膽。

接下的一天就遇險了。在採煤工作面。老塘方向因為放頂受壓，頂板很爛。我祇顧起勁地打風鎬採煤。一會發現裏邊有個空洞，趕快告訴趙××。趙××問：「是煤還是碴子？」我說：「是煤。」趙說：「是煤就沒有關係。」趙是老大工，老有經驗。我就放心大膽地繼續幹。正打得起勁，剛纔看到那空洞的煤下來，接著下來的卻是頂板碴子。還沒有等我反應過

來，趙××大喊一聲：「下來！」我一丟風鎬，一下跳到下邊的副巷。頂板果然垮下來，嘩啦啦地響。趙××倒是很沉著，趕快用竹簾子在巷道粗木支架上邊擋住碴子，不讓繼續衝下來。一會兒，碴子把上邊衝死了。頂板沒有再下來。

這天雖然遇險，但其他工作面很有幹勁，高產，完成了全年三萬噸的任務。

接下又遇險了。這天煤斗堵了，衹有從下面捅。我先趴在外面，伸一隻手進煤斗，拿塊長竹片去捅。夠不著，也用不上力。於是我把身子伸進煤斗，衹留一個腦袋在外邊。整個腦袋伸進去是萬萬不敢的。這樣用竹片往上捅了幾下，仍沒有捅開。我就改用巖尖去捅。剛一捅，煤斗裏的煤「嘩」地下來了。我躲閃不及，頓時被埋。幸虧腦袋留在外邊。同伴趕緊把煤扒開，纔把我的身子從煤堆裏拔出來。

排長盧致音探親，周排長住家屬宿舍，幾個正副班長都不在家。遇險第二天，我還得值班。鬧鐘一響，嘿地起牀，穿好衣服，生好爐子，把大家叫醒。哨聲劃破了黎明前的寂靜。

連長已經換了。這天新任連長左家戰召開班排骨幹開會，說：「班排力量已經比較薄弱了，要以一當兩，以一當三，搞好春節前的抓革命促生產。」這天分礦又召開保勤奪煤誓師大會，要在春節前，元月最後五天，實現開門紅。各連上臺表決心。但上班的人已稀稀拉拉，幹活也鼓不起勁。

這天，我臨時接到任務，下井加班，修理煤斗。平時上班要出煤，煤斗沒法修，趁著春節休假，我和陳義生等幾個工人

下去把煤斗修好了。這年春節，基本上沒有休息。

　　春節剛過，都有點鬆勁，產量低。分礦又組織高產。排長盧致音剛返礦，就投入工作。這天我本來休班，盧致音說：「奪高產，不要休息，上班吧！」我於是下井。

　　不料又遇險。這天是短壁工作面放頂。短壁工作面就是那種近乎懸空筆陡的工作面。趙××讓我掛鉤，他擋竹簾子。掛鉤要進老塘，那是最危險的。放下一根支架，又放一根支架，到第三根支架，頂還沒有下來，祇衝下一點碴子。這是不正常的。聽得趙××嘟噥一句：「還沒有下來？」老塘沒有下來，如果再放，空區大，頂板下衝來勢洶，工作面有危險。

　　我有點害怕，也更加小心翼翼。把一對加固支架拉掉，又拉掉老切斷線的支架，頂板還是沒有來勁。我正想進老塘掛一根支架，祇聽得「嘩」的一聲，老塘碴子把我那根頂子擠掉了，衝下許多碴子，把剛纔放掉的地方衝死了。又「嘩」地一聲，頂板也下來的。這時老塘「嘩啦啦」一陣響，衝下許多碴子，工作面上部老塘也動了，整個工作面來了壓力，把支架壓得「吱吱軋軋」作響。一看情況不好，我趕緊往上面出口跑。工作面支架「吱吱軋軋」地響了好一陣，幸好頂住了壓力。

　　這天和陳義生再次去樟樹。採購禮品，茶具、熱水瓶之類，送盧致音新婚。這天很熱鬧。盧致音是骨幹，領導看重，分礦主任，連長和指導員，兄弟連領導都來了。鳴鞭炮，新郎新娘就位，分礦兩個主任先後致詞，新郎盧致音很放開，一五一十地介紹戀愛過程。新娘也落落大方。新郎新娘給每一

位敬酒之後，出題喝酒。第一個題目，新郎把瓜籽咬破，讓新娘把瓜仁從新郎嘴裏咬過去。第二道題，新郎咬住一顆糖，新娘去把糖咬斷。第三道題，新娘先含一口酒，再從嘴裏倒到新郎嘴裏，要求不能掉出一滴酒。第四道題，新郎新娘各拿一根筷子，扛一顆瓜籽到碗裏。還有第五第六道題。新郎新娘雖時亦推讓，最終都做到了。客人因此要喝酒。好幾個客人醉了。

我暗想，一定要難住新郎新娘，不能讓自己喝醉。於是讓新郎新娘共唱一首歌。他們很爽快唱了。沒有辦法，祇有把大半碗酒喝下去。我醉了。

我仍然擔任通訊報導任務。回採煤連再次下井第三天，連裏開通訊報導會議，佈置任務。時為十二月，第一，歡送應徵入伍，十四日新兵就走，十一日之前要出一期刊物。第二，年終總結，出兩期刊物。第三，十二月二十六日毛主席誕辰，要出慶祝刊物。最後是元旦，要出一期。算來二十天時間要出五期。任務基本上落在我身上。

完成全年三萬噸任務那一天，我遇險。下班，遇險的驚怕還未平息，我就寫了稿子《三萬噸的最後一戰》。第二天，又寫年終評選的稿子《評先進，趕先進》。接下幾天，除了出刊物，又寫了排裏年終總結。排長是盧致音，他提出修改意見，修改後，六千多字又全文抄寫一遍。沒等緩過勁來，排裏評選方立意為分礦先進典型，於是又寫先進典型的材料。

剛完成這一任務，連指導員劉傳墀又找到我：「連裏要有年終總結，你來寫吧！」連裏有文書，連裏文字工作本來由他

專門負責，但劉指導員沒有叫他寫，卻叫我寫。我二話沒說，接著又用兩天時間寫了連裏的長篇年終總結，又用一天時間複寫三份。五期刊物也全部完成。最後一期元旦刊物，在年末最後一天辦出去了。劉指導員很滿意。

年初幾天，先是分礦召開宣傳報導工作會議，各連文書、宣傳組成員都參加。我發現，參加會議就我是第一線的工人。後來是連裏召開各排的通訊員會議。那天要出刊物，連裏文書問我要稿子。那幾天下井很累，儘管如此，從井下一上來，來不及喘一口氣，就寫出來了。

再後來，連裏需要寫什麼材料，基本上都是我來完成。宣講十大報告的提綱，學習新黨章的講稿。黨團員、班排幹部聽黨課。劉指導員用我寫的講稿上黨課。後來黨課要宣講黨的基本路線，講敢於反潮流的革命精神，講「三要三不要」。三個材料也都交給我寫。一般的通訊報導更不用說是我的任務。

老二排好幾個礦友一個個調離了。先是盧盛堤調礦人事處，李財元、吳至庚調炊事班，陳義生調溜子班。後來是吳益魁調分礦武裝班，張祖樣調分礦小學。加上之前蔡式林調任副連長，李光廷調任調度室，周德民調守煤倉，譚新鏡調分礦直屬排。還有其他調動。都找了這樣那樣的理由，身體不好，腰扭傷，等等。當然有的有門路，有的是表現出工作能力。原來二十多人的老二排，和我一起下井的祇剩下八九個人。

三個哥哥經常來信，一直關心我的前途。大哥盧盛泓每次來信，都鼓勵我好好幹。還在暫調搞運動的時候，大哥就來

信，希望我更加進步，向黨組織提出申請。

這一天我做了三件事。一是寫好入黨申請書，鄭重地交給排黨小組長歐陽活。歐陽活是一個好共產黨員。一次高產會戰，歐陽活剛進班，上小眼就被上面掉下的一塊石頭打傷腳，腳一下就腫了起來，但他忍住疼痛，堅持到下班。歐陽活也是南康人，和我們一起到煤礦的。二是給大哥盧盛泓寫了一封長信，談了這段時間的工作情況和思想動態。三是向劉指導員彙報了這段時間的思想狀況。

一九七三年元旦後的授獎大會，我因上班沒有參加，下班回到宿舍，看到了牀鋪上的獎品：一隻臉盆，一隻茶杯，一條毛巾。這天，黨小組長歐陽活找我談話，説我的入黨申請書已經交給胥連長了，估計第一季度會發展一批。

這天，歐陽活召集入黨申請人劉家財、夏溫光和我開會，學習黨章。劉家財和我同在沙溪公社，他是農村本地青年。夏溫光是廣豐人，一個敦實又樸實肯幹的小夥子。又一天，黨小組長歐陽活找我談話，要我經得起黨組織對我的考驗，並説，支委會研究了培養我入黨的問題。

第二天，劉傳墀找我談話。劉傳墀是連指導員、黨支部書記，也是分礦團委副書記。他説了幾點：一，端正入黨動機，積極向黨組織靠攏，經得起黨組織的考驗；二，現在整團建團，準備讓我擔負一點工作，要做好思想準備。劉指導員又在連裏給我們上過幾次黨課，一次講的是共產黨員為共產主義奮鬥終身的問題。

　　劉指導員說的擔負一點工作，很快得到驗證。這年三月，我回南康探親，看望老父親，回到礦裏，這天上午洗完衣服，劉作榮來找我。劉作榮也是南康人，一起來煤礦的。他說，我回家探親期間，連團支部開大會，改選了支部，劉作榮任書記，我任副書記。他說：「當前的工作，一是學習毛主席的《青年運動的方向》，二是超齡青年的退團工作。」

　　擔任團副書記，感到擔子很重。劉指導員對我說：「要走群眾路線，抓好三分之一的典型。」這天，我召開團支委開會，討論幾個事情，一是退團人員的鑒定，二是發展對象的工作，三，為了慶祝五四青年節，開展一次團員回收廢料活動。

　　井下仍是各種各樣的情況。這天上班，一個掘進工作面垮了，據說碰到老窿。白色的泥巴衝下十多米遠。幸虧沒有造成更大的事故。我們派幾個人去清理。又有人在井下打架。這天我帶班打掘進，楊××做小工，帶了一把扒子。另一小工打掘進，也帶了一把扒子，扒子不好用，就把楊××的換掉了。楊××發現，大發脾氣。我因風鎬釺子斷了，到處找。回來路過，卻見楊××坐在那裏氣呼呼的。有人告訴我，楊××在掘進頭打了一架。我大吃一驚，急忙到掘進頭。掘進頭空間很小，兩人居然摔打開來。另一小工力氣大，把楊××一把摔倒在地，楊××則把另一小工的鼻樑打出了血。

　　垮工作面的事故不斷發生。一個短壁工作面，衝一次垮一次，半個月不到，連著垮了五六次。還好沒有傷著人。但這一天，另一事故終於傷人了。煤斗堵了，各個工作面祇有停工，

出不了煤。值班的三排長賴耀金心裏著急，從下面捅。一捅，連人帶煤一起衝下來。賴排長在中間踩住一塊竹尖，中間一條橫巷道，有人拉住，纔沒有再往下衝，不然結果不堪設想。但是，礦帽被打爛，頭上礦燈被打掉，渾身到處是血，頭被打腫了，腰也受了傷。消息傳到地面，幾個連長、劉指導員趕忙換了衣服跑下井。一會兒，人被抬了上來。我到衛生所看時，還是昏迷狀態，鼻子裏，臉上，耳朵裏，滿臉全是煤。嘴唇顫動，想要喝水的樣子。

當天晚上，開事故分析會。連幹都來了。聽了經過，分析原因。有人說：「這是冒險作業。」有人說：「賴排長一心想著為革命多出煤的思想是寶貴的。」又有人說：「如果沒有那塊竹尖中間擋一下，今天就開成追悼會了。」盧致音力排眾議，說：「與其說是冒險，不如說是被迫而為。這個小眼被壓得這麼壞，堵了煤斗從上面捅不開，祇有從下面捅，必然是冒險。」他建議馬上修煤斗。但修煤斗意味著停工。有工人則指著連長、技術員大罵：「這不都是你們的責任！能怪我們戰士嗎？我朱××可不是好惹的。」

這天輪到我，不但受傷，而且遇險。也是煤斗被堵。我把右腳搭在礦車上，左腳站在地下，用一根兩米多長的鐵棍去捅。一下全衝下來。搭在礦車上的那隻右腳來不及拿開，被衝下的一根約六十公分長、飯盆粗的圓木頭著實打了一下。我趕緊拿開腳，退後一步，這時「呼」地一聲，煤斗裏堵著的幾車水煤像瀑布一樣猛衝下來，把偌大個礦車全埋住了。

　　一看我的右腿，結結實實被打出一片鮮血。我叫同伴打電話到聯絡巷找排長，排長就是盧致音。他下來看了傷勢，批准我出井。到地面醫院一檢查，一塊皮帶肉全沒了。幸而位置靠下，如果再住上一點，打中要害，我可能就沒命了。

　　請工傷假很麻煩，要各級簽字。排長盧致音好找。找李連長簽字，一拐一拐到他家去，説是到八景去了。快中午了，一拐一拐再去，還是撲空。吃過午飯跑第三趟，總算找到了。連長批了，到衛生所。找到一個醫生，説，要昨天看傷口的值班醫生開假條。但昨天衹是叫一個醫生緊急處理了傷口，沒有找值班醫生。沒辦法，衹好找到昨天的值班醫生，重新看了傷口，開了傷假條。又一拐一拐把工傷假條送到調度室登記。

　　趁著工傷休假，看了好幾本古典文學的書。

　　這天又是分礦動員高產大會。黨團員大會。礦領導分礦領導都來了，都講話。范主任瘦高個，黝黑臉，尖下巴。本身講話沒有表情，聲音沙啞，又操一口萍鄉腔，費很大勁，纔聽出大致意思：努力奮鬥，十天高產，完成這個月三千噸的任務。

　　礦長王義斗高個，寬臉盤，濃眉，眼睛有神。他的報告是算帳。説，回採連一共一百四十九人，其中四名連幹，包括技術員、文書，有六人，還有一百四十三人。三個排，每個排四十七到四十八人。這些人當中有幾個是採煤的呢？輪休每天七個，就衹有四十個人。病、傷、事、探親假，除去五個人，每天就衹有三十五個人上班。這三十五個人中，要一個人送饅頭，四個在大巷道推車，七個開溜子，四個在上面扒煤。還有

修理、掘進，真正在工作面採煤的，就祇有七、八個人。你們算算數，全分礦六百七十名職工，每天二十四小時就祇有那麼二十幾個人在井下挖煤，怎麼能完成任務呢？

於是他提出，各連都要支援採煤，非生產第一線的人員要壓縮，充實到第一線去。四連即後勤連要包下送饅頭的任務，保證採煤連能吃上饅頭，喝上開水。三連即運輸連要包下井下大巷道推車的任務。二連即掘進連也要支援一個組到採煤連。

全分礦職工大會。大家信心滿滿。那天採煤連有兩個掘進頭，一個組決心打四架，一個組決心打五架，掘進連的掘進組決心更大，要打七架。加上一個工作面有幾根杠子採，算來七八十車煤的高產沒有問題。運輸連準備好了空車，就等煤斗下煤。不料一進班，第一部電溜子底槽鏈條就斷了，修了一個多鐘頭。接著第二部溜子又斷了梢子。從工作面到煤斗，有七八部溜子，隔一會兒就有一部出毛病，有的壞了五六次。工作面堆滿了煤，就是運不出來，工作面不能作業，祇有乾著急。這個班祇出了三十九車煤。後來幾天的情況更糟。

採煤連和運輸連經常鬧矛盾。採煤連怪運輸連礦車供應不上來，運輸連怪採煤連下煤太晚，又下水煤，埋住鐵道，不好推車。軌道跑車，煤全灑在軌道上，運輸連沒有扒子等工具，不願清。採煤連說：「這不是我們的事，出不出煤，也不是我們採煤一個連的事。」

那一天晚班，我在大巷裝煤斗。礦車裝好煤，本來是採煤連派四個人從岔道推到主巷道。因為會戰，加強一線採煤力

量，這個任務給了運輸連，祇有我一個人裝煤斗。

但我一到井下，就來火了。大巷滿是煤斗衝下來的水煤，水煤埋住了鐵道，車子推不進去。我一個人用鏟子把水煤一鏟一鏟鏟進礦車。運輸連六個人就在一旁閒看。

我清好一段鐵道，裝滿一礦車煤，運輸連的纔推著車子大搖大擺進來。進來之後，把車子往岔道一放，就各自找地方睡覺。我沒有作聲，繼續一個人埋頭清煤，直到把埋住礦車的煤清完，又把長長一段鐵道的煤都清完，把礦車推出來。該是他們倒車了，他們還一個個躺在竹簾子上呼呼地睡覺。

去叫他們，叫醒一個，睜開眼睛懶洋洋地看我一眼，又睡去了。再叫一個，說話了：「還要我們倒車嗎？」轉身也睡去了。又叫另一個，竟跟我吵起來：「我們推那麼遠，累死了，吃不消，還要幫你倒車子，幹個屌！」什麼？幫我倒車子，那我幫誰呢？你們六個人推車，就這麼一段路還叫累，我一個人清了兩三車煤，幹了那麼久，你們祇當沒看見？

我心裏惱火，走出去，先找到他們排長，不管用。又電話到井上調度室。調度室說：「那裏又裝煤斗，又清岔道又推車，一個人確實不夠，你找運輸連余排長，叫他派一個人吧。」拿著調度室的指令，再找余排長，再找那幫睡覺的。他們這纔不情願地起來，慢慢地倒車。

這天，大工小工吵架，十二個人祇衝了兩根杠子，工作面還垮了。下班後開會分析原因，繼續吵。劉家財是大工，說：「有的小工很不自覺，大工幹得滿頭大汗，小工卻在睡覺，

叫他幹活也不理。」小工李小苟卻接著說：「有的大工，對小工命令主義，動不動就訓一頓，小工累得要死，大工也不幫一幫。現在是新社會，共產黨領導，可是有的大工還罵小工。」

後來意見提開了，有的說，排長不堅持原則，早就規定不准換輪休，可是排長帶頭違反，「叫我們工人能不跟著幹嗎？」又有人說：「排裏要輪流開電溜子。不能讓有些人假裝身體差，長期開電溜子。那些開電溜子的身體差嗎？我看比我們大家身體都好。」又有人說：「三個班人員搭配也不好，力量強的都在五班，先進班是拼湊出來的。我們四班想爭先進根本沒門。」又有人說：「原來講好六班專管開電溜子和拖料，知道拖料比較累，又要我們幹，他們六班祇管開電溜子。」意見越提越遠，有人說：「產量上不去，跟食堂也有關係，伙食差，沒有菜吃，饅頭也做得小，二兩饅頭，實際祇有一兩。」

這天，班排幹部開會，各班人員重新調配，老大工，新大工，小工，身體好的，身體差的，平均分配。這天二排又開會，劉指導員參加，討論如何把生產搞上去。但生產仍上不去。壓風很小，風鎬有氣無力。這天沒有完成任務。

再一天，我們硬是用手工工具嚴尖，超額完成任務。離開工作面，準備上地面，卻見前面巷道許多燈光閃爍。原來是分礦何主任帶著一班人來了。何主任很久不見，也不管什麼事，這天卻突然下井來抓出早班。一下抓了二十多人。問：「怎麼處理？」工人們七嘴八舌，有說：「他們掘進連可以出早班，為什麼單抓回採連？」有說：「出早班的多，井下不幹事的也

多，我們回採連還算幹了些事。」但大多數人說，出早班還是不對。何主任又問：「執行交接班，大家能不能做到？」沉默了好一會，有人說：「大家做得到，我們也做得到。」這天下午，所有出早班的辦學習班，大家作自我批評。何主任講了一番堅持八小時工作制，加強組織紀律性的話。

這天晚班，進班會宣佈，一定要交接班。我和方立意在採煤工作面。上一班留下很多碴子。我催著小工把碴子清完。接著我打風鎬，風繩壓力不夠，風鎬有氣無力。電溜子又出故障，採下的煤運不出去，堆在工作面，沒法作業。小工們見狀，躺下就睡。祇有一個小工偶爾順巷道出去看電溜子有沒有修好。時間過半，吃過饅頭，小工們仍是橫七豎八地躺著。叫他們扒碴子，祇睜開眼睛看我一眼，又懶洋洋地躺。我著急，又惱火。卻見方立意也沒勁地躺著。他可是先進典型啊。我無可奈何。一會排長盧致音來了。他說：「今天就是幹到八點，你們也要把這根杠子衝起來！」小工們見狀，祇好起來，打起精神清碴。但風鎬還是沒有壓力，又碰到硬硬的碴子層，根本打不進去。用巖尖更挖不動。於是祇有砍支架。三排接班的到了工作面。我叫一個小工背風鎬上地面，這小工很不情願，嘟嘟噥噥背著風鎬走了。晚班本來是早六點下班。這天我們好不容易架起支架，出班到地面，已是七點多鐘。

這天，分礦黨委又號召高產會戰，迎接中共十大召開。這下幹勁總算鼓起來了，產量一班多於一班，昨天晚班出煤七十三車，今天早班八十多車，中班達到九十七車。打掘進，

晚班六架，早班九架，中班十一架。礦裏向分礦送賀信，分礦向連隊送賀信。那幾天，我都帶班，大工小工配合很好，風鎬也有力，幹得暢快。當然很累，井下幹完，到了地面，還要寫通訊報導。中共十大召開，還要出慶祝專刊。

就在這個時候，我入黨了。

這天歐陽活找到我和劉家財，說，他要調到分礦部搞驗收工作。會調一個副排長來，「你們入黨的事，支委會已經討論過了，大家對你們的評價還是好的。我也把你們表現的情況向支委會作了彙報。今後不論誰到二排來，都會對你們繼續培養。現在排裏力量薄弱，你們更要把工作抓起來。」這天，排裏開會，連黨支部組織委員歐陽禮來徵求關於我入黨的意見。排裏幾個人發表意見，算是通過了。

有政審。政審很嚴格，要外調。個人經歷的每一段，都要有證明人，家庭和親屬情況，什麼名字，有沒有什麼問題，住在哪裏，都得清楚。當事人證明人要寫證明材料，證明某人某事如何如何。簽字畫押，基層黨組織蓋章證明。上一級黨組織再蓋一枚公章。所有這些，都要進檔案。

這天，支部討論我入黨的問題。一致通過。

入黨那一天，我很激動。日記裏回顧了生平，寫到了我大哥盧盛泓對我的鼓勵和教育，寫到個人的前途和黨的前途、國家的前途緊密聯繫在一起，寫到要把一切交給黨安排，準備接受更艱巨的任務，為祖國的煤炭建設貢獻更大的力量。四十多年後的今天，回頭來看，我仍然感到那是真心話。

這天，分礦組織幹事郭隆金找我談話。郭隆金是我所尊敬的一個領導，我們習慣稱他為郭主任。我被暫調到分礦搞運動，就在政工組領導之下。這天和郭主任談了很多。我談了思想情況，家庭情況，工作情況。他也說了很多。大意是支部已經通過了，不能驕傲，不要脫離群眾，脫離勞動，工作要繼續吃苦耐勞，要用共產黨員的標準嚴格要求自己。

我當時祇知道郭主任令人尊敬，不知道郭主任對我印象很好。後來推薦上大學，主要就是郭主任。

這天，劉指導員找我，說調到我連部，當文書。

六、當文書，那難忘的八十天大會戰

任連部文書，很是矛盾了一番。傳言馬上要評級加工資，不早不晚，正好這個時候改變工作，不是井下主要大工，評級加工資都沒有份。當然，我還是二話沒說，聽從安排。

那天，和連部原來的文書老楊辦了移交。所謂移交，第一天祇給我一個抽屜。過了兩天，纔交了一些東西，裝訂機、辦公桌、辦公椅等辦公用品，手套、肥皂等勞保用品，還有互助會經費四百二十元，借條、發票、存摺、現金、欠條。

據說，老楊管互助金的時候，被盜五十元，但沒有找到作案者，據保衛部門和連裏分析，很可能是自己作案。但他不承認。老楊調到食堂賣飯菜票。

連隊文書，一個重要工作是算工資、發工資。算好連隊每人幾個白班，幾個晚班，幾個病假事假，基本工資，加下井

費、夜班費，扣除病事假工資，算出每個人當月工資數，報分礦財務組。月中，到銀行取出現金，分發到每個職工。銀行在五里外的八景。全連一百多號人的工資，一個人背那麼多錢獨自走回來，真有些害怕。因此常常讓同伴陪我去。回來一個個數現金，第一次總也數不清。於是也是同伴幫忙。

有其他工作。寫總結，年終總結，半年總結。寫報導稿，批判稿。報導好人好事，批評壞人壞事。辦壁報專欄，寫宣講報告。連裏有指導員，新的中央文件或重要社論下來，他要宣講，一般就會叫我寫宣講報告。我在排裏當工人就做過這些事，我纔知道，這原來是連隊文書的工作。

連指導員就是劉傳墀。他也是連黨支部書記。南康人，高個子，來礦之前就擔任過村幹部。到礦後，先當一排排長，後當連指導員。他很會抓工作。一次探親，離礦十幾天，返回礦裏，先下井瞭解情況，再開幹部會，統一思想，然後連部幹部分工，每人分管一部，一下子就把工作抓起來了。到了井下，不是指手劃腳叫人幹，常常是自己操起工具就幹。幾次帶病下井。他一幹，別人自然跟著幹。一次，一個黨員班長認為自己幹得很多，卻沒有得到提拔，鬧情緒。劉傳墀便說：「上一次黨課吧！講關於共產黨員不是要做官，而是要革命。」

調任文書不到一個月，分礦組織八十天大會戰。那幾天，掘進連連創優異成績，五架，六架，七架，喜報天天送，敲鑼打鼓。這天，分礦開會，黨員和積極分子參加，宋寶玉講話。宋寶玉新從三分礦調來，任四分礦革委會主任。八十天大會

戰，就是他提出來的。這天講話，很簡潔，也很能鼓舞人心。他說：「我們的口號是，幹群團結一條心，大幹苦戰八十天，超過一萬五，元旦把禮獻。」他說：「共產黨是階級鬥爭的產物，共產黨員是不怕困難的，怕困難，就不算共產黨員。」

高個，臉微黑，小眼睛總是眯著。他說，他獵手出身，一九四七年十六歲參軍，偵察兵，特等射手。「那時胡宗南包圍延安，我們和他整整打了兩個半月，為了戰勝敵人，沒有飯吃，喝的是髒水，硬是熬了下去，最後勝利了。」受過傷，二等殘廢軍人。大家對他肅然起敬。有人見他週末扛獵槍出去，回來帶回野雉之類。不過大家議論，一九四七年參加革命，為什麼纏當個小小的分礦長呢？

經常下到連隊參加活動，黨課，黨團員會都參加，講光榮歷史，拉近乎。他怎樣打胡宗南沒有見過，但他認人的功夫卻是了得。四分礦六百多號人，他調來不到一個月，百分之八九十的礦工一見面就能叫上名字。他下井，到工作面一轉，一個個叫上名字，礦工們覺得親切，不敢不賣力。

他不下井，就在礦工下班出井的路上，誰出早班，他一叫名字：「×××，又出早班了？」很親切，不批評，人們頓時不好意思，再不出早班。作報告，從不坐著，祇在臺前踱來踱去。不論批評還是表揚，都用俏皮話說出，並且一邊作手勢，一邊拱手作揖。用得最多的詞，是老老實實。「你們是師傅，我老老實實地當徒弟。」不講空話，講話總帶鼓動性。

那些天，確實把大家鼓動起來了。這天掘進，上一班七

架，下一班十架。下午授獎大會，是我所見到會人數最多的一次。創紀錄的送喜報，各連表決心。接著又創紀錄，一個班掘進十二架。我也下井了。那氣氛就不一樣，懶散的作風一掃而光，真可以用熱火朝天來形容。

宋寶玉精力充沛，自己不停地轉，也催著所有的人不停地轉，不讓你鬆一口氣。 那天我休息，也處理連務，沒有下井。宋主任來了，先找連長，沒有找著，找到我，說：「井下溜子壞了，你們也跟不知道一樣？晚班沒有出煤，早班到現在一車煤也沒有出，你們跟沒事一樣。」我說：「我不清楚。」我正洗帳子。他說：「不要洗了，走走，帶我去找溜子班長。」帶他去找，結果一個班長老婆生孩子，沒上班，一個班長上夜班剛上來，不可能馬上再下去，我祇有臨時自己下去。

宋寶玉每天都下井，各個工作面轉。看到要創紀錄，就親自打電話，要地面人員準備送喜報。這天晚十點以後，一排開出班會，對幾個出早班的分析討論。宋寶玉聽說，剛洗完澡就趕來參加。他沒有直接批評，祇是說：「我的人生格言是，寧願在激流中死亡，不願在靜水中永生。」又說：「困難是最容易考驗一個人，也是培養人的好環境，祇有在困難條件下，纔能出幹部，出黨員，出英雄。」這天，他知道有一個剛剛批准入黨的人也出了早班，便說：「批下來了也要停下來！把革命的班交給這樣的人，我們不放心。」說得大家心服口服。

這天，分礦團員大會，又是宋寶玉做鼓動性的簡短報告。掘進連再創紀錄，一個班掘進十九架。採煤工作面也創紀錄，

以前一個班一般採五六根杠子，現在多的採到十幾根。以前是八小時打折扣，下去先坐一會，幹幾下就出班，現在是一下去就幹開了，一直幹到出班。那情景真催人奮進。

井口，周圍一片荒蕪，一向冷冷清清。這一天，卻突然熱鬧起來，紅旗招展，一群人整齊地站立兩旁，很有點像儀仗隊。不一會，井口風門打開，扛著風鎬、巖尖、斧子的一群人黑乎乎的剛一出現，鑼鼓頓時齊奏，像是歡迎外賓來訪，又像歡迎征戰歸來的勇士。原來，這個班掘進打破了紀錄。

剛過十月份，分礦又召開大會戰第二戰役誓師大會。礦部送來電視機、錦旗。團員又開會，組織青年突擊隊。礦部又撥錢買來糖果，接連開三個座談會，三個排的工人坐在一起，慶祝勝利。宋寶玉參加，還是他的老習慣，拱手作揖：「感謝大家，你們是師傅，我老老實實地當徒弟。」後來批林批孔，礦部送電視機，買糖果的事，都受到批判，說是物質刺激。

連部人員都下井。我還要通訊報導。分礦和礦宣傳組不斷問我們要稿子。要好人好事，每一次井下任務完成得好，創紀錄，都要給分礦和礦裏寫報導稿。連裏自己還要出特刊，出《團的生活》專刊。此外還寫其他材料。要寫劉指導員需要的各種材料，學習十大文件，學習新黨章，學習黨的基本路線的宣講材料，連隊到分礦大會表決心的決心書。還有團的工作，組織團員和青年回收廢料，這次揀井下廢竹片，編了一百多塊竹簾子，還回收了一百多公斤鋼鐵。

八十天大會戰，提前五天完成全年生產任務。宋寶玉的工

作作風和工人們的衝天幹勁，都留下深刻印象。

一九七四年元旦，新黨員宣誓。年初，開先進代表會。宋寶玉組織開門紅大會戰，又是轟轟烈烈。不久是春節，工人很多回家探親。春節過後，便是批林批孔運動。

先是礦裏辦學習班，支部書記以上幹部參加。接著分礦辦學習班，各連隊辦學習班，出批林批孔的專欄，開批判會。不久，貼礦裏、分礦的大字報。走後門，特殊化，任人唯親，說假話，過春節請客送禮，大吃大喝。

有人效仿「文革」踢開黨委鬧革命。有「反潮流戰士」，開座談會，提出成立辦公室，由他們來領導運動。

批宋寶玉，批十八天大會戰。貼出大字報，《宋寶玉來我分礦之後幹了些什麼》，《評八十天大會戰》。說，八十天大會戰是物質刺激，獎金掛帥，要否定。貼大字報的是「反潮流戰士」和何 ××。何 ×× 就是那個平時看不到他管事，那天突然下井來抓出早班的何主任。我和連裏工人都不喜歡他。他不滿意副科級待遇，要官要權要否定八十天大會戰，打倒宋寶玉。

八十天大會戰我們都付出了辛勞和汗水，那熱火朝天的會戰場面記憶猶新。現在他們居然要否定。我和盧致音說：「那是大毒草！」我先貼出大字報：《黨委應該成為領導運動的戰鬥指揮部》，接著又連夜寫出大字報：《論八十天大會戰》。第二天，盧致音也貼出大字報。我接著貼出又一份大字報：《再論八十天大會戰》。

　　那幾份大字報，具體內容已記不清了。祇記得確實義正辭嚴，有一種凌厲飛揚的氣勢。我帶著親身感受和真切感情，為大會戰中工人高揚激昂的精神呼喊。仍然要感謝中學時的作文訓練，還有在礦裏不停地寫作，筆沒有停下來。

　　我貼出第一張大字報，對方鋪天蓋地反攻，我看了一下，都是陳詞濫調，沒有任何新東西。我貼出第二張大字報，對方已經稀稀拉拉，再沒有還手之力。

　　貼出大字報，我再沒有多管，照樣做我的文書，下井幹活。後來有人告訴我，我那幾份大字報，礦裏都震動了，礦領導都來看，說他們都很讚賞。現在想來，那幾份大字報應該給領導留下這樣的印象：一，這個人堅定地維護黨委領導，弘揚正氣，說明政治上可靠，立場正確明確；二，大字報的文章水平不錯，這個人寫作水平不錯。可能因此，我給礦領導留下了比較深的印象，加上我平時表現比較好，後來推薦上大學，在眾多人員中選中我，這應該起了作用。

七、大哥夜行八十里，送來決定我命運的電報。郭　主任說：我就是喜歡盧盛江

　　改變命運的消息，是在深山的一個夜晚來的。

　　無邊的山村黑夜中，一個小小的亮點出現在遠處。慢慢地，亮點近了，在黑暗的山野中劃出一條 S 字形的路線，從山外而來，越來越近。

　　二哥盧盛減脫口而出：「是到我們這裏來的！」

　　那是一九七四年八月的一個夜晚。我從煤礦回南康老家，探望住在二哥盧盛減家的老父親。自知青下放後，二哥就沒有離開過。在這偏僻山村，他安了家。這天夜裏，坐在屋前的小院，二哥和我，還有父親、二嫂都注視著這山外來的亮光。

　　慢慢地，可以辨認出是火把的亮光。火光再近了……，二哥又一次脫口而出：「是大哥！」

　　果然，是大哥盧盛泓！聽到他急促的腳步聲，看到他急匆匆的身影。終於到跟前。還沒等進屋，大哥急不可待：「大學！讀大學！快給我水喝！給我水喝！」

　　一大瓢涼白開喝下，抓起毛巾一邊擦汗，一邊又急急地說：「大學！盛江快去讀大學！」大哥掏出一片紙，那是一封加急電報，上面赫然寫著：「火速返礦讀大學。」

　　電報是發到唐江家裏的。唐江鎮到橫市公社有六十二里路，橫市到土橋大隊有十六里路，土橋到二哥所在的大富小隊，又有十多里路。這十多里，有七八里是崎嶇的山路。大哥接到電報，騎自行車從唐江到橫市，馬不停蹄，再到土橋，又一刻不歇，翻山越嶺步行到大富。

　　大哥郵遞員出身，一輩子遞送過無數重要的信件電報。但這一次，可能是他送過的最重要的一個電報。這是決定我一生命運的一封電報。

　　我們都驚呆了。太突然了。大哥坐下來，接過二哥遞過來的扇子，一邊扇著涼風，一邊還沒緩過氣來。二嫂張羅著給大哥做吃的。父親點著了旱煙，豆大的油燈照見他滿是皺紋的臉

上露出笑容。二哥憨厚地站著。那天大哥的兩個兒子，盧和橋和盧和明，一個十歲，一個八歲，都在，在一旁嬉鬧著。

一切消停，開始討論，怎麼辦？想來很奇怪。怎麼還要討論？但當時我們全家確實認真討論過。

全家，父親，大哥、二哥和我都在。三哥盧盛池在數百里外的新余鋼鐵廠。後來他發表了意見。

兩派意見。三哥盧盛池意見很明確：不去。划不來。他一一分析情況。當時有規定，工作滿五年，推薦讀書纔帶工資，而我工作祇有四年，不能帶工資。現在月工資四十多元，畢業後不見得有這麼多。即使有這麼多，三年的工資也丟了。三年中四屆人大召開，工資改革，人家都拿五十多元，我從學校畢業後，輪不到工資改革，實在可惜。再說，讀的是師範，出來當老師，有什麼意思。二哥贊成三哥的意見。

老父親也不贊成去讀書。他擔心的是另一個問題。我已經二十三歲了，還沒有對象。讀書三年，找對象結婚的事怎麼辦？他已經七十多歲了，他希望看到最小的兒子結婚，看到最小的兒媳，看到最小的孫子。不過父親說，最後還看我自己。

祇有大哥堅持要我去讀書。他反復做父親的工作，講解放前後家裏的變化，講現在和今後國家的形勢，講了很多道理。

三哥是個爽直人，有什麼說什麼。其實，我的三個哥哥，都很喜歡我。從內心來說，他們和父親都希望我去讀書。

最後決定權在我自己。

當時我腦海裏也反復翻騰。除了幾個哥哥說的，還有一個

重要現實：老父親七十多歲，要錢贍養。幾個哥哥都困難。大哥七個小孩，大嫂沒有工作。二哥祇是農村民辦教師，那點可憐的工分，祇夠養活他自己一家。三哥在鋼鐵廠，工資還沒有我高，兩個小孩，負擔也重。這樣一個家庭，一下子每月損失四十多元，經濟壓力是很大的。當然也想到，三年畢業之後，工作未必比現在的更好。那時真不知道是什麼情況。

我祇能走一步看一步。太想讀書了。還有煤礦的艱苦和危險，促使我下了決心。

幾十年過去，我依然清楚地記得大哥騎行近八十里，又翻山越嶺步行十多里夜晚送電報進山的情形。

但是有一個問題當時居然沒有去想。我為什麼會被推薦上大學？後來知道，一個上大學的名額是多麼難得，有些地方為這一個名額競爭多麼激烈。

四分礦六百多人，整個八景煤礦一兩千人，雖說多為農家子弟，文化不高，但也不乏高中初中的高材生。我事先毫無所知，人不在礦裏。煤礦五年，從沒有想過怎樣和領導搞好關係，從未進過領導的家門，礦部哪幾位領導也未必清楚。除了挖煤，還是挖煤。何以領導惠顧的目光會落到我的身上？

採煤連領導應該對我印象不錯。特別是指導員劉傳墀。隨著時間的推移，分礦和礦部的資訊也逐漸從各個管道傳入耳中。感恩之心有如山崖上蒼勁的松樹之根越紮越深。幾十年過去，有太多的人生感悟。我在思考，我們這一代人，道路確實艱難，何以成長的路上還是有人相扶？

這一天，在江西高安，一套普通的居民房裡，我找到了他。

他是郭隆金。雖祇是四分礦政工組的組長，但是黨委常委，更重要的，他有資歷，有水平，威信很高。

最初幾年，每次回八景煤礦，我都要去看望他。後來他退休離礦，我的路也越走越遠，從南昌，到天津，到日本，到韓國，到臺灣，祇有電話，還有信件，傳遞著問候。從八景，追到他的老家，江西中部的萬安縣，又追到江西北部的高安縣，他在這裏帶孫子。礦裡每次看望，他還在位，不便多聊。這一次，是放開來暢談。

「盛江，你能有今天，我們無親無故，無幫無派，誰也沒有得誰的什麼好處，我不過是扶了一把。你也是吃苦來的。我沒有文化，但我愛才，喜歡文化。」

我舉起酒杯，向他致謝。郭太太忙碌著，準備了一桌豐盛的酒菜。郭太太姓蔡，是一個能幹的女人。

「我不喜歡吹吹拍拍的人，不喜歡過份暴露的人。那些人，成天跟著我，不是實事求是，說寫了多少詩詞出來，好傲，不實在，不是想什麼就幹什麼，有七十要說到一百。盧盛江就不會。盧盛江是說一百就有一百，甚至一百二十。」

我腦子裏浮現在井下打周老排長，歪頭哈腰的中專生。

「還是我的秘書，有野心，這也要，那也要。成天到我家裏來。（郭主任的夫人蔡插話：他這個人，就是不講情面。有人沒事就到家裏來。）從內心來，還不如盧盛江。你盧盛江這個人，我就是喜歡，就是不會拉拉扯扯。」

「他們當然也提出他們的人。我力主推薦。力主反對的也
不怎麼樣。比較嘛！比來比去，他們也說盧盛江好。連三分礦
的也贊成。兩級黨委討論，基本上定了型。」

「反對的，主要不是針對你，而是矛頭對著我。早些年，
我是在夾縫中生存。他們批鬥我。我不怕。問心無愧。隨便你
們怎麼搞，貪汙腐化搞我不到，政治問題搞我不到。和你的緣
份也是這樣。我是不會退的。我這個人就這麼倔。我最恨的就
是貪汙腐化，就是吹吹拍拍。『文革』中他們整我，『文革』
後他們還整我。一批人專門搞我。我不買他們那一套。

那些人最扯蛋。腳正不怕鞋歪。我就是跟他們吵。黴豆
腐，下酒都沒有人要你。講毛了，我就不跟他們講話。我不和
沒有良心的講話。什麼樣的人沒看過？不怕他們。我就是嫉惡
如仇。買房子，貪汙，塞錢，請客請了多少？以為我不知道？
這些王八蛋，一點點東西就貪汙。我就指著鼻子罵他們。老百
姓查出來就嗷嗷叫。念書，把指標賣到別的學校。貪了一筆
錢，十七萬。我把教辦主任搞掉了，校長也搞掉了。是英雄站
出來說一句話。市委書記打電話給我解釋。（蔡插話：他為反
貪汙，自己還貼了錢。）歪門邪道遇到我是害怕。都說，這個
老傢夥厲害。這兩年，我看了國家的形勢，心情特別舒暢。特
別是習近平上來，反對貪官汙吏。特別痛快。」

我看到郭主任七十多歲了，腰板還是挺得筆直，氣度凜
然。方正的臉棱角依然分明，濃眉下兩眼依然有神，放出堅毅
的光，嘴角無所畏懼地翹起。幾十年後，我仍然為他捏一把

汗。我知道，他在一九五〇年代初就參加革命，搞過土改，打過土匪，但他仍然祇是一個科級幹部，後來也不過是處級幹部。我想，如果他不是這麼倔，而和很多人一樣淌入渾水，也許仕途會更順利。但是，如果那樣，我這樣一個毫無背景，又不會拉拉扯扯的人，在那種情況下，有誰為我說話呢？

車離郭家，我看到一座座山丘被劈開，眼前一條筆直寬闊的高速大道通向遠方。我們這一代的很多人，很多有才之士，在那個非常的年代確實被擠壓，祇有在底層掙扎。但也確有不少郭隆金們，用他們堅毅的臂膀掀翻巨石，讓壓在底下的幼苗茁壯成長，用他們頑強的雙手，劈開一座座山丘，開出一條大道，讓一輛輛汽車順利駛向遠方。我們這一代很多人是不幸的，但也有一些人是幸運的。我就是幸運的一個。

錄取通知總算來了。大哥來信，說：「這是我們家祖宗三代連想都不敢去想的事。我們心裏祇有感謝共產黨，感謝毛主席。要聽毛主席的話，安心讀書，家事少管。」在後面一句話下邊加了著重號。

又回南康探親，說是老父親有病。我和新余的三哥都回去了。四個兒子圍在身邊，精神爽快，老父親的病一下子就好了。於是從橫市一起到唐江。大哥大嫂，二哥二嫂，三哥三嫂，還有姐姐和姐夫，大哥的小孩，和橋、和明、玉英、和蓮、玉芳、和健，都像鳥一樣飛出來。二哥的小孩冬梅剛一歲，三哥的小孩盧斌剛兩歲，盧萍出生纔八天。還有姐姐的小孩。春節那天，一家二十二人，到照相館拍了全家福。臨走

時，大哥送我一本書，《紅樓夢研究資料彙編》。我不知道他怎麼會有這本書，而且知道我以後所做的，就與這本書有關。

二月的一天，我離開唐江回礦，又告別煤礦去南昌。第一次到南昌，祇覺得南昌火車站很破舊，很擁擠。沒有看到有人接站，於是問路，一個人沿著鐵路向北行，到交叉路口，那時叫四交通路，往東，走不到五百米。祇見一個破舊的校門被一群低矮的民房擠壓著，蜷縮在一個可憐的角落，寒風中豎著一塊校牌，暗舊的白底上幾個斑駁的紅字：「江西師範學院」。

第五章　工農兵學員

一、不像想像中的大學

　　四下顧看，總不像想像中的大學。

　　校門外那一片實在看不下去。炸油條的，炒米粉的，賣豆腐的，修鎖補鞋的，補衣縫紉的，擠滿了兩邊棚戶。那棚戶，不僅低矮潮濕，而且歪歪扭扭，時不時從裏面潑出一盆生活髒水。那門前的坑坑窪窪，便積滿了比那髒兮兮的路面更髒兮兮的汙水。一群一群蒼蠅圍著轉來轉去。那炸油條的油氣，炒米粉的蒸氣，攪和著那汙水發出的難聞氣味，在空中彌漫著。

　　走進校門。主幹道，路是筆直的，但那水泥路面，年年修補，深一塊，淺一塊，色彩斑駁，時而也有坑窪。嚴冬剛過，料峭春寒時時襲來。兩邊梧桐樹葉落光，露出那彎彎曲曲永遠伸不直的樹枝，掛在枝頭上的殘葉在寒風中顫抖，更顯寒蕭冷落，那粗大的樹幹上滿是形狀怪異的疙瘩。

　　再往裏……

　　空地上野草叢生，瓦礫成堆。時不時可看到竄出一隻黃鼠

狼。臭水溝，散發出刺鼻的氣味。空氣中還有煙草味，塑膠製品味。校園裏時不時駛過一輛工廠滿載貨物的卡車，走過身穿工作服的工人。一些房子裏還傳出機器運轉的轟轟聲。

「？？？」同學們腦子裏滿是問號。

「校園裏住著六十一家外來單位。」一入學，我們就到老鄉老師家串門。老師説得很平靜，他們習以為常，但我們驚訝得張大了嘴。

「原來更多呢！現在算不錯了。」老師繼續講述，「一九六八年，學校全體遷離南昌，連校名都改了，不叫師範學院，叫『井岡山大學』。老師？百分之九十脱鈎下放。什麼脱鈎下放？就是戶口行政一起轉，離開學校。最後祇剩下二十四名老師，就這樣辦『大學』。哪有什麼教學、科研！成天勞動，井岡山，一片山溝，地又偏僻。圖書？哪有什麼圖書！如果不是圖書館的員工及時封存，保護起來，幾十萬冊圖書早被他們送到造紙廠化成紙漿了。」

我們的嘴越張越大。老師接著説：「一九七二年，學校纔從井岡山遷回南昌。校園全被外單位占滿了。六十六家！工廠，部隊，都有。看見大禮堂了嗎？就是紅場前面那個，你們住的第二教學樓旁邊，那是捲煙廠的煙葉倉庫。裏面可糟了。結構全被破壞了，屋頂漏雨，隨時可能倒塌！附中？就在馬路對面，那是南昌柴油機廠。美術樓，化學館，那是塑膠二廠的車間，裏面所有設備設施都被拆壞了！教學大樓，實驗室，都是他們生產車間。圖書館？那是他們的物資倉庫！」我們像聽

天外故事，全驚呆了，張大的嘴巴久久閉不上。

老師不停地說「現在好多了」，說：「那些年更糟。運動場，見到了吧？那些年都是水田，種水稻。宿舍？都被占了。你們能住進來就算不錯了。半年前你們連教室也住不進！住的什麼人？各單位職工唄，還有無業市民，不知哪裏來的。校園裏小偷小摸多得是，亂極了。南昌也亂，你們要當心。」

那時還是一九七五年初，政治風聲仍緊，那老師不敢多講。後來我們從其他渠道知道，一九六六年，文化大革命開始，師院校園真是翻天覆地。八月十一日，近百名「黑幫」被揪，用繩子捆綁著，一個連著一個魚貫排開，遊行批鬥。我們住的教學樓前有一片水泥球場，因水泥是紅色的，故稱「紅場」。「黑幫」們就在「紅場」被罰跪下。正是南昌一年中最炎熱的時節，頭上毒辣的太陽暴曬，水泥地被曬得滾燙。不一會，一些人裸露的膝蓋就被燙去一層皮。年邁體弱者昏過去了，有四個人停止了呼吸。再往前，一九五七年，一百五十多人被打成「右派」。一九五八年，專心治學的被拔白旗。

再往前，我們知道，這所學校確實多經周折。一九四〇年，這所大學剛成立時，有一個響亮的名字，「國立中正大學」！這所江西的最高學府，在全國都有名氣。日寇進犯，還祇能在贛中一小山村辦學，但那時就提出，要辦成可與中央大學、中山大學媲美，「三中」中最好的大學。

她有這個底氣。首任校長胡先驌，美國加州大學碩士，哈佛大學博士，著名林學專家，首任中國植物學會會長，被譽為

「水杉之父」。第二任校長蕭蘧，美國康奈爾大學經濟學碩士，曾在哈佛大學、密蘇里大學任教，與經濟學家馬寅初齊名。三個院九個系，工學院有七個工廠，全國名列前茅。

任職或授課的，很多一流學者。蕭滌非，著名文學史家。姚名達，著名目錄史家。雷潔瓊，社會活動家。谷霽光，中國兵制史學家。吳士棟，邏輯學家。徐中玉，著名文藝理論學家。羅爾綱，著名史學家。一九四九年，這所大學改為國立南昌大學時，二百四十個教師中，教授有六十四人，百分之七十國外留學歸來，有在國外獲博士學位和碩士學位。

一九五三年，全國高校院系調整，這所大學大傷元氣。主要院系、專業調走了，一百多名教授副教授調走了，調到中山大學、湖南大學、武漢大學、華中工學院，那些大學後來成了著名的大學。小小的師範部，文學院、理學院部分老師留下了，祗留下七十五人。改為地方性大學，叫江西師範學院。

從老師家出來，我們都無語。我們纔明白，為什麼我們推遲半年入學，為什麼一百號人分住三個大教室。

惦著老師的話，時時當心。那天寢室卻有了一場虛驚。約凌晨五點半，都酣睡。恍惚中聽見問聲：「誰？」隨後聽得門外急遽的腳步聲，「通通通」下樓去了。已有幾個人醒了，一人叫道：「賊！」又叫：「起來！起來！抓住他！」早有幾個人起來，內衣內褲追了出去。幾個先追上去的同學回來了。問怎麼回事，原來是一個同學早起晨練跑步，輕聲出屋，被一同學聽見，忙問是誰，祗聽得悶聲悶氣地「我」，隨後關門「通

通通」急步下樓，很像是賊。大家又罵又笑，復又睡去，哪裏睡得著了。

但是不久，驗證了老師的話。一天，班裏一位帶薪的同學，來了匯款單，到銀行去取。這同學平時很謹慎的，公交車上，手一直伸在口袋裏，捏著那匯款單和學生證。但下車時，擁擠，手衹鬆開一下，再摸口袋，兩樣東西沒有了。這同學回來一說，大家紛紛把類似的遭遇抖出來。有的還沒報到，一下車，所有證件被偷。小偷拿著證件沒用，假借師院黨委的名義，照證件上的地址，寄回這同學家裏。家裏很奇怪，怎麼剛去，又寄證件回來？有的被偷錢，布票，糧票，還有軍人通行證。

這一天，終於抓住一個小偷。這天周日，我和幾個同學從校外回來，剛走到我們住的二樓，見一些同學跑步往樓下去，一邊叫著：「看看去，走，看看去！」

我有點詫異，轉身從窗戶看見大樓後面蜂擁著一群人，其中一個同學反手扭住一個不知什麼人。人們喊著：「把他拉到樓上去！」一群人蜂擁著上樓，正跟我對面。我看清了，瘦長臉，瘦個子，眼睛眯的。一問，「在後面偷學生的衣服。」到四樓，幾個同學審問：「還偷了什麼東西？有沒有同夥？快坦白！」那人不說。僵持著，有人說：「送去保衛部！」人流又蜂擁著到樓下。我在二樓陽臺上看，卻見樓下人群不但不走，還好像有爭執。見兩個也是瘦長臉的，一高一矮，高的年青一些，矮的年老一些，正與人爭執。同學叫道：「樓上的都下來！」原來，年老的是小偷的父親，年青的是哥哥。小偷的大

哥一會也來了。都是塑膠二廠的，一家人出來保駕。

好在有同學有經驗，趕快報告。保衛部來人，纔把事情處理了。知道這小偷還有一個同夥，偷東西不止這一次，還偷了收音機、自行車、軍裝等，都在校園裏幹的。

這類事發生多次。有幾次，小偷死活不承認。體育系的學生上前一頓痛揍，纔乖乖地供認偷了什麼東西，偷了幾次。

這時我們住教學樓的教室。後來住宿舍，同一棟宿舍就還住有沒最後搬走的塑膠二廠的工人。工人師傅人挺好的，家裏兩個讀小學的小孩，挺羨慕我們能讀大學。小偷小摸祇是極個別，卻把校園秩序攪得亂糟糟。

還有其他更怪的事發生。三十四個女生住二樓大教室，我和二十人就住隔壁大會議室。那天深夜，大家正熟睡，突聽隔壁女生大宿舍一聲尖叫：「有流氓！」

宿舍一陣亂亂的響動，宿舍緊靠著樓梯，就聽樓梯有人往下跑的急亂腳步聲。男生們紛紛從牀上跳起來，一邊胡亂把衣服往身上套，一邊往樓下追去……

問女生緣由。一睡鋪靠門口的女生訴說，半夜正睡著，見一黑影悄悄掀開帳子，向女生壓過來。嚇得她正要大叫，那黑影低聲狠狠地說：「不許出聲！」她竟真的被嚇得不敢作聲。那黑影於是往靠裏第二張牀走去，又是掀開帳子。第二個女生沒等黑影動作，早已嚇得尖叫起來。宿舍的女生都被嚇醒了。那黑影見勢不妙，往門口再往樓梯逃跑。女生中有在農村當過大隊公社婦女主任的，見過場面，膽大，從牀上跳起，套上衣

服，操起傢伙，大約是掃帚棍子之類，就追出來。這時我們宿舍的男生也追了出來，追到樓下。

黑影早已跑得無影無蹤。

幾十人住一間大教室，真是擁擠、熱鬧。幾十張牀把大寢室隔成一個個小空間，就像街市上一條條小巷子，又像大商店一個個大櫃檯隔出的小道。小巷裏放上兩人一張對面的桌子和每人一張凳子，要想進出，必須側著身子，小心翼翼地挪步。

上下鋪。有同學半夜睡夢中從上鋪摔落下來，居然無礙，連輕傷也沒有。男同學愛運動，打球跑步什麼的。換下衣服鞋子未必每天都洗。運動回來，往往往專門擱箱子的牀架上或牀底下一丟一塞，那汗臭汗臊味就在寢室裏肆意彌漫。

寢室裏祇要有人在説話，同學自己談話，或者來個朋友什麼的，或者誰穿硬底皮鞋從屋裏出去，發出咔嚓咔嚓的聲音，那必是寢室所有人都聽得見。如果多幾撥人説話，聲音又稍大一點，整個寢室聲音就嘈雜一片了。再有人拉個二胡，吹笛子，聽個收音機什麼的，就鬧哄哄像個正在演出的大劇場。

晚上那打呼嚕的聲音，説夢話的聲音，牀上翻身的聲音，此伏彼起，一波接一波。班上有一位呼嚕大王，所幸不在我這個寢室，後來開門辦學住一起，確實有所領教。

但我們寢室有一位張同學，浙江人，原是下面中學的老師，後來也回浙江任中學老師。他在下面習慣了一人一間的教工宿舍，又有神經衰弱，稍一點動靜就睡不著。我們睡的是雙層牀，我睡上鋪，張同學睡我的下鋪。可苦了他，經常聽到唉

聲歎氣，「這可怎麼辦，這可怎麼辦？」

我住的這間寢室是教室兼會議室，靠北邊走廊開一扇門，我的牀位正對著。南昌冬天特冷，有人進出，門一開，必有冷風朝牀頭灌過來。朝南是陽臺，通陽臺又是幾乎通頂的兩扇大門，如果這兩扇門沒有關好，則時時有冷風穿堂而過。

其他兩個大寢室都沒有陽臺，我們寢室的陽臺就成了班裏曬被褥曬衣服的好去處。我們自己曬，四樓男生有時也把被褥拿下來曬。隔壁女生更是常來。都見過世面，都不講客氣，抱一牀大被褥，把門一推，「通通通」穿過寢室兩牀之間的過道就往陽臺上走。既來之，則免不得和男生們搭上幾句話，興致來了，有時索性坐下來，嘮上小一會。一次一男生打籃球出汗，在寢室對面洗衣房沖澡後，在寢室門後換內褲。恰遇一女生班幹部推門通知事情，又和男生聊了幾句。早春時節，天還較冷，害得換內褲的男生冷嗦嗦地躲在門後不敢動喚。

每月發三十六斤飯票，九元菜票，素菜五分錢一份，葷菜一角到兩角，按説可以，但食堂飯菜不滿意。早上稀飯清湯寡水。饅頭又硬又黃，常常有一塊塊咖啡色的鹼在饅頭裏沒有揉開。魚一股煤油味，被環境汙染了。

經常停水。早上洗臉刷牙，下午洗衣服，常常半途水停了，衹有等。洗澡，好像一周開放一次還是兩次。澡堂又很擠，熱水供應不足，開十分鐘，停十分鐘。常常洗到半途，突然停熱水。天氣尚冷，衹有抖嗦嗦地用冷水匆匆洗乾淨肥皂，或者一堆人凍上幾分鐘，等下一撥熱水。

圖書館借書不方便。很多書借不出來。閱覽室看書的座位也很少。沒有體育器械。一些體育課沒法上。⋯⋯

後來我們知道，是管理跟不上。文化大革命還沒有結束，從井岡山搬遷回來不久，脫鉤下放農村的幹部和老師，還有不少沒有「復鉤」回來。很多工作有待走上正規。遭受損害的校園治理還需要時間。直到恢復高考，化學館的實驗室裏還堆滿了塑膠二廠的產品。還有派性。「派性是當時最頭疼的事情。」後來我訪問一位當時的校領導，他這樣說。

二、讓人心神不寧的消息

到老鄉老師家串門訪問，還得到一個讓人吃驚的消息，我們畢業之後可能不回原單位，要去當打工分的教師。

再過幾天，消息得到證實。學校正式傳達朝農經驗。朝農即地處遼寧的朝陽農學院。他們的經驗重要的一點，就是大學生畢業之後不分配工作，回鄉當農民。

當時有國務院科教組，相當於後來的教育部。副組長叫遲群，是當紅人物。遲群講話，把朝農經驗概括為一個公式，即：農民—大學生—農民，工分—津貼—工分。簡稱「社來社去」。另加一個公式：農民—工人—大學生—農民，工分—工資—津貼—工分。

班裏炸開了鍋。聽朝農經驗的第二天，小組討論。我在七組。組長把討論題講一遍，附帶說幾句，要大家發言，卻是一陣沉默，有看小說的，有低著頭的，有向窗外看遠處房屋的。

　　好一會，組長催著發言，纔有人開了口。剛一開口，大家就吵嚷嚷地都搶著說，像憋足了的氣球突然迸裂了，又像滾燙的油鍋突然倒下油炸菓子滿鍋炸開了。組長陳芳茂是退伍軍人，方正黑黝的臉本就透著紅撲撲，這時臉更急紅了，忙制止大家，叫一個個發言。這次是他自己先講。說：

　　「我們現在不要對是否回去拿工分的事過多考慮，主要討論如何學習朝農經驗。至於畢業後社來社去，拿工分，到時候上面一道命令，我們也祇好去了。不過，我們不希望這樣。但如果到時候真的來了命令，你還能不去嗎？……」

　　又兩個同學發言後，有一個文靜的同學發言，說：「我是服從黨的分配，黨需要自己到哪裏，我就到哪裏，對畢業後回去掙工分事先有思想準備，到時候就高高興興地去。……」話未說完，有一同學粗聲問道：「如果到了分配的時候，大家都留在上面拿工資，那你是不是要求下去拿工分呢？」

　　「這……」文靜的同學語塞，「你怎麼提出這樣的問題……」粗聲同學卻緊追不讓：「哎，你剛纔不是說需要你到農村拿工分你就去嗎？」「需要是需要，要求是要求嘛。」

　　又有幾個同學發言。最後按要求，由一個同學代表組裏起草了一份學朝農的決心書。念了一遍，組長說：「其他都可以，就是那個『社來社去』，不要直接這樣提，就說服從組織分配就行了。」大家笑了。學習討論表決心，其實是要大家表態。大家怕真表態了，真抓去「社來社去」拿工分，怎麼辦？又不敢不擁護，於是字斟句酌。

但到寢室就放開了。有說：「畢業後拿工分可以，這三年生活要解決得好一點，至少吃飯穿衣費用要解決，不然，這三年還要家裏負擔，畢業了又拿工分，纔劃不來。」有說：「畢業後拿工分，這不是集體所有制嗎？現在是集體所有制向全民所有制過渡，又讓我們拿工分，這不倒退嗎？」有說：「回去拿工分，這不增加貧下中農負擔嗎？」又說：「這工分哪裏出？我們總不能一邊教書，一邊種田吧？」又議論學制。有說：「三年太長了，反正回去拿工分，不如早點回去。」

後來就扯遠了。有說：「這三年肯定會打世界大戰。」有說：「希望它打起來。」又有人說：「你這是反動話。」那人駁道：「第一次世界大戰打出了一個社會主義國家，第二次世界大戰打出了一個社會主義陣營，第三次世界大戰真打起來，肯定會有更多的社會主義國家。共產主義是幹出來的，打出來的，這叫什麼反動啊！」……

學朝農，社來社去，攪得每個人心神不寧。不久軍訓，中文系黨總支鄭光榮書記來看望同學。他像聊家常一樣，聊學校情況，有意無意說，今年師院還要招收五百多，有八十個「社來社去」試點，其中有中文四十，數學四十。鄭書記很關注學生思想，又注意方法。他不能直接回答要不要社來社去，祇說今年會有試點。他實際打消了大家的顧慮。

三、政治教育‧軍訓‧勞動

我們是一九七四級。一百號人。都出身工人、貧下中農、

革命幹部和其他勞動人民家庭，沒有一個剝削階級家庭出身。二十九名中共黨員，六十六名共青團員。多少年之後回想這一段，依然有些驚訝。這麼多黨員團員！

都是基層政治表現好的。不少基層幹部，工作能力很強。記得從煤礦來的，除我之外，一位是省某煤礦黨委常委，組織部長。兩位是礦團委的幹部。好幾個民兵營長，小的也是民兵連長。當然是退伍軍人。好幾位婦女主任，大隊的，公社的。當生產隊長的更多。還有大隊書記大隊長。

不少業務上也很強。很多在下面當過通訊員。農村的通訊員更辛苦，白天頂烈日，冒寒雨在田裏幹活，寫通訊稿子祇有利用晚上時間。他們的稿子是這樣寫出來的，他們的文筆也是這樣練出來的。我寫的稿子，不過在礦裏自己用一用，可這些農村通訊員的稿子，有的居然上了省報。當然，還有搞文藝創作的，寫劇本，公社演出，縣裏演出。

後來知道，入學前，基層單位討論推薦入學名單時，有的有不同意見。有贊成推薦的，有不贊成的。不贊成的也有兩種情況。一種是捨不得。這樣好的通訊員走了，誰接得上來？一種是自有別的人選。但是討論來討論去，贊成推薦的占了上風。這樣的好通訊員應該送去深造。

不少在下面當老師，農村中學，廠礦農場子弟學校。教學都是一套一套，有的還是語文組長，教導主任什麼的。

有好幾位老高三的同學，而且是南昌、上海這些大城市的，重點中學。好幾位幹部子弟，父母是老縣委書記，老處

長，還有父母是高級知識分子。那氣質，那修養，就是不一樣，讀的書就是多，理論水平分析能力就是高。剛入學，小組討論，有的同學不用講稿，便滔滔不絕，既擺具體事實，又有理論分析，有條有理。那口才，那修養，真是讓人羨慕。

個別地方讓寫了一篇作文，還出了點其他題目，實際有過考試。很多同學在下面就很刻苦。那個當大隊書記的同學，是南昌下放知青，在農村找不到書，就找下放幹部和當地公社幹部借書看，借到一本舊辭海，如獲至寶。

多年後，我訪問當年教我們的老師。他們說：「工農兵學員獨立生活工作能力強，基本不用老師管理，自己就管理了。」他們又說：「工農兵學員水平參差不齊。有差的，但也有強的。差的特別差，強的特別強。」他們說的比較客觀。

入學第二天開學典禮。入學教育。學習無產階級專政的理論，學習馬恩列斯關於教育革命的論述，學朝農經驗。分組學，全班集中學，全校聽報告。聽工宣隊負責人傳達省委書記報告，老師作輔導報告。那天上午下午聽三個報告，南昌柴油機廠工人師傅憶苦思甜報告，南昌麻丘中學關於開展教育革命的報告，南昌十九中學教師忠誠黨的教育事業的報告。那天又聽新建縣委書記關於開展黨的基本路線教育運動的報告。為什麼說學校應當成為無產階級專政的工具，工農兵學員怎樣完成「上、管、改」的任務。

祇有學朝農經驗，跟大家切身相關，聽報告和討論很認真。聽其他的報告和討論，都昏昏欲睡，灌不進去。聽報告一

般帶一本小說在下面看。至於討論，全班八個小組，分兩個大
寢室。四個小組在一個大寢室，都念文件，聲音都大，嘈雜一
片，有人不耐煩，於是拉二胡，吹笛子，鬧哄哄的。

　　班主任葉樹發老師是鄱陽縣人，隨和，瘦瘦個子，清秀白
淨臉，看著可親又有點靦腆。一九七〇級工農兵學員，年齡差
不多，很容易和同學打成一片。葉老師熱心，願意幫助人。

　　第二個月是軍訓。部隊派三個解放軍來。指導員兼連長姓
李。那時軍裝兩個口袋的是兵，四個口袋的是官。李指導員就
四個口袋。

　　軍訓項目很多。練隊列。實彈射擊，還有刺殺、爆破。射
擊是真槍實彈，到幾十里路外的步校。爆破也是真雷管真炸
藥，炸藥小小一包，先由解放軍和人武部示範，後來一個個指
教，捆炸藥，插入雷管，導火索，送到土堆，「轟」一聲，炸
起一股黃色的塵煙，然後喊一聲，「衝啊」。

　　要求很嚴格。講軍事課，下面不准看其他書。我們都習慣
了聽報告躲在下面看書，指導員發現，必要嚴厲批評。那天練
刺殺，連長看了一會，說：「看了你們的會操，我的結論是：
進步很大，基本不會。」於是操槍給我們示範，「啪」，腳著
地，「嚓」，槍刺出，果然威風凜凜。

　　那天上午打靶，大家累了，下午講爆破課，一個個耷拉著
腦袋。指導員說：「我知道你們打靶累了，可沒想到累到那種
程度，像這麼多天沒吃飯似的。」他伸手比了一個「八」字。
「這樣不行，年青人，得有點年青人的樣子，現在推遲爆破訓

練，先練十分鐘隊列。立正！」無精打采的馬上驚醒。一番隊列訓練之後，又要大家唱歌。唱歌完，又隊列訓練。班裏退伍軍人不以為然，私下說：「我們在部隊，比這嚴格多了！」

不管怎樣，大家訓練不得不認真。射擊訓練尤為賣力。有的同學休息時間回到宿舍，還拿著槍到陽臺上練習瞄準。實彈射擊，其他連有吃燒餅的，我們連全及格，不少三發全中，組長陳芳茂三發二十七環，不愧在部隊呆過。指導員甚為滿意。

但後來全團會操，每連抽一個班刺殺比賽，我們連倒數第一。指導員帶隊回來，臉沉沉的，路上一句話也沒有。下午總結，他檢查自己：「我沒有嚴格要求，放得較鬆，影響了訓練成績。」指導員嚴格，不過大家還是喜歡他，覺得他可親。他和兩個兵都很羨慕我們，他們也想讀大學，但沒有機會。

勞動比較多。開門辦學的之外，有到農場的勞動。學校有一個白馬山農場，離市區幾十里地，在南昌市郊區新建縣兩個公社之間，兩個公社各徵用水田二百畝和五百餘畝，另有旱地二百多畝，荒山一千二百九十畝。有幾個老農專門管理。一九七五年和一九七六年，都各有整一個月在農場勞動。

秋天是耘禾，鏟禾溝，鋤豆子田的雜草。春天是修渠，平秧田，插秧，割油菜，種花生。下雨沒法野外作業，就在室內剝花生種，揀棉花籽。我還當了半個月的伙伕。

同學多當過農民工人，從農村來。農場勞動，和入學前農村廠礦的拼命苦幹相比，自是小菜一碟。有一同學，入學前是拖拉機手。到農場手癢難耐，駕著拖拉機就犁地，不一會就犁

開一大片。犁完，又換上鐵耙子，把地耙了一遍。技術比農場老農還熟練。

晚上沒有電燈，沒法看書。但房間裏熱鬧得很，吹口琴的，彈三弦的，拉小提琴的，同學們像困了很久剛剛放出的一群羊，鬧得像要把房頂掀翻。下雨在室內剝花生種，揀棉花籽，就天南海北的聊天，講閒笑話。因為有同學一邊剝花生一邊吃，就在花生裏拌了藥。那是做種子的花生。

農場伙食不太好，但非常便宜。新鮮蔬菜大部分農場自種自收，一份素菜祇要一二分錢。麵粉和菜油也是自產，早餐碗口大的油餅，不收飯票，祇收一分菜票。有同學一個早上可以吃五個油餅。也搞大批判，農場勞動一次和七三級外文系一起。那天一起開批判會，批判黨內那個不肯改悔的走資派。批判會匆匆忙忙走過場，一個多小時就結束了。那天又到五里外的部隊駐地，開軍民批判會。解放軍戰士批判發言激昂慷慨，我們不敢不認真。

四、塔城開門辦學（一）：脫產幹部多，社員跟著往後拖

讀書三年，開門辦學特別多。開門辦學有學工學農學軍。學工是到工廠，學農是到農村，學軍是軍事拉練。

第一次是學農，時間一個月，地點在塔城。塔城是南昌縣的一個公社。我們七組和另一個組的一些同學在東遊大隊。

從寬闊的柏油馬路，到沙石馬路，再走泥濘的鄉村小路。

先到旁邊一生產隊吃午飯，接著幫當地老鄉搶收油菜。天突然下雨，場上曬的油菜被雨淋了就會漚壞。雨住了，纔到住地。忙了一個下午，打掃出兩間房子。

第二天上午快十點了，纔請萬隊長來介紹情況。知道我們所駐的第四生產隊，有三百多人，四百畝土地，平均分值祇有五角多錢，糧食祇有畝產六百多斤，是一個較落後的隊。東遊大隊有四千人，塔城公社有三萬多人。

接著分隊討論。一是宣講毛主席關於理論問題指示的分工，二是五個問題的調查小組分工。每個組有帶隊老師。我們七組帶隊的是馬列教研室的李時務老師。隨隊有中文系周盈科老師。周盈科老師是系黨總支委員，教古代漢語，後來教我們先秦文學。他好像和鍾義偉主任一起負責整個這次開門辦學。鍾義偉老師是中文系辦公室的主任。

這天上午又聽大隊書記介紹東遊大隊的基本情況。下午，李老師講課，講關於按勞分配的問題。這是教學改革，不在學校裏學，而在農村實踐中學。又一天上午，李老師給我們具體講如何調查研究，用什麼方法，有哪些注意事項。

我們一邊勞動，一邊調查。還在村裏用石灰在牆壁上刷「識字臺」，搞學習專欄。組長給我任務，為識字臺編順口溜。我編寫道：「主席指示閃金光，照得我們心裏暖。理論問題要弄清，種田纔能有方向。……」

這天下午，又聽中文系汪大鈞老師寫作課，講如何寫調查報告。地點在東遊小學。這個小學的老師也參加聽課。他們好

不容易有機會聽大學老師講課。隊部一處大房子，辦了政治夜校，我們的同學要政治宣講。這都是教學實踐。

最初的印象不錯。所見是一望無際嫩綠的秧苗，天邊一抹一抹深翠色的是村莊。住的是兩間新做的磚瓦房，用石灰粉刷得雪白。看得出，他們把最好的房子給我們住。村裏有半工半讀的五‧七小學。我們到的當天，下午剛安置好鋪蓋，就邀我們去觀看小學生的文藝節目，作為對我們的歡迎。

這天，大隊胡書記作報告，講他們怎樣批判資本主義傾向。他很會總結，説：「批一步，進十步，批十步，進一路。」他説：「在農業學大寨運動中，特別是文化大革命中，我們狠批單幹副業、投機倒把、擴大自留地、搞自由種植、自由貿易等傾向，大搞農山基本建設，修渠挖塘，調動了社員的社會主義積極性，使東遊面貌發生巨大變化。多數生產隊家家有存款，戶戶有餘糧。第七生產隊一九六四年畝產不到六百斤，到一九六八年就跨過了『綱要』，一九七〇年躍上了千斤，以後更上一層樓，一九七二年達到一千二百斤，去年，一九七四年，又一躍為畝產一千三百斤。我們連年受災，連年增產，集體經濟不斷得到鞏固發展。這正充分説明批判資本主義傾向的重要意義。」他説得頭頭是道。

又一天晚上，開憶苦思甜批判會。貧協主任控訴日本鬼子侵略我國，燒光殺光搶光。到這裏，在一個大廟裏關了二三百人，用機槍架起來掃射。一次，村裏一個聾子被捉住，日本鬼子問他要花姑娘。他説：「我聽不見哇，我是聾子啊，不知道

你們說的什麼啊！」日本鬼子便拔出刺刀，惡狠狠地說：「我
看你耳朵聾不聾！」用刺刀從左耳穿進，右耳出來。

會場上響起激憤的口號：「不忘階級苦，牢記血淚仇！」

我們參加勞動。先是耘禾。一下水田，我就像回到了李
村，一種親切感。五年時間沒有下水田了。

漸漸地，瞭解到更多的東西。

這天下午三點纔出工。後來的幾天也基本如此。晚上參加
村裏的幹部會。一幢沒人住的破落房子，一盞昏暗的煤油燈，
一張舊方桌，幾條長凳。幹部來開會，多是赤腳，隨便圍坐，
坐下便抽煙，也有嗒拉著頭像累得抬不起來似的。

隊長講了話，我們組長陳芳茂也講了幾句關於我們來意目
的的話。時間並不長，就有幾個幹部好幾次站起來，把煙斗插
在腰間，顯得不耐煩要走的樣子。終於沒能走，又坐下。

這天晚上又參加隊裏政治夜校學習。因為省裏要到這個大
隊檢查學習理論的情況。隊裏的幹部先講話，佈置了一番迎接
省裏檢查的工作，接著學省委書記在《紅旗》雜誌新發表的關
於進一步加強農村無產階級專政的文章，一個退伍軍人模樣的
人念了一遍。

參加學習的基本上是隊革命委員會成員。有幾個人很不耐
煩，最後忍不住提出意見，說：「不要光學在口頭上，不用到
實際上，生產隊出勤不出力，出勤拖拖拉拉等現象，學了就要
用，就要解決這些問題。」

這天上午照常十點出工，十二點收工。二十多個人衹耘了

兩丘田。當地社員説，這個隊是「脱產幹部多，社員跟著往後拖」。什麼隊長、會計、出納，還有幾個什麼幹部，都是很少勞動，工分卻比一般社員多。怪道社員會沒勁頭。

這天上午，留了幾個同學在村裏用石灰在牆壁上刷「識字臺」，也有搞學習專欄的。組長陳芳茂見人手夠了，對我和另一個同學説：「我們去勞動吧。」於是來到村頭，已經九點半了，一群社員還在田頭，沒有下田。

耘第二遍禾了，禾苗長高了，茁壯了。組長想起一件事，問旁邊一個小青年：「那地主的兒子也來耘田了吧？」

那人轉過臉看了組長一眼，搖搖頭：「不知道。」看清這人瘦小身材，小眼睛，尖下巴，瘦長臉，約十六七歲。

我和組長並排著耘禾。組長輕聲對我説：「糟糕，問到的這個就是地主的兒子。」他又説，聽説那天隊長就叫他帶我們耘田，是女同學也參加了的那天。

「隊裏也扯蛋，我們來這裏是向貧下中農學習，他們卻讓一個地主的兒子帶我們去耘禾，讓我們向他學習嗎？隊裏把我們當什麼人了？」

我沒在意，祇「嗯嗯」地應著。組長接著説：

「我後來聽説那人是地主的兒子，很氣憤，但是不敢肯定，如果真是，我們一定要向大隊反映。所以，現在要調查調查。——誰知偏偏問到他頭上。」

我也想，這村裏是有點怪。前幾天，解放前村裏最大的地主死了。出殯的時候，抬著棺木在村邊的田裏轉一圈，這纔抬

去埋葬。這些田原來是他家的，死後還要轉一圈，表示他原來是這些土地的主人。那天地主死了，村裏大擺宴席，請客喝酒，大辦白事。隊裏幾個幹部也去「赴宴」。而且抬棺材的，還有貧協主任。這不更喪失階級立場嗎？又想到那天社員說的，隊上五六個幹部都「脫產」，有的幾乎常年不下田，工分卻比別人高，一不開會，二無公事，為什麼不勞動呢？

我們看到那個隊長，淡眉圓眼，下巴微翹，一天到晚穿鞋著襪，遊蕩遊蕩，從未見他下過田。怪道社員說他講得多，做得少。不錯，這人嘴巴很能講，一開口，便若懸河，頭頭是道。今天聽到這一樁，更證明這村子裏階級鬥爭很複雜。

我們耘到田頭，伸了伸腰。管水員正在旁邊：高個泥腿，黑臉，衣袖高高撸起，拿一把鐵鍬。組長問他幾句家常，便轉問那件事。管水員說：「那地主有兩個兒子……」朝田裏二十幾個背影望了一下，指著快耘到田頭的一個紫黑腰帶的粗壯青年說：「這是他大兒子。」又在人群裏仔細看來看去，──因為隔著遠，又是背影──好一會纔指著末尾第三個瘦小身材的說：「那是他小兒子。」正是那人，證實了組長的眼力。

我們沒有急著下田，在田埂上跟管水員聊起村裏有哪些勞動模範、先進典型。管水員沉吟了半晌，沒作聲，望著遠處的田野村莊。組長補充說：「就是那種勞動積極，熱愛集體。」管水員纔慢悠悠地說：「勞動積極麼？×××，××× 兩個倒可以算。」組長和我都沒聽清，忙問：「什麼名字？」一邊忙掏出紙筆要記下來。管水員又把名字說了一遍。組長記下

來又問：「他們多大歲數？是貧農吧？是幹部嗎？」一一記下來。又問：「有什麼事蹟嗎？」管水員說：「就是勞動積極，忠誠老實唄。」「能舉一兩個例子嗎？比方說，……」「例子？……例子倒是沒有什麼。」

我們都失望了。因為要寫通訊，沒有事例是不行的。組長又問：「有出席公社、大隊勞模會的嗎？」管水員想了想，說：「有一個吧？」「什麼名字？」「×××。」我記得那天在公社看到光榮榜上有這個名字，可見是不錯的。可一問到有什麼事蹟，又失望了。管水員說：「就是聽話唄，隊裏叫他幹什麼，他就幹什麼，下雨也好，天晴也好，叫到他，他就一定會去幹，忠誠老實。」要他舉一兩個具體事例，比如說，同壞人壞事作鬥爭的，他搖了搖頭。看來再要深入瞭解什麼東西是不可能的。我們結束了聊訪，參加到耘禾的人群中去。

我們調查社辦企業。李老師先給我們講，不同的專題不同的調查方法。這天我和楊華林、林日清為一組，去做調查。楊華林愛好詩歌。林日清性爽直。公社負責工業的李主任熱情接待我們，公社工業辦公室負責人萬主任介紹情況。

下午去農具廠，農具廠趙主任又介紹情況。接著參觀他們自己設計製造的土車牀，皮帶錘和平板鋸。他們說，這是他們自力更生、艱苦奮鬥的結果，體現了毛主席說的「高貴者最愚蠢，卑賤者最聰明」。

第二天繼續調查。這次多了幾個同學。組長也親自出馬。久雨後難得的晴朗天，太陽照得人身上暖洋洋的，藍天飄著幾

朵白雲，撫河水波浩淼，田野一片蔥綠，微風吹過，綠色的禾
苗泛起微細的波浪。

　　一路說笑，不覺走過了八里路，穿過公社，走過泥石鋪的
街道，走過衛生院，來到農具廠。兩邊是簡陋的車間，正面是
一排有走廊的樓房，當中一個空坪堆滿了雜物。農具廠趙主任
笑盈盈地接待了我們。我們說：「今天開個調查會，能把各方
面的人找一些來座談一下最好。」公社萬主任和農具廠趙主任
滿口答應。

　　上了樓，會議室乒乓球桌圍坐了十大幾個人，兩個幹部，
會計，五六個工人，加上我們五個同學，滿滿地圍坐了一圈。
有的同學不得不坐到另一張桌子旁。

　　情況都是工人介紹，具體，生動。昨天汪老師告訴我們注
意點上和面上。現在是「面」上的東西多，「點」上的東西
少。同學暗自著急。總沒有辦法弄到「點」上的材料。

　　這天休息，有逛附近集市的，有看書的。我趁這個時間，
寫了通訊的初稿，寫的是公社農具廠，一九七一年五、六月間
自己動手，試製成功多用脫粒機。這種多用脫粒機，可以打
稻子，也可以打豆子、麥子、紅花草籽，給當地農村生產隊解
決了一個迫切問題。在試製多用脫粒機的過程中，還自己設計
了一臺土車牀，又開展技術革新，試製了皮帶錘、平板鋸。又
造了適合當地特點的鐵犁、移苗器。他們的平板鋸，鋸架、連
杆、鋸基、大樑，都是用木頭做的，因陋就簡，就地取材。

　　我用了一個題目：「卑賤者最聰明」。

　　同學下來就要找樂子，互相之間開玩笑。玩笑有點過了，這天一個同學較真，說：「再開我的玩笑，我就絕食！」

　　這天早上果然順利地進行了一次「絕食」鬥爭。大家先沒理會，後來見他真的不吃，並且一個人朝大隊方向去，頭也不回。眾人纔慌忙去追。

　　這天夜裏因為掛帳子，鬧到十二多鐘纔睡。本來不想掛，但天氣轉壞，想下雨，蚊子都往屋裏跑。我先還睡了。其他同學掛帳子的聲音把我驚醒了，蚊子也來咬，沒辦法睡，祇好也起來掛帳子。牆上沒有釘子，掛帳子沒有地方生根。去找釘子，沒有找著，後來找到兩個螺絲釘。牆是磚牆，不對縫打不進去。又折騰好久。釘好後，又沒有蚊帳竹子。祇好用繩子穿進帳子，勉強掛成。牀鋪纔兩尺寬，而且不夠長，一伸腳便到牀外。睡後不久拉動帳子，釘子本來就不牢，一下子拔動了。帳子落下來直接蓋在身上。這時也懶得起牀把它弄好，敷衍了一夜。第二天休息時，在廚房屋樑上拔了兩根滿是鐵銹髒得要命的鐵釘，對準牆上磚縫當當地正打，隔壁農婦帶著怒色過來叫嚷：「不要把牆打壞了！」

　　住宿不得安分。一個神經衰弱的非得要非常安靜纔能入睡，經常失眠。偏偏開門辦學班上那個「呼嚕」住到了一起。這「呼嚕」躺下不到兩分鐘便可睡著，不怕蚊子，不掛蚊帳，照樣「呼嚕呼嚕」。這「呼嚕」的聲音，一會兒高，一會兒低，一會兒像雷激，一會又像拉風箱，一會又細得像蚊子叫。

　　這位失眠者可惱火了，祇聽得他在我身旁的牀上翻來覆

去，壓得竹牀發出吱呀吱呀的聲響，不停地說：「唉！真倒楣，同了這樣一個人，睡又睡不著，晦氣，晦氣！」

這天這位「呼嚕」看書到很晚，失眠者祇能陪著。因為既然睡了，等會「呼嚕」進屋，推門關門上牀，都有吱呀吱呀的聲響，「呼嚕」手勢又重，響聲大，失眠者又會醒過來。

屋裏六個人都躺下了，燈熄了。沒有什麼聲響了。可是失眠者還是不能入睡。野外青蛙「呱呱」叫聲，聽得特別真切，一聲一聲傳過來。一會兒，村裏又響起「汪汪」的狗叫聲。……

終於睡著了。這回是我們的「呼嚕」睡不著了。他起身點著燈，摸出一本書看了起來。燈光很微弱，「呼嚕」動作這回很輕。但失眠者看那燈光還是刺眼，聲響還是很大。竹牀一陣吱呀吱呀響之後，終於聽到他的「抗議」聲：「哪個這麼晚還點著燈？」「唉！睡不著，看看書。」是「呼嚕」的聲音。「看書明天吧！搞得不能睡覺。」「怎麼啦？我看書又沒影響你，你睡你的覺嘛。」

「呼嚕」顯然也對失眠者不滿，抬高了聲音。失眠者性情很溫和，從不和人爭吵，這時祇輕輕歎了口氣：「唉，我是一有點聲響有一點燈光也睡不著的。」「呼嚕」的大嗓門把我們幾個人也吵醒了。大家也對他不滿。在大家的抗議下，「呼嚕」祇好熄掉燈，忿忿地掀開被子，身子重重地往牀上一躺，又故意似地在牀上吱呀吱呀滾了幾下。

這回是他的鄰居抗議他了：「你這個人怎麼搞的，把我的

帳子弄下來了。」話音剛落，祇聽得「叮叮噹當」往牆上敲釘子。「呼嚕」也有點惱火：「你的帳子掉下來，關我什麼事！不是我把你的帳子弄下來的！」「怎麼不是你呀！」大約怕影響其他人，再沒有爭吵下去。不到兩分鐘，屋裏又響起了抽風箱一樣「呼嚕呼嚕」的聲音。

這回失眠者餘怒未消，想發洩一下。他翻身下牀，故意叫一句：「他媽的，去拉泡尿。」把門重重地一拉，出去後進來時又重重地一關。我以為「呼嚕」會醒來。不料那「呼嚕呼嚕」聲音像打雷一樣，反而升高了八度。野外青蛙「呱呱」地叫，不一會，村裏的公雞也「喔喔」地啼叫了。

我們自己做飯。有一個同學原負責買菜。他買菜丟的東西太多，一次開發票時丟了一支四塊多錢的鋼筆。後來發現上衣口袋有一個小洞。又一次下雨帶了雨傘出去，回來時天晴，雨傘又丟在賣洋蔥的那裏。前幾天又告丟了四塊錢。另外，他也正為寫調查報告苦思冥想。這天，組長便派我和另一個同學到附近茌港趕集買菜。也讓我見識了撫河邊的農村集市。

清晨的野外格外清新，禾苗青翠欲滴，白露水掛在上面，像一顆顆珍珠。白濛濛的晨霧像一層薄紗，輕輕罩在黛青的村莊上。東邊天際，一片片雲彩被朝暉潤染，金黃色，絳紫色，火紅色，鵝黃色，淡青色，絢麗鮮豔，像一幅水彩畫。漸漸地，從天際雲堆裏射出萬道金光，那雲彩全染成了絳紅色，越來越鮮亮，最後變成耀眼的白色。田野裏，勤勞的人們已經開始勞動了。有牽牛扛犁的，有擔尿桶的，有扛鋤頭、鐵鍬的。

大道上，趕集的越來越多，有的挑著籮筐，有的挎著籃子，拎著小筐子，也有騎自行車的。那時候，自行車是高檔物品。

荏港是個小墟市。道路兩旁，擺著韭菜、洋蔥、包菜，還有醃菜。各種魚類，泥鰍最多。豬肉是見不到的。祇有一個人把紅鮮鮮的牛肉一塊塊吊在木架鉤上招賣。那邊又有很多人擔著稻草來賣。稻草能賣，在我是新鮮事。卻不見柴草。平原地方，大約主要燒稻草。祇熱鬧了兩三個鐘頭，人就稀稀拉拉。我老家的墟市可是從早一直到太陽快下山，都是熙熙攘攘。

這天又討論師院黨委關於學朝農的初步計劃。組長把「計劃」讀完，就讓大家提意見。開始比較溫和。一同學說：「我看關於開門辦學的地點，應該相對固定。這樣有利於對一個地方運動的全過程加深瞭解。」帶隊老師和我們一起討論。老師說：「馬列教研室下放到各系成立政工組，以前也搞過，但分散下去不好備課，也不能拿出什麼系統的材料來，對教學科研都沒有什麼益處。至於下去做思想工作，光靠幾個政治老師是不夠的，關鍵在於黨團組織。」

這時就有同學嚷嚷：「教材還要砍掉三分之一，我們還學什麼呀！」又有同學叫道：「中文系和歷史系合併，我舉雙手贊成。」有同學對就近開門辦學有意見：「人家朝農是怎麼做的？朝陽地區有多大，朝農就有多大。我們師院就不應該到全省各地開門辦學嗎？」有同學說：「開門辦學也應該到先進的地方去，纔能學到東西。像現在到後進隊，盡是小生產，把我們都帶壞了。」馬上有人反對：「這也不見得，後進地方也有

先進的一面。」有人插一杆子：「以後開門辦學，最好不要到有小生產者的地方去。」眾人都笑了。

對三分之二的時間到農村開門辦學，和師院著重培養農村中學教師這兩條意見更大。大家爭先恐後發言：「光到農村去，工廠礦山就不要去了？」「光是農村中學需要教師，工礦企業就不需要教師了嗎？」有人越說越不滿：「我看這個材料，衹是學了朝農表面的東西，並沒有學到朝農根本的東西。或者說，表面上學朝農，實質上反對學朝農，歪曲朝農經驗。」又有同學說：「照它上面說的，江西工學院應該寫上專門培養農村拖拉機手。」眾人又笑了。

開門辦學的目的，是在實踐中教學，收集素材進行寫作。這天組裏交換作品。有調查報告，通訊，都亮了相。有兩個女同學，湯榮芳和葉水仙，通訊寫得好，樸實，自然。歐陽忠詳的小調查報告，「小學生闖進了大課堂」，短短一千多字，精闢，簡要，立意深，有條有理，有血有肉，受到眾人稱讚。歐陽忠詳「文革」前是南昌一所重點中學的老三屆高中生。「文革」期間下放到贛南寧都。前面提到的那位在農村刻苦學習、當大隊書記的下放知青，就是他。大家公認他知識面廣，有水平。那時他是班裏學習委員。後來班裏黨支部改選，書記是葉老師，副書記就是歐陽。畢業留校，後來擔任副校長。

我寫的調查報告有點冗長，不被大家看好。

五、塔城開門辦學（二）：這湖南女人被賣了四百零五元

　　這天又出了怪事。晚上在隊部一處大房子政治夜校學習，由一同學宣講。我發現人們比以往更不安定，特別是幾個年輕女的，在外間廳裏竄來竄去，不時發出「咯咯咯」的笑聲。又一簇簇地圍著議論什麼。我以為是宣講不吸引人，不在意。後來卻見這群女孩子喜鵲般地迎著大門外。外大廳實際是一條通道，一個旁門通一條巷子。我們坐在裏大廳靠天井邊，外門口可以看得很清楚。昏黃的燈影下，嘻嘻哈哈擁進十幾個人，又嘰嘰喳喳擁著進了旁門小巷子。

　　我照舊沒在意，以為是女孩子特性如此，不足為奇。組裏有一個上饒同學，愛管事，人也爽快。他卻很注意。祇見他離開座位，往那群人去了。不一會兒，那群女孩子也回來坐下繼續聽宣講。但是人們更不安定了，總是低聲嘰嘰咕咕。

　　宣講十幾分鐘就結束了。村裏輔導員又講了一通。這纔散會。回到住處，門邊風正涼，於是我們端了凳子乘涼。老師又講了另一件稀罕事。説，隊裏有哪個幹部偷了集體的米糠，現正開幹部會討論這事。這纔想起剛纔政治夜校沒有一個隊幹部。上饒同學講得更使人驚訝，説：「社員為這事要求馬上解決，否則就要罷工。」

　　老師又講了一件事。原來隊裏把麩餅埋在地窖裏。麩餅可以作肥料。正好隊裏保管員家的肥室就在隊裏的旁邊。於是他

偷偷地把隊裏的麩餅搬到他的窖裏，埋在草皮下。不料被誰發現了，又不敢當面講，便向隊裏報告，說隊裏的麩餅肥被人偷了。隊幹部一看，果然少了許多。就開會查問，幹部之間互立保證書：「誰這裏查到了麩餅，罰一百分。」那保管員也立了保證，一邊卻偷偷打聽到是誰報告的。於是把麩餅偷偷一搬，搬到那人家的肥窖裏。……

正説得起勁，上饒同學插一杠子：「我們去看一件新鮮事，現在就去看，四百零五元買了一個女人，就在那邊。」把政治夜校去打聽的消息跟大家説了。大家很驚奇：「真有這樣的事？」又覺得太多人去看不合適，於是先讓我和另一個同學跟著上饒同學去看。

宣講大廳門口，那群女孩子還沒有散。上饒同學笑嘻嘻地問她們：「那個新買來的新媳婦在哪？領我們去看看。」

女孩們祇是嘰嘰咯咯地笑，其中一個長辮子瓜子臉苗條身子的打笑説：「你們好意思去看人家嗎？」上饒同學胸有成竹：「這有什麼不好意思，我也是湖南人，看看老鄉嘛！」

那群女孩子又一陣銀鈴般的笑聲，後來是一個胖胖的女孩推那個長辮子姑娘説：「你就帶人家去看唄。」那長辮子纔站起來，領我們進旁門一條小巷，到一間土坯矮屋前。

屋裏祇有靠牆壁釘板上托一盞油燈，昏暗昏暗。滿屋是人，多是女孩，大大小小，也有幾個小男孩。上饒同學進門就嚷：「新媳婦在哪，讓我們瞧瞧！」人群裏有一個人坐在靠板壁。有人指著説：「這就是。」燈光昏暗，又有人擋著亮，根

本看不清。上饒同學也不管人家是不是嫌棄，揚起手電筒一照，正照見那人的臉。我借著光一看：原來那婦人圓白臉，估摸有三十多歲，懷裏還抱著一個未滿足歲的孩子，正吃奶呢！

我拉著上饒同學出來，在門口，又問了那群女孩，她們嘻嘻哈哈地告訴我們，這就是用四百零五塊錢買來的。不知誰說一句：「哎呀，比豬肉還貴，四塊錢一斤。」引得她們咯咯咯笑個不停。上饒同學卻不顧面子，直問那個長辮子姑娘：「你們還不是賣了的，說說，你們賣了幾塊錢一斤？」

那長辮子潑辣，臉也不紅一下，大約也是看著女伴多，應聲回敬一句：「你媽媽纔會賣人，你們湖南人纔會賣人，祇有湖南人纔會幹這種事。」眾姑娘朝上饒同學哈哈大笑起來。我知道上饒同學不是湖南人，看此狀不像話，忙拉上饒同學走。上饒同學卻捨不得走，笑嘻嘻地用話回敬女孩子們。當然，他一個人辯不過這一大群，都是不饒人的潑辣女孩。

後來，老師和組長他們去了八九個人，許久纔回來。他們作了調查。原來，這女子是湖南人，被江西進賢羅家集一個人拐帶來的。先用了三百元錢賣給張家一個人，過了一個多月，又賣給付家，得三百元。付家是窮苦的，吃了一個多月他家的飯，付家又放出風，說要賣掉這個女人。正好我們所在村（鄔門村）這人死了媳婦，便去看了，並且付了定金。這村子講了兩家。一家四百，一家五百。那女人兩家都看了，挑了這家四百的。付家要萬家一分不少纔肯把女人送過來。到今天下午纔送足了過去：女人四百，小孩五元。說她是買來的，沒有經

過任何手續，祇需要請生產隊幹部吃一頓喝幾杯，讓他們知道
有這回事，可以在生產隊供糧食，出工掙工分就行了。

第二天下午想寫組裏總結，六組一個家在廬山的同學也
在。剛坐下，房東大娘過來說：「你們看嗎？那新來的媳婦在
塘邊洗衣服呢！」我有點猶豫。廬山同學說：「我們去問問情
況嘛，開門辦學不正要社會調查嗎？」

於是跟著到了塘邊。廬山同學走到那女人旁邊，叫一聲：
「大嫂子，你洗衣服哪！」我暗自發笑，怎麼叫大嫂呢？見那
女人抬起頭。上次祇見她圓白臉，這次看得更清楚，淡淡的掉
梢眉，眼睛細小，穿一件舊的花格平布衣服，著一條黑色舊褲
子，一雙黑涼鞋。祇對我們咧嘴一笑，懷疑的眼光像是問我們
是什麼人，為什麼會跟個不幸的女人說話。

我斜靠著塘邊一棵柳樹，望著塘裏一圈一圈的波紋。廬山
同學卻自我介紹，說他是湖南人，我是萍鄉煤礦的，老家也在
湖南，是老鄉。全是瞎編。那女人似信非信，看著我們，臉上
老是笑，看不出她此刻是喜，是驚，是疑，是癡。

這時圍攏了一些村裏好奇的人。旁邊幾個洗衣服的婦女也
停下來注意我們的講話。一個彎眉俊眼翹嘴唇的小姑娘調皮地
對那女人大聲嚷道：「他們是你的弟弟，從家裏看你來啦！」

那女人搖了搖頭：「我弟弟纔十四歲。」廬山同學忙說：
「噯，我也是十四歲。」那女人笑了，說：「你不止十四
歲。」旁人都哄然大笑。

問女人情況，「怎麼到這裏來的，家裏有哪些人。」要問

好幾遍纔啟唇回答：「家裏有爺，娘，姐，弟弟。」「你為什麼不回去看他們？你不想他們嗎？」女人不笑了，低頭不語。盧山同學又問：「你沒有寫信回家嗎？」又是默默無言。

　　後來問到原來那家時，問她為什麼從那家人出來。女人說話了：「他老打我，把我關在屋子裏，在他家裏沒得吃，沒得穿，什麼東西都賣掉了，牀鋪賣掉了，櫃子賣掉了，衣櫥賣掉了，家裏沒有米，他賣了錢就到商店買東西吃。我們睡一個小竹牀。哎呀，他好惡啊，不會劃算，有錢就吃，不會理家，不會計劃，也不幹活。沒有吃了就打我，要我出去，他纔有錢用。我不肯，他就打我，硬要我出去。」說著，捋起褲腳，露出小腿上一道紫紅的傷痕。

　　湖南女人真把我們當老鄉，找到我們住處。班裏真有一個湖南羅同學，用湖南話跟她講，她顯得很高興，纔瞭解她的身世。她叫陳××，今年二十八歲，是湖南某縣某公社人，家裏有父、母、姐、弟。姐姐已出嫁。她讀過六年小學，又讀了幾年半工半讀的中學。她的父親是黨員，是大隊裏的幹部。她的叔叔什麼人也是隊裏的幹部。湖南女人多，一般女人出嫁，不但得不到男家什麼東西，反而要賠嫁妝。那女人的父親先給她找了一個男的，有四十歲，家裏人很多。她有些嫌棄，沒有同意。父親就生氣，說，不管她的事了。

　　就在這個時候，跟她本大隊當過大隊會計的姓陳，和另一個距她家二十里路的一個姓成的，對她說，江西怎麼怎麼好，衣服好，錢多，男人也好。並說要帶她去。她去問父親，回答

是：「我不管你到什麼地方去，反正我不管你的事！」祇有母親疼她，可是拗不過父親。女人見父親這般態度，又聽那兩個人的話，就跟他們到了南昌青雲譜羅家集。於是有了在江西被人賣掉幾次的那段事。

那女人用殷切期待的眼光望著湖南羅同學，要他幫寫封信去羅家集第一個丈夫那裏，她想跟他復婚。

這下輪到我們猶豫了。信是容易寫的，寄出去，羅家集那人也能收到，但是，女人說，她原來寫過一封信回家，結果惹來一場揍罵。這回如果又是這樣，豈不更糟糕？而且，萬家會說我們挑撥人家夫妻關係，不定會有什麼結果。

正好吃午飯了，便讓那女人回家吃飯。下午她來了幾次，我們都推說開會。老師說：「這事我們不能去辦。祇能給公社或公安部門反映情況，讓他們來處理這個問題。」

第二天，那女人又來了兩三次。她家婆婆也來了。我們班還有湖南黃同學聯繫工作到我們這裏，那老太婆聽說是從南昌來的，慌得不得了，以為是上面派來解決這件事的。迭聲說：「你，你，要不要熬碗粥給你喝？」

生產隊得知我們後天要走，說明天要給我們加餐，還要名冊，可能是想送什麼小本子。我們向隊長說：「這樣不好，給貧下中農添麻煩，而且也不符合當前形勢。」沒有把名冊給他。但隊長說：「這是隊裏決定的。」意思是說，並不是徵求我們的意見，祇是打個招呼罷了。

第二天下午正要開座談會，將要離開，我們不忍，還是想

給姓萬的男人做工作，要他關心愛護這個湖南女人，不許虐待她。我和幾個同學到萬家，見到那個男人：高個，膀闊，黑臉，厚嘴唇，一付老實的莊稼漢樣子，坐在廳房桌旁的矮凳上，巴嗒巴嗒抽煙。圍了幾個婦女小孩。

我們組有一同學，有水平，能言善辯。我們都認為，這樣一個人，祇有這個同學對付得了。沒想到是這樣一個看上去老實巴交的莊稼人。我們這個同學還是「訓」了他一頓。

先心平氣和地問了那女人的來歷。接著指出，拿人作買賣，是投機倒把行為，是犯法的事。投機倒把在當時是很重的一樁罪名，犯法更不得了。我們同學果然厲害，一下子點出問題的嚴重性。那男人果然緊張。

又問到是誰牽線到這裏來的。中間牽線的，有販賣婦女之嫌。我們同學一下子又問到點子上。男人有點慌，連忙否認：「沒有，沒有。」這時，一個約摸三十歲的婦女抱著個孩子擠進來，在那男人耳邊說了幾句。我們心裏犯疑。果然那女人接著一屁股坐在一張椅子上，圓眼睛，抿嘴唇，一股怒氣衝衝的樣子。把頭一揚，衝我們同學說開了：「什麼媒人不媒人，我又沒得她一個錢。……」我們同學正要說，那女人又打斷說：「牽什麼線，也得雙方自願，雙方不自願，還牽什麼線？反正我們也沒得她什麼錢。……」

我們同學覺察到她就是媒人，便說：「不管怎麼樣，這樣的行為就是販人，就是犯法。……」女人越來越凶，我們同學沉著應戰，句句緊逼。組長來叫開會了。我們同學站起來，

最後對那女人說：「這件事你們要好好想一想，第一，你們沒有合法手續，買進來沒有手續，賣出去也沒有手續。這就是蔑視政府，是犯法的。第二，販人的事是什麼性質，你們應該清楚。現在的學習你們也不會不曉得。不管什麼人，貧下中農也好，退伍軍人也好，共產黨員也好，祇要你做了這樣的事，祇要你是新資產階級分子，我們都要專政！」最後一句話，斬釘截鐵。那女人似乎也覺得厲害，唬得不敢再作聲。

第二天六月九日，結束一個月的開門辦學，早飯後離開村子。臨走之前，那湖南女人和她姓萬的丈夫又來了。來的目的很顯然，媒婆造謠說我們這些學生居心不良，想把湖南女人帶到南昌去，至少想挑撥他夫妻不和。和我們組在一起的易光宏老師耐心地跟男人說，應該可憐這個女人，和睦相處，有什麼口角吵吵過去就算了，不要動武。「你是貧下中農，人家也是貧下中農，都是一家人嘛。販人是錯誤的，但是責任不在你，如果你虐待她，那你就有錯誤了。不要去聽那些謠言，你們想想，我們這些都是學生，怎麼可能帶她走呢？」

圍著的幾個老太婆聽了易老師講的勸告的話，都感動得頻頻點頭，說：「是啊！是啊！人家就是講得好哇。」另一個老太婆也說：「人家學生學習多，當然講得好。」那姓萬的男人也點頭稱是。總算把兩個人勸走了。男人倒是一點火氣也沒有，和和氣氣，老老實實。

好不容易吃過早飯，乘車走了。一路滂沱大雨，又是無蓬車，撐雨傘也不頂用，全淋了個落湯雞。正夏天，到後來竟冷

起來，幾個人打起哆嗦。

六、泗溪造田工地，真是宏偉；井岡山拉練，剛到 三灣，就緊急返回

第二次開門辦學仍是學農，時間一個月，在一九七五年十二月下旬到一九七六年元月中旬。地點在離南昌二百多里的上高縣泗溪公社。

全班分作兩片。班裏已經調了組。我原來在第七組，現在第一組。我們一、二、三、四組在官橋大隊，另四個組在木田大隊。官橋原是一個公社所在地，擴社並隊以後，就成了一個大隊。一條小街，每十天逢一次墟。大樟樹多，村口即一棵大樟樹，樹下一個坪，對面一個似廟非廟的戲臺。

四個組又分住四個生產隊。第一組住一戶農家，一間大屋用竹籬笆隔成兩間，一邊睡男生，一邊睡女生。晚上說夢話翻身起牀，都聽得見。

這次我當伙伕。記得開門辦學，包括白馬山農場勞動和後來的井岡山拉練，有三次我都在伙房。

這次伙房在一處小學食堂。還有三個同學：朱曉明，安福縣人，很樸實機靈的小夥子。王淑蓮，婺源人，入學前就是大隊婦女主任，做事利索。這兩人畢業後都成為中學教學骨幹。我們三人負責挑水、洗米、洗菜、切菜、劈柴、生火。下午一到，還沒有安置好行李，我就挑了十幾擔水。其他同學在造田工地勞動，我們還要送飯菜到勞動工地。

伙房負責人也是掌勺的是生活委員藍幫生。能幹，幾十個同學的飯菜，做得有滋有味。還自己做泡菜。那次加餐，做了好些菜，紅燒肉特別有味，那些上海同學吃得津津有味，大家都吃散了，他們還餘興未盡，就著各桌匯總的剩菜喝酒乾杯。生活上工作上能幹，是我們這一代工農兵學員的特點。

這次學農的重點是兩個基本，黨的基本路線教育和農田水利基本建設。同學們白天勞動，晚上就邀隊裏幹部和大家座談。所謂座談，就是談「文革」前後的變化，用來證明「文革」的正確，這應該是基本路線教育的核心內容。

我們於是知道，「文革」前，所在生產隊總產，早稻九萬，晚稻七萬。現在是早稻十二萬，晚稻十萬。集體經濟不斷壯大，原來沒有公共積累，現在積累了幾千元。村裏通上高縣城和公社所在地泗溪的公路也是「文革」以後修的。耕地面積大大擴大。他們說，「文革」前，許多勞力外出搞副業，現在經過批判資本主義，勞力集中在農田。

他們還發動群眾，一發現資本主義的苗頭，就開會批判，大隊可以比較順利地統一調配生產隊的勞力，進行一些大的農田建設項目。在批判的同時，他們也制訂一些措施，比如，派工如果不去，就要罰款等等。

我們去的時候，他們就要在山上造三百畝農田。這就是農田水利基本建設。同學們每天就在造田工地勞動。我們送飯到造田工地，氣勢頗為宏偉，一條山坳全部修成了一塊塊梯田。

我們還做其他調查。那天晚上，我和黃鴻，還有另兩個同

學，廖聯河和鄔燕鳳，調查大隊合作醫療。

合作醫療是「文革」出現的，農村醫生叫「赤腳醫生」。我們調查的官橋大隊合作醫療站有六個人：一個老中醫，一個看病，一個藥房，一個婦幼保健，一個行政幹部，還有一個什麼人。他們介紹，這個大隊「文革」前貧下中農缺醫少藥，雖然官橋有一個衛生院，但貧下中農進不了，一是沒有錢，二是衛生院架子大。過去的衛生院，祇能作一些小手術，切切膿包之類，稍大一點的手術就作不了。現在有了合作醫療，一些大病也能治療。一個六十多歲的貧農老大娘，患化膿性闌尾炎，在大隊治療十二天就好了，祇花了七八元錢。還有一個九歲的男孩，患腹膜炎，病情很重，臉色蒼白，動手術時發現肚裏全是膿，中毒休克，如果轉院很可能中途就出意外。但在大隊合作醫療動手術，九天時間就治好了，祇花了九元錢。他們說，如果「文革」前，這種病送到公社，起碼要一百元。

我們還知道，合作醫療的發展也經歷了曲折。公社衛生院在官橋有一個分院，原來是合作醫療往分院送病人，現在是分院往合作醫療送病人。原來沒有庫存資金和藥品，現在庫存了二千多元資金和藥品。他們讓我們相信，赤腳醫生，合作醫療是社會主義的新生事物，具有無比的優越性，「文化大革命」非常必要，非常及時。

但是，這一天，傳來不幸的消息，周恩來總理去世。當天，我寫下詩句：「神州傾倒昆侖峰，頓作天崩地裂聲。」師生自發舉行追悼會，會上，可以聽到抽泣聲。帶隊老師不住地

說：「總理是個好人。」

再一次開門辦學是學工。那是一九七六年，白馬山農場勞動一個月後剛回南昌，過「五一」，祇休息了兩天，就到九江開門辦學。

到九江剛下火車，各單位就有車子把我們的同學分別拉走。有印刷廠的，微型電機廠的，建工局的。我們四個組算一個小分隊，在港務局。住在一個禮堂裏。舞臺前拉起絳紅色的帷幕，隔成兩個空間。男生住臺下，兩張長靠背椅並在一起，就是一張牀。女生住臺上。洗衣服時，旁邊是一個老工人，搭話問道，知道港務局有二千職工，另有四五百退休工人。

系裏鄭光榮書記送我們過來，彭兆春老師帶隊。晚上小分隊開會。鄭書記說：「鴉片戰爭後九江作為開放的商埠時，就有這個碼頭，這裏的老工人都經受了帝國主義洋人的壓榨，進行過英勇的鬥爭，具有光榮的革命歷史。現在局裏比較先進，新華社經常報導。這裏還有小學的紅小兵宣傳隊，演出水平在省裏第一位，經常去廬山為外賓演出。」

鄭書記說：「在這樣一個地方開門辦學，有利條件很多，黨委重視，先進人物和新生事物多，祇要虛心向工人階級學習，細緻調查，就有取之不竭的寫作題材。」聽鄭書記一說，同學們對這次開門辦學都充滿信心。

但是，工人對我們好像不冷不熱。第二天早八點，港務局下面四個單位的師傅把我們四個組的同學分別「領」走。

領我們走的是個高個子，姓胡，後來知道他是一個小隊的

班長。長條臉，一頂嶄新的軍帽隨意扣在頭上，身上卻穿著滿是灰垢的工作服，腳上一雙破皮鞋起碼有一個月沒有擦，扶一部舊自行車。一路跟熟人打招呼開玩笑，有幾次把自行車提起來，要爬到別人自行車上。可跟我們卻沒有話說。

中午吃飯，小隊長指一個方向，告訴我們食堂在那裏，那胡班長又默不作聲推自行車走在我們前頭。

稍作參觀，下午勞動。在二號碼頭卸煤。一部大吊車伸著長臂，用大抓斗把船艙的煤抓走，甲板角落抓斗到不了，就由我們把它弄出來。

這天很失望，周圍都是工作不過兩三年的新工人，「文革」前和「文革」中的情況都不瞭解，更不知道解放前的情況。我跟組長副組長說，他們卻滿不在乎。

第二天直接就去船艙鏟煤，書記隊長面也沒有見著。九點多鐘就停電，工人上岸吃飯。不知道他們一天幾餐。十點一餐，下午兩點又一餐。我們則在船上找個地方，閒談睡覺看江景。下午一點來電，幹不了幾下就收工。

這天修皮帶機的滾筒，我們有意安排幾個同學和退休老工人一起幹活。我和熊偉民、蘇雲嬌一組，黃鴻和朱耀東一組。我們迫不及待地邊幹活，邊和他們聊。和我們一起幹活的三個老工人，胡師傅不愛說話，祗埋頭幹活。甘師傅幽默風趣。曹師傅話比較多。

我們得知，舊碼頭工人終日辛勞，扛包累得傷了腰，連小便也是血。這裏的碼頭有德國人的，日本人的。工人沒法生

活，有時就在碼頭拿點東西，被抓住就被日本佬捆起來扔到江裏。解放後一九六二年纔有了機械化。「文革」前搞過獎金，甲等四元，乙等三元，丙等二元五角。但如果組裏有了事故，全組的資金就都吹了，因此有的人受了傷，情願忍住不讓人知道，堅持上班。瞭解情況的工作進展很慢。

這天本來安排一個姓泮的隊長介紹基本情況，説是要開會，又吹了。同學都擔心散文沒有題材，這樣下去收效甚微。

這天裝卸隊書記總算來介紹隊裏基本情況。但講話很謹慎，很多情況推説不知道。問他「文化大革命」的鬥爭情況，修正主義路線的具體表現，他説：「這裏有個認識問題，現在還不好説。」講到對青年工人的教育，也很籠統。

九江就在廬山腳下，各組都先後到廬山遊玩，從好漢坡步行登山，游仙人洞、龍首崖，那天一早去含蟠口準備看日出，可惜太陽從五老峰升起，沒有看到日出壯觀景象，都很失望。從山上下來，進入緊張的寫作，寫散文，可構思老是不過關。

那天離開九江。沒有人送，走得灰溜溜。我們打掃乾淨住過的禮堂，整理了睡過的板凳，背起背包就往火車站去。後來有同學回憶，九江開門辦學，印象最深的是食堂的紅燒肉。「工人師傅做得真好吃。」我則連紅燒肉什麼味道也沒留下印象。按説，我也工人出身，其他同學也多是勞動出身，和工人打成一片應該沒問題。可能港務局是大單位，江西師院，大學生來開門辦學，他們不會太當一回事。

現在想來可能還有另外的原因。工人們對「文革」批修正

主義本來就不理解，一九七五年鄧小平整頓，形勢剛有好轉，一九七六年周恩來總理剛去世，四月五日天安門事件，反擊右傾翻案風，形勢又亂了。所以工人幹活懶洋洋，我們去批修正主義，他們態度也不冷不熱，很多情況推說不知道，說到「文化大革命」的鬥爭情況，修正主義路線的具體表現，都說有個認識問題，現在還不好說。

最後一次開門辦學是學軍。學軍和一般的軍訓不一樣，這次是軍事拉練。這是一九七六年，暑假剛結束，九月一日到校，二日，中文系和歷史系兩個系就合開軍政訓練動員大會。福建部隊來了十一名解放軍任軍事教官，帶隊還有學校武裝部領導。三日就出發拉練，目的地是井岡山。

大部隊先乘火車，到附近的火車站下車，然後步行。這次我又在炊事班，有藍幫生，另一個歷史系的同學，還有食堂管理員，乘炊具的卡車一早出發，經吉安，下午四點到永新。晚八點，大部隊浩浩蕩蕩到達。

永新，在井岡山北麓，一九二七年毛澤東率秋收起義部隊上井岡山，就經過永新。國民黨進剿井岡山，毛澤東又率紅軍三次擊敗國民黨軍，佔領永新。井岡山鬥爭全盛期，紅軍在這裏打土豪，分田地，建立共產黨的組織，永新成為井岡山根據地的一部分。號稱永新第一美人的賀子珍，就是這一時期與毛澤東認識、相愛，後來跟隨毛澤東長征到延安。

大部隊駐永新縣中學。全體操場集合，宣佈此次拉練路線是永新、龍源口、三灣、古城、黃洋界、茅坪、大井、茨坪。

整個學生班按軍事連級建制，設三個排九個班，連、排、班長都由教官擔任，副職由學生擔任。

每個同學發一支步槍，但沒有子彈。晚上要放哨。班長鄭毛三（後改名鄭翔）此刻任副連長，發給他十五發子彈。由他發給每個哨兵五發子彈，白天收回。兩個固定哨，一個流動哨，規定哨兵口令和暗號。

我在炊事班，不需要站崗。據經歷過的同學說，第一次荷槍實彈夜哨站崗，確實膽怯緊張。子彈一般不壓進膛，防止走火。但如遇緊急或危險情況，可以將子彈壓入槍膛並鳴槍示警。站崗的同學右手持槍站立，左手緊緊地握住褲子口袋裝有顆子彈的彈匣，隨時準備壓入槍膛。兩眼緊緊盯著對面的河邊，生怕鬼鬼祟祟爬出幾個壞人搶槍支。夜深人靜，時間過得真慢，不時看著站崗時戴著的手錶，那夜光分鐘指標就是釘在那裏不動。好不容易熬過兩個小時。

來不及細細打量永新縣城。第二天一早，六點起牀號，六點半開飯，七點準時出發，步行四十里到龍源口。

龍源口也在永新縣境內。毛澤東率領秋收起義部隊上井岡山，成立紅四軍，在龍源口成功地粉碎國民黨的一次進剿，取得著名的龍源口大捷。之後，紅軍除佔領永新，又進駐安福、蓮花、吉安，建黨建政建武裝，井岡山革命根據地進入全盛期。這天參觀龍源口大捷舊址。有龍源口大捷橋，紅軍戰鬥舊址，紀念碑，還有古街。

龍源口祇停留了半個小時，繼續啟程行軍。我們炊事班乘

車，路上橋被洪水衝壞，也祇好下車步行十五里，到達三灣。

這是永新縣的一個村。當年毛澤東率秋收起義部隊南下，在這裏舉行了著名的「三灣改編」。後來部隊開進井岡山，整合袁文才、王佐的當地武裝和朱德等的起義部隊，纔創建了中國第一個農村革命根據地。

真是一個好地方。群山環抱，清溪流淌。茶陵、蓮花、永新、寧岡四縣在此交界，當年有五十多戶人家，在山區算是較大的村莊。

有毛澤東舊居，原是名為「協盛和」的雜貨鋪。有士兵委員會舊址，這裏原也是雜貨鋪，名「泰和祥」。有中國工農革命軍第一軍第一師第一團團部舊址，這是建於清末民初的典型的南方祠堂建築，原名「鍾家祠」。但是，當年這些都在維修，我們看不到裏面的結構。我們祇看到毛澤東舊居即原名「協盛和」的雜貨鋪屋前四根簷柱搭成的前簷，對著一片不算太小的院坪，前面一口池塘，池水清沚，倒映著青山黛色。「泰和祥」前面也有四根立柱搭成前簷，簷前也有不小的院坪。「鍾家祠」磚木結構，前有廊簷，兩脊築有封火牆。

我們在楓樹坪駐足良久。楓樹坪又名社官坪，那是村頭一塊平坦的開闊草坪，一株大樟樹，兩株大楓樹，緊緊相邊，鬱鬱蔥蔥，樹冠形如巨傘。遠處是更為開闊的稻田和連綿的群山。當年毛澤東就在這裏集合部隊，發表講話，宣佈改編。

這天還聽當地退伍當農民的上海籍戰士，現任三灣大隊黨支部付書記作「徹底決裂舊觀念，紮根農村幹革命」的報告。

參觀知青點，房屋很整齊，一色青磚到頂，兩層小樓，屋後有菜地，水泥築沿的泉水井，有浴室，旁邊是廚房、飯廳。

拉練的終點，計劃在井岡山的腹地茨坪。這天九月九日。我們住一所小學。上午參觀，下午，正在伙房挑水。忽然聽到消息，毛主席於今天凌晨零時十分在北京逝世。

帶隊軍訓的十幾名解放軍官兵，連夜由一部汽車接走，部隊進入一級戰備。我們即刻改變計劃，第二天從三灣出發，爬一二十里的深山高嶺，又走二三十里的公路，到一個叫文竹的地方。這裏是鐵路站的起點。全體同學從這裏乘火車，日夜兼程，返回南昌，參加悼念活動。

軍訓拉練就此結束，最後一次開門辦學就此結束。

軍訓拉練，參觀龍源口，特別是三灣，確實留下深刻印象。不足一千人的部隊，遭敵人襲擊而疲憊不堪，不僅在井岡山站穩腳根，創立根據地，而且後來奪取了全國政權。腦海裏時時浮現一個詞，這就是「井岡山精神」。

平心而論，開門辦學，學農學工，也並不是全無收穫。對我們久慣勞動的學員來說，勞動對我們說不上鍛煉，但是，到農村去，到工廠去，至少對基層情況社會情況有更多的瞭解。在南昌塔城，我們知道「脫產幹部多，社員跟著往後拖」，知道拐賣婦女的情況。在上高泗溪，我們知道大造農田，知道合作醫療。在九江港務局，知道「文革」前發獎金的情況，知道工人幹活並不賣力。

就教學來說，一些課，比如如何調查研究，確實很快結合

實際。開門辦學的目的是到生活中尋找寫作題材和材料，也並不是一無所獲，知道農具廠的情況，養豬場的情況。

但是，很多實際問題，靠開門辦學短短的一個月，蜻蜓點水，無法深入全面瞭解。我們帶著「文革」的思維模式，去看待事物，搜集材料。一些材料全憑下面幹部介紹而來，我們無法驗證。比如，官橋合作醫療站，一個老中醫，一個看病，怎麼作腹膜炎的手術？比如，一邊是「脫產幹部多，社員跟著往後拖」，一邊是連年增產，這是怎麼做到的？同樣，受「文革」思維模式的制約，親眼所見的很多，反而不能寫進文章。當然，更重要的是，我們的專業學習時間沒了。

七、上管改，誰管誰？

課本是入學第三天就發下來了。但入學教育，軍訓，開門辦學，在學校上課時間不多，而且斷斷續續。

教室不夠。課排不滿。一開始，祇是上午有兩節課，週一、二、五、六都是古代文學，週三寫作，週四政治。下午則祇有週三有體育課，體育課又沒有體育器械，很多課上不了。下午沒課，則是自學，或者安排組務會，政治學習。

科目很少，不系統。古代文學課叫儒法鬥爭史，跳著講古代法家作品。毛主席講過要看《紅樓夢》，因此有《紅樓夢》專題講座。現代文學有魯迅專題和毛主席詩詞。外國文學講了高爾基。都沒有系統講文學史，也沒有系統講文學作品。文學理論課講馬列文論，另外結合政治形勢，講文藝評論的寫作。

古代漢語和現代漢語都講了一些。有寫作課。講寫作原理，也佈置寫作文。軍訓結束後，佈置一篇作文，寫軍訓中的一件事。有時結合開門辦學，在下面做實際調查，寫調查報告。

也有教材。入學第三天發的教材，有《文藝概論》、《魯迅批孔反儒文選》、馬恩列斯《文藝論著選講》、《作品選讀》，後來又發了《寫作講義》，好像還發了魯迅作品選。沒有發系統的文學史的教材。教材很多是老師自己編的。

也請校外的人來講課，請工人，請基層人員。那天請長江機械廠工人評論組鄭老師講文學評論。又一天，請南昌百貨商店的一個主任做關於學習理論的輔導報告。他們講課，往往有一些生動的事例，但專業性不強。

那時還有所謂的「上、管、改」，即選拔工農兵上大學、管大學、改造大學。工農兵學員進入領導機構。一名學生擔任系黨總支委員。每次系黨總支開會，討論系裏重大事務，這個同學都參加，都有發表意見、投票表決的權利。每個年級有領導小組，一名同學任副組長，討論決策年級的教學事務，這名同學也有發表意見的權利。

學生參與編寫修訂教材。一九七六年系裏編制教學計劃，其中一項是編寫修訂教材，那時叫戰鬥任務。都有老師指導，學生參加：一、八組參加修訂《毛主席詩詞注解》教材，二、三、四、五組參加重編《中國古代文學作品選》，六、七組參加編寫《詞義辨析》。學生上講臺。那次開門辦學回來，政治課，不是老師講，而是幾個同學上臺講他們的調查報告。更多

的是學生評議教學。老師上課，也總是問學生有什麼意見。

編教材，上講臺，很多是形式，並沒有什麼效果。那次政治課，幾個同學上臺講他們的調查報告，教室雖然坐滿了，但看書打瞌睡的人多，聽的人少。編寫修訂教材的「戰鬥任務」，後來也沒見學生參加。

同學對評議教學最積極。有全班課堂評議，有組務會評議。回到寢室，有時同學還會議論，有時爭議還很激烈。

開學第一學期，軍訓之後寫作課，老師佈置寫軍訓中的一件事。那天講評，老師講完，問學生有什麼意見。見沒有人應聲，便點了一個同學發言。這同學先簡單含糊幾句就坐下。不料老師再問同學有什麼看法，這同學又站了起來。說：「按這次寫作要求，寫記敘文，無非是老師要摸底。既然是寫軍訓中的一兩件事，就不應該虛構，把自己看作小說家散文家一樣。這實質上反映了文風問題。現在大家很多廣播不願聽，就因為有些寫的不是真實事情，是牛皮。」

剛說完，馬上有同學發言贊成。接著又有同學站起來，說了相反的意見：「這次記敘文完全可以虛構，我們應該學習革命校板戲的經驗，源於生活，高於生活，完全可以塑造，要讓我們的思路像野馬一樣，我們正缺少這方面的經驗。」話音剛落，有同學發言支持，又有同學表示反對。兩派意見，互不相讓，爭執不休，講評會成了一場辯論會。

一般說來，在同學心目中，並沒有「臭老九」、「資產階級知識分子」的概念。老師就是老師，同學的內心，對老師是

充滿敬意的。對教學評議，就有不同看法。課堂上教學評議，教師在場，一般說得比較溫和。老師不在場，組務會提意見和寢室私下裏爭論，有時就很激烈。

有同學說：「上大學就要聽老師的，不聽老師的誰給你知識？」馬上有人反駁，說：「現在師道尊嚴，披新大學的外衣，走舊大學的老路。」有同學說：「講課太難，聽不懂。」有同學反駁：「要是都聽得懂，還上大學幹什麼？就是要講難一點，聽不懂，纔能長知識。」

一些同學都是經歷過事情的，有思想，有主見，也敢說，一些意見提得很尖銳。終於鬧出了事。

那天有同學提意見很尖銳，有同學為老師打抱不平，說：「意見提得這樣尖銳，我們以後三年還怎麼辦？」他的意思，是三年學知識還要靠老師，如果老師不傳授知識，我們怎麼辦。說得興起，又憤憤不平，冒出一句：「這樣的人真是工農兵學員的敗類。」這話不知怎麼傳到了另一同學的耳朵裏，不僅如此，另一同學毫不避忌，小組會上滔滔不絕，把事情全端出來。這次上下都震動了，追查，是誰說的？是誰說的！

對學生來說，什麼「上、管、改」，什麼管理大學，可以無所謂。但對老師來說，卻常常需要謹慎。一次課堂測驗。回到寢室，免不了議論。有同學說：「題目怎麼那麼難？」這話不知怎麼，竟一下子傳到上面，而且傳得變味了，說是老師要為難工農兵學員。那時情勢，是工農兵學員「上、管、改」，為難工農兵學員，往小裏說，沒有什麼，往大裏說，可是大問

題。學校一些人正找事呢，於是上綱上線，説：「這是對工農兵學的態度問題！」

政治態度，這可不得了。那老師慌得左一個檢查，右一個檢查。接著上課，講得慢慢的，每講一段，就問學生：「聽懂了嗎？」下面回答聽懂了，再繼續往下講。

還有另一件事。那是開門辦學前的一天，五月六日，正上政治課，教室卻一陣騷動，有人在議論什麼。剛下課，就有同學告訴我：「死了人。」「哪裏？」「數學系一個女生。」「怎麼死的？」「上吊死的。」大家潮一般湧向大樓後的宿舍，西頭的一個房間，門鎖了，從門縫往裏看，陰暗陰暗。人們説：「人已經用汽車運走了。」説：「下午數學系同學都去教室唱歌，她一個人在宿舍，就……」

這天晚上，自習時間，團員青年都開會去了，宿舍祇有幾個同學在「嗦嗦」作響的螢光燈下靜靜地看書。宿舍外，陰沉沉，黑森森，萬籟俱寂，偶爾聽得屋簷下滴水的噠的噠地落在曬臺上。突然，從隔壁什麼地方隱約傳來「嗚嗚」的哭聲。雖然聲音低沉，但聽來異常清晰淒厲。走廊上燈光昏暗。走廊盡頭卻沒有燈，祇有窗外一抹白光慘澹澹地映過來。哭聲就從那裏傳過來。跟著幾個膽大的男生尋聲走過去，原來是哭聲從數學系辦公室傳來的，那女同學的家人來了。系領導都在，圍坐著，沒有一個人作聲。

這時傳言，這個同學性格很開朗，祇是進入專業學習之後，學習趕不上。想調中文系，打了四五次報告，也沒有答

復。也沒人找她談過心。要好的同學叫她出去玩，她也不去。

這天，班主任葉老師一個寢室一個寢室和同學談話，説：「學生有什麼思想，包括個人私事，都要向黨支部反映，讓黨支部隨時瞭解每一個學生的思想狀況。」

後來得知，這同學並不是因為學習緊張，而是因為戀愛問題。衹是經過這一次，上課更不敢催得緊了。

八、酷暑悶熱的書庫，老師赤膊揮汗備課

在這種情勢下，老師真不好當。儘管如此，我們的老師為了教學，為了培養我們，真是盡心盡力。

很多老師剛剛復鈎從農村上來，家裏生活還沒完全安頓。他們大多和進駐校園的工人一樣，住筒子樓。一家四五口人，有的老少三代，衹有十幾平米一間房間。樓道壘一個爐子，就是做飯的地方。那樓道一溜全排滿了黑乎乎的爐子，堆滿了煤球、木柴和其他雜物。做飯時，這家點火，那家生爐子，滿樓道是濃煙，那煙熏得整個樓道就像當年的煤井巷道。

有的老師還沒有解脱，在文革中受到批鬥，還戴著各種帽子，沉重的政治壓力還在他們頭頂。那時根本沒有評職稱這一説，很多老師衹是講師、助教。但他們毫無怨言，一旦投入教學，經歷過的許多磨難在他們心裏似乎都沒有了痕跡。從農村復鈎一上來，還沒有洗淨鄉下的泥土，馬上投入緊張的教學。中國的知識分子，總是那樣有責任感。在他們心目中，其他都是次要的，唯有教書育人纔是天職，纔是最大的責任。他們對

學問，對專業，對學生，真是真誠。

發給我們的教材，很多都是老師自己編的，自己備課寫出來的。那個年代，自編教材和備課真是不容易！沒有多少東西可供參考。可供查閱的資料也不多。老師都脫鉤下放，都被趕到農村，顛沛不定中，很多書都丟了。那年代，書有沒有用還不知道。圖書館的書很多還打著捆，──幸虧打著捆，嚴實地封存著，文革開始破四舊，纔沒有被送去造紙廠，纔免于化成紙漿的厄運。──但現在要編教材，要備課，就沒法查閱了。老師們備課，編教材，都在那圖書館自己把一包一包的書打開，去查找自己所需要的書。

一位老師後來告訴我，那時他備課，正值夏天，方志、古籍在圖書館五樓書庫，那裏不通風，悶熱得很。他一進去就脫衣服，打著赤膊，衹穿一條褲衩──反正沒人──一手一條毛巾不停地擦汗，一手則翻閱著手頭的書。打開一捆，又打開一捆，直到找到所需要的資料。整整一個夏天，為了備課，就這樣在悶熱的書庫度過。晚上看書備課，忘了時間，不知不覺就天亮了，於是洗把臉隨便吃點東西就上課。

我後來的碩士生導師，胡守仁老先生，七十多歲高齡，還有其他一些同樣高齡的老先生一起，同樣投入教材編寫。

幸好老師都有水平，雖經磨難而實力猶存。教材編下來了。《寫作講義》，自己編的！《古代文學作品選》，自己編的！還有其他教材。編好教材，又要印刷。那年代，找一家合適的印刷廠也不容易啊！印刷品質，費用，都要考慮。我所

知，《古代文學作品選》的印刷，找了好幾家都不合適，最後在下面偏遠小縣城找到一家戰備印刷廠，這纔算解決。七十多歲高齡的胡守仁老先生，冬天那樣冷，還去下面那小市鎮校對。他不放心，一定要親自校對。

我們領略了老師們上課的風采。

古代文學的周盈科老師，個不高，臉紅撲撲的，西裝頭梳理得一絲不苟，聲音慢悠悠，「這個……嗯，……這個」的拖音，沒有多少多餘的動作，祇是背著手在講臺上踱來踱去。

胡正諤老師年紀較大，滿頭白髮，臉清瘦，滿是皺紋，滑稽的眼睛總在淡眉毛下骨碌碌轉，聲調抑揚頓挫而宏亮，顯出充沛精力，但那眼皮卻始終搭拉下來，讓人以為他是邊講課邊養神，但講到精彩處，先是躬著身，攤開雙手，搭拉下眼皮，靜靜地講，然後慢慢仰起頭，挺起腹部，猛地向上一抬手，聲調突地抬高八度，這時會圓睜著眼睛。講課很活潑，經常滿堂笑聲，但他自己始終不慌不忙，不緊不慢，一本正經，一臉嚴肅，以他抑揚頓挫的宏亮聲音講下去。

講工具書用法的余心樂老先生，小個子，小圓臉，小眼睛總透著有點小狡點的光，講課總是笑咪咪，像一尊彌勒佛。余老先生居然也做家務。那時他住校園後面筒子樓一樓，常能看到他從樓內出來，端著一盆應該是廚房的水，一跳一跳地到遠一點的地方把水倒掉。他講課不用講稿，祇一支粉筆，口才不怎麼流利，但滔滔不絕，辭海，古詩，典故，如數家珍，隨便寫一個字，便能說出辭海如何解釋。有好事者專門查對過，一

字不拉。略一思索，口裏又冒出一首唐詩，也是一字不拉。

政治課的李時務老師講課很嚴謹。文藝評論課的彭兆春老師，臉瘦瘦的，眼睛卻大大的，略帶廣東口音的普通話，講課有條有理，很有神采，總是用那大大的眼睛掃視著大家。文藝理論課還有陳昌怡老師，則總略帶點小輕蔑卻令人親切的笑，時時露出一兩句略帶點小刺的幽默話語。

《紅樓夢》講座的萬萍老師，個子不高，一副可愛的娃娃臉，一副白邊眼鏡，顯得特別文靜。一把扇子手中一搖，瀟灑自如，講臺上踱來踱去，不用講稿，便口若懸河，滔滔不絕，《紅樓夢》的詩詞脫口便來，背《好了歌》，抑揚頓挫，一氣而下。講了十幾個人物，每個人物性格故事如數家珍。後來知道，萬老師在南昌講《紅樓夢》，至少五十場。前面說的那位在悶熱不通風圖書館書庫，打著赤膊，一手不停擦汗，一手翻書備課的，就是萬萍教師。

魯迅研究課是位女教師，叫韓文敏，朝鮮族，前額高寬，口齒清楚，講雜文，材料非常熟悉，一層一層，娓娓道來。

講毛主席詩詞的是劉方元老師，他是系副主任，先秦兩漢文學研究專家，對史傳文學研究尤深。愛寫古詩，傳每日寫一首。一位非常和藹的老先生，白髮，大方臉，嘴略寬，嘴唇略厚，講課不緊不慢，把你帶入佳境。

教寫作的兩位女老師，一位張桂年老師，一位于淑珍老師。張老師短髮，黑邊眼鏡，人看上去精幹，講課也精幹，說話乾淨俐落，善於把理論的東西和具體作品結合起來，深入淺

出，上午四節課一口氣講下來，學生聽得忘了下課時間。于老師講課語氣平和，帶著女性的溫柔，很有條理，循循善誘。

汪大鈞老師瘦瘦高高，教現代文學，每一句話都很用力，仿佛每一句話都要強調，都是重點，讓學生不敢輕輕放過。外國文學是劉國屛老師和蕭承珍老師。劉老師上課不太笑，但也說不上嚴肅。說話不緊不慢，不多說一句話，也不少說一句話，每句話都像是標準的論斷。蕭老師則總是帶著笑，語速也比較快，好像恨不得十分鐘就把一堂課的東西全部教給學生。

最後一個學期，中文系德高望重的胡守仁老先生也給大家講課了，講怎樣讀書。他講了幾點，一，雄心壯志，二，勤奮，三，獨立思考，四，在比較中學。胡老先生臉相特別慈和，像一尊佛，講課帶著他家鄉吉安口音，慢悠悠，大家奉若神明，聽得特別認真。

有些同學是挑剔的。正常的教學評議之外，私下的「月旦評」是少不了的。一些老師的課，他們私下交口稱贊：「這老師有水平！」「這老師厲害！」

老師上課風格不一樣，水平也不一樣，但他們都很認真。不論課上課後，祇要是面對學生，他們都傾注全力。真是細心，耐心。每次作業，老師都批改得非常仔細，特別是作文。

要說到鄭書記和鍾主任。

鄭書記名叫鄭光榮，我們讀書的時候，是中文系党總支書記。後來任江西師大黨委書記，江西省文化廳長。

鄭書記熱愛教育事業，對江西師院，對中文系有深厚的感

情。他說，他有過兩次選擇，都選擇了江西師院。他本在公安系統工作。一九五七年，他所工作的省政法部撤銷，幹部安排有三個去向：省直機關，下地、縣，高等院校。他是省委常委、副省長的秘書，他工作過的公安廳和其他政法部門都歡迎他去。他卻沒有選擇人人嚮往的省直機關，而選擇了很多人不願去的高等學校，來到江西師院。他說：「從小尊敬老師，羨慕教師職業，幻想自己將來也能成為一名教師。」他說：「衹讀了初中，很想繼續深造，想在大學一邊工作，一邊學習。」

一九六六年，「文革」爆發不久，鄭書記就被打成「走資派」。受盡折磨之後，作為「五七」大軍領隊，下放到江西鉛山農村插隊落戶，勞動鍛煉。後來調東鄉工業管理區工作。再後來，一九七一年，他調任省計劃委員會辦公室主任。

這是很多人夢寐以求的肥缺。但是，他從鄉間回到省城，懷揣著到計委報到的通知，卻先到闊別四年的江西師院校園。有好友勸他：「文革師院把你整得那麼慘，你還回去幹什麼！」但他見校園滿目瘡痍，心裏很不是滋味。他又癡情不改，終於不顧家人反對，毅然到省委組織部要求改派，再次選擇了師院，選擇了中文系。

鄭書記衹讀了初中，到師院後堅持下課堂聽課，與學生談心，與老師交朋友，不恥下問，虛心求教，很快就能自己備課上課，參加文藝理論課和寫作課的教學，在省級報刊發表文藝評論文章，參加省作家協會，後來又發表學術論文。退休之後，又練習書畫，儼然大家氣度，聞名於省內書畫界。

　　鄭書記善於掌握政策，顧全大局，團結大多數，而且為人公正，識才，愛才。五六十年代，「左」的思想盛行，重成份甚至唯成份，他擔任系書記，卻不拘一格選拔、提拔人才。一個教師教學成績各方面都很突出，祇是家裏成份是資本家，鄭書記毅然把這個教師作為系裏發展的第一個教工新黨員。

　　「文革」結束後，鄭書記任校黨委書記。省裏一個有名的造反派頭頭，他的子女報考中文系，成績非常好。他不搞株連，毅然依章錄取，後來這個考生成為著名學者，在一所大學任博士生導師。有一個老師，叫應明生，祇是地方小師專畢業，在鄉鎮中學任教，卻在國際有影響的雜誌發表數學論文，參加國際學術會議，鄭書記毅然破格把他調入，二十多歲晉升為教授，當選全國人大代表。

　　又一個老師，叫胡克。一九五七年錯劃為右派，被某大學開除後，行醫為生，卻有幾篇論文解決國際性的數學難題。右派還未平反，即調入師院，第二年，右派平反，第三年，晉升副教授，再一年，破格晉升教授。數學才華如湧泉般迸發，先後發表論文一百餘篇，出版兩部專著，被德國《數學評論》聘為評論員。他提出的數學定理，有一個被美國《數學評論》稱為「胡克不定式」，有二十多個被國內著作收入，其中有六個被稱為「胡克不定式」。

　　中文系有劉世南，祇讀完高一，自學成才。還有陳良運，極有詩才。兩人都被調入，成為中文系的教學科研骨幹，國內著名學者。

　　鄭書記極為清廉，生活非常簡樸。比他職歷淺的，年齡小的，甚至他的學生輩，都住上了三室甚至四室一廳，有著講究的裝修。鄭書記身為江西最高學府的書記，第一把手，身為省文化廳長，卻在極為普通的二居室一住就是三十多年，依然是老舊的水泥地，老舊的石灰粉牆，老舊的陽臺，老舊的窗戶，老舊的沙發，老舊的茶几，老舊的餐桌。他提拔了很多人才，幫了很多人的忙，卻從來不要人家送禮，不要人家記得他。我後來離開江西師大，每次去看望他，也祇能象徵性地買一點水果之類，買多了，鄭書記會責怪批評。

　　一九五七年到師院中文系擔任黨支部書記時，祇有二十五歲。當時調幹生比較多，年齡都比較大。鄭書記很快就在和他年齡不相上下的大學生和知識淵博的老教師中樹立威信。在師大，上下沒有誰不尊敬他，欽佩他。他任黨委書記那一段，凡事祇要他開了口，沒有誰說二話。這不僅來自他的權威，更來自他的水平，為人正派，處事公正，在師大多年的聲望。

　　鄭書記對於我們更多是薰陶。從師生的言談，可以感受到他的聲望，知道他平易近人。聽過他幾次報告和會議發言。感到他確實有高屋建瓴的眼光，常常簡單幾句話，就把問題說透。

　　鍾主任名叫鍾義偉，那時是系辦公室主任，後來是系總支書記，校黨委副書記。

　　鍾主任很沉穩，考慮問題很細密。喜歡分析問題，即使敘述某個故事，也在敘述中作分析。總是考慮各種可能性，喜歡

說「比如說……」，當他這樣說的時候，就是在分析各種可能性，找出最好的可能性。說話不緊不慢，有時事情很急，對方說得也急，但他並不顯得著急，常常要停一下，並不急於回答。這個時候，其實他在思考，思考問題的各個方面，可能出現的各種情況。思考片刻之後，提出的辦法，總是比較周全。

鍾主任是我老鄉，老家就在南康，就在唐江。入學教育，鍾主任就作動員報告。入學教育結束，鍾主任又作總結報告。但我生性不善主動和人交際，儘管知道鍾主任是唐江人，但不敢主動去拜訪。

那一次，鍾主任看望新生，到我們宿舍小坐。大家圍坐著，聊些家常，他問同學生活情況，是不是習慣。當然，也是要和同學熟悉，因為很多祇是招生時從照片上見過，他要和同學對上號，便於以後開展工作。其他同學交談熱烈，我坐在一角，並不作聲。鍾主任打量我一下，問一句：「你是盧盛江吧？」他應該從招生檔案上看過我的照片，知道我是唐江人。我嘴笨，祇是「嗯」了一句，竟沒有順口問候他。

後來是藍幫生邀我。藍幫生是南康人，他很活躍，和人打交道很主動，工作能力很強。他在班上任生活委員，後來又成為省煤炭總公司的老總。藍幫生邀我：「我們去看看鍾主任吧！」那時學生到老師家串門很尋常。我於是跟著藍幫生，到了鍾主任家裏。我們三人都說家鄉話，當然很親切。後來，我也單獨，或者和其他同學到鍾主任家。聊家常，聊學習。

我發現鍾主任很平易近人，也很善解人意，很會關心人。

我漸漸地不再那麼拘謹。剛入學的時候，僅因祇差半年工齡，不能帶薪，經濟上損失很大，思想負擔也重。後來因其他事，也有苦悶的時候。有時，我會向鍾主任傾訴。鍾主任總會講一些道理，耐心地開導我，讓我煩悶的心情紓解不小。

除下面要講到學習上鍾主任開「小灶」之外，生活上得到鍾主任的照顧。有一次，上體育課，打籃球，被人踢一腳，傷得還很厲害，醫生說損傷了軟組織，引起了筋收縮什麼的。腳跟不能著地，祇能彎曲，不能伸直。我睡上鋪，沒有本事爬上去，祇好和同學臨時換一下，睡到下鋪。到醫院看，敷了藥膏，服了藥，也不頂用。醫生說：「也沒有別的辦法，要不給你一些洗和搽的藥吧，不過得自己熬藥。」這讓我為難。宿舍哪有熬藥的地方呢？這事被鍾主任知道了，他說：「到我家裏熬吧！」我猶豫，畢竟太打擾。師母也是唐江人，姓劉，很溫和，也說：「就到家裏熬吧！很方便的。熬個藥，有什麼打擾的。」就這樣，每天在鍾主任家熬藥。鍾主任家是老式的一室一廳，空間不大，廚房也小，那十多天，滿屋裏藥味。

九、老師給我們開「小灶」

班裏有一些比較勤奮好學的同學。老師往往會對這些同學個別輔導，特別指點和幫助。後來回想這一段學習生活，一些同學閒聊，把這叫作開「小灶」。

讓學生抄講義。那時有些課沒有教材，即使有教材，老師講的很多內容，也是教材裏沒有的。老師備課的講義，因為各

種原因，不一定能全部在課堂上講授。就有同學想把講義抄下來。後來我也在大學任教，也有學生想抄講義，但大多是為對付考試。我們那個時候不一樣。一般說來，考試不難過關，特別是經過那次課堂測驗，老師作檢查的事件，考試一般都不會難。那時抄講義，純為想多學點東西。這個時候，老師總是很樂意把講稿拿給學生抄。

借書。那時圖書館借書不方便。有很多限制。書庫的書，老師可以借，學生不可以借。借書種類和數量也有限制，有的書，一次祇能借一本，要把上一本還掉，纔能借下一本。有的書，圖書館甚至沒有，祇有老師有收藏。這個時候，老師常常到書庫把書找出來借給學生，家裏私人藏書也常常借給同學。

學生到老師家串門請教問題，是常有的事。有時老師也主動找學生。同學聽課、作業有問題，有思考，老師約同學到家裏談，一次不行，再約一次。單獨約談，更像開「小灶」。

好些同學享受過這種「小灶」待遇。徐同學對魯迅研究感興趣，就經常去找教魯迅研究的韓文敏老師。韓老師有時也找徐同學去談，借書給她看。徐同學後來告訴我，談了很多問題，很有收穫。還有陳順芝同學，學習很用功，對古代漢語感興趣。系裏周盈科老師教古代漢語古代文學，陳順芝同學便經常向周老師請教，周老師也經常特意指點陳同學，家裏的書借給她看。還有鄭榮根，對外國文學感興趣，讀書期間，就得到教外國文學的劉國屏教師和蕭承珍老師很多指點。

我也享受過這種「小灶」。入學不久，寫作課佈置一篇作

文,寫軍訓的事。我寫的是《槍》。老師批改作文後,各組都發下來了,偏我們七組的沒有發。心裏納悶,也有些埋怨。後來,七組其他同學的作文都發下來了。看著別的同學作文批改得很仔細,偏我的沒有發,更是納悶,有些著急。那次批改作文是于淑珍老師。沒想到,不幾天,于老師就找我單獨談。

「主題,你看能不能更集中一些?你想表現什麼主題?」「你看這樣會不會更好一些?」初見面我有點拘謹,畢竟在老師面前,但她溫和的商量語氣,很快讓我心情放鬆。說完幾個設想,她不急於往下說,看我略有所悟,接著說:「確立主題之後,題材呢?選用什麼題材?」停一下,讓我稍作思考,又說:「架子是不是大了一些?不要太大,太大容易空。想一個小的點,從小處著手,是不是更容易寫得具體生動?」

接著又說材料:「這條材料,看起來很好,實際不能說明主題,把它刪掉,是不是好一些呢?」又說:「把這段話刪掉,是不是更精煉一些?這樣寫,是不是更生動一些?」

幾乎是一字一句地講,非常耐心,非常細緻,優點是哪些,缺點是哪些。又建議我看哪篇文章,說這樣對作文水平有提高。一篇不長的作文,竟談了很長時間。

到周盈科老師家的次數比較多。有時一個人,有時也約伴。即使在家裏,周老師的西裝頭也梳理得一絲不苟。因為開門辦學在一起的時間比較多,談得更隨便一些。主要請教古文。周老師還是慢悠悠的拖音。

「古文嘛,啊,這個,第一,要能逐句解釋,嗯,第二

嘛，這個，要加以分析。」我問：「我想三年內不借助注釋，就讀懂古文，可以嗎？」周老師說：「這個嘛，啊，不要那麼急，這個，借助少量注釋翻譯古文，需要一個較長時間的鑽研，嗯，這個，完全拋棄拐杖，時間需要更長。」

又問同音字。又問怎樣自學。周老師說，「自學嘛，這個嘛，不要東一鎯頭西一棒子，嗯，要圍繞一個中心，有規劃地看某一方面的書，嗯，這樣纔會有較大收效。」

我問怎麼樣做筆記。周老師說：「做筆記嘛，嗯，這個嘛，不要課堂上老師講一句，就呆板地記一句，嗯，要根據老師講的，這個嘛，經過自己思考，再用自己的話記下來。嗯，這個嘛，也不是衹記一個綱要，而要綜合老師講的意見，簡單地用幾句話記下來。嗯，這樣既不至於以後沒有印象，又經過思考，加深了理解。」

到彭兆春老師家請教的次數也很多。有時是彭老師約談。課堂作業他批改，課餘寫的東西，彭老師照樣非常細緻地批改。那次我寫了一篇小小說《第一次交鋒》，送請彭老師看。文章不足三千字，他竟寫了兩張半紙的批語。同樣從選材、主題提練、情節設計、小說架構、語言表達，一一都指出來。記得最清楚的一句，說我寫到後半，「像走路人吃熱粥一樣」。後來是班裏成立文藝評論組，我是成員，轉而寫文藝評論文章，彭老師是指導老師。到彭老師家請教就更多。每次都有收穫。他說：「寫評論文章，要從一個角度寫，或同時分析幾篇在文藝上帶規律性的問題。」每一次談話，每一次批語，日記

記載的感受，都是「頓開茅塞」。

　　鍾主任也為我開「小灶」。那時我喜歡寫東西。寫評論文章，寫小説之類。目的在提高自己寫作能力。寫完後，總希望有老師看一看，指點指點。別的老師還不熟悉，我就把寫好的作文給鍾主任。鍾主任自己應該也能看，但他還是另找專業老師為我看，一來他很忙，二來專業老師更能講到點子上。

　　幾次開門辦學，老師和學生同吃同住同勞動，一下子就熟了。那時老師都住校園內。有的老師剛從農村復鈎上來，學校沒給解決教工住房，於是和學生同住一棟宿舍，我們住東邊，老師住西邊，甚至和學生的房間隔壁。老師和學生共用一個大水房，大廁所。每天可以看到有的老師在水房洗菜洗衣，在過道生爐子做飯，侍候孩子。師生來往特別方便。走幾步，一敲門，就到了老師家，或者進了學生宿舍。現在的大學，很多老師住在校外很遠的地方，下了課，老師回到家，學生和老師很難見面，師生交往是沒有這麼方便了。

　　班裏組織了兩個寫作組，一些同學因此得到寫作鍛煉，並且接受老師專門指導。也可以説有一個開「小灶」的機會。

　　一個是文藝創作評論組，一個是大批判組，每個組有六個同學。兩個組的組長都是很有能力的同學。文藝創作評論組的組長是個女同學，姓徐，班裏的文娛委員，年齡在班裏算小的，但有修養，讀書廣博，有才，有工作能力，又很隨和，熱情。大批判組的組長是贛州人，思想敏鋭活躍，敢説敢做，待人熱情而辦事利索。入學前是下放知青，在農村便顯示出工作

能力，擔任大隊長，也就是後來的村長。第一次開會，佈置寫兩篇評《決裂》的文章。《決裂》寫與舊的教育制度決裂，是新上映的影片。我被安排和另一同學執筆。後來佈置寫了幾篇。印象比較深的，是粉碎「四人幫」之後，佈置寫批判「四人幫」陰謀文藝的文章。

系裏派了專門的指導老師。我在文藝創作評論組，指導老師是彭兆春老師。每篇稿子寫完，彭老師都要找我們談。鄭光榮書記也親自和我們談過。每次都談具體的文章和問題，較之課堂上一般的授課，更有針對性，更有啟發，更有收效。

兩個寫作組，成了培養學生的特殊辦法。畢業後工作很有成績的一些同學，很多就出自這兩個寫作組，或者經常得到老師「小灶」的同學。

文藝創作評論組的組長徐同學，畢業後，幾經周折，後到海南，為海南省委某處處長。成員除我之外，還有賴大仁、熊偉民、蕭潯蘭、胡凡英。

賴大仁，吉水人，一個淳樸踏實的農村青年。前面提到的在農村白天頂烈日，冒寒雨在田裏幹活，利用晚上時間寫通訊稿子，稿子上省報的農村通訊員，推薦入學時公社捨不得放的就是他。家裏窮苦，讀書刻苦，入學後被子、蚊帳靠學校補助，一雙解放鞋穿了三年，外衣祇有換洗兩套，一年四季祇穿一條單褲。有文才，在校期間就有文章在《光明日報》發表，這在班裏轟動一時。畢業時他也留校，和我同住一間單身教工宿舍多年。後來他成為博士生導師、文學院院長，出版多部著

作，是國內文藝理論界的著名學者。

熊偉民，豐城人。好寫作，學習用功。畢業後分配到《江西日報》社，後來為報社編輯部主任。蕭潯蘭，是班裏的黨支部青年委員兼團支部書記，畢業後，曾任江西省紡織集團公司某處處長。蕭潯蘭與歐陽忠詳，一個黨支部副書記，一個團支部書記，兩人結為伉儷，留下一段佳話。胡凡英，南昌縣人，畢業後留校，成為中文系古代文學教研室的教學骨幹。

大批判組組長，後來是江西高校出版社的負責人。成員除前面提到的歐陽忠詳之外，還有黃鴻、李廣輝、李偉。下面要專門寫到黃鴻。李廣輝，畢業後曾任南昌市紀委副書記，市審計局局長。李偉，畢業後轉讀經濟學，取得博士學位，後在海南某大型國企擔任重要職務。

其他一些很用功，很有才氣的同學。陳順芝，玉山縣人，留校成為中文系古代漢語教研室的教學骨幹，據說她能把《康熙字典》背下來。鄭榮根，余江縣人，留校先從事外國文學教學，後來擔任某媒體負責人。曹軍，九江湖口人，入學前就是縣裏某中學的教導主任。曠達，爽直，聰明，有才，看似並不特別用功，其實讀書多，善於獨立思考。畢業時留在師院附中，後為附中副校長、物理系黨總支書記。彭昌明，畢業後先在家鄉龍南贛州出名，後來成為一家省級公司的老總，出了散文集，編了不少好書。

我們是不幸的，遭遇「文革」那樣一種不正常的教學秩序。我們又是幸運的，遇到一批好老師，特別是給我們開「小

灶」的好老師。

十、閱覽室真安靜，祇有輕輕翻動書頁的沙沙聲

同學有三種。不太想看書，祇想早點畢業，有一份工作的是少數。大部分同學是真想讀一點書。畢竟是難得的學習機會。特別用功的也是少數，但這些同學真是用功。

「我們失業了。」後來談到這段生活，有同學這樣說。不少同學確實放棄了很多。放棄了本來不錯的工作和職位，黨委常委，團委幹部，公社幹部，中學老師。放棄了不算低的工資收入，有的和我一樣，已經工作四年多。即使農村來的，有的上有老（父母），下有小（弟弟妹妹），是家裏擔擔子的人，家裏本來就困難，來讀書，家裏要克服更多困難。

「我們來做什麼？就是想讀書！所以很珍惜。」

為寫這篇東西，我採訪過一些同學。我採訪王愛卿同學，她這樣說。入學前，她是一家大煤礦的團委幹部。這家大煤礦由三個大礦組成，僅團員就五千多，還有化工廠，二百多牀位大醫院。她放棄不錯的工作和地位，就是為了讀書。這話應該反映了很多同學的心聲。是的，「文革」幾年，沒有讀書的機會，現在總算又上學了，都珍惜這難得的學習機會。

多少年後，我問一些同學，讀書幾年印象最深的是什麼。有同學回答：「三〇一教室上課。」

三〇一，是師院的一個階梯式大教室，全班一百號人基本在三〇一教室上課。同學說：「那感覺真好！」

　　一些同學真是拼命看書。開門辦學，帶書下去，一有空閒就看。學校裏，更是拼命學習。圖書館閱覽室都坐滿了。不少同學早早就到圖書館占位置，又最後離開。錯過食堂吃飯的時間，就由同學買好飯菜。教室祇要沒有課，也坐滿自習的人。

　　後來我們瞭解，回到宿舍，熄燈之後，有的同學躲在牀上，打開手電，用被子蓋著，繼續看書。夏天南昌熱得像火爐，晚上蚊子多，就躲在蚊帳裏看書。沒有電風扇，就一條濕毛巾，一邊看書，一邊擦汗，一隻手還搖擺扇風，有時汗水順著手臂流下來，把書潤濕了。坐著累了躺下看，起來時牀席上濕漉漉一個人影。冬天南昌很冷，就把棉衣套在頭上，身子縮成一團，借著手電或天剛亮的光看書或背書。

　　校園有個小湖，有同學在湖邊看書，冬天冷，踱來踱去腳還是冷，便時不時跺跺腳，往手上呵呵氣。帶個小本子，重要的東西，就記下來。小本子走到哪帶到哪，有空就看看，背背。不放過一點空閒時間。

　　我算比較用功，不過晚上沒在被子裏打開手電看書。祇是愛看書，祇是覺得讀書機會難得。初入學時真是如饑似渴，狼吞虎嚥。長時期適應體力勞動，集中看書太猛了，不適應，沒幾天，就頭暈眼花，胸部發慌。於是趕緊調節，約伴去公園。緩過來，接著又看書。

　　閱覽室和教室真是安靜。都輕手輕腳。時間長了，座位周圍都是熟悉的人，至多點點頭，然後坐下來看書。閱覽室教室祇偶而聽見輕輕翻書頁沙沙的聲音。偶有交談，也極為細聲，

或者寫在紙上，或者走到外面走廊。都很專心，身邊的世界仿佛不存在，不知道時間是怎麼過去的。有時看書入了神，可以一個上午下午晚上坐著不動。

那時都看名著，特別是小說名著。我到圖書館想借看的第一本書是《紅樓夢》，但排了半個月的隊纔借上。書到手，一氣看了半個多月。那時當代作家很多都被批判，他們的書看不到。當紅的是浩然。於是借他的《豔陽天》、《金光大道》。後來發現巴爾札克、莫泊桑等有名，又借他們的小說。但巴爾札克的小說太多，於是先祇看《高老頭》之類。見同學看名人傳記，心癢癢的，又借來看，《拿破倫傳》、《基辛格：超級德國佬的冒險經歷》之類。見同學看《第三次世界大戰》，這是日本著名軍事評論家山內宏寫的。一看題目就吸收人，還有《第三帝國的興亡》，覺得也應該暸解，於是也看。又看日本小說《黑潮》，看《落角》。有些書圖書館借不到，祇在坊間流傳，好在有些同學有來路，從社會上流轉過來，趁他們看的間隙插縫看。

後來，我纔慢慢轉看史學類理論類的書。看歷史，中國通史，文學史。看帶理論性的，看一些文學評論性的著作，看古代詩歌散文作品。

饑不擇食，什麼都想看，沒有計劃，跟風。怎樣看書，儘管老師早就有指點，但最初還是盲目。讀書祇有三年，生怕畢業之後，到了下面，看不上這些書。又發現再拼命看，讀書三年也看不完。於是常常茫然。但實際體會，需要時間。

　　後來看到有人歸納讀書的五個層次：閱讀的起點是純娛樂小說，第二個層次是傳統經典小說，接著則是進入史哲領域、思想領域，形成自己的思想體系，依據自我體系構築新閱讀書目。看來我們那時祇停留在第一第二個層次之間。後來我纔慢慢轉到第三個層次。

　　開始摸索學習方法。看到文筆好的文章，就大段大段抄。不久發現，書是抄不完的，花費時間，收益並不大。我在日記裏寫下了當時的感受。我說，比如，公園花圃的花固然好看，倘若我們想栽花，不能光把花折下來供在瓶子裏，這樣祇能欣賞一兩天，花就會枯萎。應該向花匠學習怎樣澆水，怎樣護理，最好是有好的種子，有了這種子，就能自己栽出豔麗的花來，在自己辛勤的培育下，花纔會永遠開得鮮豔不敗。一篇好的文章，就如一朵花，不能光抄不學其方法。要思考，什麼是它最本質的東西，問幾個為什麼，就如找花的種子一樣，找到最本質的東西，纔能在自己的筆下生根開花。又如好的鋼材，有各種型號、規格，我們想有煉各種鋼材的本領，就不能把各種鋼材統統搜來，開博覽會，而要掌握煉各種鋼材的方法過程，這樣就能自力更生煉出鋼材來。寫文章的人就是煉鋼手。現在看來，這個認識還是對的。於是後來想著寫感想。有多少算多少。小說人物形象如何，情節如何，藝術性如何。寫感想，多少有了一點分析。

　　這時意識到，能力的提高是重要的。既然是中文系，寫作能力是重要的。以後畢業出去不管做什麼工作，寫作都是需

要的。於是重視寫作。發下的教材，我最先看的是《寫作教材》。圖書館有一本《情節、性格和語言》的書，要排隊登記纔能看到。那一天我終於借到了。原以為對寫作會有很大幫助，看過後，卻發覺不過這麼回事，多看些作品，也許啟發大一點，關鍵還是多寫。

開始是寫小說。當然都是失敗。第一篇，題目《鐵工班長》。寫完，給同學看，給老師看。提了很多意見，主題不集中，矛盾不激化，結構鬆散，不簡煉，對話多，重複多，反面人物臉譜化。我倒是有耐心，改了八遍。最終還是不行。

聽同學建議，改寫小小說，寫其他題目。寫《第一次交鋒》，寫《礦山的主人》。後面一篇一看題目就知道大而空。後來又想寫散文。看著一些散文，既有意象，又有寓意，什麼青松、白楊樹之類。於是模仿著想了幾個題材。一篇《風鎬，我的戰友》，這是熟悉的。再一篇，《樟樹》，以樟樹象徵革命事業蓬勃興旺，又象徵老同志樸實高尚的品質。一篇想寫知識青年紮根山區幹革命，沒有想好用什麼意象寄託寓意。最終都沒有寫下來。

同時寫評論性文章。老師佈置的作業有的就是寫一篇評論文章。自己另外也寫。有政論性的，更多是文藝性的，評論「文革」中發表的作品。評《春苗》、《閃閃的紅星》、《映山紅》、《決裂》什麼的。《春苗》是歌頌赤腳醫生的，《決裂》寫與舊的教育制度決裂，《映山紅》寫衛生戰線兩條路線的鬥爭，《閃閃的紅星》寫中共土地革命時期小紅軍的故事。

粉碎「四人幫」後，還寫過批「四人幫」陰謀文藝的文章，那是班裏成立文藝創作評論組，《江西日報》有約稿。也評過一篇題目叫《德爾蘇烏紮拉》的，説是蘇修反華的電影劇本。

基本是「文革」思維，限制了我們對文藝，對創作及評論寫作的理解。徹底擺脱「文革」思維，轉入真正的文學思維和學術思維，經過了很長時間。不過，較之入學前的大字報思維，報導好人好事以及年終總結的思維，還是進了一步。不管怎樣，它是要求作為一篇文章來寫。主題，立意，構思，選角度和切入點，都與以前大不一樣。當然，這要自己慢慢體會。

我們開始走出學校，和報紙刊物尋求聯繫。先把文章寄給刊物，然後直接去刊物編輯部。班裏有些同學本來就和文藝界打過交道，跟著他們去。記得林日清和徐同學都帶我去過。林日清是老七組的，徐同學是班裏文藝創作評論組的組長，我是文藝創作評論組的成員。

先去了《江西文藝》，後去了《江西日報》文藝部。去《江西文藝》帶了三份稿子，一個影評《生機勃勃的＜春苗＞》，《春苗》是新上映的電影，以為這樣的影評，刊物會關注。一篇短篇小説，還有一篇政治抒情詩《勝利的進軍》。本想先找詩歌組的郭老師，被告知這位老師在寫東西，沒有找到。編輯部人不多，一位年紀較大瘦瘦的吳老師接待了我們。他説：「《春苗》是上海拍的，江西不宜全面評論。」但我的評論文章他還是留下了，説：「一個星期審完稿子。」他要我們寫一些文藝隨筆。看我的小説的是一位戴眼鏡的胖胖的老

師。後來又去了一次。吳老師説：「評《春苗》聯繫範圍不能
太小，不能就影評寫影評，要廣泛聯繫各種問題，當前是歌頌
新生事物，應從這方面去發掘題材。」詩歌組的郭老師説：
「你那首詩空了，沒有形象，細節。」《江西日報》的老師也
和我談了小説修改問題。

那天，《江西文藝》寄來一張戲票，看話劇《宣戰》，這
是仿《決裂》寫的和舊傳統宣戰的新作品。那天上午，在江西
飯店參加省文聯的評論《決裂》和《宣戰》的座談會。南昌市
一些單位的工農兵業餘作者和專業作者，《決裂》作者、《宣
戰》作者都參加了。我們中文系的鄭光榮書記也參加了。

三年的學習，走了一些彎路。沒有一個很好的學習計劃，
不知道哪些是中文系必讀的基本書。「文革」條件下，這是很
難做到的。盲目，拿著一本是一本。後來注重能力提高，注重
寫作是對的，走出去開拓視野是對的，但花太多時間寫小説。
不管怎樣，在盲目中摸索，在跌撞中體悟。

十一、大學生活真是單調又豐富

班裏最要好的同學，是黃鴻。先是同住大宿舍，後來同小
宿舍，又同為一組。他水平比我高，有文才。他是幹出來的。
入學前他是農村通訊員，白天幹活，晚上辛辛苦苦寫稿子。寫
過通訊，為公社文工團寫過演出劇本。「白天下地，晚上寫到
十一二點鐘。」因為苦幹，被推薦入學。他思路比我開闊，對
問題常常有獨到看法。粉碎「四人幫」後，鄧小平出山，同學

議論，華國鋒和鄧小平誰的水平高。那時大家心目中，華國鋒是英明領袖，他卻毫不猶豫地說：「當然鄧小平更有水平。」他很聰明，看似不像有些同學成天埋頭看書用功，其實看了不少書，而且凡看書，都有他的理解。我們幾乎無話不談。

能力比我強。畢業後調到他夫人家鄉武寧縣，他夫人在本地也沒有多少靠山。黃鴻在異鄉異地，基本上是個人奮鬥，白手起家，從普通的縣廣播站工作人員，一路幹到縣委辦公室主任和縣政協主席。

對我幫助特別多。他很能體諒人。前面說到我一次上課打籃球腳受傷，走路不方便，動彈不得，就是黃鴻每天打飯送水取藥，悉心照顧。畢業之後，每次去他家裏，他總是大宴小宴地招待，大包小包的東西給我。

他的夫人是本班本組同學，叫蘇雲嬌。因為我和黃鴻要好，蘇雲嬌對我也特別信任。他和蘇雲嬌在班上的戀愛過程，我基本上都知道。特別是剛開始相戀的時候，黃鴻的想法感受都跟我講。剛畢業，黃鴻到高安縣工作，蘇雲嬌回武寧中學任教，兩人鴻雁傳書。有時黃鴻工作忙，遲了幾天給蘇雲嬌寫信，蘇雲嬌就會給我寫信，說：「黃鴻好多天沒有給我來信了。」她是怕黃鴻跑了。我趕緊給黃鴻寫信，於是黃鴻馬上給蘇雲嬌寫信。

黃鴻老家在清江縣張家山，離我的八景煤礦很近。我到過他老家。那是非常普通的農村。見過他母親，很慈祥的一位老人。畢業之後，他調武寧，我到天津，每次回江西，回南昌，

時間緊張，可能不回我的老家，但一般要去武寧看望黃鴻。他都要派車到南昌專程接我。

我原在七組。老七組的都很有感情。前面提到的陳芳茂、歐陽忠詳、張生科、林日清、楊華林，都相處很好。賴大仁畢業後留校，又搞學術，關係更為久長。

還有幾個女同學，吳文娥是上海人，畢業後在下面中學任教，再後來，自己應聘，考回上海的某中學任教。鮑靜靜南昌人，是班裏少有的帶薪的同學。還有兩個女同學，湯榮芳家在景德鎮，葉水仙家在玉山。兩個是農村來的，都很樸實。

後來到一組，組長胡臘火，進賢縣人，入學前是民兵營長。一組除黃鴻、熊偉民之外，還有廖聯河、方禮發，兩人都是吉安人。朱耀東，上海知青。姚連聖，廣昌人。我們幾個男生後來同住一個宿舍。

一組幾個女生。付冬梅是副班長，浙江人。蘇雲嬌是武寧縣人，鄔燕鳳也是上海知青，詹金香是樂平人。這些同學，後來多成為縣裏中學的教學骨幹，有的在縣機關工作。詹金香自主創業，在縣裏私家辦了幼稚園，規模不小，很積累了一些資產。這些同學，畢業之後很多都有聯繫。

共居一室的成為室友。誰家裏有個困難，出了什麼事，都會問一問，勸幾句。誰有個頭痛腦熱，都會趕緊陪去看醫生。我打球，一次腳受傷，一次腰扭傷。兩次都是宿舍同學照顧。我住上鋪，腳傷上不去，跟下鋪的朱耀東換睡下鋪。食堂打飯，甚至洗臉熱水都是室友幫打回來。黃鴻照顧最多，廖聯

河、方禮發、姚連聖、胡臘火、熊偉民也時時照顧。

女同學有的成了無話不說的閨蜜，男的成了親密無間的兄弟。好些同學飯票菜票不分，過著共產的生活。同學之間很有感情。班上一個贛南同學，上游泳課，淺水池跳水不慎，頭撞硬底，傷了脊椎骨，搶救無效死亡。消息傳出，班裏很多同學頓時哭了，女同學哭得特別傷心。這個贛南同學高高帥帥的，人聰明，很樸實，平時其實不太多和人說話，大家跟他交往也不多，但關鍵時刻就看出同學之間的感情。

生活單調，「文革」單一的政治色彩。電影多是老一套，《平原遊擊隊》、《渡江偵察記》之類，有時也有朝鮮、羅馬尼亞、南斯拉夫的。學校禮堂放，有時也到校外尋電影看。那次為看《虎穴追蹤》，全寢室的人跑去南昌市消防隊看。

塔城開門辦學，想看《閃閃的紅星》，消息有誤。先到數里外的鄰村六組駐地，一塊空地掛著幕布，果然有，一個個興奮。但一放片子，大失所望，那片頭就不對，接下看，是《多惱河之波》。這時有人說，相鄰公社某村放映。這時不但我們七組這些電影迷，連同六組、五組一些同學也跟了來。一路浩浩蕩蕩，說是路不遠，摸黑往前走。卻走了很久，又是窄小的田埂路，祇跟著遠處隱約橫著的黑黑村影走去，周圍村莊的燈光在貶眼，路旁水田青蛙在「哇哇」地叫。走到村前，聽說是《平原作戰》，一群人罵罵咧咧，哀聲歎氣，又不甘心，想看個究竟。終於等到開演，銀幕片頭是八一電影製片廠的紅星閃閃，大家心懷僥倖。終於出現《平原作戰》的字幕，這纔徹底

垂頭喪氣。

但集體生活內容豐富。開門辦學特別多，又是農村，又是工廠，又是拉練，還有函授也是在下面。「貧下中農和工人很樸實。」有同學後來回憶這段生活時這樣說。農村空氣好，開門辦學比學校食堂伙食好，又接觸很多社會上的事情。更主要的，是集體生活，開門辦學吃住在一起，年輕人，勞動、生活在一起，總是很開心的。

年輕人在一起總是有趣的。每個人的脾氣秉性都瞭解，又都有水平，總有可以逗樂的話題。取外號，善意的取笑，開玩笑之類。一個同學有點學究氣，說話愛咬文嚼字，又高高瘦瘦，有同學給他取外號。有同學聯歡晚會唱了「我愛五指山，我愛萬泉河」，唱得出了名，人稱「萬泉河」。又有一個同學聯歡晚會雖了另一首《白毛女》，其中「北風吹」的「吹」字帶方音，唱成「起」，沒有唱准，同學也哄然一笑。

寢室長好幾次晚上熄燈後沒有回來，大家覺得可疑。那天正議論，他卻輕輕推門進來了。於是人們發問：你這幾天行蹤古怪，究竟偷偷摸摸到哪去了？老實交待！大夥哄笑，寢室長卻不慌不忙，走到床鋪邊：「偷偷摸摸？外邊電燈嘹亮得很。」聽到說「電燈嘹亮」，大家笑得更厲害。

還在七組的時候，在靠鐵路圍牆裏側的自留地勞動。大家嘻嘻哈哈，有同學講笑話，說有人貪睡，出門做生意，老婆讓他帶上報曉公雞，晚上睡覺栓在枕頭邊，天一亮一叫就會醒來。可這家客棧主人知道後，悄悄把他放到門板上抬到河邊，

把公雞換成鴨子。這人直睡到第二天太陽下山纔醒來，一看枕頭邊一隻鴨子，說：「哎呀，這公雞叫那麼久，把嘴巴都叫扁了。」聽到「把嘴巴都叫扁」一句，大家忍不住哄笑，掃一眼「呼嚕」。可「呼嚕」全無知覺。

一些同學愛找老鄉。還真能找到那麼多老鄉。我們宿舍有一同學，到了週末，宿舍沒見人，一般就是找老鄉去了。有時老鄉也找他，找到宿舍來。一來二去，我們也知道是這個同學的老鄉。老鄉一來，我們就會叫：「×××，你老鄉來了！」

一些同學交往能力真強，同一個村的，中學小學同學的，還有叔叔伯伯家的人，又有同學的同學，叔叔伯伯家人的同學，都能認識。學生食堂缺人手，曾讓我們在食堂幫忙。有同學竟然能在食堂交上朋友，而且交往不淺，以至幾十年之後見了面，還要請客吃飯，共敘友情。接觸社會多，好交往，或者是我們這一代工農兵學員的特點。

班上有好幾個上海同學和南昌同學。他們愛聚在一起，說著我們聽不太懂的上海話南昌話，阿拉，葛相，做希裏。南昌同學不用到外面找老鄉，他們經常回家，管道多，總是帶來各種各樣的消息。

上海同學很快在南昌找到了上海餐廳，找到了他們愛吃的灌湯包。他們在外面則找不到老鄉。周圍都是江西人。他們從上海下放江西，他鄉異土，沒有其他根基，要立足，要生活，也真不容易。但他們也真有能力。有俞敦民，從上海下放江西星子縣，入學之前就入黨，畢業之後又分配到星子縣，先在中

學當老師，後來因為工作出色，調到縣委機關，先在辦公室，後來要調任縣委組織部長。一個異鄉人不但在縣裏立足，而且擔任縣裏某一部門領導，著實不容易。而且這俞敦民還特別正直。他調任縣委組織部長，縣裏要提拔某某幹部，於是很快有人找他，或給他遞條子，說，某某跟某某是什麼關係，跟某某又是什麼關係。俞敦民對來人說：「你不要介紹這些，你祇要介紹這個人有沒有工作能力，有沒有政治水平。」俞敦民又對家人說：「不管誰來請托，一概拒絕。」

這些上海同學，畢業分配仍在江西。後來都陸續回到上海。很多也是在上海招收中學老師時，靠自己實力考回去的。他們還是懷戀上海這塊故土。

我也認識一些老鄉。班裏藍幫生是南康人。他很活躍，通過他，我認識了好幾個南康老鄉，其中有數學系也是七四級的黃浩然。黃浩然知道我是唐江中學的，告訴我說，羅開基也在這裏讀書，物理系七三級。羅開基是唐江中學原高三學生，是出名的尖子生，中學時我們就互相認識。於是一同去找。見面，他已經認不出我來了。我說出我的名字，他馬上熱烈地和我握手：「啊呀呀，都認不出來了！個子長高了。」中學時，我個子較矮。要感謝農村和煤礦體力勞動，讓我長個了。

後來還認識劉贊愛。劉贊愛是唐江人，也是唐江中學的，書法繪畫一把手。羅開基、黃浩然和劉贊愛後來都留校，分別為物理系、數學系、藝術系的教學骨幹，羅開基擔任了物理系的系主任，劉贊愛擔任了藝術系的書記。

談戀愛，是那時一些同學生活的一部分。那時其實是不准談戀愛的。招生時就有一條，已婚的不招收。入學後學校更有規定，不准戀愛。主要是怕影響學習。

學校有一個管學生工作的黨委副書記兼副校長，原是省教育廳的副廳長，也是文革挨批被「貶」，是個老太太。沒見這老太太抓學生的其他工作，祇見她抓談戀愛。老聽她發牢騷：「現在的學生實在不像話，就知道談戀愛。我們那個時候……」她是老幹部，這時就要講她的革命經歷。學校幾片僻靜樹林，是男女約會的好去處。傍晚時分，老太太就常去。見有男女同學坐在一起，躡手躡腳過去，到得跟前，突然一聲喝問：「你們在幹什麼？」往往把男女同學嚇一大跳。有說老太太有時還一巴掌打過去。她是老資格，遇到這種情況，比她資歷淺一些的學校其他領導祇有無奈地搖頭。

但是院系其他領導比較寬容。作報告也會講，但實際不會把這作為主要工作。系領導對下面的話是：「注意影響。」具體工作要靠班裏幹部。班裏誰和誰好，誰和誰在戀愛，一般瞞不住。遇到這種情況，系裏就要班裏黨團支部做工作。班裏黨團支部找到談戀愛的同學，一般也是這句話：「注意影響。」這話很有分寸。沒有明確不准戀愛，祇是注意影響，可以理解為不要讓更多人知道，也可以理解為不要超越某種界限。如果嘗了禁果，出了事，上下瞞不住，就不好辦了。

戀愛自然是禁不住的。豈止禁不住，有的同學簡直一進校就到處獵取目標。班上有漂亮女同學，進校不久就收到求愛

信。一般是外系的。猜想是在食堂、圖書館，仔細搜索，看中之後，留心住在哪個宿舍。這樣的求愛信，往往是一封接一封。漂亮女同學自然不會理睬。信收多了，女同學氣了，不耐煩，就會把信往窗外丟。好事者揀到，一下子就傳開了。

更多的同學，戀情是自然形成的。那時同班男女同學接觸機會多。班上集體活動多，組裏同學在一起活動的機會更多。農場勞動，開門辦學，教學實習，都是男女同學在一起。即使在學校，也住同一棟宿舍。先是住大教室，男生隔壁就是女生寢室。後來住正規的學生宿舍，男生和女生寢室常常是門對門。洗臉洗衣服，都是同一個水房。那時沒有男生不能進女生寢室的限制。男生一邁腿，兩三步，敲門就可進女生寢室。

同學間表達好感，表達戀情，都比較含蓄。女生到男生寢室，男生到女生寢室打撲克，聊天，或者假期回家，男生女生從家裏帶點好吃的，送給女生男生吃，是常有的事。有的有目的，有的不一定有明確目的。一同學傳授經驗，說，要追某女生，到某女生宿舍，必要和其他女生搞好關係，人家纔會為你說話，追求纔會成功。但這位同學自己終於沒有在班上獲得成功。有些同學，始終祇是有好感，沒有發展成戀情。

雙方都有好感，都有發展為戀情的意願，這時就會找機會兩個約在一起。開門辦學往往提供了這個方便。農村勞動，收工之餘，兩人往往默契地走在後面，和其他同學拉開距離。

一般是男生主動表白。女生則總是展現她的溫柔體貼，以此打動男生，引發男生的表白。

一個女生。男生感冒了，自己全無覺察，那天正在教室裏埋頭看書用功，卻見一個小紙包伸過來。那是衛生院開的小紙包裝的感冒藥。男生詫異：「？」抬起頭，正是那女生。平時他們都在教室各自用功看書，這會女生過來了，感冒藥正是女生遞過來的，壓低著聲音，帶著嗔怪：「你感冒了。」

男生納悶，自己還沒感覺，她怎麼知道？女生不由分說，小帶點命令的口氣：「把它吃掉！」說話間，一杯溫開水早遞過來了。女生看著男生就著溫開水把藥吃了，這纔放心地離開，回到相隔不遠的座位繼續看書。男生後來告訴我說，他感動得眼淚差點流出來。

有的男生住院，女生去護理，真是無微不至。我們那一代人，男女相愛之間，確實樸實真誠。有女生溫柔漂亮，男生忠厚帥氣，天生一對，地造一雙。兩人都相愛慕，卻遲遲沒點破窗戶紙。室友閨蜜比女生還著急，說：「你再不抓住，馬上畢業，人就走了。」女生說：「他又不提。」這話很快傳過去，男生欣喜若狂，急急地過去表白。自然一合而成。也有女生主動，有的用語言，有的用行動，兩人一起談話，四下無人，越坐越近，身子輕輕往前一靠，男生頓時全身一股暖意。

進入戀愛過程，一般就保密了。不敢也不會像現在有的大學生，在食堂餵飯，在教室擁抱之類。校園裏約會的也有，但一般是走出校園，遠遠地找個地方。這是注意影響。

各種原因，有成的，也有不成的。有男女同學相處很好，一起在教室學習，女生幫男生洗被子、縫被子，學習生活上互

相幫助互相關照。應該是心照不宣，祇是誰也沒有明言挑破那層薄薄的窗紗紙。多年後，那同學回憶，還感懷不已。但確實成了好幾對。很收穫了一片愛情。

十二、實習和畢業，都有人哭了

一九七六年，是動盪的一年。元月，周恩來總理逝世。那時我們正在上高泗溪開門辦學。九月九日，毛主席逝世。那時我們正在上井岡山拉練，中途走到三灣。接著是粉碎「四人幫」，那天先是夜裏黨員聽傳達，後是全院師生員工聽傳達。再接著直到一九七七年，揭批「四人幫」。江西師院和中文系也有消息傳開。有的同學消息真靈通。師院誰誰誰和誰誰誰有問題，正在接受審查。誰誰誰有打砸搶行為。系裏也有小幫派，也是四個人。系黨總支哪個老師哪個老師也要作檢查，還有已經畢業的哪個學生，也要回來作檢查。那一年攻擊黨總支的「兩黨員」的大字報是誰寫的，也要查。

這天，系總支找我們宿舍同學談話。「交給你們一個重要任務。」原來是系裏一個老師在「文革」中有問題，要接受審查。「組織決定，他住在你們宿舍，由同學們看管。」這時我們已經搬到後面的學生宿舍住。一個房間四張牀，上下鋪住六個人，正好空出一張牀位。「這是組織對你們的信任。」最後總支老師叮囑：「不能出事！」

這個「要犯」姓李。同學七拐八拐，打聽得這個李××在「文革」中不但打砸搶，而且有血債。「要犯」原來是「兇

犯」！「要犯」住在靠門口，對著我靠窗的牀，而有的同學就和「要犯」的牀緊相鄰，晚上睡覺一伸手就能摸著對方的頭。宿舍同學先很害怕。開始幾天，甚至晚上睡覺也帶幾分警醒，生怕這「兇犯」突然從牀上起來對著同學⋯⋯

大家都很緊張。不讓李 ×× 離開宿舍，吃飯由同學打回來。上課，必有同學留下來陪著。上洗手間，也必有同學跟著。大家想著的是不讓他外出，更不能和外人接觸。但是，李 ×× 和同學們談笑風生，沒事一樣。同學緊張的心情一下子放鬆了，李 ×× 教現代文學，同學還問他一些學習的事。年青人都愛睡，時間久了，也不是每天晚上都能那樣警醒。

這天一大早，窗外一聲尖叫。大夥起身，李 ×× 的牀鋪空空如也。同學們慌忙披上衣服跑出去。窗外一株不高的樹，一根枝枒伸出，枝枒上懸吊著一具屍體。正是李 ×× ！

早起晨練的同學最先發現。大家驚呆了。系裏安慰大家，同學們沒有責任。確實也沒有責任。他早有計劃，沒事一樣，裝得太像了。晚上大家總有睡熟的時候，一個人輕手輕腳把門打開，走出去，像是上洗手間，誰也察覺不了。

教學明顯抓得緊了。圖書館更開放了。原來不讓借閱的一些外國小說和其他書，都可以借閱了。同學們的學習更緊張了。時間一晃過去那麼多，祇剩最後一年了，可是還有那麼多書沒有看。考試更多更認真了。考古代漢語，考政治，考現代文學，外國文學，古代文學。文藝評論組和大批判組的活動更多了。我們還是不時到幾家報刊去，和那裏的老師談稿子。

終於迎來了教學實習。那是一九七七年上半年。

早早就知道了。大家看得很重，把它看作是三年學習的檢驗。早早準備，還在南昌，就查資料，寫教案。有的還打聽在哪裏實習，那裏學生怎麼樣，聽不聽話。因為同時要實習當班主任。頗有點摩拳擦掌，躍躍欲試的意思。

兩輛客車載著我們九十七個同學來到南昌西南幾百里的萬年縣。縣政府非常重視，晚上安排加餐，晚飯後，在燈光球場組織籃球友誼賽。

第二天，有車把我們八個組分別送到各個公社中學。我們組在梓埠中學。縣城西北五十多里，一個小鎮。真是小鎮，一條泥土小街，兩邊矮舊的房屋，幾家小店鋪。倒是鎮邊那條小河清澈可愛。問老鄉，說是叫樂安河，饒河的支流。老鄉告訴我們，每年端午都要在樂安河舉行龍舟比賽。老鄉還告訴我們，對面就是鄱陽縣，再過去就是鄱陽湖。可惜我們沒有看到龍舟比賽。極目遠眺，怎麼也望不到鄱陽湖水，祇有無邊的田野，蔥綠的稻田。另一邊遠處，則有低矮的丘陵。老鄉告訴我們，那裏有黃巢山，相傳唐朝農民起義領袖黃巢駐軍於此，因此得名，山下道港洲六千多畝的草地，據說黃巢曾在那裏放養軍馬。我們也沒有去看那座山。祇是在河堤散步，特別愜意。

學校兩排平房教室，另幾排平房是老師宿舍和辦公室，中間簡陋的籃球場。學生都是每天步行到學校上課，幾里，十幾里，甚至更遠。老師都是本地人，在學校有宿舍，平時住校，但週末還是回家。不論學生還是老師，都要回家幹農活。

　　但是有一個副校長，週末卻很少回家。這人原是縣教育局副局長，文化大革命受批判，被「貶」到這個遠離縣城的小小公社中學。頗有才識，本處高位，見過世面，忽居下僚，自然倍感失意。管理這樣一個小小學校的教學，對他來說，無異牛刀宰雞。家小不願遷來，遠離縣城，難得回去，僻壤之鄉，殊少知音，週末尤感寂寞孤單。我們同學一去，他便興奮起來。三五天交往之後，便熟如一家。

　　這副校長小胖個，圓嘟嘟臉，小眯眼睛，小嘴巴，頭上稀拉拉幾根頭髮，那額門卻是閃光發亮。學校老師辦公的平房有一個大門。那時週六上午還上班，下午纔放假。那副校長一到週六，中午匆匆吃過午飯，便把大門一關，任誰有什麼公私事也不放進去。

　　「放假了，不辦公了！」祇拉我們幾個同學進去，嚷嚷道：「打撲克！打撲克！」同學也是無事，那條小破街，早走膩了，到了週末，無聊得很，樂得相聚。有幾個同學和那副校長非常投機。週末老師學生都走了，學校安靜下來，那副校長的辦公室，卻熱鬧得很。

　　學校的學生，都很樸實。每天往返學校家裏，十幾歲了，這就是他們最大的活動天地。本地老師，能給他們的，也是本地的故事。我們從南昌大地方來，他們先有點怯生，幾天稍熟悉了，膽大的學生便小心地圍攏過來，問這問那，那眼睛露著好奇。「老師，北京遠還是南昌遠？」「老師，江西遠還是南昌遠？」

　　問我們的是學生班長。前一個問題好回答，後一個問題卻頗費了口舌，反復給他講，江西是一個省，南昌是省會，南昌在江西省內，不存在誰遠誰近的問題。聽我們解釋，這學生班長那眼神仍似懂非懂。

　　上課是很認真的，一個個坐得端端正正。我們的同學不論講得好壞，都和他們的老師講得不一樣，他們聽著都新鮮。入學前是中小學老師的，早有教學經驗。這些同學別看平時考試成績和寫作不如我們，上講臺可是輕車熟路，從容得很。沒有講臺經驗的，都有幾年社會歷練，上講臺不怯場。有的同學胸有成竹，該上課就上課，該打撲克就打撲克，該玩就玩，有的同學則認真得很。還在南昌就備好了課，到下面，又一遍一遍演練，自己一個人對著牆，或者找一個幾個同學當聽眾。

　　也佈置作業，佈置作文。但都不給他們太難。批改作業和作文，都很仔細。接著是講解。學生們聽得特別認真。看得出，學生感到，我們的內容和講法都和他們的老師不同。

　　教學效果一般都不錯。實習結束的時候，那胖圓嘟臉的副校長評教。每個同學都不錯。黃鴻最優。他本來有水平，講課知識面廣，分析課文到位，入學前雖沒有上過講臺，臺風卻也從容自如。那副校長自己有才識，也看重有才識的人，和黃鴻很談得來。我也是優，就是講課略嫌拘謹，不太放開。陪他打撲克的另幾個，評價偏好，卻也客觀。優點缺點，一一指出，頗為恰當。不愧是老教育局長。

　　離開的時候，自然不捨。師生座談，相送。

但是，別的組有的比我們更認真，更感人。我們沒有當班主任。他們有的要當班主任。這些同學有的本來就有教學和管理經驗，這時更投入全部熱情。開班會，組織班上各種活動，文藝活動，體育活動。他們學生有住校，晚上便到宿舍查鋪，給學生蓋被子。學生有病，送到醫院，還在醫院陪護。他們學校原來的農村老師對學生很粗暴，這是他們的學生講的。有一個組幾個女同學，劉智梅、萬學珍、毛淑蘭，還有幾個，心又細，對學生體貼入微，說話又溫柔。學生從來沒有遇到過對他們這麼好的老師。

結束實習，我們的同學要走，學生們都哭了。離開的那一天，學生照常上課，由他們原來的老師上課。可是沒有一個學生聽課，都望著窗外──窗外，我們的同學正在集合出發──他們的老師祇好宣佈，今天上午停課，大家歡送我們的同學。於是學生們蜂擁而出，和我們的同學相抱，哭作一團。

一九七七年入秋。除了緊張的學習和考試，最重要的，就是畢業。

下半年剛開學，同學就有思想準備。後來越來越多的傳聞。這天有消息傳來，某學校祇要五年前畢業的大學生，不要工農兵學員。這消息讓我們感到壓力。各種事情緊鑼密鼓。考試。個人鑒定，小組鑒定。同學間的戀愛也在抓緊。已經成對的在抓緊商量，畢業能不能分到一起，到哪裏去。沒有成對的有的也在抓緊，最後物色目標，最後試探，或者表白。

我仍在抓緊看書，三年過得太快了，總感覺還有很多書沒

有看，學到的東西太少了。又期望著早點畢業。那次假期我回老家，後來家裏又來信。家裏已經很困難，大哥和二哥都新生了小孩，添了人口吃飯。糧食緊張，米價漲到一元多錢一升，現在已經吃稀飯和野菜。父親看老，身體日漸衰弱。我在班裏已經拿著最高的困難補助，但也祇有每月幾元錢，畢業之前，不可能有別的經濟來源。

畢業去向，很茫然。真不知道命運會做什麼安排。社來社去的話是不提了，但是，到處還在宣傳，要培養農村中學老師。我能做的唯一工作，就是給原來的煤礦寫信，希望他們能給我墊底，如果分配不理想，我就回煤礦去。那年寒假，我去八景煤礦看望戰友，聽到一個又一個事故。三分礦西風井臨時炸藥庫爆炸，爆炸聲三十里外都能聽到，數里外能看到黑色煙雲衝天而起，像原子彈爆炸的蘑菇雲一樣。不到一個月，七處四井掘進時打通地下溶洞，發生前所未有的透水事故，幸而一個排長發現得早，馬上叫人分頭通知各個工作面撤離。這個排長最後一個撤離時，透水已經淹到井口齊胸深了。又有掘進冒頂，垮空後，一個班長上去接頂搶救，被大石頭砸死。另一次是地面煤倉掉下人，沒法搶救而死。又有主井絞車斷了鋼絲繩，幾輛礦車全部掉到井底。戰友都很消極，說：「再上進也不過這個樣子，做一天和尚撞一天鐘。」這讓我更茫然。

還有一個緊鑼密鼓是我們所不知道的，那就是系裏討論分配方案。那時不是雙向選擇，不是自主擇業，而是學校負責分配。省裏下分配名額，哪些單位需要什麼樣的人，系裏成立分

配領導小組，將畢業生一一對號。系裏分配領導小組基本由系總支委員組成。系黨總支成員中有學生黨員，學生委員先還參加討論。後來發現，分配小組剛一討論，消息就傳了出來。總支於是決定學生委員不再參加。

同學都很緊張，等待決定命運的時刻。繼續四處打探。從各種跡象推斷，同學誰誰會去哪裏。都知道系裏老師哪個是總支委員，平時都熟，我也找過他們，但都守口如瓶。倒是一些同學那裏不斷傳來消息。先是說，原則上哪裏來哪裏去，而且說了一串單位的名字。聽來聽去，也沒有八景煤礦。我正迷糊，有同學傳給我消息，說是我不用擔心，成績好，又是黨員，肯定留校。我仍心神不定。畢業典禮開過，接著是會餐。仍沒有確定的消息。我忍不住，再去老師那裏打聽。很多同學都在，那老師說一句：「難辦啊！」心裏不免一沉。於是打點行李，準備一宣佈，就離開南昌。這天去見另一老師，這老師卻說：「不要著急，再等一等。」我心裏納悶。

幾天都是電影。昨天《林海雪原》，這天《橋》。這天下午拍畢業照，晚上看完電影，緊接著便宣佈分配方案。有留校的，有到報社的，有到商業局、氣象局、煤炭局的，大部分到縣裏。有的直接分到單位，有的回到各地區，由地區再次分配。當場就有同學哭了。

那天晚上，大家都沒睡。都在談心，勸慰，話別。這天是十二月二十四日。

接下的幾天是忙碌的。陪同學到一個一個老師家告別。老

師諄諄叮囑。和同學話別。黃鴻情緒很不好。既沒能留在南
昌，也沒能和蘇雲嬌分在一起。一個在高安，一個在武寧。他
最捨不得我。臨別時我們相約散步，他平時很堅強，但這時忍
不住流下了眼淚。我已經確定留校。他對跟我說：「今後要繼
續努力，取得好成果。」我說：「其他的我沒有，有的祇是吃
苦和毅力。」他要了我一隻舊木箱。三年裏，不論在校上課，
還是外出開門辦學，我們都朝夕相處。他希望這隻陪伴了我多
年的舊木箱能和他繼續相伴。我幫他托運行李。

送走贛南的同學，又送走九江的同學，上饒的同學。

這一天，我走進了江西師院辦公大樓，那幢一進校門就能
看見，矗立在主幹道旁的大樓，那幢曾是飛機場指揮塔樓，方
正堅固像堡壘一樣的大樓。

第六章　學報編輯和讀碩士

一、編輯部：在一群高層次的老師中間，真是受益

　　這是江西師院的辦公大樓。我被分配到學報，辦公地點就在這幢大樓。畢業的激動，同學分別的留戀，很快歸於平靜，開始面對新的生活。

　　那天到學報報到，學報負責人朱老師告訴我們，介紹信還沒有下來，不好分配任務。所有留校的同學都在等，要等校人事處長開會回來。這天總算開了介紹信。卻是先到教務處和兩個處長見面。原來學報屬教務處。正是元旦前夕，晚上參加教務處的座談會，有糖果，香煙，茶水。矮胖胖的譚處長講了幾句開場白，隨後大家就閒扯開了，故事，笑話，閒談。接著是下棋，看電視，打撲克。

　　第二天，纔是學報編輯部開會。教務處負責學報的關副處長，學報具體負責人朱老師，另有李老師，和我一起進學報的歷史系畢業生楊一民，人們習慣叫小楊。關處長講了幾句勉勵的話，朱老師就佈置工作。首先是明年元月份的工作，要緊的

有幾項。座談會，年計劃，第五期的收尾工作。那天晚八點，聽播送一九七八年元旦社論《光明的中國》。第二天元旦。假期過後，緊張的工作就開始了。

分頭到各系聯繫稿件。小楊聯繫歷史系。政教馬列已有李老師。朱老師中文系出身，研究中國現當代文學，中文系那一塊因此省事不少，我衹需要聯繫其他專業，主要是古代文學，外國文學和古代漢語。瞭解老師們在研究什麼問題，在寫什麼論文。發現好的稿子，想辦法把它留住。但不能輕易約稿。因為約稿之後，交上來發現稿子不能用，就不好處理。

年終一般要組織學報工作會議，由各系常寫稿子的老師參加。要做一些前期準備，聯繫開會地點，買茶點。那年頭還興送掛曆。要擬定每一期稿目，根據已有可發的稿子和大致知道作者正在寫作、估計能夠完成並達到發表要求的稿子。

要跑印刷廠。那時沒有專門的編務，就我們四個人。跑印刷廠當然是我和小楊的任務。稿件編好要送過去，排出校樣要取回來校對，校好再送過去。印刷廠工期緊，想把我們學報往後推，這時要去溝通，讓他們按期把刊物印出來。

關副處長叫關鍵。身材敦實，方正的臉略帶黑色，眼睛不大，但如果談到嚴肅的問題，能感到那眼神裏有一束犀利的光。嗓音不高，略帶沙聲，卻時時能感到一種沉實的力量。

學報第一次開會見面，他說了幾句勉勵我們的話：「工作一要大膽，二要虛心。大膽，就是大膽地接受新生事物，敢想敢說敢幹。思想要敏銳。」他又說：「學習上要處理好博與

專的關係。各方面的知識都要懂一些，不懂不行，懂得深不可能。在自己專業方面要專一些。」

我祇是年輕的普通編輯，和關處長直接接觸不多。一般的稿子，都是經過朱老師，再到關處長。偶而有重要的稿子，朱老師說過之後，關處長纔和責任編輯直接談幾句。每天工作在一起的，是李老師和朱老師。

李老師叫李樹源，年紀較長。後來我知道，他在學術界很有影響。隱約聽說他有坎坷經歷，但一直未便打聽證實。

李老師這時雖是普通編輯，但看得出，朱老師和關處長對他都特別尊重。學報重要事務，一般都會和李老師一起商量，或者朱老師和關處長商量之後，向李老師通報，徵求意見。「李老師，您看呢？」關處長有時則稱他「老李」。也閒聊其他問題。有時我也在場。每當這時，李老師總是一句話也不說，祇是仔細地聽，一邊靜靜地思考。聽完之後，他會作出自己的分析，說出自己的看法。

李老師研究政治經濟學，專業上我沒法向他請教。他是長者，話語不多，不苟言笑，即使言笑，也讓人感到嚴肅。平時我們多談工作，偶而談點別的，話題也不會太展開。但我對他懷有特有的尊敬。他的學術和為人風格，對我感染頗深。

真佩服他思維的縝密嚴謹，總能站得高，看得遠，有一種很深的洞察力。說話很有邏輯性，仿佛每說一句話都在分析問題。也是敦實身材，方正臉，嗓音沉實渾厚，略帶磁性，總感到有一種內在的厚實的力。

　　後來知道，李老師一九五七年起就發表很有份量的學術論文。我在學報期間，他又幾篇論文在學報發表。我驚歎他的論文的厚重與文采，邏輯思維的細密嚴謹，分析問題的深入。

　　我們編輯要坐班，李老師也不例外。每次要寫長篇論文，他就向朱老師請假：「這幾天我不能來，要把那篇東西寫下來。」有時看到李老師有幾天沒有來辦公室，朱老師會告訴我說：「李老師又在家裏寫論文了。」

　　過幾天，李老師重新來辦公室，會發現他滿臉的疲憊，有時他會對朱老師說：「寫得太累了。」朱老師會說一句：「那您在家裏再休息一下吧。」李老師會說一句：「不要緊。」於是投入緊張的審稿工作。手頭的稿子，遲早都要處理，沒有人可以替代。

　　朱老師叫朱受群，身材修長，白淨的瓜子臉，很為秀氣，亮亮的大眼睛，很有神，眼神卻很慈和。江西師院一批年長的領導和老師當中，朱老師算年輕的。可以感受到他的朝氣，性開朗，愛說話，嗓音清亮，笑起來聲音特別爽朗，師院上上下下都熟悉，為人熱情，工作很能打開局面，而處事卻很穩重。

　　書法很好。那時我也曾想練練書法，偶爾被他看見了，便說：「小盧，看得出，你這字是練過的。不過，這運筆應該是這樣的。」接著就要教我。

　　編輯部先在辦公大樓，周圍都是行政人員，朱老師嫌鬧得慌，說：「我們是搞專業的，看稿子要安靜。」於是要求搬到校圖書館樓上。編輯部也有了兩間辦公室。

　　我和朱老師都做文學，在一個辦公室。兩張辦公桌，他在前，我在後。審稿的問題，工作上其他的問題，可以直接和朱老師說。有時，他不用回頭，一兩句話就解決問題。有時，談得稍長一點，他會從案桌上抬起頭，點上一支煙，回轉身，細細地聽我說，一邊聽，一邊思考，然後說出他的意見。他抽煙的樣子也很優雅。

　　他很心細，雖沒有明說，但可以感覺得到，我們幾個人的思想狀況，在想什麼，他總是很清楚。偶爾有點疏誤，他總能體諒。佈置工作，總是用商量的口氣。需要說點意見，也總是說：「小盧，你看能不能這樣？」

　　朱老師對學報很鍾情。那些日子，看得出，他總在考慮怎樣把學報辦好，辦出水平，辦出特色。怎樣把校內的好稿子留住，又吸引校外的好稿子。每年年末他要舉行作者座談會，作者一般就是校內的老師，但不可能全校老師都參加，這時他要考慮哪些人參加，科研已經做得好的自不用說要邀請，還要瞭解哪些是潛在的作者。平時要和作者保持聯繫，特別是能拿出好稿子的作者。每一期刊物，他要考慮，審定的稿子，先上哪些，後上哪些，有限的稿子，能不能組成專欄。有專欄，容易顯出特色。他還考慮，每一頁版面怎麼做得美觀。標題用什麼字體，字體多大，用什麼字型，占多大位置。

　　他常要我計算每篇稿件的字數。那時都是手寫稿，專用稿紙，不但要一頁一頁地算，還要把其中刪掉的，增加的字數，包括標點都作計算。因為標點也占位置。這樣計算，他是考

慮，每篇稿子，文末怎麼儘量不留空白，或者少留空白。不留少留空白，版面就更美觀。最初，他還考慮學報封面的題簽和版面設計。有時看他在桌前，手拿著《學報》，像是拿著一件藝術品，細細地想，怎麼做得更精美。

朱老師是研究郭沫若的專家。他的論文也發表在學報。一篇論文說，郭沫若自一九二四年轉到馬克思主義來，其標誌就是翻譯日本河上肇的《社會組織與社會革命》一書。他又一篇論文分析郭沫若參加北伐以後寫出的第一篇熱情頌工人階級反抗和鬥爭的《一隻手》，以為這是他在小說創作上的重大轉機之作。我驚歎他發現問題的敏銳，文筆的清新。

學報編輯部是作者常來的地方。其中有一些我所欽佩所尊敬的教授。學報的作者，如果年紀大，特別是一些德高望重的老教授，比如我後來讀碩士的導師胡守仁先生，還有陶今雁先生，他們的稿子，一般登門商量請教。特別是我和小楊，負責中文和歷史的稿子，跑老先生家比較多。

其他的作者，有問題，一般就到編輯部來談。有一般的作者，也有很有名望的教授。作者到編輯部來，有的談完稿子就走，有的則還要留坐一會，閒談一會。有時沒有稿子，他們也願意來和朱老師、李老師閒談交流。比如歷史系的姚公騫教授，政教系的謝慶綿教授，都是著名的教授。他們就常來。特別姚公騫教授，知識淵博，思想敏銳，不僅在歷史學界聲望很高，而且多才多藝，書法、鑒賞，均很有造詣，人稱「姚公」。「江西師院學報」刊名題簽就是姚公。

　　姚公年長，但和朱老師卻是忘年之交。兩人很隨意。當然，和李老師也很談得來。如果關處長也正好在場，那就談得更熱鬧。朱老師、關處長都會抽煙。這時，朱老師會主動把煙遞給關處長，一邊悠閒地吐著煙圈，一邊海闊天空地交談。這時可以聽到朱老師爽朗的笑聲。姚公和李老師也會笑，但祇是微笑，而且李老師笑起來也感到很嚴謹。關處長則不太笑。

　　鄭光榮書記偶爾也會來學報坐坐。記得那一次，是他將升任師院黨委書記，而李樹源老師將升任校長。鄭書記來學報，說了一些閒話後，對李老師說：「老李以後要對學校全局性的問題多關注一下。」鄭書記也算學報的作者，他也寫文藝理論研究方面的稿子，但他的稿子，文字乾淨俐落，一般都不用動。校樣出來，一般也是我們校對，不會打擾他。有時他不讓我們到他辦公室去，會親自送稿子過來，這時，也會和朱老師、李老師他們閒談幾句。鄭書記很有思想水平，看問題總是高屋建瓴。聽他們閒談，各種資訊，知識，他們對問題的深層看法，真是受益。

　　鄭書記後來是江西師院（後改師大）黨委書記，又調省文化廳廳長。其他幾位，沒幾年，關處長升任江西大學黨委書記，李樹源老師升任江西師院校長。朱受群老師在學報時間最長，後來也調走，先任省委文藝處處長，後任文化廳副廳長，又轉正廳級調研員。

　　這是一些有水平的人。很幸運，初出工作，就受到前所未有的高層次氛圍的薰陶。

二、審稿，寫作，接觸學術，學到很多東西

審稿是主要工作。

稿子的作者基本上都是學校的老師。以前是老師批閱我的作文，現在是我審改老師的文章。要判斷能不能發表，內容上達到發表水平，文字上也不能有問題。所面對的，都是自己原來的老師。這確實是對自己的很大考驗和鍛煉。

記不得我審改的第一篇是什麼稿子，祇記得手中的紅筆有如法院法官要落在判決書的一樣，遲遲不敢下去。覺得不能用的稿子，反復看上幾遍，最終作出判斷，小心翼翼地在審稿單責編一欄簽上否定的意見和理由，再遞給朱老師。這時一邊做別的事，一邊忐忑不安地等待朱老師對我的審改意見的判決。

朱老師並不作聲，祇是細細地看。直等朱老師在審稿單上簽上和我一樣的意見，我纔如釋重負，把心放了下來。遇上可用的稿子，也是反復斟酌，纔遞送給朱老師。等朱老師認可，返還給我，作文字上的修改，語句，標點，一一斟酌，簽上可發表的理由，再遞送給朱老師。朱老師仍要細細再看，直到他簽上「同意」二字，我纔暗暗地舒一口氣。

每天沉浸在理論的探討，藝術的分析，事實的考證，或者發現某一新的問題，某一文學史文化史的現象，或者提出某一創新的觀點或新的證據，或者對某一問題作出更為深入的分析。杜詩的現實主義，《紅樓夢》藝術真實論，《竇娥冤》的戲劇衝突，回紇更名回鶻考，立樂府不自漢武帝始論，略論漢

字的得聲，郭沫若前期思想的發展。等等。審稿必得要看書。看杜甫研究的稿子，要找杜甫的研究著作看。看韓愈的稿子，則找韓愈的研究著作看。也看杜甫和韓愈的集子。也關心當前學界爭論的一些學術問題，找相關的論文和著作看。

各種稿子。那次來了一篇，名家的，對古代兩個重要詩人作比較，羅列了幾百條，後一詩人襲用前一詩人的句子，一字不變的，祇變一字的，變二字的，用其原意的，未必用其意者。用五言的，用七言的，變五言為七言，七言變五言，全用其意，半用其意，二句化為一句，一句化為二句。

看完，猶豫了半天。説沒有研究吧，確實作了很多工作，下了很多功夫。説他研究了吧，這就叫研究？稿子還很長。我問朱老師。他皺起眉頭，考慮許久，反復斟酌，最後還是決定發表。因為比起空洞無物的論述，這篇的學術含量還高一些。那時學報的好稿子不多。

還有一些，每篇都先是生平思想，後是思想內容，最後是藝術成就。思想內容又是反映現實，抒發個人感情，還有題材多樣化，典型性格豐富，細節描寫真實，批判現實深刻，抒情真摯。説它沒有研究吧？它分析得有條有理。説它有研究吧？它的這些分析，換一些例子，套在其他作家那裏也同樣可用。這些論文最終都發表了，但當時確實不滿意。

那天收到一篇，是某副職校領導的。一篇工作報告。初審經我之手，當然直接簽「不擬採用」。一般稿子是不退的，也不向作者説明。因為是領導的稿子，還是退給他。這位領導接

到退稿，通過人把話傳過來：「我的稿子為什麼不能用？」我找朱老師。朱老師說：「不理他。這類稿子肯定不能用。」但朱老師的身份還是低了，不能直接找這位領導。於是找到關處長。關處長雖然祇是副處長，卻因有水平而在師院有威望。一些副職校領導也尊重他。關處長拿著稿子，找到這位學校副職領導，三句兩句打發了。

又一天收到另一篇，是中文系一位老師寫的。這位老師原來在下面搞創作，也搞一些文藝評論。後來調到師院，要評職稱，需要文章，仍然寫一般的文藝評論文章。我一看，也直接簽「不擬採用」。這老師問知稿子在我手裏給斃了，並不找我。不幾天系裏卻有老師把話傳到我耳朵裏，說是這個老師憤憤不平：「我在下面大小也是個人物。怎麼一個小編輯，一句話，就把我的稿子給斃了！」我把情況告訴朱老師，朱老師仍然是那句話：「不理他。」接著又說：「這事我來處理。」朱老師跟那老師是老鄉，找到他，也是三句兩句打發了。

自己也寫東西。到學報不到半個月，接受省委宣傳部的寫作任務，批「文革」期間「四人幫」在江西代表人物，批一九七四年批林批孔的兩個講話。組成寫作組。我一個，前面提到的姚公騫教授和謝慶綿教授，兩位老師是師院公認的兩支筆桿子。那天三人隨師院宣傳處長到省委宣傳部領受任務。第二天，三人到謝老師家討論。卻未討論，姚老師和謝老師祇是閒談，談得很是風趣。離開的時候纔說了一句話：「先看材料。」下午我到《江西日報》社要來材料，分送兩位教授。

　　週六下午再碰頭，各人拿出提綱，三人討論兩次後，這天學校組織討論。三人之外，還有校革命委員會主任，中文系和歷史系主任，校宣傳處長及宣傳處的其他老師。人員是夠隆重的。對姚、謝二位來說，這樣的文章早是胸有成竹。但這次討論之後，他們卻讓我寫出初稿。和他們一起討論一起寫作，自然是很好的學習鍛煉。

　　接著又先後接到兩個寫作任務，一篇是《論充分發揚社會主義民主》，一篇是《黨的領導是社會主義事業勝利的根本保證》。兩篇文章都是上面給一個題目，雖然經過審稿討論，基本上由自己獨立寫作完成。那是要在學報公開發表的。雖然不是學術性的，祇是政治性的，但同樣需要搜集材料，提煉觀點，架構全局，安排層次，同樣需要文氣的流貫。

　　那年，我寫了一篇關於唐詩發展問題的論文在學報發表。我分析唐代科舉與士庶發展關係，唐詩發展與庶族心理變化的關係，分析這一問題與馬克思關於人民是創造文化的基本力量的觀點的關係，分析它與列寧所批評的「知識份子精神」的關係。這算是我寫的第一篇學術性的論文。

　　自己寫東西，是更好的鍛煉。現在看來，幾篇文章都很稚嫩。政論性的兩篇不用說。學術性的那一篇，沿用的還是傳統的思路定式，並沒有深入到學術本身，深入到問題的深層，並沒有解決實際的學術問題。

　　朱受群老師派我參加過幾次學術會議。參加過文學史的編寫會議，在修水的黃庭堅學術研討會，在廬山的全國文藝理論

研討會。

一同到學報的兩個年輕人，小楊好像沒有參加過這麼多的學術會議。朱老師文學專業，更多文學會議的資訊，而小楊是歷史的。小楊一進學報，就積極准備考研。他的心思，已不在學報。可能因此朱老師更有意地培養我，更多地把機會給我。

「文革」結束，學報剛起步，要探索如何辦學報，朱受群老師因此安排我們到全國各高校學報訪問考察。那是一九七八年十月，李樹源老師帶隊，加上小楊一行三人。

各高校學報情況不一樣。杭州大學學報除黨委辦公室主任兼管之外，實際工作的祇有四個人，兩個文科，兩個理科，一年八期，四期哲學社會科學版，四期自然科版。再到浙江大學。沒談多久，浙大是全國重點大學，搞理工科，對我們幫助不大。浙大學報歸科學院管，要他們出英文版，向國外公開發行，一般稿件是科學院有關所室看。浙大實力就更雄厚了。

蘇州的江蘇師範學院（後來的蘇州大學），學報情況則出乎意料，祇一個半人，還都不是專職的，沒有編輯部。學院也沒有成立黨委，祇有一個核心領導小組，沒有第一把手。老師熱情很高，省裏也抓得緊，強調學報要辦好，但院一級不冷不熱，典型的兩頭熱，中間冷。南京師院的情況比較好。省內郵局發行，也向全國內部發行，準備明年公開發行。稿酬比我們高，千字三到五元，也有按篇計算的。稿源比我們多，一年一次學術報告會，可以解決兩期稿件。編輯室人也齊全，七個人，每人處理一個方面的稿件。

　　還有復旦大學，南京大學，曲阜師院，山東師院，山東大學，南開大學，北京師院，北京大學，中國人民大學。

　　我們一路議論。辦好學報，不祇是編輯部的事，還要看全校實力是否雄厚。跟浙大、復旦、北大不能比。我們說，江西師院也是老學校，為什麼現在就不行了呢？李老師更是感慨，告訴我們，一九五三年全國院系調整，把大批骨幹都調走了，現在沒有菩薩，也立不起廟。

　　一路的難題是找住宿。第一站到杭州。早上六點到達，一下車就在火車站附近一個住宿服務站排隊，由服務站介紹到市內旅館。最煩，人多，擔心排不上。果然，排到離我們祇有五六個人時，登記窗口關上了。於是一直等，到中午十二點纔登記上。聽登記處排隊的人說，他們有的連續兩天都來晚了，沒登記上住宿，祇好住澡堂。我們算運氣好。

　　第二站是上海，乘凌晨兩點車，清早到上海。旅館服務站沒有登記上住宿，於是先到小楊家。小楊是上海人。後來復旦學報的老師幫忙，纔解決住宿。蘇州登記住宿最順利，也排了一個小時的隊。到濟南卻費了勁。先到山東師院，不料他們的招待所改作專家樓，不接待。再到山東大學，這天週一，恰恰他們休息。於是直接去招待所。濟南交通不方便，山東大學新校到老校又有好長路。幸虧在新校遇到一部吉普去老校。總算住了下來。

　　李樹源老師一路朋友熟人。得到不少方便，也得到不少馬路消息。復旦文科學報負責人、著名經濟學家蔣學模先生，跟

李老師熟悉。蔣先生接待我們，介紹情況。下午又拜訪一位楊
老師，也是李老師的朋友。在合肥路，一幢小樓房。楊老師原
是《人民日報》的攝影記者，後調到江西師院圖書館搞外文編
目，現退休。我們向他請教了照相技術的一些問題。

　　蘇州，李老師的女兒在蘇州醫學院讀書。再到絲綢工學
院，江西師院一個系書記的女兒在這裏讀書。又去見了郭老
師。郭老師原在江西師院工作，因兩地分居問題長期沒有解
決，祇好調蘇州。走干將路，運河東，西岸路邊有江西第三監
獄，據說過去是蘇州反省院，張春橋就是從這裏的狗洞鑽出來
的。郭老師很坦率健談。說全國形勢，有一種說法，上海衝
鋒在前（彭沖任書記），安徽鵬程萬里（省委書記萬里抓得
好），貴州馬力不足（書記馬力），四川紫陽高照（書記趙紫
陽），江蘇屯兵不動（書記許家屯）。江蘇沒上去，中央要調
許家屯去總工會，許不去。蘇州沒上去，新華社的有關報導有
浮誇，地委書記因此調中央某部副部長，其實蘇州農民很苦，
每天纔掙幾分錢。

　　一路考察訪問，一路遊玩。美麗的杭州西湖、靈隱寺、六
和塔，很有氣勢的南京中山陵，南京師院校園宮殿式的建設，
蒼翠的雪松。精巧的蘇州園林，曲阜歷史悠久的孔府、孔廟、
孔林，北京，雄偉的天安門，頤和園、天壇、十三陵、長城。
我和小楊兩個年輕人，都是第一次，興致尤高。

　　朱受群老師是學報負責人，他完全可以出訪。但他請李老
師帶隊，把出訪的機會給我們，特別是我們兩個年輕人，考察

的同時，好好遊玩。他體貼下屬，他想把我們的心留住。

參加學術會議，出訪考察，都是開拓視野。審稿，寫作，直接接觸的都是學術。學到很多東西。從煤礦的評論式通訊式稿子，到讀書期間學生體作業式的文章，到這一時期比較規範的文章寫作，特別是學術論文的寫作，是一個大的飛躍。

人的成長，環境，視野開闊很重要。我很幸運，有學報幾年工作的機會，有一個好的氛圍和環境，好的老師。

三、紅石村民：一群「青椒」

形勢在變，學校在變。追隨「四人幫」的一個個受到處理。「八一一」事件中受迫害的全部平反。那天學校宣佈，所有「右派」搞帽。中文系有一個「右派」，在資料室幹了十多年，幾個好學而又聰明的青年教師，古代有不懂的就去找他，挖出不少真貨。摘掉右派帽子，他仍在資料室，境遇並沒有改變，不久就退休。

那一年學校發通知，不准發放年終獎金，中文系曾給每個老師發了兩個手提包，一個果品盒，價值十五元，受到通報。

女學生已經穿花裙子了。那一年搞「五講四美三熱愛」，文明禮貌月，學生大搞衛生，評選文明寢室。新生入學和我們那時已大不一樣。有一個系，五十個新生，三十個是家長送來的。一些學生不愛勞動，被子要等寒暑假帶回家裏洗。

學生自發成立了一些社團，學校態度是不支持，也不反對。北京西單民主牆出來，學校也有反應。選舉區人民代表，

政教系七八級一個學生出來競選，發表演說，據說有很多不合時論，否定「四項基本原則」的話，卻有很多學生投他的票。圖書館一本雜誌，上有一篇文章，有人在文章上作圈點勾劃批註，有很多露骨的對現實不滿的言論。

畢業分配到下面的同學不斷有消息傳來。有的同學要我們給寄教學參考資料。有同學到南昌，也來我們這裏歇宿。一時通過關係得到好工作，後來也沒有聽說有大的起色。倒是有些同學靠自己的努力，發展不錯，好些主管一方單位，任處長、校長、主任、鄉長什麼的。當農村鄉長的在一方呼風喚雨，好不氣派。也有升至廳局級。也有自主創業，資產近千萬的。大多數勤勤懇懇，埋頭苦幹。無驚人業績，卻也多有好評。這是樸實勤勉的一代。

回八景煤礦看過幾次。生產上不去，多事故，不安心。有能耐的都找路子走了。剩下的挨日子。越來越凋弊，後來承包給個人。多少年之後我再去看，煤礦已經倒閉。井口用水泥封得嚴嚴實實，很多房子已經倒塌。沒法離開的退養的工人，拉家帶口，稀拉拉地還在那低矮破舊的工棚裏住著。他們祇拿很可憐的一點退養工資，於是周圍找點空地種點菜聊以補給。很多工棚閒空著，殘破不堪，四周長滿荒草。我心裏很沉重，老礦友們的臉上卻好像已看不出有什麼怨色。「怎麼辦呢？都這樣。」

這是對國家建設有過貢獻的一代，是為經濟改革作出犧牲的一代，也是非常溫良非常能夠承受忍耐的一代。

　　一九七九年八月，到廣昌找同組同學姚連聖搞木料，準備辦家俱，順道回老家。從贛州乘最晚一班下午六點半的車，到唐江家裏已是晚上八點多鐘。走過那熟悉的彎彎曲曲的鵝卵石小路小巷，敲開家裏那幢舊宅的後門，走進房間，出現在昏暗的油燈下。家人都很驚訝，萬沒想到我會回來。大哥那群小孩最先反應過來，像鳥一樣擁過來，「滿叔」「滿叔」叫個不停，親熱得不得了。我一個一個叫著他們的名字，和橋，和明，玉英，玉蓮，玉芳，玉華，和健。和橋長得齊我耳朵了，不再是嬌稚的童音，聲音變得渾重了。大嫂笑呵呵的。孩子們又簇擁著我走進老父親的房間。老父親坐在牀上，見了我，笑得一臉的皺紋都舒展開來了，連連說：「噯呀呀！盛江回來了，盛江回來了。」老父親臞瘦，兩眼炯炯發光。我看老父親身體精神很好，很是高興。鄰居聞聲來看望，擠滿一屋，頗亦感歡歔歙。我拿出帶來的糕點糖果招待大家。第二天，我去三哥岳母家，三哥三嫂和盧斌都在新余，四歲的盧萍在家裏，盧萍已經長得很靈氣。

　　到家的最深印象，是窮得近乎寒酸。晚上等看望的人走了，我去舀水洗澡，從水缸拿起一把水梗子，一下子驚呆了。記得我讀小學之前就在用，竹製的梗子，邊沿已經足足磨損了五六分，口子變成了月牙形，差一點就磨到竹把子上了。我放下梗子，想換一個東西，不料又是一個破得幾乎不能再用的鋁盆。我認得出，我讀中學時就在用。底部已經磨出兩個小洞，可還當好的舀水器在用。除了這兩樣，沒有舀水的東西了。我

又看到那個粗陶茶罐，也是我懂事的時候就在用，壺嘴已經脫落，用膠灰糊上，照常使用。家裏其他用具都很破舊。早上，大嫂買了豆腐，算是準備招待我。中午兩個菜，全是蕪菜，一碗菜葉，一碗菜梗，油沒油，味沒味。那群小孩七雙筷子一齊叉向兩碗菜。父親和他們一起吃。看著大哥家裏過得這麼難，八十多歲的老父親和他們一起過這種日子，心裏一陣心酸。二哥一家還在一百多里的農村山裏。第二天，大哥從六十里路之外的橫市回來，買了肉，包了餃子招待我。他本來可以在辦公室安逸地工作，但依然每天騎自行車跑鄉郵，這樣多少可以多一點下鄉補貼。這時，我工資也祇有三十多元。留下一些錢給老父親，離開唐江，心裏像鯁了一塊沉沉的石頭。父親站立在巷口送我，那不捨的眼神我永遠忘不了。

不到一年，父親去世。立在父親墳前，我在想，父親給我留了什麼？留了勤勞，吃苦，留了老老實實做人。我又給了父親什麼？除了吃苦還是吃苦。

七四級一同留校還有六個人：歐陽忠祥，在校宣傳部。曹軍，在師院附中。留在系裏的幾個，賴大仁教文藝理論，陳順芝教古代漢語，胡凡英教古代文學，鄭榮根教外國文學。後來七五級也有留校的。王能憲，高福生，楊劍龍。還有七六級，後來還有七七、七八級留校的。

都是青年教師，用後來的話說，那是一群「青椒」。

學校先在學生宿舍空出幾間臨時安置我們，後來專門蓋了一幢房子住青年教師。那新蓋的房子外牆均用紅石砌成，人稱

「紅石房」。「紅石房」成為那時師院青年教工宿舍的代稱。

一群「青椒」，聚在一起，頗為熱鬧。後來有好事者專寫《紅石房記》刻於牆上，謂「初為陋室」，「以毛竹油氈缸瓦，遂有雀鼠巢於其間，糞於室內」，又謂：

> 居者多單身，自稱「紅石村民」，日夕苦讀不輟；餐間捧碗湊聚，議論縱橫，唾沫濺飛，或激辨舌戰，青筋畢現，而不失和氣；傍晚，則游走於房前湖畔，撈魚蝦灌鼠洞為戲；夜半寢前，有肌肉崇拜者呼朋引伴，操練於水房廊下，恍若武館氣象。……

雖有誇張，大體屬實。這是紅石房極盛時的情形。我作為第一批居民，剛進去的時候，冷落得多。多是日夕苦讀不輟；時有餐間捧碗湊聚，議論縱橫激辯舌戰。

我們談得最多的是學業和發展。這是每人都面對的問題。留校沒幾天，就得知鄭榮根要由系裏老教師帶去參加全國教材編寫會議，讓我們羨慕不已。那天不知誰得來消息，說以後業務做得好的，可以評講師。「講師？」這個詞第一次在腦子裏閃過，頗有點高深而遙遠，沒有去想它會跟自己有多少關係。

我和賴大仁住一間。我在學報要坐班，下班晚了食堂沒有好飯菜，因此經常是他打好飯菜，等我下班從辦公室回來，兩人一起吃。飯後一起散步，晚上則時時躺在牀上面對天花板聊天。談學術，談學習上的問題。討論「先進的社會主義制度和

落後的生產力的矛盾」的提法是否科學的問題，討論真理是主觀的，還是客觀的，美是主觀的還是客觀的，討論形象思維的問題。賴大仁善於理論思維，一些問題的看法往往獨到深入。

那時很困惑。最大的困惑，是讀書少。賴大仁說：「做文藝理論，就要對古今中外的文學作品有一個基本的瞭解。」講完這句話，兩人幾乎同時長歎一聲：「要看的書太多了！」

是啊，古今中外，多少文學作品！除了文學作品，還有多少其他書要讀！那時真是不知天高地厚，要把古今中外的書都讀過來，談何容易！當然也深感耽誤的時間太多。時間都到哪裏去了？種田！挖煤！

賴大仁剛留系就被抓差。學校有一知青點在下面的高安縣祥符公社，離南昌幾百里路。他被派去當帶隊老師。所謂帶隊，就是到知青點，和大家同吃同住同勞動。正是業務進修的關健時刻，這一耽誤就是一年！但是沒有辦法。

對學術的認識很朦朧很膚淺。可以知道哪篇文章沒達到發表要求，可以知道文章的問題何在，已經發表的論文也並不滿意。但是，自己來寫，卻寫不出來。討論問題頭頭是道，但是過後回想，發現不過是在概念裏兜兜來兜去，並沒有涉及多少實質性的學術問題，沒有辦法深入下去。一篇一篇作品，一本一本書讀過來，祇有片斷的零碎的印象，不知道有學術價值的問題在哪裏。

我問系裏對我比較好的老師，老師說：「在大學當老師，要麼會講，要麼會寫。」我問李樹源老師。他說：「要多讀

書，多思考。」他停了一下，說：「當然，不同專業有不同的特點。」

　　那一年，江西師院制定科研規劃，中文系提出七十多個項目。這些項目，有些有學術含量。但很多很空泛，外國的，中國的，作家研究列了一大堆，具體研究什麼內容，並不清楚。事後證明，這些也祇停留在「題目」而已，並沒有出什麼成果。很多選題，祇是普通教材性質，普及性質。比如什麼作品選注評注，什麼漫談淺談，什麼知識，什麼指導。我們的老師在教學上盡心盡力，他們不少人知識根柢學問基礎很淵博很深厚，但是，全力做科研的不多，科研能力很強的也不多。

　　就全國來說，新時期的學術研究剛剛起步。稱得上典範的成果還不多。「文革」雖已結束，但很多人還不習慣從學術發展的實際去發現問題，仍習慣跟從政治風向選擇論題。領袖說一句詩要用形象思維，便引來相關的一大批論文。很多人不是根據問題的不同特點進行分析，還是習慣用套帽子的方法，階級分析，現實主義，浪漫主義。線性思維，簡單歸類，社會學模式，現成套路。

　　何為學術？學術之門在哪裏？方向在哪裏，方法在哪裏？似懂非懂，困惑，茫然。

　　但是更大的問題，是生存，如何在高校立足。

　　「工農兵學員」，這個曾經的榮耀，瞬間被人嫌棄，像一頂不光彩的帽子，壓在頭上。還未畢業，就聽有人發話，情願要文革前老五屆畢業生，也不要工農兵學員。

　　系裏組織考試。留系的工農兵學員每人寫一篇作文，《路》。有幾個被判不及格。不及格，就不能任教。那幾個人找系領導理論，要求公示考卷，讓全校師生評判，遭到拒絕。

　　一氣之下，有的考研。直接考博士，一下子考取了北京大學的博士，著名教授的博士，後來成了著名學者。有的考取在上海，成了博士生導師，也是著名學者。考試及格的，也有調走的。離開師大，離開江西，到廣州，也成了一方人物。

　　賴大仁過關了。他沒有離開，一開始也不想考研，說：「相信祇要拿出東西來，誰也不敢把我們怎麼樣！」但他後來也不得不走這條路，考取中國人民大學碩士和博士；再後來，任江西師大文學院院長，兼中國人民大學博士生導師，出版多部著作，成為國內知名學者。

　　我在學報，沒有經歷「考試」這一關。也可能學報需要人，也可能我能勝任審稿，發表了學術文章。當留系的同學鬧得不可開交的時候，我卻一點事沒有。負責人是關鍵處長和朱受群老師，他們沒有給我任何為難。照常工作，照常看稿，照常把提高的機會給我。

　　但是，我還是決定考研。「工農兵學員」的身份，是一塊抹不掉的陰影。從學術的發展來看，更要考研。沒有學業上的堅實基礎，在高校工作，一切都是空的。

四、考研，我準備了五年

　　我著力準備的是外語。還是中學時學過英語。大學讀書期

間，沒學外語。祇有重新學，最早祇有自學。

我選擇的是日語。為什麼選擇日語？說不清。可能覺得日語好學，可能當時看稿主要是古代文學，已經知道日本這方面有比較多的資料。從零開始。五十個假名，反復寫，反復記，整整花了兩個月纔記得比較熟。最早沒有教材，不知從哪弄了一個小薄本，內容太簡單。後來有了湖南大學編的二冊本，如獲至寶，但那辭彙、句例，都是工科的，看著很不舒服。

沒有錄音機和錄音材料，後來不知從哪裏弄來一臺破得掉牙的小錄音機，不知從哪裏弄了一段日語錄音材料。音質不好，跟教材對不上，祇是依呀依呀地跟著瞎念，發音談不上准。後來學校組織了教師日語進修班，由外文系一位中年老師講授，那老師講得不錯。我趕緊糾正發音。

語法是一大塊。先跟著教材一點一點地學。後來自找例句，做了好幾本關於日語語法的筆記。辭彙是一大塊。開始，也是跟著教材，學一課，背一課的單詞。後來買了日漢詞典，把日語簡明詞典從頭到尾泛讀一遍。後來背誦默記至少三次，平時翻看查看就不計其數。用破了一本，又買一本新的。

其次準備的是專業。江西師院中文系祇有古代文學可招研究生。沒有想過報考外地。我那時非常便利，導師就在學校，就在身邊，經常看的，就有導師的稿子。但我沒有為考試的事找過他們。這可能讓我多走了一些路。我祇是自己看。借著備考，把古代文學史看下來，同時看作品選，時也看全集本。自己綜合歸納。綜合幾家文學史的論述，綜合自己看這一家作品

的印象，用一個一個題目，自己給它條理化，把它寫下來。這樣從先秦到明清，積了好幾本。作品選所涉作品，則憑自己讀的印象，另作筆記，記下心得。這樣積下來，也有好幾本。

備考算是補課，系統清理一遍，很有收穫的。獨立讀作品，一句一句讀下來，有雖稚拙卻真切的印象。那時沒有學術思考和訓練的概念，如果有，可能會採取另一種學習方法，可能會在讀書的同時有意發現一些問題，可能收效會更大一些。

政治考試全是臨時準備。那時的考試模式，是哲學、政治經濟學、科學社會主義三大塊，加上時事。時事沒法準備，平時稍留心報紙，記一些重要時事就可以。另三大科，是把各科的書，一大堆全找來。同一個問題，各本書的論述，根據自己的理解，加以歸納，去其同者，留其異者，加以條理化，寫下來。每一科也有幾十個問題，積下來也有幾本。大約用兩周的時間，然後背自己整理的筆記。

同到學報的小楊，復習兩年就考研回上海去了。我則準備了四年半。那時把研究生看得高不可攀，深不可測。外語沒有底，專業也沒有底，越讀書，覺得需要掌握的東西越多，可以無限擴展，不知道到什麼程度纔是底。

我由一個人變成兩個人，加了一個夫人劉春林。都在一個行政樓，樓上樓下就認識了，熟悉了。先是稱「盧老師」，後是稱「盧盛江」，不知道什麼時候開始又把我的生活都管了。

她家裏從父母到弟弟妹妹，都是工人，都很樸實。她到江西師院比我還早。師院還在井岡山的時候她就在了。願和人打

交道，師院上上下下的人都熟悉。省了我很多事。打家俱我沒管，她找來木工，打的一套家俱像模像樣。找結婚用房我沒管。先要了一間，看著不滿意，她在學校找人換了。學生宿舍的一間，寬敞一些，而且橫著的過道砌牆一隔，就成了廚房。修整門窗，粉刷油漆，都是她找人弄好。

兒子出生了，變成三個人，兒子取名「盧丹」。當時想到，是筆劃簡單，發音宏亮，易記易寫，或者多少還想著了「趙丹」。

這一切，都沒有耽誤我備考。真是全力以赴，廢寢忘食。除了上班看稿審稿，其他時間，復習考研壓倒一切。一本日語單詞本，後來是簡明日漢小詞典，走到哪帶到哪。等公交乘公交出差乘車的幾分鐘十幾分鐘，家裏廚房做飯等候的幾分鐘，都要看上幾頁背幾個單詞。

有了兒子，要帶小孩。準備考研的時候，兒子不到一歲。我找來幾塊小木料，靠著在老家偷偷從父親那裏學了一點木工手藝，自己設計做了一個小搖牀。搖牀分兩層，上面一層可以睡覺，拿掉上面一層，小孩可以站在裏面扶著四邊玩。搖牀底部略做成孤形，小孩要睡覺，用腳踩住底部，搖牀搖動，可以騰出來手來拿書看。所以一邊帶小孩，還可以一邊學日語。

有時在辦公室也看自己的書，特別是復習很緊張的時候。生怕朱老師知道，祇能偷偷地看。桌面上放要看的稿子，下面抽屜裏就放日語書。和朱老師同一個辦公室，他在的時候，認真看稿子。偶爾朱老師有事離開，辦公室祇剩我一個人，就會

把抽屜打開，偷看幾眼日語。聽到門外腳步聲，又趕緊把抽屜關上，把眼光移到桌面的稿子上來。

朱老師每次都裝著沒看見。兩人心照不宣。我知道他有所察覺，他也知道我想考研。但他從未作聲，後來報名考研，也未加任何阻攔。要知道，後來我要報考博士，找領導批准，卻是費了九牛二虎之力。要感謝朱老師對我的寬容。

考場在市內一所中學。這年是一九八二年，一同參加考試有不少七八級應屆畢業生，還有其他考生。考生中，有一個後來成為我的師弟，多少年後告訴我：

「都知道學報有一個人很厲害。專業上肯定考不過你，但估計你外語不行，希望外語把你考下去，大家就有希望。第一天第一場就是外語考試。考試時你就坐在我們前面。看著你提前十五分鐘交卷。既然提前交卷，肯定感覺不錯。大家一看，心涼了半截。」

日語我得分九十點零五分。

專業分數反而沒有外語高，也有八十多分。政治分數比較低，七十多分。這就夠了。外語、專業、總分都是第一名。我被錄取了。

五、三年讀碩，最大的收穫，是知道什麼是學問境界

要感謝改革開放，恢復了高考，也恢復了研究生招生，我因此能讀碩士，後來又讀博士。

　　我的碩士生導師，是胡守仁先生和陶今雁先生。

　　兩位慈和的老人。我當然久懷崇敬之心。兩位在江西古代文學界久有盛名。還在讀大學的時候，我們聽胡先生講學習方法，全班同學沒有不欽佩。畢業留校在學報，兩位先生都給學報賜稿，很多稿子用毛筆小楷寫成，那字體真是雋秀工整。其文以白話為主，又時用所擅文言。朱老師看了皺眉，要我修改。我卻很不忍心。

　　我負責古代文學這一塊，時常登門向兩位先生請教。胡先生住一樓。早就聽説胡先生每天早三四點就起牀，起牀後，一把大竹掃帚，屋前屋後空地，打掃得乾乾淨淨。既鍛煉身體，又搞衛生。房子卻是擠，三間，八十年代初，應該不少了，但胡老先生家裏人口多。最後剩下他自己，祇能書房兼臥室。他就常在這一間接待我們。十平米不到，一張老式小牀，剛夠臥身而已。一張不大的老式書桌，那油漆已沒有一點亮色。桌上擺滿了，書，稿，筆。先生寫字習慣用毛筆，筆、硯臺、筆架，那是要占位置的。

　　夏天桌上還要擺一個小臺扇。那是極小的一種。大概一大巴掌就可以遮住。房間小，根本沒有裝大電扇的空間，小電扇祇夠一個人非常近距離吹用。剩下靠牆空間，則是書架。書架自然擠滿了書，擠不下的，就堆在書架前的舊椅子上。

　　靠一邊書架，有一張略略可躺的陳舊籐椅。先生中午休息，就在這椅子上打盹。南昌冬天冷，籐椅就墊上舊毛毯之類。我剛留校在學報的時候，先生七十歲，從先生讀研的時

候，先生七十五歲，再後來，八十多歲，九十多歲，都是這樣。我們去了，就有小凳子，再來一個人，外屋再拿一張小凳子。如果一下子來三個人，基本就轉不開了。好在我們後來讀研上課，系裏教研室有房子。

房間光線不是那麼太好，但老人的眼神是亮的。屋子擠，但談的學問卻宏闊無邊。後來知道，一九四九年之前先生在中山大學做教授時，家裏請了兩個保姆，一個奶媽專門帶孩子，一個做家務。一九四九年後，剛開始教授工資還比較高，但祇能請一個保姆。後來工資減少，祇好把在家裏做了多年的老保姆辭退了，改請小時工。再後來，小學教師的師母退休在家，乾脆小時工也不請，買菜，做飯，洗衣，都自己幹。

陶今雁先生先住得比較擠，後來學校蓋了新教授樓，三室一廳，就好多了。陶先生身體不好，腿腳不便，不能上下樓，因此也住一樓。樓前的小院子，陶先生把它開闢成小菜地，種些小蔬菜之類。主要為休閒調節。一間不算小的客廳，有沙發，茶几。

兩位老人個都不高，都慈眉善目，都很親切。師母也很慈和。每次去兩位先生家，都是師母先迎出來，倒上茶水。老人恨不得把一生的學問全傳授給我們。還在學報的時候，就從兩位先生那裏知道《杜詩鏡銓》、《杜詩詳注》、《錢注杜詩》，知道楊倫、仇兆鼇、錢謙益，有些書找來讀了。

後來我到天津，每次回南昌，看望兩位先生，總感到一種溫馨。胡先生九十多歲，身體日漸衰弱，常住院，意識也模

糊，很多人去看望他，他卻記不得來人是誰。那次我去醫院看
望他，他似睡非睡，迷迷糊糊，家人湊近他的耳邊，祇小聲說
一句：「你的學生盧盛江來看你了。」他馬上就醒來，躺在病
牀上睜開眼睛看我，一下子就認出來，還說了一句：「小盧來
了！」聲音已很微弱，卻明顯能感到他很高興。先生九十八歲
高壽仙逝，那是我最後一次看望先生。

兩位先生都很喜歡我，我跟他們很親近。在學報，准備考
研的後期，我自覺還沒有把握。一次陶先生對我說：「來考
吧，沒問題。」

胡先生七歲入學，得《陸放翁集》，誦讀百篇，就開始為
詩。一九二三年，年始十六歲的先生，從吉安負笈南昌，就得
到汪辟疆、游國恩等國學大師的指點。

一九二九年，考入武漢大學中文系，得時號「武大五老」
的劉永濟、徐天閔幾位先生的教授，詩功日進。武大畢業之
後，在中學任教八年，後由游國恩先生推薦，赴蒼山洱海邊的
華中大學任教，次年又應劉永濟先生招邀，赴時在四川樂山的
武漢大學執教。時與劉永濟先生比鄰而居，又常與徐天閔先生
游處，切磋研討。時徐天閔先生遇有求教詩藝者，則說：「你
們要學詩，可往問胡先生。」一時胡先生在武漢大學聲名大
起。一九四六年被聘為中山大學教授。兩年後，返歸故里，執
教於當時的中正大學，是中文系的老主任、名譽主任，江西省
古代文學學會的名譽會長。

陶今雁先生也是四十年代畢業于武漢大學，受到黃侃先生

之侄、著名語言文字學家黃焯先生的賞識。兩位先生都是國務院學位委員會評定的全國首批碩士生導師。

兩位先生國學功底非常深厚紮實。都是童子功，從小熟讀經書，典故出處，隨見即知，詩情文意，每有新解。兩位先生不輕易為文，每著必為真知灼見。陶今雁先生一九八○年即出版《唐詩三百首詳注》，注解精當，廣為流播，為其時翹楚之作。胡守仁先生先出版《韓愈敘論》，立論堅實，非尋常論者所能為。後又著《韓孟詩選》、《江西詩派作品選》，要言不煩，而原詩意脈作者用心盡行發明。

再主持校點《魏叔子文集》由中華書局出版，難詞偏典，均有確解，訛誤之處，校記詳明。我因讀博後來離開江西師大。當年參加校點的王能憲回憶說，每次從胡先生那裏取回校點稿，總是附帶著幾張寫得密密麻麻的審校意見，糾正不少錯誤。比如，一次王能憲對「荷錢」一詞提出疑問，以為：「錢當為鋤。」胡先生則在一旁批註：「錢，田器，不誤。」魏禧是清代著名的散文家，才學富贍，於古文常撮意而引之，與原文不盡一致，而且引文常不標出處，這時胡先生都能一一指出。胡先生的審校意見，常有「某字當為某字之誤」，「某字為衍文」，「某字疑有誤」，經查對別本或其他參校本，證明胡先生所見均確當無誤。

兩位先生上課，都是講作品，讓我們先讀，然後提出問題，進行講解。胡先生講韓文。一次先讀《答李翊書》，指著其中的一句「氣盛則言之短長與聲之高下者皆宜」：

「你們説説，這句怎麼理解？」

我們各人説了自己的理解。先生沒有應聲，又讓我們看《送孟東野序》，自己一邊情不自禁地讀了起來：「大凡物不得其平則鳴，……」略帶吉安口音，那語調抑揚頓挫，宏亮有力。接著説：「為什麼不平則鳴，就是內心有氣，所謂氣盛，就是內心不平。」

先生又讀《原道》：「……堯以是傳之舜，舜以是傳之禹，……」又是抑揚起伏，句斷而語勢不斷，一氣流貫。又説：「讀韓文，尤要感受其文中內蘊之氣，韓文要讀，讀，纔能感受到它的氣勢。」

接著，我們知道了韓愈的《論佛骨表》，知道了他的「欲為聖明除弊事，肯將衰朽惜殘年」。知道結合這些，纔能真正體會韓文之「氣」。胡先生還講了黃庭堅詩和陸遊詩。先生説，讀黃詩，要感受其骨髓之力。

陶先生先給我們講杜甫詩。那次講《送路六侍御入朝》。杜甫詩我也讀過一些，但這首詩卻並未太注意。陶先生讓我們先讀：「童稚情親四十年，中間消息兩茫然。更為後會知何地，忽漫相逢是別筵。不分桃花紅勝錦，生憎柳絮白於綿。劍南春色還無賴，觸忤愁人到酒邊。」接著提問：「為什麼第一句寫『四十年』？小盧，你説説。」

一句話把思路打開了。於是我回答，杜甫長安困頓十年，安史之亂，流落西南。先生點點頭，又問：「中間，跟前面這句有什麼關係呢？小王，你説説。」

　　小王是王德保。小王略一思考，回答說，中間，是緊扣前「四十年」，中間就是四十年間。從結構上說，前句是起，後句是承。「中間」就起到了「承」的作用。先生滿意地點點頭。

　　接著，我們知道了，相逢和別筵，現實生活中截然不同，很難放到一起的兩件事卻放到一起，互相對襯的強烈的藝術效果。知道了，此番相逢，來去匆匆之意，戰亂中，離別是常事，死亡是常事，能夠活著相逢，特別是在這樣的避亂之地相逢，反而是偶然之事，意外之事。戰亂年代，此番生離，實為死別。由此可知「忽漫」二字包含如何深沉的感慨。知道了杜甫善於用虛詞敘寫情思，從「更為」到「忽漫」，前後縮合，意脈貫通，情思流蕩，既對仗工整，又有靈動之氣。當然，也知道後幾句的反襯手法。陶先生還講辛棄疾詞。

　　我們當時讀詩讀文不多，聽兩位先生的課，有些理解還流於表層。更深層的理解，是在後來讀了大量作品之後，讀了韓文，讀了杜詩，還讀了前後其他作家的散文和詩歌，反復吟味，纔更多地領悟兩位先生所講的深層意蘊。

　　兩位先生詩學功底均極深厚，常年作詩，胡先生古體勁健古雅，陶先生近體格律謹嚴。他們也希望我們多寫古詩。

　　給我們講課的還有余心樂先生。人稱余先生「活字典」，讀大學的時候，就聽余先生作過講座。現在余先生講「古文字學」。每每講完，小眼睛那帶點小狡黠的光總要朝你閃一次：「聽懂了嗎？」還有古文論課，是熊大材老師，一位中年老

師。還有政治課和外語課。

　　學完一門課，都有考試。胡先生陶先生幾門課的考試，多是作品分析，也有論述題。政治課那一次的考試，是《反杜林論》的分析。

　　兩位先生這一年招收了三個弟子。我之外，另兩位，王德保和段曉華，年紀都比我小，應該稱師弟師妹。王德保是七八級的優材生，讀書多，有功底，思路開闊，善於深思，而且為人極好，凡與之接觸過的無不稱道。段曉華是才女，聰慧有悟性，曾任中學老師，有教學經驗。後來王德保考取北京大學博士生，為南昌大學文學院院長。段曉華很聽兩位先生的話，一直堅持寫古詩。後來在全國詩詞界已很有名氣。

　　我又一次體驗學生生活。不過，並沒有住進學生宿舍。衹是在家裏體驗。家裏兒子盧丹長到幾歲了，白胖乖巧，人見人愛，在幼稚園特受寵。他愛吃餃子，每次幼稚園吃餃子，阿姨總要在他碗裏多夾幾個。

　　有一家姓毛，在學校後勤某科當科長，我們稱他毛科長。一家人都很善良。盧丹媽媽在井岡山的時候跟這一家人就熟，盧丹出生以後，跟這一家人特別親。稱毛科長為毛公公，毛科長老伴為毛婆婆，兩個女兒，一個叫大姨，一個叫小姨，一個兒子，則叫舅舅。盧丹外婆家住南昌廣場附近，親外婆家的反而叫廣場阿姨廣場舅舅，毛科長家的反而成了親姨。

　　毛科長老伴和女兒，也就是盧丹叫毛婆婆和大姨的，都在幼稚園。常常是中午在幼稚園吃完，晚上又接到他們家去吃。

這一家是東北人，愛包餃子。每次家裏包了餃子，或者做了其他好吃的，必會把盧丹抱去。「盧丹，走，到毛婆婆家去。」

「盧丹，走，到大姨家去。」

這時，小盧丹就會乖乖地跟著去。毛婆婆如果做了點好吃的，毛公公不小心吃了，毛婆婆就會生氣：「這老不死的，這是給我盧丹做的，你怎麼吃了！」這時毛公公就會連連道歉。這家大女兒，也就是盧丹稱大姨的，後來找了對象，兩人談戀愛，都帶著盧丹。

盧丹因此在師院很出名。比我有名。那一時期，外人進了師院，如果直接問「盧盛江家在哪裏」，可能很多人不知道。如果問「盧丹家在哪裏」，可能很多人會指給你看：

「盧丹家？知道知道！諾，就在那裏！」

那一年清除精神汙染，學生偷看女浴室，都是精神汙染。清查三種人，所謂三種人，指追隨林彪「四人幫」造反的人，幫派嚴重的人，打砸搶分子。整黨，要和黨中央保持一致，以新黨章為鏡子，解決思想不純，作風不純，組織不純的問題。連聽五個報告。每週二五六下午學習，每次不少於三個小時。省裏派整黨小組下來，找學生支部座談，給校黨委和系黨總支提意見。每個黨員重新登記，個人申請，聽取群眾意見，黨內評議，支部通過，黨委批准。有問題的，暫緩登記或不登記。研究生黨員自然都沒問題，不但全體通過，還發展了新黨員。

我是黨小組長，可能當過介紹人。有郭丹，當時是江西師大劉方元先生的研究生，後來先秦兩漢文學特別是《左傳》

研究特別有成就，是福建師大教授，博士生導師。我已記不得了，但他每每記得我在師大是他的入黨介紹人，稱我「師兄」，他已擔任領導職務，但那次到福建講學，非要到機場親自來接我。

就在我讀碩期間，一九八三年，江西師範學院改名為江西師範大學。

一九八四年，第一次參加全國唐代文學學會。我和王德保一起去蘭州。很多學者早已知名，周振甫、王運熙、霍松林、傅璇琮、朱金城、裴斐、蔡義江、吳文治、牟世金，都來了。他們都是老朋友，會上會下都很親熱。我們懷著仰慕，但似乎不再疏遠。我們學的是唐宋文學，他們在會上講的，那內容，那風格，和江西師大兩位導師講的一樣，都很切實，都是身邊的學問。王運熙先生身體瘦瘦弱弱，說話聲音細微微的，二十多年後竟然還沒大變。印象最深的，傅璇琮先生在會上的報告，聲音不大，沒有什麼激揚起伏，講得簡要平實，但非常明快，透著一種統攝全局的氣魄和洞悉發展未來的深邃眼光，有一種凝聚人心的吸引力。那時我已經讀過了傅先生的《唐代詩人叢考》，手頭還有傅先生等編撰的《唐五代人物傳記資料綜合索引》，又有幸親耳聆聽傅先生的報告，真是敬佩之至。

八十年代，是老一輩成就最輝煌的年代，十年乃至二十年的沉默壓抑，當科學的春天到來的時候，百花頓時一齊綻放。那學術的園林，真是姹紫嫣紅，春色爛漫。那也是我們這一代接受老一輩薰陶、培養的時代。我有幸躬逢了那一盛會盛世。

　　和王德保同行，西安、成都、重慶、武漢、蘭州。去敦煌
又加上錢志熙。錢志熙後來是國內知名學者，北京大學教授，
長江學者。他那時是杭州大學蔡義江先生的高足，在溫州工
作。他也是初次參加唐代會。錢志熙性情溫和，王德保辦事細
心。年輕人在一起，頗有點佳人拾翠，仙侶同舟的感覺。

　　蘭州、敦煌氣候真乾燥。成都人吃麻辣真厲害。麵館裏一
碗麵條已是滿滿一層辣椒，還大叫：「辣椒怎麼這麼少。」店
堂靠牆桌子有一大盆，滿滿一盆辣椒，於是用大勺，唰唰唰，
三大勺舀到碗裏，這纔坐到桌前呼嚕嚕地吃起來。我們驚得口
瞪目呆。久慕涪陵榨菜之名，買了幾包，以為名貴，必是美
味，捨不得嘗。長江三峽船上，兩人閒著沒事，說，打開嘗一
點吧。仔仔細細夾一點到嘴裏，發覺原來也是鹹菜味道，頗有
點失望。

　　從蘭州回來，就寫畢業論文。接著是答辯。答辯主席請的
是武漢大學的胡國瑞教授。胡國瑞教授是我們胡老先生的師兄
弟兼好友。那時七十多歲高齡，武漢大學重點保護，為怕出
問題，規定一般不外出。但胡國瑞教授說，胡守仁先生是他的
師兄，胡兄有令，招之即來。於是武漢大學祇好特許，但有條
件，往返途中，一定專門陪送。這是自然的。於是派王德保前
往武漢迎接，答辯結束，又是王德保陪送，沿途盡心照顧。我
陪胡國瑞先生去南航看望他一位朋友。論文答辯那天很嚴肅。
胡、陶兩位先生和胡國瑞先生之外，答辯委員還有中文系的劉
方元教授和朱安群教授。

　　我的論文寫的韓愈。不知怎麼回事，我先做了繫年。做了《韓文繫年》，寫了《韓文編年舉疑》。涉及其他古文家，又做了《柳冕文繫年》，寫了《柳冕文論評議》。都有考證。當然不能作為成熟的成果。因為確考極難。又寫了一萬八千字的《韓愈關於「氣」的文學思想》。這時感到，做學術，很多問題真要深入下去，都要花很大精力，都是一片大領域。有的就是無底洞。時間精力都不允許我做得太深。但回頭來看，當時確做了一些實際的工作，對自己是一個很好的訓練。這樣做的路子，現在看來，是對的。

　　研究生論文具體選題，則是《試論莊子對韓愈的影響》。我也很奇怪，當時為什麼會想到做這個題目。因為韓愈思想的深處，更多的是儒家。我何以想到莊子對他的影響？可能由韓愈詩的怪奇，聯想到《莊子》一些寓言的怪奇描寫。當然，韓詩慣用的有些句式也可從《莊子》那裏找到源頭。現在來看，這個題目之下涉及很多問題。那時祇能就那時的認識寫下來。

　　三年研究生，最大的收穫，是從兩位先生那裏感受到深厚的學問境界和精神境界。第一次知道什麼叫學問，第一次那麼深切地感覺到，做學問，特別是做古代文學，國學修養是多麼的重要！

　　後來王德保兄曾著文紀念兩位先生，說：「後來我們也忝居教授之職，也帶研究生，但在學問上，與先生相比，其間差距不可以道里計。先生的學問，有三點永遠無法超越，一是所謂的童子功，從小熟讀經書；二是執迷學問的態度，更是望塵

莫及，先生數十年如一日，以典籍為友，與孤燈相伴，孜孜矻矻，耄耋不倦；三是以學術為生命，不為外界誘惑，不圖虛榮浮名。」

這是最大的收穫，也是最大的遺憾。我們可以執著學術，可以以學術為生命，但是，兩位先生那基於童子功的國學修養，學問境界，已是無法企及。我們這一代學人，恐怕很少有人能走兩位先生這一輩學人那樣的學問之路。新的學術之路怎樣走？還需要繼續摸索。

六、劉世南先生讓我警醒，要嚴謹，有多少本事，做多少學問

碩士畢業，我便留在中文系，在古代文學教研室。

教研室很有幾位有學問的先生。除我的導師胡守仁先生和陶今雁先生，還有劉方元教授。有唐滿先和朱安群先生，兩位是中年老師。唐滿先老師研究魏晉六朝文學。朱安群老師畢業於北京師範大學，研究唐代文學。那時評教授副教授還比較嚴格，記不得那時他們是講師還是副教授，但都很有水平。後來當然都是教授。

還有萬萍老師，那時算年輕的，研究明清小說。和朱受群老師同為萍鄉人，也因此很喜歡我。後來主編《豫章叢書》。教研室主任是一位女老師，叫姚品文。人很慈和，研究明清文學，雖從中學調上來，但做學問很是規範嚴謹。我剛留系，教研室就作進一步培養我的計劃，姚老師安排我參加國內的學術

會議。

最讓我佩服，對我後來影響也最大的，是劉世南先生。

一位奇才。祇是高一肄業，但國學功底極深。少年時讀了十二年古書，《小學集注》、《論語》、《孟子》、《大學》、《中庸》、《詩經》、《書經》、《左傳》、《綱覽總論》等古書，不但熟讀，而且全部背誦。

有家學，又極勤奮。父親是前清秀才，小學三年級之前，他就隨父親讀古書，讀家藏的前「四史」，還有《昭明文選》，大部頭的「九通」也常翻看。抗戰發生，南昌存款化為烏有，家境頓陷困境，他讀完高一便失學。此後多在中學教國文，除了上課，就撲到圖書館找書看。

每日清晨，風雨無阻，慢步讀書，一天讀古書，一天讀英語。《十三經》沒背誦的全部圈讀，每天四頁。不用說，《老子》、《莊子·內篇》，集部的《文選》、《古文苑》和《古文辭類纂》中的名篇，當然還有唐名家詩，都全部背誦。《淮南子》《呂氏春秋》等都是熟讀。還有清代樸學的著作。

國內很多古典研究方面的著作，這些著作經他看過，都可以發現國學方面的一堆錯誤。他辨「弦箭文章」之出處，辨「千載傳忠獻」非指韓世忠，而指韓琦。辨「新婦初婚議灶炊」非用唐王建《新嫁娘》典，而用戰國衛人迎新婦典。辨舒煥既名煥，則應字堯文，不當字堯夫。辨「神堯」非唐堯，而是唐高祖李淵的諡號。這些著作的作者，很多是國內國際的大名家。但這些名家名著國學方面的錯誤，都逃不過他的眼睛。

　　還在解放前，他纔二十幾歲，寫的文章就被楊樹達先生稱為「發前人之所未發」。後來，與他進行學術對話的，都是錢鍾書、馬敘倫、呂叔湘、朱東潤、屈守元等學界大名家。錢鍾書稱他的匡謬正俗文章「學富功深」，曾推薦他到中華書局。

　　這樣一位學者，卻祇在中學教書。他的學生，有在省委工作的，在省文聯工作的，南昌市教育局工作的，還有兩位在江西師大，五個學生聯合推薦。鄭光榮書記本就愛才。很快，將劉世南先生調入江西師大。

　　講課。研究生們驚呆了。國學典籍太熟了，《詩經》、《左傳》，各種典籍，簡直倒背如流。

　　他善於思考各種問題。小時候，他父親就經常提問，要他回答，也鼓勵他提問。他父親經常說的一句話是：「不怕胡說，就怕無說。」他說，因為你胡說，儘管錯了，你總動了腦筋；無說，那是沒用腦子想問題。他思考各種問題。思考中國古代的問題，也思考當代政治、經濟、文化的各種問題，思考國際的問題。他關注四書五經，也關注顧准、李慎之、秦暉、劉軍寧，關注德國學者顧彬，看利季婭的書，看《戰略與管理》，看《二十世紀的美國》、《重崛起的俄羅斯》。他曾為當下學風腐敗拍案而起。一九四九年，他曾面見逃到吉安的國民黨「徐州剿匪總司令」劉峙，勸他像傅作義一樣起義。

　　他更加勤奮地讀書。以前雖然家有藏書，畢竟有限。江西師大圖書館豐富的藏書，極大的滿足了他閱讀的欲望。真是如饑似渴，每天除了吃飯、上課、睡覺，基本上就泡圖書館。他

對他的幾個學生說：「你們推薦我來師大教書，我最感激你們的，不是使我當上了大學老師，而是讓我跳進了知識的海洋，任情游泳。」當《四庫存目叢書》和《續修四庫全書》陸續陳列上架的時候，他說他心裏真是灌滿了歡樂，他說，每次從書庫出來，走到圖書館大門的臺階上，陽光和微風照拂著他的全身，他會注視著藍天，內心說：「我是世上最幸福的人！」一年三百六十五天，祇要圖書館開放，他基本上每天最早一個走進圖書館，又最晚一個離開。師大圖書館有老館長，叫張傑。常常，圖書館管理人員都下班了，張館長知道他要看書，就留下陪著他。笑笑地坐在他對面。於是就有這樣一幕。大年三十，下午，快閉館了。人都走了，偌大的圖書館，空空蕩蕩。祇有兩位老人，一位是張館長，一位就是劉世南先生。一位廢寢忘食地讀書，一位靜靜地坐在對面，笑笑地看著他。下午四點，劉世南先生從書中抬起頭，兩位老人對視一笑。於是起身，離開，閉館。每年的大年三十，都有這一幕。

他用十五年時間，著有《清詩流派史》，在臺灣和大陸出版，得到很高評價，被譽為二十世紀清詩研究的「經典性成果」之一。

但他淡泊名利。剛從中學調到師大，按他的水平，評個正教授也完全夠格。領導找到他，說，先評你一個講師，可不可以？他二話不說：「完全可以。」後來評上副教授，再評正高。領導又找他，說，現在名額有限，能不能讓別人先上。他又說：「沒問題。」他的想法，圖書館那麼豐富的藏書可以

看，這就夠幸福了。至於什麼職稱，他毫不在意。

直到退休，他仍是副教授。但師大上上下下沒有誰不公認他的學問大。不但學問大，而且關注現實，對現實很多問題比年輕人還有看法。個子高高，人隨和，隨意，年輕學人都願意找他，談古典，談思想，談看法。他算協助劉方元教授培養碩士，先培養了郭丹和劉松來。劉松來留校。郭丹後來是福建師大教授，博士生導師，在先秦兩漢文學特別是《左傳》研究很有成就。還有很多年輕學人，都自認是他的學生弟子。他住的地方不大。七十多歲，還要奉養老母親。老母親九十四歲仙逝，他老伴又傷了腳，也要他護理。後來老伴也去世，祇他一個人。他心思又放在看書上，不願打理家裏。那小屋於是亂得很，稱得上名符其實的「陋室」。但就是這「陋室」，經常是人來人往。真用得上劉禹錫《陋室銘》的兩句：「談笑有鴻儒，往來無白丁。」

畢竟是老人，家裏祇有一個人，不放心。於是有學生自願陪著他。陪伴他的學生畢業了，在南昌工作，也仍然每天下班之後，和他住一起。

八十多歲，如此。九十多歲，仍然如此。性達觀。那年醫院體檢，發現有癌。人要他住院做手術。他一笑：「我已經九十一歲了，還怕什麼癌？」一不住院，二不做手術，三不吃藥。到現在九十五歲了，居然什麼事沒有。照樣每天去圖書館。不過師大圖書館搬遷到新校區。但仍每天步行一兩千米，到附近的省圖書館看書。

　　劉世南先生調入江西師大，在一九七九年。那時我已在學報。早就聞說劉先生的學問。為稿件的事，有過幾次拜訪，不過那時自覺學識太淺，不敢太多上門打擾。後來讀碩士，讀的唐宋，劉世南主要治先秦兩漢，同時治清詩。因此請教也不多。碩士畢業留系，同在一個教研究室，接觸機會更多。但接觸更多的，卻是離開江西師大之後。越到後來，自覺對學問瞭解漸多，向劉先生請教也就越多。每次回南昌，回師大，除了看望我的兩位碩士導師，必要去看望劉先生。

　　讀劉世南先生那些匡謬正俗的文字，常常汗顏。因為我最缺的，就是國學功底。我們雖也以讀書為樂，但遠做不到像劉世南先生那樣勤奮，那樣淡泊名利，連正教授職稱都可以不要，祇要讀書。他送我一本他著的《在學術殿堂外》，記述他的學術經歷。他自述為什麼書名叫「在學術殿堂外」，含意有二。一，和錢鍾書等學人相比，他未曾升堂，祇能站在堂外。二，和製造文化垃圾者，以及嘴尖皮厚腹中空的名流相比，他羞與為伍。他們在殿堂內，劉先生自甘站到堂外。

　　每次讀到劉先生的文字，每次拜訪劉先生，我就警醒自己，要嚴謹，有多少本事，做多少學問。可以說，這影響了我的一生。

七、報考博士，鄭書記說：既然符合規定，就辦

　　教了一年中國文學史。講了些什麼，我自己全忘了，但學生卻記得我。多年之後，我在學界活動，有人上前問候，說：

「盧老師，我是江西師大的，您的學生。」說的就是在江西師大教那一年課。那學生已是某地方高校部門負責人。

但是，我的心思已在報考博士。還在讀碩的時候，就在準備。碩士畢業，更是一邊教課，一邊抓緊準備。

不料申請報考遇到麻煩。去找系領導。系裏代主任姓陳，教文藝理論。陳主任滿臉堆笑：「好啊！繼續深造，很好啊。」

說了一堆報考博士很有意義的話。我以為他答應了，不料接著他說：「不過這事得找教務處。你問一下他們吧！」於是找到教務處。教務處已換了處長。新處長看看我，說：「這事得系裏同意啊！」我正想申說，新處長顯得不耐煩，不等我開口，一句話就把我的口封住了：「系裏不同意，我們怎麼決定呢？去去去，去找你們系裏！」連說了三個「去去去」。

沒有辦法，回頭再找陳主任。卻已很難說上話。明明在辦公室，卻說：「我這會正有事呢！」過會兒再去找，又說：「我馬上開會呢！」等開會結束，他又下班：「我要回家了。」一天，兩天，都找不著。

沒有辦法，祇好去陳主任家裏找他。他顯然很不高興，說：「你怎麼這樣呢？不是說了，要教務處同意嗎？他們同意，我這裏肯定沒有問題。你找他們去吧！」

我祇好回過頭來找教務處。新處長又是很難找，辦事，開會。於是在辦公室守著。守了半天，沒見人影，原來他開會辦事之後，直接回家了。祇有第二天再找。好不容易找到，卻還

是那句話，「找系裏去。」再找系裏，陳主任則說：「找教務處去。」

那年我們這一批博士招生考試推遲在九月，報名在七八月。南昌正熱如火爐。教務處和系裏，兩邊踢皮球，踢來踢去，我就在毒太陽底下兩邊跑來跑去。一天，兩天，好幾天過去了，沒有一點結果。

報名截止日期一天天臨近。我心急如焚，束手無策，急得哭了。就在這時，鄭書記辦公室的人找到我：「鄭書記讓你去一趟。」

鄭書記，就是鄭光榮，這時已是校黨委書記。他不知怎麼也知道這事，把我找去。辦公室，鄭書記簡單問了情況，便拿起電話，要了教務處：「盧盛江的情況符合規定嗎？」

對方大概要申辯，這回是鄭書記不耐煩：「我祇問你，符不符合規定？」對方大約回答符合規定，鄭書記說：「人家報名馬上就要截止了。既然符合規定，就辦！」

一切順利解決！前後不過三五分鐘。

這是決定我此後學術道路的三五分鐘。在我的人生道路上，這是關鍵的三五分鐘。如果沒有這三五分鐘，我無法報考博士，很可能就沒有後來的發展，沒有今天的一切。

教務處長很委屈：「鄭書記都說話了。……」鄭書記在江西師大聲望很高，又是一把手，下面的人不敢不聽。

事後回想，系裏陳主任和教務處長考慮的是眼下的工作。留系老師考博士走了，沒人上課。但鄭書記眼光看得更遠。鄭

書記看到的是人材的培養。那時還是一九八六年，江西師大這樣的學校，還沒有人考取文科博士。那時就全國來說，培養博士也剛剛起步。鄭書記應該是看到了，學校要發展，師資隊伍要建設，就要培養博士。可能正因為有這些考慮，我報考遇阻的事會傳到他的耳朵裏，他會為一個普通青年教師的事親自出面。

他辦事簡捷，又很注意政策。別的一概不問，祇問是否符合規定。既然符合規定，就辦。上下都沒有話說。

很有幸，遇到一位有遠見的鄭書記。

一切辦妥。考試順利。很快錄取。我去向鄭書記感謝，並告別。走進他那簡樸的家。鄭書記說話仍然很簡捷。

「你要回來。」

這是他第一句話。接著他說了第二句話：

「這裏是你的母校，這裏有你的導師。你應該回來。」

三年之後，博士畢業。我去看望鄭書記，表示歉意。說，沒有聽從鄭書記的話，沒有回來。鄭書記並沒有責怪，他說：

「要你回來，不是目的。目的是培養人材。」

我很幸運，遇到了一位愛才的書記，值得尊敬的鄭光榮書記。

第七章　南開讀博士

一、那年導師開山納春，祇招收了我一個博士

我報考的是南開大學，導師是羅宗強教授。

人生很多是機緣。我和羅宗強先生相識，就純屬偶然。

第一次見羅先生，是前面說過的一九七八年十月，我在學報，到全國各高校學報訪問。這天結束濟南活動，晚九點多乘火車出發，次日凌晨三點到天津。在車站呆到六點半，纔坐車到南開大學。

一九七六年唐山大地震，天津也受影響。一路看到地震的痕跡，街旁還有防震棚，南開大學校園裏也不少。還有震坍後的斷垣殘壁。據說，天津還有五分之二的房子沒有蓋起來。那時外出找住宿還困難，要單位介紹信，還有其他麻煩手續。但我們住宿還順利，跟南開學報的老師一講，他們馬上聯繫上了。休息了一天，夜裏乘火車辛苦了。

第二天，到南開大學學報，和學報的老師座談。這時一個瘦小個的中年老師過來。聽說我們從江西來，特別熱情，自我

介紹説，他原來在贛南師專工作過。這時我們知道，昨天為我們聯繫住宿就是這位老師。中年老師帶我們到他的「家」。那時學校百廢待興，學報編輯部蜷縮在一間學生宿舍。中年老師的「家」就在隔壁，是學報的一間資料室。原來也是學生宿舍。

靠門口的一半堆滿了學報的資料。臨窗一張非常簡易的三屜書桌，一張學生宿舍用的雙層架子牀。牀的一邊則堆滿了家用雜物，衣箱臉盆碗具之類。牀上躺著一個病人，病人略一欠身，點頭笑笑。知道是中年老師的太太。

中年老師説了一句太太為什麼臥牀，好像還説他有一個女兒。中年老師也介紹他姓什麼，名什麼。都沒有記清。我們帶隊的是李樹源老師，一應「外事」交流交談，都是李老師出面。一路杭州、上海、南京、蘇州、曲阜、濟南，後來還有北京、鄭州，接待我們的太多了。天津，南開，還有接待我們的這位瘦小個的中年老師，已有過的一點印象，早就被忙忙碌碌的一大堆事情沖得淡而又淡。

印象中，我似乎説了一句我是贛南人。

將近兩年以後，一九八〇年八月，我仍在江西師院學報，參加廬山全國文藝理論研討會。

真是盛會。三百多人，全國除臺灣省之外的二十九個省市，近一百三十所高校，四十多家文學報刊出版單位，八家文學研究單位，都有代表參加。那些著名作家、文藝評論家，全國和省文聯的高層領導。幽靜的廬山頓時異常熱鬧，那濃密翠

綠的山林，一下子星光璀璨。我們從熟知會議的人士那裏，斷續聽到一些大名。陳荒煤和王若水是認得的，他們做了大會報告。陳荒煤高高胖胖，臉圓圓大大。王若水則顯得清秀，個子也不高。

開大會時，廬山人民劇院滿滿堂堂，我們隔得遠遠地，看著主席臺上一個個人影。會後，都有人簇擁著，有的還拄著拐杖，有的被人攙扶著。我們祇能遠遠地望著。一種習慣性的仰慕，又說不出這種仰慕跟自己是不是有關。我們祇是小青椒，離這些人隔了一層又一層，遠著呢！

會議的議題，都是一時顯赫的。大會報告，陳荒煤從馬克思主義誕生以來無產階級文藝走過的道路和建國以來文藝發展的歷程說過來，說要吸取四條教訓，認識社會主義文化建設的長期性、複雜性、艱苦性，貫徹好對知識份子的政策。王若水講「人的異化」。會議討論文藝與政治的關係。好像耳目一新，又都似曾相識，不管什麼感覺，都拼命往腦子裏灌，似懂非懂，灌得滿滿當當，又好像仍然空空如也。

一個一個風景點走過來。四年前開門辦學來過，這一次感覺不同。仙人洞的秀美，龍首岩的險峻，三疊泉的奇麗。

這天，來到東林寺。那一千五百多年的古樟和羅漢松，寺前那曾讓陶淵明、陸修靜、慧遠三人大笑的虎溪，那象徵蓮宗蓮社，相傳為謝靈運所鑿、滿是白蓮的蓮池，刻于唐永淳二年的經幢，還有傳說慧遠在此與人聽泉說《易》的聰明泉，都讓人留連忘返。

走出東林寺，到下一個景點。四周群山蒼翠，寺邊稻田環繞，那將要收割的水稻金黃金黃的，那山間田埂長著青草，踩上去鬆軟鬆軟的。我抄近路，從田埂走去。這時，近身後一個清晰的聲音：

「小盧！」

我回頭看去，一個中年老師，身材不高，臉清瘦清瘦，但眼睛很有神。我一下子想不起是誰⋯⋯

「我是羅宗強啊！」

我還是茫然。那老師又說：「我是南開大學的，學報的。」這下我想起來了，兩年前我們出訪，到南開大學學報，就是這位老師熱情接待了我們，我們還到他「家」裏去看了。我連忙問候：「羅老師好！」

羅老師眼神很慈祥，一邊說話，一邊就拉著我的手。習慣了遠遠地看著那些名人，那是一種稍帶點緊張的疏遠之感。羅老師則一下子讓我感到親切。

後來說了些什麼，已經記不得了。祇記得我問了一句：「羅老師，您覺得這次會議怎麼樣？」我以為羅老師肯定會大為讚歎一番，然後作些細細的分析。因為僅那些人的名字，就足以讓人心裏生出不知是敬畏還是震動。不料羅老師祇淡淡地說了一句：

「老一套。」

我暗自吃了一驚。要知道來開會的這些人物的份量啊！僅就大會報告的兩個人物來說，陳荒煤是老資格的文藝評論家，

文化部副部長，中國文聯黨組副書記。王若水是《人民日報》副總編，更是紅極一時的被視作一流理論家的人物。當時他的異化論，傾倒了多少年輕學人。還有其他如雷貫耳的名字。羅老師卻淡淡的一句「老一套」來評價，確實讓我吃驚。

接下的廬山之遊，基本上和羅老師相伴。三寶樹，蘆林湖，含鄱口……，羅老師仍是很慈祥，時不時拉著我的手。說話不多，到一處，祇是說：「廬山真美！」在山上看到一種花，記不清什麼花。便找來工具，挖了一株，說：「這花真好，帶回去種。」

從廬山下來，我便寫信問候。那時的稱呼，是羅老師。不久，收到羅老師寄來新著，《李杜論略》。題簽：「恭請盛江學兄指正，宗強贈。」

信件來往越來越密切。一九八二年十一月，收羅老師信，說他將赴濟南參加《文心雕龍》會，四川江油李白會，問我去不去。還問我要相片。後來又來信，說，《古代文學理論叢刊》問他有沒有好稿子。這是中國古代文學理論學會的會刊。中國古代文學理論學會成立於一九七九年三月，是改革開放以後成立比較早的學術團體，最早，周揚是名譽會長，郭紹虞是會長，常務理事有吳組緗、楊明照、程千帆等，都是赫赫有名的一代頂尖學者。《叢刊》當時很有影響。不久，我寫成一篇，題為《〈文心雕龍·辨騷〉辨析》。羅老師推薦，不久，文章發表於《叢刊》第七輯，並且寄來六十三元稿費。

羅老師來信問我的研究方向。一九八四年十一月，又來信

囑為《唐代文學年鑒》寫評陳邇冬先生《韓愈詩選》的文章。我按要求完成書評寄上。不久，又完成《韓文繫年舉疑》，還有《柳冕考》和《柳冕文論評議》，都寄請羅老師指正。

這年年末，我給羅老師寄上茶葉、蓮子。不久，收到羅老師寄來《唐五代人物傳記資料綜合索引》。傅璇琮先生等編撰的這部一百三十多萬字的巨著，對研究唐代文學非常有用。我又寫信告訴羅老師，我已確定碩士論文選題，題目是《試論莊子對韓愈的影響》。

再一次見羅老師，是一九八五年三月。碩士研究生畢業之年，有一次訪師查資料的機會。我於是先到北京，再到天津。

下午到天津，不敢打擾羅老師，自行住下。第二天，拜訪羅老師。羅老師已回中文系，住南開大學北村。兩間不大的臥室，中間夾著一個過道式小廳。北方叫中單。一樓。

「一樓好，有院子，可以養花。」穿過一間臥室朝外的小門，果然一處小院子。種滿了花，也有並不開花的綠色植物。有盆栽，也有直接種地裏。一處葡萄架，爬滿了葡萄藤。「過些日子，就長葉子，到秋天，就結葡萄，就可以吃葡萄了。」說這話的時候，我竟然想到了羅老師的一顆童心。我問羅老師，從廬山帶回來的那花，種在哪裏。羅老師說：「沒種活。南方的花，北方養不好。」很帶點遺憾的口氣。

羅老師接著問我住哪裏。我說，住學校招待所。羅老師連聲說：「哎哎哎，不住那裏，不住那裏！就住家裏，就住家裏。把行李都搬過來，快搬過來。就住家裏。」

連說了幾個「就住家裏」。我正要推辭，正想說，住招待
所也很方便，沒等話說出口，羅老師又說：「聽話，別不聽
話！快搬來，把房退了。」親昵中帶點嗔怪，不容分辯，連催
我快去。

我祇得乖乖地依從。剛安頓往下，進來一位老師。羅老師
介紹說：「這位是阮國華先生，湖北黃石來的。」後來我知
道，阮國華先生也是南開畢業，在黃石分院，要調南開，正辦
手續。後來我也知道，羅老師正規劃做《中國文學思想史》。
這是一個規模宏大的項目，為這個項目，耗費了羅老師一生的
精力。調阮先生過來，就為完成這個項目。

羅老師接著介紹我，說，江西師院來的，「思路很好，
『莊子與韓愈文學思想』，思路很好。」連說「思路很好」，
說的是我的碩士論文選題。受到稱讚，我有點不好意思。

第二年，一九八六年，暑假時分，羅老師來信告我，國務
院已批准他為博士生導師。那時遴選博士生導師，每一位都要
經國務院學科評議組評審，極為嚴格。後來權力下放，各重點
高校纔能自主遴選。後來羅老師告我，遴選博導時，校長找他
談話，說，南開大學學科要發展，要羅老師在全國物色人材。
羅老師問我，願不願意報考他的博士研究生。

這一年，羅老師開山納春，全國祇我一個人報名，也祇錄
取了我一個人。從一九七八年第一次見面算起，整整八年，從
一九八〇年廬山會議算起，也有六年，終於投到羅老師門下。

二、一家人擠住半間資料室，羅先生寫下了他的不朽著作

南開有很多研究生。博士入學後，我就隨從他們，稱羅老師為羅先生。

入學前，對羅先生就抱有不同尋常的崇敬。

得到先生第一部著作《李杜論略》，眼前就猛地一亮。多年苦苦的探尋，這時心裏仿佛打開了一扇窗，領悟到什麼是學術，什麼是審美。李白，杜甫，再熟悉不過的兩位詩人，仿佛這時纔更深地把握了他們的詩美和豐富的內心世界，當然，也深切地感到那纔是真實的李杜。李白的任俠、求仙學道和功業追求，都是追求非同凡響的生活，杜甫則用溫飽代替了功業，平凡替代了非凡。李白詩寫虛，清雄奔放和清水芙蓉的美，杜甫詩的寫實傳神，沉鬱頓挫和集大成，其美的內蘊，其詩的意趣，盡現眼前，真如舒陳畫卷，鋪展錦繡，是理性的思考，也是藝術的享受。

再讀到先生關於韓孟詩派的論文。發表在《古代文學理論研究叢刊》第九輯。韓愈，孟郊，還有李賀。他們的詩，美在哪裏？好像能說出一點，又說不清楚。但是羅先生說清楚了。異乎尋常的怪奇的美，光怪震盪的美，怒張的流動的力，全然是新的分析，細想又是最準確的把握。羅先生那支筆，一下子就把那深層的美的意蘊，發掘出來的。還有發表在《中國社會科學》的《唐代文學思想發展中的幾個理論問題》，真是大氣

度，駕馭全局，有破竹之勢。

　　那年訪師查資料，在北京，我拜訪了另幾位著名學者。拜訪了舒蕪先生。這是《中國社會科學》的編審，《中國社會科學》是中國社會科學研究的頂尖刊物。舒蕪在這個刊物上剛發表了也是論韓愈的論文。但是舒蕪對我說，還是羅先生的寫得好。「震盪的美，震盪的美！寫得真好！寫得真好！」他連說了幾個「寫得真好」，連說了幾個「震盪的美」，那是羅先生對韓愈詩美的概括用詞。

　　拜訪了傅璇琮先生。傅璇琮先生那時是中華書局的副總編，中華書局是國內最頂尖的古籍出版社。傅璇琮先生那時還是唐代文學學會的副會長。唐代文學學會是國內又一個成立很早，很有影響的學術團體，那裏大家名家雲集。傅先生知道我要去拜訪羅先生，連聲說：「羅先生很有理論水平，很有理論水平。」「很有」兩個字說得很重。

　　入學之後，對羅先生的學問之深有更深切的領會。

　　入學第二年，羅先生贈新著《隋唐五代文學思想史》。那是久久的震撼。真是高屋建瓴。唐代那麼多作家，那麼多文學創作，不再是零散的珍珠，而匯成統一的歷史進程，時而如溪水潺潺，綿延不絕，時而又如洪流滔滔，浩浩蕩蕩。它如一座大山，廣博巍峨，而山間每一片樹葉，每一枝小花，詩文審美，心態剖析，政局審視，又勾勒得那麼細，那麼美。理論思考那樣高深，卻又如明鏡般透亮清晰，觸手可及。

　　再後來，是羅先生的《玄學與魏晉士人心態》，和《魏晉

南北朝文學思想史》。每一部書都是久久的震撼。一團亂麻般
的歷史，脈絡理得那樣清晰。又是高屋建瓴，又是洪流滔滔，
又是大山巍峨而小花細美。玄學不再玄虛空洞。東漢末名士瀟
灑風流與淒涼血淚，嵇康的悲劇，阮籍的苦悶，謝安、王羲之
的優雅從容，陶淵明的田家自然，一幅幅都是鮮活的畫卷。寫
名士們的瀟灑與血淚，那文筆也帶著瀟灑與血淚。帶著審美，
帶著感情，帶著歷史的審視和理論的思考。每一朵浪花，每一
片樹葉，都映照著一個世界。

　　隋唐，魏晉，南北朝，文學，玄學，有多少人耕耘過！著
述如山，成說如海的背後，是多少顯赫的名字！但是羅先生迎
刃而上，每一部著作，每一個立論，都在山與海之中拓開一
片新境！而這參天大樹，不論細小的枝葉花朵，還是粗大的主
幹，都深深縈根於厚實的土壤。

　　羅先生給研究生講課，研究生說：「聽了羅先生的課，終
身受益！」

　　著名學者傅璇琮先生說，羅先生的著作，是在整個研究的
進程中劃出一道線，明顯地標誌出研究層次的提高。他說，繁
忙的工作，雜亂的事務，常使他束帶發狂欲大叫，而一天繁忙
之餘，於燈下翻開羅先生的書稿，讀了幾頁，心即平靜下來，
感到極大的滿足，既有一種藝術享受的美感，又得到思辨清晰
所引起的理性的愉悅。

　　曾是文化部長的著名作家兼學者王蒙，每年都在關注文化
學界動態，翻看新出著書，但多不滿意。唯獨讀到羅先生的士

人心態，撰文感歎説，我已經好久沒有讀過這樣有趣有貨色、有見地的書了。為此，王蒙專程到天津拜訪羅先生。

由此我纔慢慢體會廬山相遇時羅先生説的那句話。會上所論，都是會前各種場合説過的話，文藝與政治的關係云云，異化論云云，還有政策性的闡述，除了套話還是套話。這當然是「老一套」。我還從中體會到，學術的力量不在於它的行政權威和學術權威，而在於它本身的深度和創新。

我慢慢知道，羅先生的人生和學術也不容易。

羅先生于一九三一年出生於廣東汕頭揭陽。母親很慈善，經常接濟窮苦人家。「母親經常給我們講一句話，『你們幾個人將來不管遇到什麼困難，都要咬緊牙關，挺過去！』」先生説：「這句話影響了我的一生。」先生的姐姐特別疼愛先生，先生五六十歲了，在姐姐眼裏還是當年的小弟弟。

先生較早受到古詩詞的薰陶。「小時候讀的古詩比較多。十五六歲時就愛寫詩，和一些好朋友，常在一起寫一些感傷的詩，有這麼一個善感的氣質。」先生後來回憶説。先生還專門拜師學過畫，老師是嶺南畫派的著名畫家。先生的著作，因此有一種善感的詩人氣質，藝術情懷。

那年汕頭開會，我陪去過先生的家鄉，小縣鎮幽靜清麗。一條清亮的小溪流過，兩岸是青石砌成的河沿，河沿幾株濃綠的大榕樹。我想像著先生浸淫在親人之愛和詩畫藝術氛圍中的浪漫童年。

早年參加土改工作隊。「抓地主，鄉下的地主躲避土改，

逃到城裏，把他們抓回去。」閒聊時，羅先生會聊他的過去。

「後來？後來土改結束，就到海南。海南做什麼？種橡膠。那是國家建設，缺橡膠。」那是上世紀五十年代初期。

「那一段最苦。荒山野嶺，砍幾根竹子搭個棚子，就那樣住。十幾個人二十幾個人住一起。熱，潮，蚊子多。還有野獸。一次遇到豹子，遠遠地望著我們。嚇得不敢動。壯著膽子，用手電筒照著它。這時不要跑，一跑，它就追你。你跑不過它。就用手電筒照著它。過一會，它就走了。」

「那地方真潮。四周圍的籬笆，剛插上去的木椿子，過不幾天就發芽長葉子。竹棚子，離地面幾十公分鋪著竹板，睡在上面，睡了半年，發現竹板底下長著個大木瓜。」

先生說，他在海南島的橡膠種植場工作了幾年，做計劃統計工作。那時是計劃經濟，每年都要制訂下一年的生產、管理、財務計劃，總有六、七大本，每一本都幾十頁，有很多表格和一系列的數字，每個數字都和前後有聯繫。開始做的時候總是出錯，祇要錯一個數字，表格就都要從頭返工。那時沒有電腦，全靠算盤。通宵通宵地返工，越返越亂，所以必須每做一步都很細心，絲毫不敢馬虎。先生說：「我少年時代是很毛躁的，學習也不認真，中學老缺課。」但是，「這段經歷，訓練出了細心的習慣。後來把這個習慣帶到了文學研究裏面來，研究一個問題，沒有把應該看的材料看完、想清楚，不敢動筆，總是胸有成竹纔寫。」「我現在就養成了習慣，做什麼事情都要有條理，井井有條，亂了絕對不行。」

　　一九五六年，先生考取南開大學中文系。四年級時提前畢業，在文藝理論教研室工作了一年。「這一年認真看了幾本理論書。比如，康德的《判斷力批判》，我就看了半年多。這書很不好懂，我就一段一段地讀，一行一行地拆開來讀，看他的邏輯思路，看一遍不懂，就看看第二遍、第三遍，直至大概弄明白了。」先生說：「讀西方的哲學著作，對於理論思維的訓練很有幫助。讀理論著作，不在於同不同意理論家的說法，更不在於搬用他們的理論，而應當是一種思維能力的訓練，訓練思維的敏銳性，訓練思維的邏輯層次感。」我們讀先生的著作，明顯能感到這種理論思維的嚴謹。

　　一九六一年，師從著名學者王達津教授攻讀研究生，研治中國文學批評史。這是國內比較早的中國文學批評史專業的研究生。研究生期間，先生發表了研究《文心雕龍》的論文。多年之後，先生提到此事，還覺得這篇論文的觀點沒有過時。

　　研究生畢業後，一九六五年初，到贛南師專。

　　「怎麼去的？服從分配唄！」那一去，在贛南就是整整十年。先是四清，後是「文革」。羅先生在「文革」中挨過批鬥，挨過槍托，下到贛南各縣，搞「中小學教改」，常常在衹有五六個學生的山村小學聽老師教拼音。但這些羅先生說得不多。說得最多的是贛南的山水。

　　「贛南的山水真美！」每當這個時候，羅先生就顯出無限留戀的神情，沉浸在回憶之中。「那山水真美。崇義，空氣真好，那山裏，真安靜，清早起來，山裏那鳥叫，真好！」還有

信豐，全南……。「贛南十八個縣，我都去過。那山水真美。下面的人也好。」還有各種吃的。羅先生知道我是南康人，家在唐江。「那裏我去過，大壩鎮，很熱鬧。」

羅先生很重情。那年汕頭開會，贛南師專請羅先生順道回母校講學。派專車到汕頭接，車行正經過贛南山區。我陪同。先生一路不住地往車窗外望，望著那熟悉的山水，不住喃喃地說：「沒變，沒變，還是那個樣子，還是那個樣子。」

在贛南，先生也小小地展示了文才。那時贛南的文教組，寫的稿子總也上不了大報。有人想到了羅先生。羅先生動筆輕輕一寫，文章就上了《人民日報》。

羅先生差一點沒能回南開。那年，他被安排下放，到尋烏，那是贛南最偏遠的山區。如果羅先生去了，那裏多了一個農民，中國可能就少了一個引領學術風氣的大學者。戶口遷出去了，行李已經托運，一切都辦好了，就等第二天早晨坐車出發。就在這時，羅先生病了。尿血！醫生說，必須馬上治療。下放？我不管，我祇管病人。這一下，治療三個月，時局政策變化，下放計劃取消。羅先生不用去尋烏。

「命運！」每當談起這一段，羅先生就要說：「這是命運」。是的，這是命運。如果下放當了農民，不僅羅先生，我的命運也可能要改變。

命運的變化還沒有結束。就在這時，師母在天津也病了。師母在中學教美術。師母的繪畫書法也極好。也下放，工廠一次事故，腰椎骨被機器甩出的皮帶打斷。做了手術，安了鋼

支架。生活不能自理，需要照顧。那年天津市給南開大學幾個進人指標。羅先生的同學朋友為此四處奔走。但是，中文系不要。如果中文系要了，那年我到學報訪問，可能就不會認識羅先生。又是命運。這時，學報出來了。「中文系不要，我們要！」沒有住房怎麼辦？「我們有資料室，騰出半間可以住！」

那是一九七五年。那之後，羅先生如魚得水，也是那之後，羅先生開始拼命。失去的時間太多了！

其實，在贛南的後幾年，羅先生就已經在拼命。先生第一部著作，《李杜論略》，很多內容就是在贛南寫的。沒有書，資料缺，硬是寫下來了。回到南開，先生當然更是拼命。

當年，魯迅研究著名專家李何林先生是南開中文系主任。羅先生下放贛南的時候，李何林先生對他說過一句話：「你要是願意做學問，到哪裏都可以做。你要是不願意做學問，條件再好你也不會做。」羅先生記住了老主任的話。

仍然非常艱難！一家人擠住在半間資料室。就是那年我到南開學報訪問時，羅先生帶我們去看的那個「家」。一張學生用的雙層架子牀，旁邊幾個舊箱子，窗前一張舊辦公桌，一張舊椅子，就是全部家當。師母臥牀不起。先生有一個女兒，那時還小。先生白天學報上班，下班回來，要到幼稚園接小女，然後生火熬藥做飯，護理臥病的師母，照護小女，洗涮，洗衣服，全是先生一個人。一天忙碌，收拾停當，已是晚上九十點鐘。這纔坐下來，看書，思考，寫書。常常到凌晨二三

點鐘，纔休息睡覺，睡三四個小時，又得起牀。生火熬藥做飯，送小女去幼稚園，上班。

羅先生的那部不朽著作，《隋唐五代文學思想史》，就是這樣寫下來的。先生的那個「家」，那半間資料室，那張雙層舊架子牀，那張舊辦公桌和那把舊椅子，幾十年來，久久地定格在我的腦海裏。

三、十七棟六樓，學校把這群博士生當寶貝

南開，這所國內名校，這所國際名校。

肇始於一九〇四年，成立於一九一九年，曾與北大、清華並稱西南聯大。數十年歷史，一系列閃亮的名字。著名愛國教育家嚴范孫，張伯苓，創始於艱難時期。周恩來，作為她的文科第一期學生，從南開走出，到法國，投身革命，成為中國共產黨的領袖，中華人民共和國的總理。著名數學家姜立夫，著名物理學家饒毓泰，著名化學家楊石先，著名歷史學家蔣廷黻、鄭天挺、雷海宗，著名現代文學專家李何林、李霽野。還有竺可楨、湯用彤、范文瀾、吳大猷，都曾在這裏任教。

到處看到新與舊的交錯、交替。一九七八年唐山地震的痕跡還在，但破爛的防震棚已經拆除，受損的房子外牆是一根根加固水泥柱。髒兮兮的小河溝邊，垃圾塵灰飛揚，乾打壘式的矮舊平房，一大片一大片，在那可憐地趴著。但不遠處新的教學樓宿舍樓正在建設。最顯眼的是正對主幹道大中路巍峨的化學新樓，和西邊的經濟學院樓群。三層教學樓旁邊，是聳立入

雲的二十多層高樓，高樓前又有一座蘑菇狀的圓形教學樓。和它們相比，灰色外牆的數學新樓就不太起眼了。一排排三層高的老舊宿舍樓還是那樣熱鬧，年青的學子們讓它富於朝氣。那旁邊，三棟六層高的宿舍新樓一字排開，那嶄新的紅磚牆體，雪白的樓體勾線和門面，在湛藍的湖光映襯下，格外氣派。

羅先生也遷了新居。但先生不滿意。那是南開校園西南一片草荒之地新建的教工宿舍樓，先生稱之為「西伯利亞」。其實不錯。三室，那時是學校面積最大的單元樓房了。位置也好，東邊，是所謂金角，陽臺本來就大，東向拐進去還有一大塊。不久，那裏就成了南開新的熱鬧的中心區，叫西南村。

人更在變化。那天，學校舉行高級職務教師聘任儀式，全校有教授一百多人，副教授四百多人。那時博士點二十八個，博士生導師五十二人。三十年後，這個數字翻了幾番。

那三棟一字排開嶄新的六層宿舍樓，就是為研究生蓋的。其中一棟還沒拆腳手架，研究生們就迫不及待從全國各地一擁而入，住了進來。天地更寬了。那六層頂樓，走廊東頭一個大大的陽臺。立於陽臺，可以極目遠眺。

天津也在變化。老舊平房正在拆除重建。南開校園東南面的擁擠路口，正在建天津市第一座寬敞的立交橋。不遠處的水上公園旁，天津電視發射塔正在興建。我們立於六層頂樓陽臺，看著這座據稱曾是亞洲第一高建築的天塔一天天往上長，直至聳入雲天。

又是一大串令人欽敬的名字，他們當中有院士，有的從國

外留學歸來，都是國際國內知名教授，頂尖學者。每個名字背後，都是厚重的學術成果。各種學術報告，各種學術沙龍，討論傳統文化，國際問題，現實問題。我因此聽了項楚先生的講座。項楚先生是羅先生大學同學，四川大學教授，著名的敦煌學家和俗文化研究大家。還聽了其他講座。真是開闊視野。不論老一輩，還是中年、青年一輩，都在做事。做研究，做學術，寫論文，寫書，參加各種學術會議，國內的，國際的。

入學是十月，但我感到是春意。八十年代整個是春天，是社會的春天，也是學術的春天，一個令人振奮的春天。

博士三年，又一次學生集體生活。就住在那三棟一字排開的宿舍新樓。十七棟，頂層六樓，基本上都住的博士，對外說，住十七棟六樓，就知道是博士生。

化學的物理的基本上在實驗室，白天見不著。文科的多在宿舍或者圖書館看書做事。吃飯的時候，都會從屋裏出來，東頭那大大的陽臺特別好。從食堂打飯菜回來，特別是晚飯，手端著飯菜，都會到陽臺聚談。春天或秋冬晴暖時分，陽臺上特別舒服。夏天晚上，陽臺又是乘涼的好去處。興致來了，有時還從屋裡拉根電線，挑燈夜談。

聊天，説閒話。説各專業的趣事。説各自的導師到哪裏開會回來，帶回什麼消息，國內的，國際的，英國的，美國的，日本的。有時還能知道院士的消息，因為有的導師就是院士。我們因此知道拓撲學，知道高分子，知道元素所，知道世界上一些劃時代的科學論文，常常祇有一兩頁紙。當然也知道南開

化學厲害，經濟厲害，歷史厲害，在全國排二排三，有的專業甚至排名第一。

這是南開的驕子。學校把這些人當寶貝。擔心研究生們吃不好，開座談會專門討論如何改進食堂工作，改善伙食。又擔心博士們成天看書做實驗不鍛煉，影響身體，專門組織博士生跳舞。知道博士生們不願多跑路，便把舞會辦到樓上。六樓中段往洗手間，有一個過道式的廳。加上旁邊走廊，大致可以容一二十個人。專門找了會跳舞的女生，容貌身材好。就在門口，博士生們開門就是，又是週末。女生舞伴們先是靜候，後是主動邀請。博士生都是男生，就是不跳。先還圍著看看，後來一個個散去。硬把那些熱情漂亮的女生舞伴冷落在一旁。

和幾個數學的玩得比較好。一屋住兩個人。和我同屋的就是數學的，叫王向軍。但一開始和王向軍卻合不來。他愛喝酒，而且時不時邀一班外面的人到屋裏喝酒。愛抽煙。要麼就整天不做事，要麼就通宵達旦做事，而且一支煙接著一支煙。我習慣白天做事，愛安靜，晚上睡覺一盞燈就在牀前刺眼地亮著，整個房間煙騰霧罩，特別受不了。

我和他年齡相差十多歲。那時，文科的博士生年齡一般比較大，都有三十幾歲，理科的比較年輕，都祇二十幾歲，王向軍年齡尤小。可我提出意見，他卻愛理不理似的，眼睛看著別處，輕描淡寫地說一句：「是嗎？」

後來其他的數學的告訴我，王向軍做的是拓樸，數學裏最難做的，全靠空間想像，漫無邊際的嚴密思維。那是非常艱苦

的思考，一旦進入思考過程，不能停止，要一路想下去，一環扣一環地想下去，直到有一個結果。一般人想不出來，但王向軍聰明，有才，能思考。我纔理解，為了全身心沉浸於拓樸的思考，他要一支煙接著一支煙，為了想通一個問題，常常幾天幾夜不能睡覺。這太累了。要放鬆，要喝酒。他是河北人，性直仗義，當地有很多朋友，因此常聚在一起喝酒。

理解之後，我也就不在意。他的朋友來喝酒，我就到閱覽室看書，或者到外面走一走。晚上，就在牀前掛個東西，擋一擋燈光。好在我適應能力強，晚上還能睡著。

他也不再大大咧咧，開始留意小節。有朋友來，有時到外面聚餐。晚上不開大燈，祇開桌前小燈，用東西擋著。抽煙似乎沒有辦法，有幾次我發現他晚上輕手輕腳，走到門外，抽一支煙，進來再接著思考做事。這讓我反而不好意思。

後來我們成了好朋友。我叫他小王。我們一起留校，兩家常有來往，有時一起聚餐。幾次評職稱，都錯過了，他一點也不在意，「管他呢！」照樣抽煙喝酒，朋友相聚，當然也照樣思考他的拓樸學。結婚生了一個兒子，還有一套很寬敞的單元房，太太仍然受不了，和他離婚了。

中文系那一年招了兩名博士生，和我一同入學的有蕭占鵬。在職的，本科碩士都在南開大學，導師是王達津先生。六十年代初，王達津先生就是羅宗強先生的研究生導師。蕭占鵬有才，能力強，長得英俊帥氣。讀本科時就顯露才華，作為培養對象，畢業時，共青團中央要他。南開做工作，把他留下

來。博士期間，成立博士生會，第一屆，他是秘書長，第二屆，他是主席。畢業後，仕至天津市出版局局長，一個人同時管著下面三家大出版社，還兼著在南開中文系帶博士生，幫著羅先生做大項目。人也極好。對導師王達津先生極好。王達津先生家裏有大小事，需要幫忙，或者拿不定主意，總是說：「找蕭占鵬來。」對中文系師生上下也很好。

對我自然很好。博士招生考試，同一考場，初次相識。我原花錢住招待所，他馬上給我在研究生宿舍把住處一切都安排妥當。褥是單正平的，被子是王立新的。單正平、王立新都是蕭占鵬的好友，也是才子，王立新後來留校，成為希伯來文學研究專家，漢語學院院長。單正平則不太順。性直，又受八九風波牽連，碩士畢業和後來博士畢業，兩次報留校，都被拿下。後來去海南。寫雜文，出過集子，成為國內一家。因題目多有敏感話題，後來的雜文集也出不了。

他們對羅先生特別尊敬，蕭占鵬因此對我也特別關照，「羅先生看中的人，沒錯。」畢業留校後，特別是升任局職之後，有事找他，祇要開了口，他必周到辦全。

四、羅先生說，論文寫什麼呢？寫玄學吧

學習生活是緊張的。

課程不多。一外日語，二外英語。看似簡單，其實吃力。難度加大。研究生有中期篩選，其他課有彈性，一外是硬碰硬。壓力很大，不敢掉以輕心。

　　英語相對比較簡單。基本的語法，基本的辭彙。但也不知要學到什麼程度。英語老師很好，叫夏維華，一位非常慈和的老先生。江西老鄉，對我特別好。夏老師夫人姓陳，是附小的老師，上海人。畢業留校後，為太太調動找工作，還有其他事，夏老師和陳老師都為我們四處想辦法。夏老師有位老母親，我們稱夏奶奶，也特別慈和。陳老師作為媳婦，對夏奶奶百依百順。夏奶奶九十多歲仙逝。夏老師現在也年過九十，仍然健康。用得一句老話，叫仁者多壽。夏老師英語課講得清楚，考試也不太難，都過關，我的分數不低，八十多分。

　　政治課，開學上了一次課。老師佈置書目。書目比較簡單。「大家都是博士，都有水平。自己看吧。」臨考前又上一次課，再講一些內容。大家問：「這是不是考試範圍？」老師不作聲，祇是笑笑。考試果然在範圍之內。這讓我省了不少心。大家都過關，不過成績都不高。幾道大論述題，我自覺答得不錯，但祇有七十多分。

　　專業課簡單。魏晉詩文，還有老莊思想。

　　「關鍵是論文。」羅先生説。

　　九月從江西專程到南開，幾門入學考試結束，我去拜望，羅先生就喃喃自語：「論文寫什麼呢？」入學之後，安頓好住處，再去拜望，先生又是喃喃自語：「論文寫什麼呢？」

　　開學好些日子，羅先生説：「寫玄學吧！寫魏晉玄學與文學。」過些日子，羅先生又説一遍：「寫玄學吧！寫魏晉玄學與文學思想。」

　　但具體怎麼寫，先生沒説。祇是接著説：「做一個目錄吧！把相關研究成果找出來。」具體怎麼做目錄，也沒有説。

　　先生沒有多説。後來我理解，這不需要多講。讀博士，重要的是悟。導師最重要的是指導，是指引一個方向。做學術，方向很重要。其餘的，要自己悟。腦瓜不開竅，纔要手把手地教。這沒法讀博士，也沒法做學問。

　　先生實際指引了一個大的方向。魏晉玄學與文學是一個方向，先做目錄，是又一個方向。原典當然重要，但這是不言自明的。進入研究，自然要知道相關原典，自然要進入原典。

　　做目錄，頗費了時間。關於魏晉玄學與文學，有哪些研究成果，哪些研究論文和著作？全要弄清。到哪裏找這些論文論著？要靠自己摸索。那時沒有網絡和電腦，全靠手檢。

　　鋼筆，手寫，筆記做了滿滿兩大本，後來又陸續有補充。那時沒有條件找港臺的和國外的。國內大陸的，基本全了。

　　這時，羅先生送我新著，就是那部《隋唐五代文學思想史》。講了一次。在他那三間新居的客廳，沙發圍坐著。除我之外，有阮國華，還有張毅。阮國華已經從黃石調過來，張毅先讀南開的碩士，我入學第二年，考取羅先生的博士生。阮國華和張毅這時都是羅先生科研規劃「中國文學思想史」的成員。張毅寫宋代，阮國華計劃寫明代。

　　以文學思想史課題討論會的形式，講的是「建安文學思想」。

　　羅先生讓我到北京圖書館複印了一部書，臺灣某學者的著

作。也是做中國文學思想史。這位學者計劃用五到六年時間全部寫完。羅先生大吃一驚。羅先生做文學思想史，僅隋唐五代一部，就用了七八年時間，後來的魏晉南北朝，還有明代，每一部都是十年，甚至更長時間。臺灣這位學者居然衹用五到六年時間，就要從先秦到近代全部寫下來。這位學者的《魏晉南北朝文學思想史》已經出版，羅先生正做的正是《魏晉南北朝文學思想史》，題目完全重合。

羅先生於是一定要看到這部書，看他是怎麼做的。我到北京，把這部五六十萬字的書複印回來。羅先生看過，釋下重負。原來，這部書的寫法，政治社會背景一塊，作家創作一塊，文學理論一塊。政治社會背景不過把歷史復述一遍，作家創作不過把文學史復述一遍，文學理論則把批評史復述一遍。基本沒有什麼新東西。羅先生批了四個字：「大而無當。」

那次講建安文學思想之後，沒有再給我講過課。他給本科生、碩士研究生開課，我要去聽。他不讓，說，那都是一般的東西。「自己看書吧。」但平時有問題閒聊交談比較多。談學術現狀，學術界誰誰誰在做什麼，誰誰誰的治學特點是什麼，誰的東西有貨色，誰的東西沒有多少看頭。羅先生的眼界非常高。講到「德才學識」。羅先生說：「最重要的是識。」

博士論文怎麼寫，羅先生沒有具體講。但我明白，關鍵是實踐，自己看書，自己體會。《隋唐五代文學思想史》和他講的「建安文學思想」就是樣板，就是標本。不能像臺灣那位學者那樣寫，不能大而無當。眼界要高，要有貨色，有見識。

　　但是，談何容易！看起來就是那點東西。玄學，就一個王弼，一個郭象。魏晉詩文，就那麼幾個作家，玄言詩，就那麼幾首。但是，問題在哪裏？玄學有人做了，文學更有人做了，說清楚了嗎？玄學怎樣影響文學？祇是一個玄言詩嗎？玄學，有和無，自生，獨化，祇是哲學問題，還是同時是現實問題，是社會思潮？它怎樣成為社會思潮？怎樣影響士人心態？

　　越想問題越多，越想頭緒越亂。當時我不知道，羅先生正做《玄學與魏晉士人心態》。後來他出了書，我纔知道。已經形成了很多想法，但是他當時都沒有講。他不願打亂我的思路，他是讓我獨立思考。如果那時，羅先生把他的想法一五一十全告訴我，我可能便捷很多。但是，很可能就完全落到現成的框框裏。羅先生的思想太厲害了，我不能不陷進去。陷進去，很可能就出不來。出不來，就很難有自己的思考。

　　沒有辦法，祇有獨立思考，深入到材料當中去，深入到問題當中去。這是訓練。在紛繁複雜的現象中找到事物之間聯繫，找到歷史發展脈絡，發現問題並解決問題。思維的訓練，學術的訓練，這是切切實實的訓練。

　　這是讀博士三年最大的收穫，也是後來跟從羅先生二十多年最大的收穫。不是授之以魚，而是授之以漁，而且這「漁」靠自己悟出來。先生指引一個方向，一個前景無限廣闊的方向，剩下自己去悟，去探索。

　　頭緒一點點清楚了，問題慢慢浮現了，也一步步深入了。有和無，自生和獨化，其實質弄清楚了，玄學與士人心態，與

文學，是有聯繫的，兩漢經學到魏晉玄學，是有一個發展過程的。玄學與文學，從正始到西晉，到東晉，到陶淵明，是有一個發展脈絡的。……

當這些出現在腦海不停遊轉的時候，當歷史的生動面貌逐漸浮現在眼前的時候，有一種從未有過的愉悅，一種在大海裏暢遊，登於峰頂盡情遠眺的感覺。

論文一點一點出來，一章一章寫好，送先生看。第一章，送上去，心懸著，有點像等候法院判決似的。一天，兩天，三天。終於等來先生發話。祇兩個字：「可以。」第二章，先生說：「接著寫下去。」第三章，先生指著其中一節，說，「確實是這樣。」這一段，是以前沒有人注意的。

五、到北京送論文，住大車店，半夜，黑洞洞的槍口在眼前晃來晃去

進入一九八九年四月。論文正緊張，卻很難靜下心來。

大字報，演講，遊行。學校有個學生第三食堂，三食堂前是交叉路口，一塊空地，上課下課的，來吃飯的，必經之地。那些日子每天聚滿了人。看周圍牆上滿貼著的大字報，聽人慷慨激昂的演講。教室，宿舍，食堂，都在談論。時而，有人振臂一呼，呼拉拉長隊人馬便像潮水一樣浩浩蕩蕩開出校門，走上街頭。

北京，天安門廣場，更牽動著人心。南開也有學生去。火車去不了，就騎自行車。回來的人說：「人太多了，人山人

海！」「太……，天搖地動！」

　　研究生幾棟樓也騷動著。研究生們，博士生們，都急急匆匆。匆匆去吃飯，匆匆看報紙，看大字報，聽演講，聽廣播，聽各種消息。當然，還要匆匆看書做論文。六樓陽臺，聚得更多了。話題都是一個，時局。

　　那天，清早。一個多月來都是喧騰，騷動，那天清早卻出奇的安靜。都在睡，其實都沒睡。突然一個尖利的聲音：「北京出事了！」聲音過後，又是死一樣的寂靜。漫長的幾分鐘，整個世界仿佛靜止了。接著有人大呼：「遊行去！」呼拉拉，從宿舍湧出，匯集，潮水一般，漫過校園，湧上街頭。

　　有去北京的同學回來了。「啊，太……」驚嚇得連話都說不出來。在牀上整整靜躺了一周，纔緩過神來。

　　幾天過後，一切消停。我重新回到論文。強力靜下心來，但再也回不到原來的狀態。時局變動，擔心整治秩序，取消畢業。最後一章匆匆掃尾。

　　顯然不滿意。羅先生沉想了好一會，決定還是組織答辯。

　　到北京送論文。走下火車，走出北京站。那時還祇有北京站。四處是士兵，全副武裝，荷槍實彈。找住處。一家旅館，一問哪來的，南開大學，一看證件，學生，再問到哪去，北大。回答：「沒房間了。」再一家，又沒房間。再一家仍然沒有。那時最忌諱的是大學生，我恰恰是大學生，而且是去北京大學的天津學生。

　　最後很偏，一家大車店一樣的旅館。總算讓住。十幾人一

間，地鋪一字排開，都是鄉下農民進城辦事的。

半夜，兩三點鐘吧。嚴厲的喝叫聲把人從睡夢中驚醒：

「起來！起來！都起來！快！」

強烈的燈光刺得人睜不開眼睛。等睜開眼睛，眼前赫然站立兩名士兵，又是全副武裝，手端衝鋒槍，胸前一排彈夾。

「把行李都打開，檢查！快！」

鄰鋪農民打開一個個蛇皮袋，大大小小。士兵掃一眼，盯住了我。我是學生模樣。

「從哪來？」「天津。」「天津哪裏？」「南開大學。」「到哪去？」「北京大學。」士兵頓時警覺。盯住了我的包。「這是什麼？」

那是我的論文。要送專家評審。那時還是原始的油印，大大的字，厚厚的紙，論文字數不多，二十萬字，卻是厚厚的一大本。幾本論文，就是滿滿的一大包。

那時最忌諱的是印刷品。他們的長官佈置他們的任務，應該是重點查印刷品，查學生。我是學生，一大包正是印刷品。

我向他們解釋，這是博士論文，要答辯，送專家評審，專家在北京大學。兩個年輕士兵翻了翻，看不懂，也聽不懂。

「答辯，什麼答辯？博士，什麼博士？」那黑洞洞的槍口就在眼前晃來晃去。解釋了半天。真是秀才遇到兵，有理講不清。那年代，博士太少了，至於答辯，年輕的士兵更不可能知道是怎麼回事。

最後，請來一個軍官模樣，他們叫他連長。連長問道：

「你是博士？」我解釋說，現在還不是博士，論文答辯通過了，經過學位委員會審查通過，就是博士。又解釋說，答辯前，博士論文要送專家評審，專家評審通過，纔能進行答辯。我就是去北京大學送博士論文。連長翻了翻論文，也看不懂。

「這是博士論文？」語氣已和緩許多，可以看出他新鮮好奇中帶著一點羨慕。

一夜平安過去。十幾天之後，論文要舉行答辯會。再去北京，專程接答辯委員。到北大，先要找好出租車。找到一輛，問：「到哪裏去？」「到北京站。」「要不要經過長安街？」「當然要。」「不去。」問為什麼？你又不是暴亂分子。「子彈又不長眼睛。它知道你是什麼分子！」給他加錢，也不去。「錢值什麼？命值錢。」再找一輛，不去，又找一輛，還是不去。最後好不容易有一輛願去。

要記住三位先生：傅璇琮先生，陳貽焮先生，張少康先生。他們是沿著司機們都不敢走的路線，乘車穿行於尚是戒嚴狀態的城區，到北京站，到天津。

答辯如期舉行。傅璇琮先生是答辯主席，答辯委員是陳貽焮先生，張少康先生，南開的郝世峰先生，魯德才先生，還有羅先生。

這應該是人生的重要時刻，應該是向各位先生認真請教的極好機會。但那緊張的情勢，我心裏除了緊張還是緊張。多少年之後，我纔得以細細回味幾位先生的教誨，纔有機會再次向幾位先生請教。

答辯通過，校學位委員會審查。全校就二十幾個博士，審查是嚴格的。羅先生後來告訴我，每個導師要在學位委員會上陳述幾分鐘，說明論文的價值。不同的專業，特別是理科的學科委員們，學校的學術權威們，要瞭解論文的價值，然後投下莊嚴的一票。

第一屆博士，據說有的高校在大禮堂舉行答辯，書記校長全體參加。第一批博士，學位授予儀式在北京舉行，在人民大會堂舉行。後來的博士，都有隆重的畢業典禮和學位授予儀式，身穿博士服，頭戴博士帽，校長鄭重地一個個撥穗。

我那一年，除了審查的嚴格之外，其他什麼都沒有。擠坐在學校賓館的一個小小房間，悄悄舉行答辯。畢業證書和博士學位證書，是簡單一個通知，自己到辦公室領取。

一切停當。那一天，中文系老教授魯德才先生急匆匆爬上六樓，把辦好的報到證件給我。他負責研究生事務。「快去辦報到手續，七月最後一天，明天報到，還可以拿半個月的工資。」

這是一九八九年七月三十日。

六、《文鏡秘府論》，那陌生的領地在向我招手

南開中文系。濃烈的學術氛圍。

著名的學者。老教授朱維之先生，外國文學、比較文學研究專家，希伯來基督教文學與文化研究的開拓者之一，精通英語、日語、俄語等多國語言。王達津先生，人稱達老，中國

文學批評史研究專家，六十年代，就是羅宗強先生的研究生導師，古代史料非常熟悉，隨意拿出一首並不熟悉的古詩，衹憑詩情詩味，就能大致判定是哪個時代的作品。朱一玄先生，他編寫的古代小說研究資料的系列著作，是那樣厚重。還有與羅先生同輩的，寧宗一先生，古代小說研究專家，才情橫溢而瀟灑隨和。孫昌武先生，佛學與唐代文學研究專家。劉樹新先生，語言學專家，而且書畫音樂均擅，能自己譜曲。

和我同輩年紀稍長，李劍國，傳奇小說資料考訂和研究的功力如此深厚紮實，碩士論文就是五十多萬字巨著，奠定他的學術地位。陳洪，那才思，那口才，那應對各種複雜關係和事務的能力，真是了得。

各有各的絕活，各展各的神通。

八九之後，系班子變化。原來的系主任郝世峰教授，清峻有風骨，傳「文革」和批林批孔，人批鬥他，他一聲不語，衹是頭往上仰，往上仰。但八九年，他保護系裏老師，攬下風波的事，因此下臺。羅宗強先生經民選出任系主任。羅先生一上任，就抓學風，抓學術。

羅先生招博士，我之後，第二年，是張毅。後來，是饒龍隼，再後來，是成其聖和張峰屹。張毅本來南開在職。張峰屹後來留校。饒龍隼幾經調動，為上海大學博士生導師。成其聖經出版社、出版局，升任天津市委常委，先是宣傳部長，後是市政府和市委秘書長。成其聖對自己的導師，也就是羅先生特別好。不論公務如何繁忙，每年春節必到先生家裏拜年。先生

有病住院，必要親自安排好住院事宜。

學界似乎更為務實，更為沉穩。唐代文學學會，古代文論學會，《文心雕龍》學會，一個個學會，仍然非常活躍。同輩學人，陳尚君，莫礪鋒，已經初露頭角。已經聽說，陳尚君將是復旦的驕傲。

一個更高的境界，更為開闊的視野，一種無形的壓力。

處理事務雜務。家屬要調過來。書記任興福是中文系上下稱讚的大好人，找到設備處。劉正祥處長，後來是副校長，笑笑：「書記關心部下，親自出馬，敢不遵命？」

一句話辦成。住房，學校重視，留校博士們齊心努力，很快住進新獨單。備課，上課，中國文學批評史，諸子概論。把時間花進去就是了。

一九九〇級入學。任書記找到我，「你當班主任吧！」於是，編輯班我負責，文學班先是蕭占鵬負責，後來蕭占鵬調任行政，文學班也歸我。軍訓，查寢室衛生，抓紀律學風，評獎學金，三好學生，優秀班幹，培養黨員。還好，都聽話，平穩度過。看著他們成長，剛進校，還是稚嫩的娃娃，到畢業，都已獨立成熟。都有想法，有出息。出國留學的，中央電視臺的，報社的，自己開公司的，都有聲有色。對老師好。班長燕少廣，《天津日報》部門負責人，每年春節要來拜年。

日語不敢放鬆。語法、詞典、錄音機仍不離手。參加學校辦的日語培訓班。日籍教師伊藤敏，一位慈和的老先生。他的理論，學日語不用學語法，直接聽，直接說。於是，帶著我

們咿里哇拉的説。一年後，伊藤老先生回日本，數年後，十數年後，二十年後，當年四十多歲，三十多歲，二十多歲的那班學員，到日本去，看望伊藤先生，老先生身體很健康，七十多歲、八十多歲，必親自開車帶著學員們在他的家鄉新潟遊玩。

但是，學術上卻在徬徨。九十年代，經商潮已經沖進校園。到處在辦公司，中文系也在辦班掙錢，有能耐的老師已經放下學術，找路子掙錢。我沒有能力，也不想走那樣的路。博士論文修改完成，羅先生推薦出版。但我深知，僅靠玄學那點東西，遠不敢稱南開人，遠不足於在學界立足。參加羅先生主編《古代文學理論研究概述》，把古代文學理論研究的全部目錄做了下來。但那祇是資料性的東西。

一家出版社找我寫三國，要求年輕人看得懂，老頭們看了滿意。他說的老頭，是指學界老先生，學術上要靠得住。很輕鬆，找一大堆資料，花五六個月時間，書也出版了。比央視《百家講壇》的三國講座要早。但那算什麼？

系裏不斷有人在外面攬活回來，什麼歷史經典，文學經典，哲學經典。也參加寫。那更是權宜之作。沒有真貨色，走出去沒有底氣。

長遠的學術方向在哪裏？安身立命的東西在哪裏？阮國華調進來，不久又調走了。羅先生一次喃喃地説：「小盧能不能做明代？」像是自言自語。我沒介意。接下去，都沒再提。

我想過做隱士與中國文化。問羅先生，先生説，查一下，看有沒有誰做。看一下，已經有人做，沒有把握做得更深。

　　想做家族與文學。熟悉的六朝是門閥社會。整個中國古代，家族都很重要。家族和文學，做的人不多。應該有東西可做。於是，拉開架式，一個一個家族清理，清理譜系，清理社會關係，清理文學……

　　但是，一個偶然的事情，改變了我的方向。人生很多時候都是偶然，是機緣。這又是一個偶然，一個機緣。

　　南方一家出版社，想做《中華文藝理論集成》。從上古到近代，從長篇巨著，到隻言片語，凡文藝理論的批評論述，都收錄集成。準備做一千多萬字。分數卷。延請羅先生主持做隋唐五代卷。羅先生找到我，做初唐。

　　初唐？那不很簡單嗎？於是看材料。看上官儀，看《文筆式》，看《新定詩格》，也看《四聲指歸》。

　　這時，一本書進入我的視線。就是這本書，後來耗費我十幾年時間，改變了我的方向，甚至可以說，改變了我的人生。

　　這本書，就是《文鏡秘府論》。

　　《文鏡秘府論》？一個怪怪的名字。十幾年之後，我的四卷本關於《文鏡秘府論》的整理著作出版，北京一家著名書店，居然把它放到醫學書架。從怪怪的書名，他們肯定以為這是一本醫學類書。

　　最初，我所知也不多。祇知道它收錄了上官儀，《文筆式》，《新定詩格》，還有《四聲指歸》。還知道國內最權威的著作，是王利器的《文鏡秘府論校注》。我所看的，就是王利器這本校注。

但是，慢慢地我感到，想瞭解的一些東西，王利器這個校注本並不能給我解答。我想進去，把這些問題弄清。做《文藝理論集成》，必須弄清這些問題。

又是機緣。日本研究中國古典文學，特別是六朝文學的頂尖專家，興膳宏先生來南開講學。他講的題目，就是《文鏡秘府論》。他送給孫昌武先生一部新著作，譯注本《文鏡秘府論》，厚厚的一大部。我請教，怎樣做《文鏡秘府論》？興膳宏先生說，做《文鏡秘府論》要去日本。

南開舉行新年茶話會。那時博士還是寶。師資處組織，校長祝辭，博士參加。我對師資處長湯全啟先生說，我有一個項目，研究《文鏡秘府論》，需要去日本。湯處長說：「好，我來安排。」

我的想法，仍然簡單。去日本，做一個二十多萬字的東西，然後回過頭來，還是做我的家族與文學。

日本，一個完全陌生的地方。《文鏡秘府論》，一塊非常陌生的領地。沒有想到，這一去，就有了數不清的艱難。我的後半生，比下鄉，比煤礦，有更多的曲折，更多的故事，更多的情誼。

第八章　日本：沿著空海的足跡

一、一千多年前，海上漂泊三十四個晝夜，空海到中國，有了這部《文鏡秘府論》

　　要說到一千多年前。

　　唐代。那是國力強盛，文化燦爛的時期。日本，這個剛剛經歷革新的鄰邦，派使臣，飄洋過海，一批又一批，來到唐朝，學制度，學文化，把能學的能帶的都帶回去。

　　這一批批使臣，叫遣唐使。這是壯觀的一幕，也是艱辛的一幕。海上航行數不盡的艱難，風暴，海盜，船覆人亡，更不用說酷暑烈日，寒冬雪凍。

　　有人退縮，藉故躲避。任憑天皇親自慰問，厚利勸導，那待發的航船就停泊在港灣，一動不動。

　　這時有人挺身而出：「我去！」他是空海。俗名佐伯真魚，空海為其受沙門戒之法號，入唐時從惠果接受學法灌頂名為遍照金剛，卒後日本天皇賜贈諡號弘法大師。這是一位後來在日本文化史，中日文化交流史上留下英名和不朽業績的高

僧。他自幼小受漢文化薰陶，博通經史，佛學造詣尤深。在眾人藉故退縮躲避的時候，他上書自請入唐。

這是第十七次遣唐使，八〇四年。海上果然兇險。第二天就遇上暴風雨，海上漂泊三十四個晝夜。

空海漂泊後上岸的地點在赤岸，在今福建霞浦。一千多年後，考證文章發表，日本轟動，空海真言宗的寺院轟動。那是空海化險為夷的福地，是日本真言宗後來能發跡興旺的福地。僧人們紛紛要求來華祭奠。

時當二十世紀八十年代初，日本首相大平正芳來華訪問提出要求，中國領導人胡耀邦當即答允。那時，向外國人開放的城市，整個中國還沒有幾個，整個福建，包括廈門，還沒有一個。但是，霞浦，這個小漁村一樣的小縣城要開放。空海的傳人，日本真言宗寺院的僧人們，虔誠地渡海而來，樹碑立像，焚香祭拜，並且沿著當年空海從福州到長安的幾千公里路線，邁步而行，一路焚香拜佛。

今天的霞浦，福州，已一派現代景象。但一千多年前，這裏卻一片荒涼。空海一行歷盡險難，更是狼狽不堪。遣唐使去見唐福州觀察使，不被理睬。什麼遣唐使！有這樣衣裳襤褸的遣唐使嗎？

空海是隨行學問僧，一封書文寫就，遣唐使持以呈上。福州觀察使大為讚歎，如此斐然文采，定為遣唐使無疑！於是盛情款待。

數月旅途顛簸，抵長安。那是世界文化中心。空海如饑似

渴。歷訪名寺，尋道求法。在青龍寺，他進謁高僧惠果，這是佛教真言宗第七代教主。他三次接受惠果的灌頂，接受遍照金剛之法名。惠果親授法器，於千萬人中親擇空海為真言宗第八代師主。惠果去世，空海被公推為碑文撰寫人。

空海回日本，開始了他的宏大事業。他布教傳法，創日本佛教真言宗。如今，真言宗的寺院，已遍佈日本關西各地。他主持編成日本第一部漢字字典《篆隸萬象名義》，繼吉備真備創造日本片假名之後，創造日語平假名。他的詩文作品編成了《性靈集》。書法上他是一代大師。他創辦了日本歷史上第一所民間學校——綜藝種智院。

空海諸多文化業績的一大貢獻，是編撰了《文鏡秘府論》。書編成之後，成為日本真言宗的經典。他大概不會多想，這部著作對於中國同樣重要。書是空海編撰的，但內容卻是中國的，是中國古代文化的精華。準確地說，是六朝至唐代詩文論的精華。

六朝到唐，正是詩文發展的重要時期。這樣說吧，唐代，是古代詩歌的黃金時期，這是大家知道的。但唐詩怎麼來的？是從六朝發展來的！可以說，沒有六朝，就沒有唐詩，就沒有我們現在耳熟能詳的那些名篇。

詩文怎樣從六朝發展到唐？很多問題，就離不開空海編的這本書。

舉幾個例子吧！比如說，聲律。唐詩之美，離不開聲律。聲律，你可以不懂，但不可以不知。聲律怎樣從六朝發展到

唐，要看這本書。

比如，對偶。唐詩之美，還在於它的對偶之美。六朝到唐，人們提出哪些對偶方式？也要看這本書。

再比如，詩文作法，詩歌開頭應該怎麼寫，中間和結尾應該怎麼寫，怎樣用典，怎樣抒情敘理，當時人提出了哪些規則？也要看這本書。比如，……

為編這部書，空海經歷千難萬險。空海不會想到，這本書後世的經歷，同樣曲折艱難。

編入這本書的內容和著作，很多在中國反而失傳了。

空海來唐，海上漂泊三十四個晝夜。這本書，編入這本書的這些內容和重要著作，重新回到中國，竟經歷了一千多年。

宋代，過去了。元代，過去了。明代，過去了。清代，也快過去了。一千多年，這些本屬中國的東西，這本書，模寫傳抄，珍藏於日本真言宗的寺院，靜靜地在那深山幽林之中，中國人自己反而不知道。

於是，歷史留下很多謎，留下很多空白，留下很多疑惑。

到了清末，終於有一個人，改變了這一切。

這個人是楊守敬。這是一位大藏書家，大學問家。駐日公使黎庶昌看中了他。黎庶昌知道中國有很多珍貴古籍流落到日本。他找到楊守敬，說：「到日本來吧！什麼也不要你做，你就到街上到處轉，看到有中國的書，就買回去。身份嘛，就叫駐日公使隨員。」

訪書數年，攜寶無數。編成一書，叫《日本訪書志》。這

些書，後來都捐獻給北京圖書館，即後來的國家圖書館。國圖有專門的書庫，就收藏這些書。

其中就有《文鏡秘府論》。歷經千年滄桑，這些中國的文化珍寶，終於回到中國。於是，學術有了大變化。羅根澤，郭紹虞，這些學問大家，他們的經典著述，都利用了這本書。還有王利器，為此書在中國第一次作了詳細校注。

現在，我到了日本。一千多年前，為編撰這部著作，空海漂洋過海，來到中國。一千多年後，為研究這部著作，我漂洋過海，來到日本，以南開大學交換研究員的身份，來到京都立命館，這所關西四大，日本十大著名私立大學之一。

二、第一次見面，筧文生先生請我用餐，「竹茶寮」精緻、幽靜

但是，一切尚是茫然。不會乘車。乘公交不是上車買票，而是下車時，把錢塞進機器，再從那邊找回零錢。乘火車，沒有售票窗口，一個售票機，在上面點來點去。那線路又複雜。什麼新幹線，JR 線，還有這個線那個線。

那地名也搞不清，要去大阪，上面卻一大堆南海之類。要去京都大學，不知道在哪個站下車，因為站牌上沒有京都大學。還有後來要去各個寺院，站牌上標的地名，漢字明明白白，就是弄不清該乘哪路車，該在哪個站下車。

日本車站也大，東京的車站，大阪的車站，上幾層，下幾層，那通道，橫七縱八，人流如潮，簡單是迷宮。

　　不會查書看書。圖書館是寬敞，先進。但不會用。那書架是電動的，全堆在一起，要找到按紐，一架一架移開。查書要用電腦，那時國內還沒用過電腦。電腦查書，用的是日語輸入法，我全然不會。

　　就是住處的電器，有些也不會。學校租用附近一處民居，寬敞的榻榻米起居室，廚房、衛生間、洗衣間、浴室，各自分開，一應俱全，還有一個種滿花草的小院子。

　　但是，剛到第一天，進浴室洗澡。擺弄半天，水出不來。一排按紐，不知按哪一個。倒是標有說明，但全是我沒學過的外來語。帶了日語詞典。新式電器的新外來語，國內舊版詞典根本查不著。於是亂按。水倒是出來了，燙得要命。再按，那電器嗚嗚地叫個不停，顯然是警告信號。時近半夜，接待我的學校工作人員早已找不著。沒辦法，祇好敲開房東的門。

　　我要研究的課題，當然更不知從何入手。資料在哪裏？問題在哪裏？知道資料在哪裏，又怎麼去？

　　還有日語。幸虧下了功夫，讀看倒問題不大，但是口語和聽力費勁。涉及到專業，單詞量就遠遠不夠用。就是日常會話，實際用語和教科書也有很大差別。照搬教科書，不但生硬，而且語感有微妙差別，這微妙差別，效果常常相距甚遠。日本人含蓄重禮節，這微妙差別，常常意味失敬失禮。我後來接觸的，很多寺院僧人。因為古抄本，多藏於空海真言宗寺院。和寺院僧人打交道，失禮失敬，很可能不給你看他們的資料。看不到寺院的資料，研究工作就沒法進展下去。

　　沒有辦法，祇有摸索。不會乘車，不會用圖書館，就多問。日語就拼命練。死勁聽，祇要有空，錄音機耳塞就在耳朵裏塞著不出來。不停地說，對照教材，對照錄音。特別回到住處。好在住處地方不小，從臥室走到廳，從廳走到廚房，到過道，再回到臥室，獨自一人，踱來踱去，口中念念有詞，神經病一樣的，說個不停。不誇張地說，耳朵聽出繭來了，嘴巴不停地說，嗓子乾，舌頭好像也要長瘡。學校裏，公車上，行路上，厚著臉皮找人會話交談，不論認識的還是不認識的，沒話拼命找話說。

　　遇到一些日本人不錯。一次乘公交，向一同上車的老太太問路。車上人很少，祇幾個不上班的老太太。車有點搖晃，過一站，又一站，祇見那老太太顫顫巍巍從她坐著的車那頭奔我過來，那臉凶凶的。我有點害怕，以為做錯了什麼。不料那老太太告訴我，下一站就到了，又顫顫巍巍回到車那頭的座位。

　　大阪，一次不知道路。問一路人。那路人肩揹背包，迎面而來。不料他說，我正好去那邊，跟我來。於是回轉身，一直把我帶到目的地。

　　在東京，查完資料，回頭找不到回程的車站。也遇到一路人，也肩揹背包，也迎面而來，也說，他正好去那邊。也回轉身，一路嚮導。我看見車站，隔著寬寬的馬路，又等紅燈，便勸他別送了。不料他執意要送。我甚至有些提防，因為國內遇人過於熱情，就得提防。綠燈亮了，穿過寬寬的馬路，到了車站，他又引我到上層。原來，那車站分上下兩層，兩層購票乘

車方向都不一樣。在他的指點下，我埋頭購票。購好票，抬起頭，正要説聲感謝，那人早已消失在如潮的人流中。

學校圖書館的工作人員非常耐心。簡直可以説手把手。教我怎樣用電腦，怎樣查本校的資料，查外地的資料，怎樣打開電動書架。學生也不錯。用電腦查資料，旁邊的常常是學生。不會就問他們。日本的學生總是行色匆匆，要趕課，他們自己也要查資料，趕論文。但每當諮詢，他們總會停下手中的活，耐心地，一點一點教，或者直接幫我查。

我又有幸遇到一些好老師，好朋友。

我遇到一位好導師。我的協力教授，筧文生先生。

還在國內，就聞大名。筧先生和他的夫人，筧久美子教授，都是著名的中國文學研究專家，六十年代，兩位筧先生即到中國上海留學。國內那些著名學者，我的導師羅宗強教授，還有孫昌武、周勳初、郁賢皓教授等等，都是他們的好朋友。

清瘦，修長身材，可以想見年輕時清秀的樣子。第一印象，慈和，親切，漢語極好。接著，那細心體貼，一點點滲透過來。第一次見面，在校園旁的一家叫「竹茶寮」的小餐館，請我用晚餐。餐館精緻、小巧、幽靜，很隨意地聊家常。很快，我略有拘束、緊張的心情放鬆下來，平靜下來。以後每次請我一起用餐，都會換一家餐館，換一種口味，飯後，陪遊一個景點。立命館周圍全是景點。遊龍安寺，那裏枯山水景觀很有特色。遊妙心寺，那裏有精緻的庭園。接著，遊北野天滿宮，遊等持院。他是讓我一點點熟悉環境。

第二次見面，陪我參觀文學院圖書室，介紹認識他的學生。我明白，學習生活有事，不方便找筧先生的，可以找他的學生。接著，又介紹認識立命館的其他教授。安排我為研究生講座，推薦我參加日本的中國學會。他是讓我一步一步進入日本學界。

筧先生對中國留學生極好。日本大地震時，擔心在外不安全，他把孫昌武教授的兩個女兒接到他家裏住了好幾個月。他幫助過很多有困難的中國學生，包括經濟資助。這一次，他把心血傾注到我的身上。

我特別珍惜筧先生的關心體貼。我想到，到日本，做自己的項目之外，向日本的先生們學習，特別是向近在身邊的導師學習，同樣重要。筧先生治學有他的特點，善於在細處發現問題，從細處開掘，展現生動真切的歷史面貌。我進圖書館，首先找的，不是《文鏡秘府論》，而是筧先生的著述。第一件想做的事，是把筧先生的著述翻譯介紹到中國去。

每週，我跟著研究生一起聽筧先生的課。這是直接感受筧先生治學教學風采的好機會，而且可以瞭解日本教學的特點，可以和研究生接觸，也是練習日語口語的好機會。我知道筧先生很忙，平時不便打擾，上課的時候，課前課後正好可以借空請教交談。

對先生，我抱有特有的尊重。向筧先生學習，事事在細微處注意禮節。每次同行，我一般稍後半步，不敢並肩平行。進出電梯，進出辦公室或教室，一般搶先半步，把門打開，再請

先生先行。每次約會，我必先到約定地點，提前二到三分鐘，恭候先生，不敢讓先生等我。細心的筧先生當然注意到了，笑笑說：「每次約會，盧先生總比我早到兩三分鐘啊。」我要先生叫我「小盧」，可他堅持稱我「盧先生」。

見過立命館的清水凱夫教授，一位中國六朝文學研究專家。他的研究，與《文鏡秘府論》也有關係。遇到芳村弘道先生，芳村弘道那時還年輕，後來成為立命館的骨幹教授。

巧遇復旦大學的蔣凡教授。蔣凡先生學識廣博，是中國文學批評史的研究專家，復旦宏篇巨制的七卷本大批評史，他參加寫了兩本；《周易》，《世說新語》，還有近代人物，都有精到研究。蔣凡先生拉得一手好二胡。後來還知道，他的吟誦別具特色，能為古詩譜曲。極健談。談今道古，說文論史，餐飲席間，可以說個不停。後來一次在國內去雲南開會，會後和他的學生一道陪遊，一路走，一路談，毫不知倦。瘦小個，在國內，既要照顧九十多歲的老岳母，還要照顧同樣九十多歲的老母親。蔣凡先生正在京都外國語大學講學。我做的正是批評史，可以隨時請教。

見過京都大學的興膳宏教授。興膳宏是《文鏡秘府論》研究專家，每週到立命館講課，可以隨時請教。

筧先生推薦我參加的日本中國學會上，見到奈良女子大學的橫山弘教授，京都大學的川合康三教授。橫山先生曾在南京大學學術訪問，川合康三曾在南開大學留學，是孫昌武先生的學生。見到孫昌武先生的兩個女兒，一萱和一茹。都在京都留

學，然後工作。一個後來在京都大學任教，一個到美國。

見過周文海和關劍平。都在京都留學。周文海曾在國內報界工作，和陳毅元帥的兒子陳昊蘇熟識，後來長住日本。關劍平先在日本，後回國內，在杭州一所高校，成為茶文化研究的著名專家。

一天，筧先生突然到我的住處造訪。時已下午五點。我匆忙從冰箱取出肉蛋菜蔬，洗菜切菜，兩個燃氣爐同時燃起。半個小時後，九個菜做成，和筧先生小酌暢敘。筧先生到處宣揚：「盧先生很會做菜。」於是，那僻靜的居室有時也很熱鬧，時常迎來客人，清水凱夫和蔣凡先生來，立命館國際交流處的先生們來，川合康三、孫一萱來，周文海、關劍平來。

人在社會，要建立社會聯繫。做學術，同樣要建立學術聯繫。我很有幸，在日本遇到這麼多先生朋友，包括筧先生引薦認識的先生朋友，有他們的幫助，我在日本的研究纔得以順利進行。

三、一入高山寺，那懸崖之上，瀑布飛瀉而下

雜亂過後，頭緒稍順，開始進入《文鏡秘府論》。先找到的，是興膳宏譯注本《文鏡秘府論》。這是在國內就知道的。

厚厚的一大部。雖然多日譯，但校注也不少。細讀須花時間，而我此次赴日時限祇有半年。於是能複印的儘量複印，帶回國細讀。在日本儘量查看在國內看不到的資料。

接著，找小西甚一的著作。但是在立命館沒有找著。那

天，清水凱夫給我送來一部著作，複印的，正是久尋不得的小西甚一著作《文鏡秘府論考》。但是，小西甚一的《文鏡秘府論考》有三部，清水凱夫給我送來的祇是其中一部，一個整理本，《考文篇》。另外兩部，《研究篇》（上）和（下），終於從校外別的圖書館找到了。複印費了些口舌，因為一般不讓全本複印。但也最終解決。跟後面遇到的數不清的周折相比，那絲毫不是難事。

真讓我費難的，是看過興膳宏，特別看過小西甚一的著作之後，完全怔住了。我想到的，小西甚一都想到了。我沒有想到的，小西甚一也想到了。厚厚的三大本，廣博，厚實，深入。內心由衷地欽佩，興奮，激動，收穫太大了，打開了一個全新的世界。但同時，心也涼了。到日本來的目的，是做《文鏡秘府論》，可人家把該做的都做了，我還能做什麼？

我明白，我遇到了一座大山。在國內，王利器校注本是一座大山。王利器是功力深厚的大家，他的校注本多年來是權威本子。在日本，興膳宏是一座大山。興膳宏是當今日本中國古代文學研究界首屈一指的大家。現在又是小西甚一。後來我知道，小西甚一是日本著名的築波大學原副學長，即副校長，美國國會圖書館七名常任學術審議員中，他是亞洲唯一的一名。他年輕時立志，著學術著作等肚臍眼，屆時取號「等臍書子」。年僅三十多歲即完成了他的奠基力作，三卷本《文鏡秘府論考》。爾後又著有六卷本的《日本文學史》，六卷本《日本文藝史》，每一卷都厚厚一本。

　　這是一座座大山，一座座幾乎無法逾越的大山。怎麼辦?!一連幾天，都在苦思。從材料到問題，從題內到題外，思路儘量打開，思考儘量深入。一條路子想進去，不行。又一條路子想進去，又不行。幾乎所有的路都被人家走過了。

　　怎麼辦?!

　　多年來，讀碩，讀博，習慣告訴我，遇到問題，一定要從一手材料出發。對，一手材料！一手材料是什麼？是古抄本。其他材料國內或者可以看到，但古抄本藏於日本。對，從古抄本入手！小西甚一的著作列出了許多種古抄本。最早是平安時代，在京都的，有高山寺本。對，去看高山寺本！

　　清水凱夫不以為然：「小西甚一的已經很好了。」多年來他一直用小西的本子。蔣凡先生也懷疑：「有必要嗎？」

　　我說：「試試看吧！」

　　高山寺在京都，但是，周圍的人卻沒有去過，祇知道大致方位，不知道具體怎麼去。那是寺院，超出了圖書館正常的業務範圍，何況，我要看的，是國寶級古抄本。但是，立命館圖書館的工作人員還是幫我查找。有一個叫山本真美，皮膚白皙，圓圓臉的年輕女老師，特別耐心細心。我在立命館期間各地查找資料的疑難問題，很多都是她耐心幫忙的。

　　打聽到了。要特別申請。信寄出去，不久得到回復，可以查看。並且約定時間，七月十四日。

　　離初到日本兩個月了。兩個月，要是平時，一晃就過去了。但我在日本的時間已經過去三分之一。兩個月，已經說不

清經歷了多少忙亂，總算稍微理清一絲頭緒。

後來纔知道，古抄本是日本寺院的經藏本。日本寺院一般一年開放一次經藏本。高山寺每年的開放時間，就是七月。稍晚一點，就錯過了，就要等一年。而一年之後，不，四個月之後，我就回國了。回國，就看不到這個古抄本，後面的路也可能就是另外一個樣子。

好險！

郊外，不到一小時車程。深山老林，真是險峻。幾幢古舊的平屋建築，座落於懸崖之上。對面，那瀑布像一條白練從懸崖邊簇簇翠竹密實綠樹間飛瀉而下，水聲和著那風聲，在空谷間迴蕩。另一邊，古木參天，濃蔭蔽日，大白天，樹林深處，竟黝黑黝黑，不可見底。

我想著，正是在這裏，還有附近的神護寺，空海開始傳道弘法。創業伊始，沒有經費，人心散亂，披霜沐雨，倍受艱難。

古抄本從那防蠹的樟木小盒中取出，展出在眼前，我驚呆了。太破舊了！滿是蠹蝕的孔洞，殘破得像是一堆碎紙片！平安末，中國五代到北宋初，歲月如流，滄桑無情！

我小心翼翼地翻看著。仿佛回到一千多年前，那海上波濤，空海入唐的一幕一幕。漸漸地，一切遠去，祇剩下寺院閱經室的萬籟俱寂，和那《秘府論》的世界。

突然！突然的驚異把我從寧靜中拉回。錯了！我一字一字對勘，帶去的王利器校注本居然漏了四句話！我睜大眼睛，反

復比勘，前前後後，看了一遍又一遍。不錯，白底黑字，是漏了。不是四個字，而是四句話，整整四句話！

作為校勘，漏了四句話，是不可思議的。好一陣驚異，也好一陣興奮。有一處錯，就有兩處錯。果然，又發現一處，再發現一處。雖然是小誤，但畢竟有誤。小西甚一的本子也有誤，有漏收，也有誤收。

還發現一個問題。《文鏡秘府論》六卷，一般的整理本卷次都是天地東南西北，南卷為第四卷，西卷為第五卷。但高山寺本子，第四卷卻為西卷，第五卷纔是南卷。這又讓我驚異、興奮。

同伴有東京等地來的學者，人真不少。他們都趁一年一度開放時間，專程來查看寺院經藏本。乘夜間巴士，乘新幹線。

工作結束，要離開寺院，鄰座東京大學一位先生問我：「帶禮物了嗎？」我愕然，沒想到查資料還要帶禮物。他告訴我，要送禮的。又問我：「帶錢了嗎？」我說帶了，問他要送多少。他說：「送一萬，送五千，都可以。」又從包裏拿出一個小信封給我。本有專門的禮封，但祇有用普通信封代替了。

住持是女的，約莫六十多歲，慈眉善目，小卷髮髻。盤腳端坐在門口稍高的臺座上，人們排著隊，依次上前告別表示謝意，雙手遞上精緻包裝著的禮物。女住持微笑著示意，接受一個又一個。輪到我，遞上去的是薄薄的普通信封。女住持的微笑極不易察覺地稍斂了一下，接著又微笑著接受下一個。

有了這次經驗，第二次去寺院，我就帶上禮物，國內的茶

葉之類，漂亮精緻的包裝，大大的盒子。看到那女主持的微笑盈盈的。在我寫這段文字的時候，聽一位到過高山寺查資料的人說，女主持已經離世。應該有八十多歲了。

高山寺之行，有了一次經驗。更重要的，是發現有問題，王利器的有問題，小西甚一的也有問題。問題儘管很小，畢竟從緊閉的大門撬開了一點縫隙，儘管那縫隙還很小很小。我還相信，面對權威，翻超大山，最有效的工具是一手材料。

四、初上高野山，筧先生笑笑說：我們跟著她就是了

我的下一個目標，是高野山。在和歌山縣境內，經過大阪。本想自己去。可是，一幅地圖把我看暈了。京都到大阪，好幾條線，什麼京阪本線，阪急京都線，東海道線。大阪就更複雜了，光下面的市就好幾個，大的車站有梅田、吹田、日本橋、淡路，好像都是中心站。再往前，和歌山縣。國內的情況，縣城上山一般是公路，可地圖上找不到上高野山的線路。

筧文生先生卻在張羅著組織學生旅遊，地點就是高野山。

「不用找了。」筧先生笑笑說。「我也找不著，跟著走就是了。」我納悶著。真的跟著走。到離筧先生家近處的車站和筧先生夫婦會合，乘地鐵，到四條通，轉阪急線。阪急線在京都市內是地鐵，出了京都就成了地面鐵路，進入大阪，成為地鐵。下車，再轉大阪市內地鐵，到得一站，叫難波。這站真大，人流如潮。我正摸不著方向，筧先生夫婦領我到一開闊處，卻見幾個熟悉的身影，正是筧先生的幾個學生。這是約定

的會合地點。筧先生笑笑指著其中一個女學生說：「我們跟著她就是了，她是今天的嚮導。」

嚮導女學生長得很漂亮，「叫她山口小姐就可以了。」知道名叫山口澄子。跟著，乘南海線，卻不到和歌山縣城，而是中途一站，下車，轉一條小鐵道車，接著便在山林中穿行，一行七八個人有說有笑。到得終點，卻是上山的索道鐵軌車，叫克布勒卡卡。乘索道鐵軌車，也有好幾分鐘吧，到達山上。又轉巴士，十幾分鐘後，這纔到高野山。

雖然轉車又轉車，卻一路銜接，並不太費時間。但真轉得暈頭，暗想，如果一人獨行，真不知道轉到哪裏去。我猛然醒悟，筧先生是知道我要到高野山查資料，有意精心安排，一為旅遊，二來也為我嚮導，陪我上山查資料。筧先生在學生中聲望很高，高野山又是大家想去的地方，自然一呼而應。

這是天皇當年勅賜空海的一座山，也是真言宗的大本山。據我後來考證，正是在天皇勅賜高野山之後，派人上山建寺之前，空海編撰了《文鏡秘府論》。當年，那還是一座荒山，而如今，儼然成了旅遊勝地。

真是秀美。順著山勢，兩條山路宛延舒展，組成不規則的丁字形，路邊有百來戶民居，還有商鋪、餐館，十幾處寺院依山而建，掩映在青松翠柏之中。金剛峰寺，東塔，西塔，真是壯麗，再往山的高處，一座木建築的山門，真是巍峨雄偉。雖是盛暑，比山下明顯涼爽許多。山上還有一所大學，叫高野山大學，知道是真言宗自辦的大學，專門培養佛學人才。

　　打聽到，考慮到寺院保存條件有限，古抄本都集中收藏於靈寶館。靈寶館，相當於國內的博物館。遊覽幾個景點之後，來到靈寶館。筧先生向管理人員亮出身份，說明來由。管理人員取出一種古抄本，讓我在閱覽室看。

　　後來的經歷證明，有些古抄本的查看，出奇的麻煩困難。申請再申請，還不讓看，祇有通過其他途徑。這一次，如果不是筧先生出面，恐怕也不會那麼順利。也可能是運氣，碰巧這天的管理人員好說話。幾個月之後，同一家靈寶館，我去申請，就不讓看了。

　　坐下，打開古抄本，一下子就忘了旅遊的事。筧先生見狀，悄悄帶著眾人離開。

　　看的是寶壽院本。寶壽院，是高野山的一個寺院。和另一個古抄本比較，就知道它的重要性。另一個古抄本，是六地藏寺本。六地藏寺在東京、千葉往北，茨城縣水戶市郊。當年小西甚一知道有這個本子，但沒有看到。他通過友人瞭解到，這是室町時代學僧惠範的寫本。惠范年青時遊學過醍醐寺，小西甚一因此推斷，六地藏寺本很可能是醍醐寺本的轉寫本。另一個學者則有不同的結論。

　　六地藏寺本已經影印出版。兩個本子直接比較，發現驚人的相似。寶壽院本的異文，所有的眉注、行間注，六地藏寺本基本都有，訓點（片假名、聲點、返點）完全一樣。書寫格式極其相似。不少地方每一頁的行數、每一行的字、字數，都大體一致，很多相對應的部分，每一行從哪個字開始，到哪個字

為止，都一模一樣。甚至很多單個對應字的字形都極其相似。後來我將六地藏寺本和醍醐寺本比較，沒有這些相同之處。寶壽院本寫於鎌倉中期，六地藏寺本應該是寶壽院本的忠實轉寫本。

傳本系統，有點像家族的譜系，祖上出於哪一支。這是古籍研究的一個重要內容。確立傳本系統，纔能確立一些異文的可靠性，纔能確保校勘的準確和科學。確立可靠的原文，纔能進一步研究其他問題。

晚上住下。筧先生問我：「有收穫嗎？」我說：「收穫不小。」筧先生一笑：「噢？真的嗎？」

那晚特別輕鬆。住寺院，用拉門隔開的塌塌米大屋子，每人都穿著藍花全棉睡衣，那是寺院統一提供的。七八個人有說有笑，可以感受到筧先生和他的學生的融洽關係。那山口小姐晚飯一過就不見人影。筧先生卻知道，她是個活躍分子，愛交際，山人僧人很多她都熟悉。她要一一去打招呼。我前後三次上高野山。幸虧有筧先生，有這樣一個熱情活躍的學生，熟悉山上情況，我的高野山之行纔很順利，有不小的收穫。

五、東京之行，小西甚一仙風道骨，行步有如飄然

高野山下來，時間轉眼過半。一切都得抓緊。

去仁和寺。離立命館不遠，步行不到半個小時。川合康三和孫一萱曾陪我到寺內遊覽。和僧人熟悉，一切方便。一張案桌，數卷古本，任我查看。小僧人送上清茶。偌大的禪室，空

空蕩蕩，窗外是竹風松影。

上比叡山。在京都的東北。看完古本，下得山來，琵琶湖遠眺，湖光倒映著山色，飛鳥極目遠去。

思考的問題越來越多，查看的資料也越來越多。永明聲律，四聲八病，沈約，元兢，上官儀，《四聲指歸》，《文筆式》，《河岳英靈集》，日本國語學、歌學、韻學，詩病，歌病，悉曇學。日本一個個新名字進入視線，中澤希男，幸田露伴，內藤湖南，加地哲定，馬淵和夫，高木正一，等等。

查，看，思考，複印。再查，再看，再思考。腦子不停地轉，不停地在圖書館從閱覽室到書庫，從校圖書館到學部圖書館，從立命館，到校外。立命館圖書館的工作人員，特別是圓圓臉的山本真美，似乎也為我加快了步伐，每次為我找書取書，步子總是匆匆。

我到資料室找一份資料，沒有找著。那天在研究室，盡心館樓上。瓢潑大雨。正查看著資料，突然有人敲門。打開門，是清水凱夫先生！雨衣上全是水。取出皮包，皮包乾乾淨淨，一點水也沒沾。裏面正是我要找的那份資料！清水先生那天沒有課，學校也沒有別的事。他是從資料室知道我需要這份資料，專程從家裏給我送來的！他請我去過他家裏，他家裏離學校，坐車轉車再坐車再轉車，需要整兩個小時！

回過來看小西甚一。不止是一條縫隙，隱隱約約有某個支點，某個可以撬動大山的支點，在我眼前晃動。他做日本的比較多，而做中國的比較少。《文鏡秘府論》是中國的！當然還

有其他問題，還有其他想法。

萌生一個念頭，見小西甚一！我要驗證我的想法，從小西甚一這裏，應該可以知道更多線索，資料線索，問題線索。

問周圍的人。問小西甚一，都知道。問小西甚一在哪裏，都搖頭。筧先生，興膳宏先生，清水凱夫，川合康三，都説：「還在世嗎？四五十年前寫的書。」

這位極有聲望的先生，竟像蓬萊瓊閣的仙人一樣飄緲神秘。但是我必須找到他，見到他！從何處查找，漫無頭緒。

這一天，筧先生突然告訴我，查到了小西甚一的住址和電話！我一陣驚喜。筧先生用查得的電話號碼通完電話後又告訴我，小西先生還健在！電話就是小西先生接的，聽聲音，還很健康！小西先生願意見我！

真是喜出望外！

東京之行！

第一站，宮內廳。穿過滿是白淨砂石的廣場。那鋪滿的白淨砂石，是防衛用的，如果有誰進攻或偷襲，踏過砂石，必會發出聲響。一個黑色警服的警衛攔著了我。在京都我已申請聯繫並得到回覆。看過我遞上的批准書和證件，警衛走進身後的警衛亭，祇聽到警衛打電話，知道是向裏面確認。放行後，經過一道橋，那是駕在寬約百米的護城河上的橋。再進一道門，卻沒有警衛，一個綠草茵茵，樹木蔥蘢的園苑豁然展現在眼前。這就是宮苑。不見一個人，靜悄悄的。稍行幾步，拐一小彎，卻見左前方二三百米處，平展展一座精美的建築。正是皇

宮！正欲拿出相機拍照，卻見皇宮前路口有一警衛。不敢造次，畢竟是皇宮，於是往右邊路走去。

前方，就是宮內廳書陵部，可以說是皇家圖書館。書陵部工作人員早準備好了我申請要看的古抄本。被要求用消毒液洗手，又戴上極薄的白紗手套。這纔准許我坐下來。也不是我自己翻看，而是工作人員戴著同樣極薄的白紗手套，一頁一頁翻開給我看。

這是著名的宮內廳本，最古老最珍貴的抄本之一。宮內廳本已經影印出版，因此衹需查看幾個不清楚的地方。又有收穫。行間，一小段注，墨蹟很淡，影印本看不清楚，小西甚一沒有載錄。影印本上其他不清楚的地方，也一一確認。

接著，去慶應義塾大學。有記載那裏也一個古抄本。書庫極矮，幾與書架頂端齊平，稍伸手便可摸著天花板。日本人真能節省空間。那「古抄本」卻是影印本，底本就是我剛看過的宮內廳本。紙張仿古，影印極仿真，蠹蝕痕跡一模一樣，衹是蠹蝕痕跡上卻沒有被蠹蝕的破洞。

再去國會圖書館。再去訪問兩位教授，一位是橫濱國立大學的岡田充博，一位是日本大學的丸山茂。兩位都是中國文學研究專家。那是在京都中國學會上認識的。我相信，學術交往是必要的，多交朋友是必要的。晚上受邀住丸山茂教授家，兩個孩子真可愛。從丸山茂家出來，可以遠眺富士山。再去拜訪早稻田大學的松浦友久教授，松浦先生是中國詩學研究專家。在松浦先生府上，在那堆滿書的書房裏，我談了《文鏡秘府

論》研究的一些想法，得到松浦先生的贊同和指點。松浦先生說，關於日本訓點等問題，可以向小島憲之先生請教。松浦先生親筆寫信，蓋上印章，又另給我名片。

一切妥當，去見小西甚一！

筧先生早給我做了精心安排。擔心我在東京路線不熟，找不到小西甚一的家。拜訪小西甚一，要請教討論的都是極專業的問題，如果不能全面準確理解，很可能影響研究進程。

筧先生先在京都為我找了一個學生，要陪我一道去東京。這個學生臨時有事。筧先生又把他在東京認識的人想了一遍，看誰陪我去更合適。最後，他想到了原來的一個學生，中國日語系出身，現在東京另一所大學讀博士，同時兼職工作。筧先生對學生很好，學生都樂於聽從筧先生吩咐。

學生叫吳綺來。心也很細。她第一想到的，她在東京，我去了和她怎麼見面。電話和我聯繫。我想得很簡單，東京火車站見面。以為和國內一樣，火車站無非幾個出口而已。她馬上否定。後來我到東京站，纔知道那裏四通八達，處處是出口，每一個出口都沒有什麼標誌性。

她想了半天，想到一個地方：池袋。小西甚一家在東京都保谷市。池袋是往保谷的必經之地。更重要的是，池袋有一明顯標誌性的物件，一處出口有一貓頭鷹雕像。「池袋」，口語語音「いけぶくろ」，就是「貓頭鷹」的意思。池袋是一交匯大站，同樣四通八達，祇要找到貓頭鷹雕像，就可以會合。約定時間是某日的中午十二點。

　　但是，貓頭鷹雕像那裏也是人流如潮，我和她從未見過，她怎麼找到我呢？她又想了一個辦法。叫我到時手裏拿一本雜誌。

　　這有點像地下工作者接頭的秘密暗號了！

　　但還是出了問題。到了池袋，找到貓頭鷹雕像，時間快到，左看右看沒見人認我。過了好一會，纔有一女子上前：「你是盧老師吧？」怪我，雖手拿雜誌，卻沒有舉起來，祇是搭拉著手。吳綺來根據筧先生跟她描述的模樣，找一個四十多歲，戴眼鏡，個子不高，手拿雜誌，老師模樣的人，也是找來找去，纔在來往不斷非常擁擠的人群中找到我。

　　個不高，清秀，幹練。一聲小埋怨之後，即乘車去保谷。她早做過功課，哪一站離小西甚一府上最近。下車，正好午飯時間。找附近餐館先用過餐。她一定要她來付錢。用餐之後，稍候一刻，便是下午二時左右。她算計過，中午老先生休息，下午二三點鐘去拜訪正合適。

　　筧先生細心周到，他安排的人，總是細心周到。

　　庭院深深，曲徑婉蜒，草木修剪整齊，牆籬古樸典雅，綠草茸茸如茵，松柏青翠欲滴。心中暗自驚歎。筧先生對我說過，看日本人的地位，不看房子，要看院子。我深知小西甚一的地位，深知我要翻越的是怎樣的一座大山！

　　兩層小樓。一樓會客廳卻不大。小西甚一身體健朗，仙風道骨，深藍色和服便裝，行步有如飄然，兩目炯炯有神。夫人則一襲絳紅長裙式和服便裝，嫻雅和順，雖已過七旬，但風韻

猶存，掩不住年輕時的美貌。

問候，對先生的學術表示由衷的敬意，便切入主題。

我問《文鏡秘府論》的卷次問題，小西先生的《文鏡秘府論考》，用的是天地東西南北，我問他有什麼根據，他說，他沒有根據，因為日本人的習慣就是東西南北。我心裏有底了。

我問六地藏寺本的問題，說，我到高野山作過比較，以為應該是寶壽院本的忠實傳寫本。他說，他沒有見過六地藏寺本，祇是根據當時所掌握的材料作的推測，既然兩個本子直接作了比較，應該是可信的。

我問《文鏡秘府論》草稿本的問題，是否存在空海真跡本。他說，草稿本是存在的。我問，日本能否找到這個草稿本？能否找到空海真跡本？他說，找到空海真跡本的可能性不大，但草稿本是存在的。

我還問《文鏡秘府論》一些古抄傳本的收藏情況。

用漢語思維，比用日語順利多了。有吳綺來出色的翻譯，進展非常順利。老人思維敏捷，思路清晰，見解深刻。話題越談越廣，由《文鏡秘府論》，談到空海，談到日本學術的趨向，談到中日學術的不同特點。

他說，中國較早知道他的《文鏡秘府論考》的，是郭紹虞。他拿出郭紹虞一九五九年版《中國古典文藝理論史》，上面有提及。我說，郭紹虞先生是我們這個專業最有權威的學者。小西先生說，他想也是這樣。

小西先生愉快地談起二十年前他訪華時，在人民大會堂見

到鄧小平的情景。他說，鄧小平的手很軟，可見沒有參加勞動。他說，喝茅臺酒，鄧小平很能喝，一杯接一杯。但小西先生就不行。

我送小西先生一幅國內一位著名書法家的書法作品。又送已出版的我的博士論文《魏晉玄學與文學》，他翻看一下，說，玄學他也不懂。

接著由學術到生活。我問老人高壽的秘密。說，有人說秘訣為「心清壽自長」。小西老人笑笑說，他恰恰多欲。因為多欲，所以寫了那麼多書。我知道小西先生有二十多部著作，他的著作被譯成好幾國文字。小西先生拿出一本，正是最近英國翻譯出版他的著作。

老人年紀大，本祇想打擾一個小時，但不知不覺三個多小時過去了。老人絲毫未見倦意。我邀請小西先生合影。小西先生非常愉快地接受，並說，屋裏太窄，我們到院子裏吧。

告辭。小西先生步出宅門，送出很遠很遠。

六、「這是三十萬日元，先拿去用。」

仿佛這時纔發現，京都這麼美，立命館這麼美。

鴨川，水流清清。嵐山，那花團簇錦般的秋色。金閣寺，金碧輝煌。還有御所，清水寺，銀閣寺。在那群山翠色的環抱裏，京都，像一個文靜秀美的少女。

倚傍青山，依偎古都。圖書館四周，十幾座教學樓、辦公樓還有食堂和其他生活設施一體的生協樓，掩映在櫻花樹

下。校園精緻小巧，卻是關西四大，日本十大著名私立大學之一。校園周圍，筧先生陪我看過的，等持院，龍安寺，妙心寺，那寺院，那庭院，真美。從校園到住處，樹蔭夾道，草木蔥蘢，修剪得整整齊齊，民居那庭院，幽靜雅致。十多分鐘路程，儘是享受。那天夜裏經過，一陣幽香飄拂而來。第二天認真一看，方知路旁不高的籬牆樹，儘是桂花。

桂花開了！秋天到了！我的半年訪學時間也快到了。

剛有一點頭緒，路子剛剛鋪開。數不清的事情要在日本做。特別是資料。特別是那古抄本，幾種重要的古抄本。於是拼命趕。但是，寺院一年開放一次，有的已經錯過了時間，有的申請沒有回復。看不到這些重要的古抄本，得不到這些資料，下一步很多工作沒法做。

筧文生來信：「不焦急，不放棄，不等待。」

家屬來了。她們要趁我回國之前，到日本看一看。川合康三開著他那大氣威武的大吉普車，帶著我全家，到奈良，唐招提寺，東大寺。孫一萱姐妹招待，孫一茐帶著盧丹爬上大文字山，看那從高山茂樹中鑱出的一橫一百多米長的「大」字。還有筧先生，清水凱夫，周文海。我那居室也熱鬧了。包餃子，做中國菜。日本人愛吃。聚餐，喝酒，暢談。一邊做著回國的準備。

不焦急是不可能的。但我確實沒有放棄，沒有等待。我的唯一長處，可能就是沒有輕言放棄，沒有盲目等待。每時每刻，做該做的事，做能做的事。

　　向國內請求，延期。南開答復，延期可以，但沒有經費。

　　向日本財團申請經費。學術振興會，國際交流基金，民間的，三島海雲紀念財團，還有幾個什麼。四處找聽資訊，逮住一個就申請。但是，石沉大海。

　　經費，也就是錢。一輩子，還沒有這樣認真操心過錢的事。小時候家裏窮，有父母操心。下鄉沒有錢，好歹有飯吃，有房子住。但在日本，沒有錢，意味著什麼？

　　我考慮，也和家人商量。最後決定，沒錢也延期。

　　那天家人回國，乘燕京號，原乘四百八十六人，那一趟卻祇載了十四名乘客。三年來最少一次。熱鬧一個月之後，一下子冷清下來，頗有點繁華落盡剩孤獨的味道。

　　筧文生在為我又一次周到安排了。

　　給我解決了身份。客座研究員。教授會申請，審查，學校批准。原來的住處租金太貴，吃不消。找到一個新住處。立命館的國際交流會館，也就是留學生宿舍。一個人一間，廚房是公用的。常盤，離學校雖稍遠，但總體還是方便。

　　但是，經費怎麼辦？新住處房租比原來的便宜多了，但每月也要三萬円。吃飯，按正常，每月也要四五萬円。還有乘車交通，複印……

　　我可以不放棄，但我沒法不焦急。我的想法，用原來半年的經費，把幾個最要緊的本子看到，實在堅持不了，就走路。

　　那一天，筧先生把我叫去。他的研究室就在我的隔壁。那是一個晴朗的下午，窗外，古都山川遍地金輝。屋內，筧先生

異常慈和。

　　一個信封輕輕放在我面前。「這是三十萬日元，先拿去用。」

　　完全沒有思想準備，一下子怔住了。沒等我明白怎麼回事，筧先生又説：「這不是給你個人的，是給你搞學術的。把題目做下來，比什麼都好。」

　　筧先生的眼光，慈祥中帶著企盼。我這纔緩緩過神來，解釋説，我沒問題，能夠堅持。説了一大通理由。但筧先生似乎不理會我，繼續説：「這並不是給你，祇是借給你，當然我知道你沒有能力償還。」是的，沒有能力償還。我偶爾查得當年的工資條。一九九四年三月，月工資纔二百一十元。一九九五年二月，到手纔四百四十一元。三十萬日元，折合人民幣，那是好幾年的工資。筧先生接著説：

　　「償還有各種各樣的形式，比如，我以後到天津去，你請我吃狗不理包子，也就算還了，比如，你的書以後出版了，送我一本，也就算還了。」

　　我完全明白筧先生的意思。薄薄的信封，是那樣沉甸甸！

　　我最終沒敢接受。祇是加快了工作節奏，在能夠堅持的時間裏，把事情做完，把最重要的事情做完。

　　又是一天，筧先生又把我叫到研究室。告訴説，在學校給我申請了一筆研究助成金，每月五萬円。

　　後來我知道，立命館的研究助成金，一共有四個條件，本校教師，在讀研究生等等。我祇符合其中一個條件，研究課題

重要。

筧先生曾任文學部學部長，也就是中國的文學院院長。現又在學校任一定職務，相當於副校級。筧先生在立命館有很高的聲望。他動用了他的聲望，為我把研究助成金申請下來了。

對於研究來說，這是救命的錢。有這筆錢，就可以在日本堅持，就可以把後面的事情做完。

「去辦手續吧！」又是慈和的眼光。我能說什麼呢？

七、再上高野山，小和尚說：「住持吩咐過了，不收先生的錢。」

小西甚一告訴我，最好的古抄本，是三寶院本。三寶院本在高野山。

於是又與高野山聯繫，知道也是收藏於靈寶館。可是上次那個管理人員沒把三寶院本給我看。這一次，申請信寄出去，先是沒有回音。後來筧先生出面，還把立命館的學長，也就是校長請出來，都寫了推薦信。這次算是收到回信，短短兩行字：「很抱歉，三寶院本是國寶，不允許看。」

川合康三知道消息，說：「你找林田先生吧！」他說的是林田慎之助先生，九州大學的教授。有點納悶，三寶院本在高野山，怎麼到九州去找林田呢？

和林田先生聯繫。回答很爽快：「好，我和高野山聯繫吧。」不一會，回電話，說，聯繫上了，「我們一起商量這事怎麼辦吧。」但自言自語：「可是怎麼見面呢？」是啊，一個

在九州，一個在高野山，一個京都，怎麼見面呢？稍想一下，說：「這樣吧，三個人都走一點路，三個人的中心點，神戶吧。」又想了一下，説，就在神戶某飯店吧！又問：「你認識路嗎？」我説：「沒問題！」

　　從沒去過神戶。但我已練就了本事，問路。約定的某月某日，準時到達。那飯店依著山勢，可俯瞰整個神戶市，遠處是海。豪華，應該有五星級吧。又是約定的某層某座。日本人做事細緻，這些細節事先都會安排妥當。兩人，一魁梧，個子高大，約摸五十多歲。一敦實，中等個子，約摸四十多歲。我主動上前問候，自我介紹。高大魁梧的也先自我介紹，他是林田先生。接著介紹旁邊敦實中等個的：

　　「這位是田寺則彥先生，高野山大學教授。」光頭。林田先生見我納悶，笑笑説：「他是僧人。」僧人教授，可是第一次聽説，第一次見到。

　　林田先生性豪爽，難怪是川合康三的好朋友。田寺先生則顯敦厚。林田先生笑道：「我們喝酒吧！」田寺先生略顯遲疑，林田先生不容他説話，接著説：「今天下了山，就放開喝吧。」對我説：「他愛喝酒。」我會心地笑了。

　　不但田寺先生放開了，我也放開了。第一次見面，卻像老朋友。痛快喝酒，痛快暢敍。喝的是啤酒，田寺先生果然愛喝，一杯接一杯。林田先生更是海量。不一會，桌上堆了好些空酒瓶，那服務生還一瓶接一瓶地上。我祇是敍談放開，喝酒卻不敢，酒量有限，祇是作豪飲狀，實際暗自控制。林田先生

卻也不勉強。

敍談中，知道田寺先生原來和我同年，祇比我大兩個月，在高野山大學管理圖書資料。知道高野山大學開設不少課程，教員學生都是僧人，學生畢業之後，一般也到真言宗的寺院。高野山本身就有不少寺院，不少學生一邊在高野山的寺院工作，一邊讀書。

知道他們也在做《文鏡秘府論》。兩人合作，做一個新的校本，用的底本，就是三寶院本。三寶院本的所有材料，包括原文，訓點，一一錄入。他們也知道三寶院本的價值，想用這個辦法，完整地保留這個本子的所有資料。

但是，他們的新校本還沒有出版，而且，那畢竟是校本，不是原本。我想看的是手抄原本。我相信，任何校本，都無法完全準確地反映手抄原本的全貌。

林田先生舉杯：「一千多年前，空海不遠千里，來到中國，有了《文鏡秘府論》。一千多年後，盧先生又為研究《文鏡秘府論》，不辭辛苦，來到日本。我們為《文鏡秘府論》乾杯！」

我被感動了。

接著對田寺說：「你就幫幫忙吧！」田寺先生臉已通紅，林田先生又一杯酒遞過去。林田先生作東。豪飲之中，事情談妥。

二上高野山。一人獨行。雖祇走過一次，但已像輕車熟路。在日本，我真練就了這個本領。認路。

　　山林中穿行的小鐵道車上，乘客寥廖無幾。旁邊卻坐著老太太。於是一路聊天。聊得興致很濃。半道，老太太告要下車，問我一句是哪裏人。我說是中國人。她先是不相信，後是驚訝。她以為我是日本人。我暗自慶倖，功夫沒有白費。我的日語口語，終於可以比較流利地和日本人交流了。

　　又到了上山的索道鐵軌車。奇景出現了。車行半道，飄起雪花。可細一看，祇是半山以上下雪。半山腰齊刷刷一條線，界限非常分明。半山腰以上，茂密的松林滿是雪朵，潔白一片，半山腰以下，卻一片雪花也沒有，松林依然綠如翠玉。

　　田寺先生早已為我安排妥當。林田先生和田寺先生為做新校本，需常用這個本子，而抄本原件太珍貴，經不住長時摩翻，於是允許他們製成微縮膠卷。那時還沒有電腦 PPT 一說。田寺先生安排我看的，就是微縮膠卷。雖是膠卷，非常清晰。這已經夠了。

　　真是一個好本子。不但原文和訓點清清楚楚，而且頁邊行間還有許多注文，墨筆，紅筆，用極細的引線勾畫著。這保留的應該是空海自筆草本的痕跡。空海當年編撰這部書，就是這樣修改的。

　　空海自筆草本痕跡，這是多麼令人振奮的資訊！

　　京都出發，山口小姐沒有和我同行，卻在高野山大學的閱覽室找到了我。她到山上辦事，還是筧先生不放心，讓她順便關照。她辦完事，下山前，為我安排好住處。

　　還是無量光院。寬闊的僧房別無他物，祇住我一個人，顯

得空空蕩蕩。窗外就是山，可以看見松林那舒展的枝葉上積滿了雪，像一團一團大棉花。小和尚送來晚餐。先在門外問一聲：「晚上好！可以進來嗎？」我回應後，纔輕輕拉開拉門，又弓著身子，輕手輕腳地提著籃子，進到近前，把籃子裏的飯菜小心地在矮桌案上擺放好，說一聲：「請慢用！」又輕輕地退到門外，輕輕地關上門。

菜很豐盛。天婆羅，香菇燜蘿蔔，油豆腐，小鹹菜，豆醬湯，日本人叫米壽稀如。每樣一小點，全是素菜。菜吃得一點不剩，正好也吃飽了。一小罐米飯是吃不完的。吃完不一會，又是那小和尚來收拾，又是輕手輕腳，先問候，再開門，倒退著身子離開。

小和尚臨走時，問我：「寺院早晨誦經，您願意參加嗎？」我當然願意。早就想體驗日本寺院生活，而且聽筧先生介紹，日本寺院誦經，用的是唐音。我問早晨幾點。小和尚說，早晨會敲鐘。

「當！當！當！」雪夜空山寺院鐘聲特別清脆。誦經房在寺院幽深處。天未亮，誦經房裏屋四周的佛和金剛雕像，在微弱的燭光下隱約閃現。誦經房不大，昏暗中，看不清多少僧人，約摸一二十人吧。一道門檻，隔開裏外屋。外屋是俗家香客，除我之外還有三人。我學著長跪著，手持僧人發給的經本。

裏屋有人高聲領誦。應該是住持。那聲音高揚，拖音清亮，悠長起伏，富於節奏。接著眾僧齊誦。那聲音仿佛是腹腔運出，雖低沉而渾厚有力。一聲領誦，隨聲齊誦，又一聲領

誦，又隨聲齊誦。

我到過一些寺院，聽過一些誦經，也聽過一些音樂會。那感覺，都比不上那一個清晨。那空山雪夜，禪房幽深，經聲悠長，真太美妙！

我跟著讀，斷斷續續，不敢大聲。倒是努力辨認，什麼是唐音。辨認的結果，經本是漢文，誦經還是日語訓讀音。也可能經過誦經演變，在日語讀音中保留了某些唐音。

誦經告一段落，裏屋有人出來。燈光隱綽中看不清，年紀較長，應該是住持。一一向外屋的俗家問候。哪裏人，為何到山上？另三人都是來旅遊觀光的。接著問：「哪位是中國來的？」

我趕緊欠身向前，問候，並告訴住持，我研究弘法大師，到山上查資料的。正誦經中，不便多述，祇簡單互喧，我留下一句話：「早飯後能否稍微打擾，拜訪住持先生？」

住持愉快答應。

俗家香客先退出。僧人繼續誦經。天始稍亮。早飯後，送飯的小和尚說：「我們住持有請。」隨小和尚來到一處，卻是茶室。各種陳設，像是工藝品，也可能有文物，還有經書。祇覺得小巧幽雅。未能細看，住持已經笑吟吟迎了過來。清瘦，兩目有神，約摸六十多歲。

互換名片，知道住持尊名土生川正道。禮請就座。也是塌塌米，矮案桌前。站立著的住持下蹲坐下時，卻用一根小撐手，也很精緻，像拐杖，而稍短，有握手。撐著下蹲坐下，極

為方便。也給我一根，我學著撐著蹲下。正要長跪，那是日本表示尊重的禮數，我早已學會。住持卻勸阻說：「不用，請隨意。」於是席地盤腿，兩人相對而坐。

再次問候，再次說明上山來意，說課題的意義。住持微微頷首。接著話題說開了。說《文鏡秘府論》，說空海，說真言宗，說佛教，說日本，說中國。住持不停地頷首微笑。住持說，他有兒子在中國，在中山大學讀研究生。他說，他到過羅馬，見過羅馬教皇。

意猶未盡。但我不敢多打擾，另外，我還得抓緊時間查看資料，這是主要任務。於是向住持告辭。拿起隨身的筆記包起身要走。住持卻說：「先生請稍候。」立於門外廊下，天還下著雪，滿地銀裝。不一會，卻是一輛漂亮小車開到跟前，司機正是倉橋。

「先生請上車。」我愕然，這是怎麼回事？「下雪，路滑，乘車去吧！」我堅辭，路不遠，也好走，這點雪沒有問題。有些話我沒有說出來。我下過鄉，挖過煤，為查資料，已準備吃大苦，這點雪根本不在話下。但住持懇請。祇好上車。

那天查完資料，回到寺院，小和尚又把我的住處移到另一處，一處小房間，暖和，佈置溫馨。一連五天，每天開車送，接。每天小和尚把飯菜送到住間。

盡情地看三寶院本。田寺先生說，興膳宏也來看過三寶院本，但祇讓他看了五個小時。而我看了五天。需要的資料都下來了。收穫滿滿的。

　　準備下山。前往寺院辦公室結賬。第一次和筧先生他們一起住的時候，我已經知道，這裏是寺院式的旅館，或者說是旅館式的寺院。高野山是旅遊勝地，時有香客遊客住宿。住一晚，一萬一千円。住五天，五萬五千円。我已作好準備，為資料，為三寶院本，花再多錢也值。這是最好的本子，最關鍵的資料。

　　住持有事不在。小和尚卻把錢推還給我。「住持吩咐過了，不收先生的錢。」

　　我又一次怔住。這不行，住宿，按規定，錢是一定要付的。小和尚堅持說，住持吩咐過的，不能收先生的錢。

　　我一下子不知道怎麼辦纔好。有高山寺的經驗，我到寺院查資料，一般會帶禮物。但到這裏，我是住宿，沒作準備。

　　沒帶禮物。除了身上穿的衣服，身邊沒有從中國帶來的其他東西。想了一下，便把隨身的鋼筆取下。那時還用鋼筆。又取出一張名片。名片已呈送過住持。但這次我鄭重地簽上名字。把鋼筆和簽上名字的名片，鄭重地交給小和尚，請轉呈住持。

　　我祇能用這種方式對住持表示敬意。下山後，我叫國內馬上寄茶葉過來，再寄呈住持。

　　幾個月之後，結束第一次日本之行。電話告別各方朋友，第二天就要離開了。收拾好行李，靜靜地躺著。突然，門衛上來，有我一個郵件。正是土生川正道先生寄來的。一個禮封，三萬円。幾行清秀的字：「路上用，一路平安。」

八、那個冬天，京都下了十六場雪

在日本，這是最艱難的時期。

每月五萬，解決了大問題。但還是緊張。每月三萬房租。吃飯，在日本，一般情況，一個月四五萬是需要的。還有其他費用。祇有把原來半年節省的錢補貼進去。坊間有說，窮得像教授，傻得像博士。去一趟日本，本想補貼一下家用，看來祇有落空了。那時在日本，可能一個月就相當國內一年的開支。

事情還多，似乎越來越多。進到題目裏，簡直是無底洞。原來計劃寫二三十萬字，看來是打不住了。問題越來越多，每一個問題背後，常常是一大堆另外的問題，需要在日本查的資料越來越多。像展開一張無邊的網，收也收不住。

國內又來信。羅門新入學的張峰屹和成其聖。要寫博士論文，要查日本的資料。列了一個目錄，長長一個單子。張峰屹一百二十多篇，成其聖也有許多。親師弟，不能不幫忙。本校，外校，外地，一篇一篇找，複印。

還有一些寺院的古抄本沒有看到，有的沒有回復，還得再申請，有的要等待。馬不停蹄往前趕。還得堅持，不知道還要堅持多久。

祇有節省。節省交通費。公交，能不乘就不乘。學校給我借了一部舊自行車，私人的。新住處離學校比較遠，通軌道電車。每天到學校往返，我基本上沒有乘過軌道電車，都是騎自行車，並且風雨無阻。上坡下坡，路也不寬，我把國內騎車

的技術都用上了。京都市內的資料，祇要自行車能往返，一般也是騎車。日本的馬路可沒有留自行車道，都在人行道上。路窄，有的連人行道也沒有，公交車擦著民居屋簷開過。日本教授沒有騎自行車的，年輕人，一般也騎摩托車，「嗚……嗚……嗚……」地拉著油門，風馳電掣般，特別威風。我好歹一個大學副教授，半老書生，卻騎著自行車，在那窄窄的人行道上，那人行道還不平，在沒有人行道的窄馬路上，顛呀顛地。京都坡地多，遇上坡地，還得下來推著走。日本自行車品質還真好，我那樣風裏雨裏顛呀顛地死命騎，一年多，不但從沒壞過，連輪胎也沒打過氣。真幫大忙，省下不少交通費。

　　一般不在食堂吃飯，更不用說在外面吃飯。自己做，省錢。買菜也不敢買貴的。日本牛肉好吃，不敢買。生魚片更不用說。豬肉稍便宜，但也貴，買得也少。肉類祇有雞肉便宜，特別是雞腿，覺得特別划算。炒著吃，煮湯吃。還會做香酥雞腿，雞腿浸好醬油鹽料，裹上濕麵粉，用油一炸，特別香。日本雞蛋便宜。蔬菜類，青葉白菜貴，不太敢買來吃，一般買大白蘿蔔，還有元白菜。我是南方人，愛吃大米，不太愛吃麵食。但日本大米貴，也是搭配著吃，盡可能吃麵食，麵食中，麵粉又最便宜，於是買來，自己擀麵片，再簡單一點，就是和水拌勻後，直接做麵疙瘩。

　　出外查資料，祇要能趕回，不論多遠，都回家自己做飯吃。有時路上真是累，餓。清楚地記得一次，計劃跑三個點。三個點都有資料，我的資料，兩個師弟的資料，都查好了，要

去複印。三個點在京都同一個方向，算好時間，應該跑得下來。第一個點順利下來，第二個點也順利下來。到第三個點，算好時間，應該可以。可京都是盆地，那個點在京都市郊，恰是盆地邊緣，要上坡，又下著雨。算好下午六點圖書館閉館之前能趕到的，一下子打破了計劃。每天的工作日程都排得滿滿的，時間算得緊緊的。不知道前面還有多遠，坡地騎不上去，於是下車，推著車，冒著雨，拼命跑。那是最狼狽的一次。還好，下鄉煤礦勞動煉出了體力。閉館前五分鐘趕到了。日本這點好，不會提前下班，而且祇要你人到了，儘管祇有幾分鐘，他們仍會耐心地幫你找，讓你複印，把事辦完。

那天把事辦好，已經六點半過了，到了吃飯時間。那個點離住處騎自行車要一個小時。可我仍然冒著雨，往回騎。到得住處，把濕衣服換下，趕緊做飯。那天真是又餓又累。

一年多下來，太太説我瘦了一圈。

不管怎樣，我覺得比下鄉兩年強多了，比小時候家裏吃的也強多了。吃過小時候的苦，吃過下鄉的苦，吃過煤礦的苦，什麼苦都不在話下。

吃苦，有時是一種財富。

複印有時沒有辦法。校外資料，是多少錢就是多少錢。校內，還是想辦法。早就知道學校旁邊哪家複印店最便宜。能借的資料儘量借出來，到那家店複印。

正在京都講學的蔣凡先生幫了大忙。他説：「我這裏方便，有大件的，就拿到我這裏來複印。」真在蔣凡先生那裏複

印不少。複印完資料，就到蔣先生住處，請教問題，或者聽他拉二胡。那時他正寫研究《世說新語》的書，每寫一章，就給我看。蔣先生知識廣淵，健談，我們一起在京都的日子，真是愉快。他後來講學結束，要回國了，我去送他，依依不捨。他說：「你好好堅持吧！」

元旦，收到小西先生的賀年卡，說，他年輕時立志，著學術著作等肚臍眼，屆時取號「等臍書子」。自歎一生著書雖二十多部，尚未等臍，祇及其半多一點，這年一九九六年，他八十一歲，「八十一」相拼恰好是一個「半」字，於是為自己取號為「半翁」。我看到賀年卡的左下方，正蓋有「半翁」的印章。

筧先生請我到他府上過年。日本，元旦就是春節。筧先生宅第門外，裝飾著門松，喝的是屠蘇酒。讓我感受到日本的民俗。筧先生說，這都是從中國來的。我感慨，日本保存著中國傳統的很多東西，中國本土反而看不到。

筧先生仍關注我的研究，仍幫助我。一個個問題我在腦子裏轉。《九意》，引起了我的注意。《文鏡秘府論》地卷的一篇。中國人寫的，還是日本人寫的？我想考證它。想到一個辦法，找出其中的詞語，證明這些詞語出自日本，而不是出自中國。找了七八個。日本典籍堆積如山，中國典籍更是浩如煙海，怎麼去證明？我向筧先生請教。幾天以後，筧先生給我一條資料。正是我要查找的一個詞，「土馬」，《日本史大事典》的詞條。我忙於其他題目，把材料放下，沒去管它。弄完

其他題目，回頭再細看，筧先生又給我一些資料。順著到圖書館一查，真是打開一扇大門，真是進入一片大天地。

日本古文獻的東西出來了，一個個故事，神女取土作馬形祭神，譽田陵下赤色駿馬變為土馬⋯⋯

考古的東西出來了，關東、中部、近畿、中國、四國、九州，古井遺跡、池中，河底、河邊、湖畔、官衙神社舊址，都有土馬出土。日本古代天皇的陵墓，前方後圓，那號稱為東方金字塔的巨大古墳，也發現有土馬。

日本古民俗的東西出來了。大和橘寺的馬形岩石，傳說是聖德太子和甲斐黑駒的雕像。肥前西駒鳴峠象駒的石頭，據說經常會嘶叫。尾張東一神社一塊馬蹄石，相傳是古武尊坐騎留下的足跡。傳說中神馬留下的痕跡，馬蹄石，駒爪石、駒形石、駒岩、駒留石，以馬命名的地名，到處都是。

又是一批資料，又是一網大魚。查找，再查找，複印，再複印！理清思路，一氣寫下四萬多字。真是痛快！

峰下順三，日本的普通工人，一次旅途，偶爾相識。相識之後，他居然也留心空海，留心《文鏡秘府論》。這是他以前從未聽說過的。那天他說：「帶你去看空海！」

陪著我到得一處寺院，果然是空海的！也巍峨壯觀。祇是沒有我所需的資料。又一天，峰下順三給我列印的資料，說：「這是你的空海。」

還真是。一大疊目錄，都是日本出版的研究空海的著作，論文，生平事蹟，佛教，密宗，真言宗，居然真有《文鏡秘府

論》。不過是近年日本出版的通俗讀本，並無版本價值。

他愛説話，全是生活口語，我學到不少。一天沐浴之後，他往沙發上一躺，「啊，氣持！」「氣持」這個詞，辭典解釋是「心情」，但我聽出來，峰下説的是「真舒服」。

我問他：「不想去美國？」他説：「去美國幹什麼？現在生活挺好的，挺滿足的的。」

春節，冷冷清清。日本人不過春節，我也沒有春節的概念。照樣查資料，看書，寫東西。

京都的雪真多。我數了一下，那個冬天，下了十六場雪。山上樹上屋上路上，滿是雪，一朵一朵，一堆一堆，一片一片。遠處那滿山的雪，亮白亮白，時而露出青翠的底色，真是美景。祇是路上積雪，行走騎車卻不方便。也沒辦法，依然每天來往學校，或者到京都其他地方，進圖書館，查資料。

春天！春天終於來了！櫻花！水邊，路邊，神社，公園，寺院，到處都是！

清水凱夫邀我遊哲學之道，道兩邊滿是櫻花。

橫山弘先生寄來車票，到奈良，看那裏珍藏的古籍，看古跡，看櫻花。

川合康三來了。半帶神秘。他讀小學時，從書上看到一座寺廟，在京都西北，幾十年一直想去，但沒有去。「走，今天我們去。」和一萱一起，開著他那威武的大吉普。果然神奇。從停駐寺前空地的車號可以知道，遊客雖廖寥可數，卻都從東京、名古屋慕名而來。破壁殘垣，苔蘚遍地，雜草滿池，一種

荒僻荒涼的美，獨有一株櫻花樹，歷數百年風霜，半邊樹幹，不知是朽落，還是被雷電擊落，祇剩另半邊樹幹，傲然挺立十數米，倔強地伸出長長的一枝，滿枝櫻花簇錦一樣地盛開著。

九、醍醐寺，住持說：「不要你的錢。你帶回國去好好研究。」

我惦記著的，還是資料，寺院，古抄本。

終於得到批准。又一處寺院。前次申請，錯過了他們的經藏開放時間。這次終於得到批准。

醍醐寺！

和高野山一樣，又一個神往的地方！不過是特別批准，祇允許看五個小時。而且限定週一上午十點到下午三點。

京都市郊，太遠，沒法騎車。祇有乘公交。早早地，剛過八點，到了寺院。

春日時分，晨光沐浴山寺，異常清靜，祇有鳥鳴啾啾，林風習習。快九點，寺院山門開了。陸續有遊客進去。寺院前部有一處庭院，兩株數百年古櫻，這時節，古櫻正盛開怒放。再往裏，是寺院深處，整整十里，直到後山，一路風景。

我無心戀景。一小僧人來到山門。我趕緊上前，問候，說明來意，補了一句：「能不能讓我再看一天？能不能讓我拍一張照片？」我計劃好了，能允許再看一天，就能允許再看兩天。至於照片，也見機行事。

小僧人看我一眼，有點遲疑。要求不高，應該可以，但

是……，小僧人説：「這事我不能作主。我可以給你問問。」

小僧人進去。一會，又出來了一位僧人。年紀較長，胖胖大大，第一印象，像魯智深。後來知道他叫加來大忍，辦公室主任。寺院也有一套機構。我又問候，説明來意，也是補了一句：「能不能讓我再看一天？能不能讓我拍一張照片？」

胖僧人也打量一下我，仍然遲疑，也説：「這事我不能作主。我可以給你問問。」又進去，一會，胖僧人出來，説：「你進來吧！我們住持想見你。」

我一聽，住持想見我，暗想有希望。隨著進去。卻是一處大辦公室。和一般行政機構的大辦公室無異，滿擺著現代行政辦公用的那種辦公桌，辦公桌和辦公桌之間，有矮隔板隔開。桌上滿是文件之類。有僧人在辦公桌間穿行忙碌，身穿灰青色僧衣。卻也有青年女性，坐在桌前，忙碌著。一頭秀髮，穿著也與常人無異。

大辦公室一旁，圍著大茶几，幾張大沙發。便是會客的地方了。坐下不一會，外屋進來一位，也是胖胖大大，祇是年紀更大，個子更高，更顯魁梧，眉宇間有深沉寬博之氣。知是住持，趕緊起身上前問候。知是仲田順和先生。

又將來意陳述一遍。我在申請時，來意已經作了説明。應該就是住持批准的。祇是我説得更詳細。弘法大師的偉大貢獻，真言宗在佛教的地位和貢獻，研究弘法大師及其《文鏡秘府論》的價值和意義，此行日本，走遍高山寺、高野山，貴寺資料之寶貴，對於此項研究之意義，得住持惠允，不勝感激。

在日時間有限，希望更充分地掌握資料，使這項研究得以順利完成，既可使弘法大師思想與精神發揚光大，亦有助於中日文化之交流。這些資料，祇有貴寺纔能看到，回到中國就看不到，就沒法研究。

陳述完畢，又是補了一句：「能不能讓我再看一天？能不能讓我拍一張照片？」

仲田先生沒有插話，細細聽著。我說完，見他微微思考，又聽他問道：「複印的可不可以？」

我沒聽懂意思，以為是給我看複印的。心想，看不到原本，先看複印的也可以。便說：「謝謝住持，複印的也可以。」

仲田先生又問：「要多少？」

我仍沒聽懂，仍以為他是問我要看部分，還是看全部。便回答：「謝謝住持。作為研究來說，當然是越多越好。我全部都要。」

仲田先生說：「好，全部給你。」便起身，說：「跟我來。」引我到一處，卻是二樓，一處較小的辦公室。有僧人在操作電腦。在立命館，在高野山，都看到電腦，這裏又是電腦。那年，國內基本還沒用電腦。暗想，日本確實比我們先進。

正想間，仲田先生叫那僧人在電腦上打開一頁面，問我是不是這部書。那是一目錄，正是《文鏡秘府論》！他們已經製成了膠片。

更大的驚喜還在後面。從目錄，我一眼就看到，是四種本

子！我清楚地知道，小西甚一祇見過三種本子，他稱之為醍醐寺甲本、乙本、丙本。而眼前是四種本子，雖然祇是目錄，但明明白白是四種本子！

就是說，新發現一種古抄本！仲田先生告訴我，醍醐寺還有很多經藏本有待清理。這個新的本子，顯然是近年從經藏庫裏剛剛清理出來的。對於《文鏡秘府論》研究來說，它的意義，恐怕不亞于敦煌藏經洞新發現一卷藏經！我沒有作聲，但心中的喜悅卻按捺不住。

一個意外的收穫！

仲田先生卻不安排我繼續看膠片，祇帶著我在寺院轉悠。一路仍是敍談，談空海，談真言宗，談醍醐寺。我腦子卻在想，那複印的是怎麼回事？那「要多少」是怎麼回事？還有，批准我今天看本子，祇有五個小時，時間一分一分過去，還沒讓我看。卻不敢多言，不敢問，生怕稍一著急，稍有失禮，便不給我看本子。

轉一圈之後，回到大辦公室，會客的地方。再坐定。仲田先生纔從容地說：「我們寺院有一個財產委員會，雖然我是主任，但不能一個人作主。寺院在京都，財產委員會在東京。寺院有事務要處理，我要過段時間回東京，和其他委員商量商量。」

仲田先生說：「帶回中國，好好研究吧。」補了一句：「祇是你看，不要傳給別人。」

我這纔明白，他是要給我影印本。簡直不敢相信自己的耳

朵！把古抄本複印給我，而且是全部！

連忙感謝。知道住持事務繁忙，不敢多打擾，便要告別。仲田先生囑咐小僧人：「帶盧先生再到寺院轉轉。」後來到的一處，是不對外開放的庭院，異常精美。臨別，仲田先生說，到時他會叫寺院工作人員通知我。

「你等消息吧！」

這一等，就近兩個月。櫻花開了，櫻花謝了。脫下春裝，換上夏裝。還沒有消息。猛然想到，我有一個重大失誤。辦複印，作決定是住持，但具體辦事，卻應是辦公室主任，也就是加來大忍先生。去醍醐寺，我祇帶了一份禮物。我以為一份禮物就夠了。在醍醐寺時，已意識到這一點，因此把禮物悄悄地給住持。不料住持大大方方，隨手把禮物就放在那茶几上。誰都看得見。禮物本身是小事，但祇送住持，不送辦公室主任，顯得不尊重。對人的尊重，是最重要的。

這是一個重大失誤。我要彌補。但又不能太明顯。太明顯，也是不尊重。而且，住持既已答應複印給你，不能再催。催，也是失禮，也是不尊重。

於是我並不催問，但隔一段時間，到寺院跑一趟，問候問候，問候之中，請教問題，空海的問題，真言宗的問題。並不提複印的事。順便之中，給加來先生也送上一份禮物。既表示尊重，又做得很自然，一切在隨意之中。

又等了些日子。電話終於來了，約我到寺院去。「都辦好了，你來吧！」

一個簡美的小紙盒。四個本子，複印得異常清晰，裝訂得整整齊齊。放在我面前。

日本一年多了，到過那麼多寺院，看過那麼多本子，哪個不費盡周折？左申請，右申請，有的還不批准，於是走別的門路。很多寺院祇是一種本子，一再申請，僅為看一下。現在是複印給我，全部四個本子。四個本子啊！

心簡直要跳出來！

不過我很快想到，多少錢？我申請過另一個古抄本，他們給我一個單子，攝影料三萬，揭載料二萬，特別利用料二千，還有好幾項這個那個我看不懂的料，基本料金、捆包費，送料費，消費費，一個長長的計算式子，總有七八項吧。那是普通的黑白的抄本，複印下來，一個本子沒有七八萬日元下不來。那是一個本子，這是四個本子。苦苦堅持半年多，身上錢已所剩無幾。但我下定決心。資料第一重要。不管多少錢，也要得到資料！

我小心地問：「我付一些錢吧？」我是心存僥倖，一方面，要付錢，另一方面，希望能承受得了。畢竟手頭的錢太少了。

仲田先生不在，加來先生也有別的事。接待我的小僧人說：「我們住持說了，不要你的錢。你帶回國去好好研究。」

不敢相信，呆了好一會，還是不敢相信！可明明白白是事實。裝訂得那樣精美的四個本子就在手中。那麼珍貴的資料，一分錢沒要。猛然間，眼淚一下子簡直要出來。腦子空空的，

心裏翻騰著。是的，一年多的酸甜苦辣全翻騰出來了，那一刻，覺得在日本再苦再累都值了！

多年之後，我的著作出版，二十年後，獲「全球華人國學大典成果獎」。嶽麓書院採訪我，說：「十幾年來，你怎麼能夠堅持下來？」我講述了這一段。我說：「那麼多人幫助我，怎麼能不堅持呢？怎麼能不做好呢？」

終於結束第一次日本之行。各種資料，滿滿幾大箱。乘坐輪船，行李還是超重。神戶港漸漸遠去。京都，立命館，高山寺，比叡山，高野山，醍醐寺，東京，漸漸遠去。日本，漸漸遠去。

像撒開一張大網，能裝的都裝回去了。我在想，做成一個什麼東西呢？

航船駛過萬頃海波，前面還是海波萬頃。

第九章　做一部高水平的書

一、傅璇琮先生說，一定要整理出一部高水平的書

磚瓦木料已經準備，特別是日本的材料。但是做成怎樣的房子，卻不清楚。

想來一生真是幸運。每個人生階段，每到關鍵時刻，總會遇到貴人，總會有人引路，有人提攜。

我的貴人，我的引路人，又出現了。

傅璇琮先生。

一個高山仰止的名字！改革開放以來，中國學術，特別是古代文學研究，很多重要的發展，都離不開這個名字。近幾十年來，多少晚輩學人得以沾溉其惠澤。錢鍾書稱其學問為「博綜精審」，啟功讀其著作而「拍案叫絕」。他是怎樣地為學界景仰和崇敬。

是的，二十世紀八十年代初，他的《唐代詩人叢考》甫一出版，學界是怎樣的震動！後來是怎樣地引領了一代學風！他後來的一系列著作，他主編、主持的一系列文學研究的大型叢

書，古籍整理的大型工程，哪一項不是足以垂範後世！

傅先生經歷坎坷，堅韌前行。二十世紀五十年代初，先入學清華，後院系調整到北大，留校任助教。一九五七年，被打成右派，調到商務印書館。後轉中華書局。「右派」的大帽子，沉重的政治壓力，「文革」中又下放湖北咸寧，作為改造對象，冬寒夏熱，下田下湖勞動。傅先生埋頭編輯，潛心學術，編輯一本一本好書，寫出版說明，點校說明，寫考證文章。二十多歲，顯示出驚人的學術功力，編九十萬字的研究資料。文章不能用真名，祇能署名「湛之」，和別人合名「王全」。那部輝煌巨著，《唐代詩人叢考》，也是在「文革」艱苦的環境下完成的。

不知為什麼，遠在異國，我想到了傅璇琮先生。一九八四年夏，蘭州唐代文學會，身為中華書局副總編，中國唐代文學學會副會長的傅璇琮先生，不會知道，臺下正有一個青年碩士生，為他平實明快的報告，統攝全局的氣魄和洞悉發展未來的深邃眼光所深深打動。我也不知道，後來傅先生怎麼會接受我的拜訪，一個尚未畢業的碩士生，應該不會給他留下什麼印象。一九八九年六月，政治風波尚未平息，氣氛還很緊張，傅先生和另幾位先生，冒著危險，從北京到天津，主持我的博士論文答辯。但是，傅先生主持的論文答辯不計其數，我祇是極平常的一個，他會對我有印象？我知道，傅先生提攜、幫助過很多年輕學人，但在我看來，那些學人都很優秀，都有成果，我還一無所有，憑著什麼，可以打擾傅先生？

　　是的，不知為什麼，當我還在日本的深山寺院探尋的時候，第一個想到了傅璇琮先生，很自然地。

　　於是提筆，給傅先生寫信。我說，在日本看到很多東西。我說，想翻譯小西甚一的著作，覺得很有價值。那時我確實還祇想到翻譯，另外自己做一部二三十萬字的理論研究的書。

　　很快，真的很快，收到回信。傅先生說，他考慮再三，與其翻譯日本學者的書，不如你自己來做，從自己研究的角度做，充分吸收現有成果。信寫得比較長。傅先生最後說，回國時把要用的材料帶來。「我們以後再商量，如何？」

　　非常溫馨，一種在迷惘時找到方向的感覺。我在「考慮再三」和「我們以後再商量」幾句上多停留了片刻，但沒往細處想。「考慮」？考慮什麼？「商量」？傅先生那麼高的聲望和地位，操心那麼繁雜的事務，我不過是一個毫不起眼的青年學人，一個小小的研究課題，傅先生會和我商量什麼？

　　事後知道，傅先生確實考慮再三，他站在整個學術發展的高度想了很多，想得很遠。人稱傅先生是總攬學術全局的設計師。這位為很多課題作過設計的大師，開始為我設計研究藍圖了。

　　於是，一個嬰兒被托舉到陽光下。托舉我的，有我的導師羅宗強先生，現在有幸，又有傅璇琮先生。

　　是的，從自己研究的角度。思路豁然開朗。僅靠翻譯確實不行。發現更多的問題，更多的材料，拉開全面研究和考證的架式。不久，寫成一篇文章，寄呈傅先生。

一篇考證文章。初稿複印本，現在還保留著。寫得不好。考證文章不好寫，第一次，想法是有，但是亂，沒有理清。由此理解後來我帶的博士生，第一次寫大論文，思路難以理清。現在想來，傅先生那麼忙，不成熟的東西，四萬多字，打擾他，確實太冒昧。年輕，不懂事。

不久，又收到回信。傅先生說，因為忙，論文未能及時閱看，「甚歉。」不過他還是看了。認為推斷是合理的，但有幾節不好懂。接著用了很長一段話，說怎樣做考證文章，「努力使繁密的材料考證有一個系統的敘述。」說：「要充分利用日本學者細密工夫的長處，再結合中國學者善於概括、總結的優長。」傅先生又說：「你在日本的今後幾個月時間，要集中搜集資料，把中國不易看到的盡可能先掌握，至於做考證或理論研究，則不妨回學校後再細心考慮。」

信很長。傅先生真是耐心、細心。什麼都為我想到了。傅先生居然還向我致歉！那篇考證長文，修改後，傅先生推薦發表在國內一個大型刊物上。研究《文鏡秘府論》，大量是考證。有傅先生的指點，後來的考證文章，寫得順暢多了。

我的眼光，還是落在幾句話上。傅先生說：「有些具體問題你回來後我們可再商議，我一定盡我所知抽出時間與你共同商討。」又說：「我相信能整理出一部高水平的《文鏡秘府論》來。」共同商討？傅先生和我，和一個剛起步的普通研究者？高水平的《文鏡秘府論》？會是一個什麼東西呢？

隔著大海，鴻雁傳書，朦朧中方向逐漸明確。

回國了！我第一時間報告傅先生。傅先生很快復信：「得知你已返津，非常高興，特別是你在治學上滿載而歸，這是最令人羨慕的。」傅先生羨慕我？簡直難以相信！

傅先生接著說，他十月份大約不外出，「但你何日來京合適，我現在尚不清楚。」他要我大致定一個日子後，在兩三天前打一電話約他，電話在晚間，「又，不要在雙休日。」傅先生叮囑得很仔細。

北京，中華書局，王府井三十六號，終於走進了它的大樓。説實話，有點怯怯的。畢竟是中國最高層次的古籍出版社，傅先生那麼高的聲望和地位，而我，一個普通研究者。因為怯，所以猶豫，遲疑。敲開辦公室。四周滿是書架，大辦公桌上也堆滿了，應該是各種文稿書稿。

傅先生好像有點責怪：「説好了時間，怎麼晚了？等了你半個小時。」我暗暗自責，傅先生那麼忙，一分一秒都是寶貴的，而我讓他等了半個小時。心裏更怯，也更拘謹，怔怔的。傅先生似乎並沒察覺，指一下對面，對面是一簡易木沙發。

「坐下吧。」接著便説開了。説話間，不時有人進來，是書局的人有事來請示傅先生，有的是要傅先生簽字。我更自責了，傅先生那麼忙……。傅先生仍未察覺，來人一離開，就又順著他的思路跟我説下去。

傅先生看上去很嚴肅，忙得連對我輕鬆地笑一下的時間也沒有。他要在極為繁亂的事務中，把我的事抓緊説完。仍和上次蘭州唐代會所聽到的，語氣平實，簡明。

　　傅先生説，按你的想法，可以做一個整理稿，一個研究稿，供《文鏡秘府論》的研究者用，同時做一個供一般研究者用的本子。一定要整理出一部高水平的書，要寫成一個總結性的東西，長編性的東西，讓日本人以後研究《文鏡秘府論》，也要到中國來看這本書。

　　我反復掂量傅先生所説的「總結性」、「長編性」幾個字，反復掂量讓日本人到中國來看這本書這句話。我能感受到這話的份量。

　　從北京回來，我給羅宗強先生寫信彙報。羅先生在新加坡講學，回信説：「要超過王利器本，並且做到幾十年內人們要超過你，須下很大力氣，因此須處處小心，一定要有識見。」

　　我聽懂了。

　　整個研究的藍圖，有了。標尺和要求，有了。不是小打小鬧，不是在大山上挖一小洞，積一小堆土，而是建一座更高的大山，超越王利器，超越小西甚一。

　　傅先生很快把接下來的事都安排好了。向國家古籍小組申請經費。聯繫中華書局出版。都是關鍵的事情！都解決了！

　　一封封來信。即使傅先生辦理赴臺事務那麼忙碌，仍不忘給我來信回信。考慮細緻。擬書名，寫報告，要注意什麼，什麼事可打電話，和誰聯繫。「在我赴臺期間，請隨時與徐俊聯繫。徐俊為人忠厚，正直，且業務亦精熟，可以信賴。」資料在搜集時要注意什麼。「盡可能齊備，但寫入時宜有所選擇，要使人覺得著者是有眼光的。」對王利器注本怎麼處理，「一

定要超過。既充分肯定其成就，又如實指出其不足，你這次做了哪些。」先作一篇文章，「為你的書開路」，「文章如短，如二、三千字，可放在《古籍簡報》。如稍長，或投《文學遺產》」。

都是商量的語氣，「請考慮」，「請再考慮」。還有，「快一些。」一個字沒寫，就和中華書局簽訂了出版合同，就被列入國家古籍整理「十五」規劃重點圖書，得到國家古籍小組的出版資助。

還是全球華人國學大典的採訪，問我為什麼能夠堅持？我講了這一段。我說：「一個字沒寫，中華書局就和我簽訂了出版合同，能不做下去嗎？能不做好嗎？」

二、二赴日本，東京鬧市的早稻田

我對師資處湯全啟老師說，還要再去一趟日本。湯老師說：「好！但祇能兩個人共用一個名額，三個月，怎麼樣？」

三個月？緊張了一些，但湯老師已經盡全力了。

早稻田。又一所著名大學。東京，新宿，那最繁華的鬧市中心。不再有京都的幽靜安寧。幾條街道把校園分隔得七零八落。熱鬧的不止是校園街道，還有學生。早稻田出過好幾位首相，有政治傳統和氛圍。學生動不動就集會，演講，鍛煉他們的政治才能。那次校方提高學費。老師們說：「我們也矛盾啊，物價上漲，不多收學費，我們的工資怎麼提高啊。」學生向校方抗議，集會演講，鬧了好一陣。校方回復：「願繳學費

的留在早稻田，不願的，請便。」不幾天，學潮銷聲匿跡。

　　學術氛圍同樣濃，水平一流。圖書館真大，據說是全世界大學圖書館第一。書庫從地上到地下，好幾層。每一層走進去，都是迷宮。我用了三個月，還是沒弄清它的結構面貌。好像是輻射狀，地面有標誌，像大型車站，四通八達。每次進圖書館，我要靠路標纔能找到所需要的圖書的那一大片書架。看書卻很方便。早稻田給我的個人研究室，與圖書館同一建築。不出大門，沿走廊，就可以進館借閱，進書庫。王勇的研究室就在隔壁。王勇後來在浙江大學，成為日本研究的著名專家，但那時，兩人卻忙得聚一次的時間也沒有。

　　導師是早就熟知的，著名的中國文學研究專家，松浦久友教授。松浦先生研究的就是中國詩學，他的研究與《文鏡秘府論》非常密切。自然可以更方便地請教更多問題。他早就知道我的研究，以為應該在日本呆更長時間。四處聯繫，推薦，日本的一些研究基金會，還介紹渡邊秀夫先生。但最終沒有聯繫成。他的研究生有不少很優秀。他和研究生也聚餐，在研究室，各自帶去菜肴，還有酒。不過，不愛白酒。松浦先生與孫昌武先生是好朋友，孫先生送他一瓶茅臺，為招待我，那天拿出來喝。香氣四溢，學生們卻嚷嚷：「能不能把酒杯蓋住，不要讓酒的味道散發出來，太受不了了！」

　　體驗一下日本普通生活。參加了早稻田組織的到日本農村考察。住農家。受邀參加了一場日本婚禮。那是教我們日語的伊藤老先生家的，他侄女的婚禮。中國教授參加他們的婚禮，

他們很高興，以為很有面子。

看望筧文生先生。筧先生知道我的研究計劃和進展，非常高興。看望小西甚一先生。這次是一個人去。送上近年發的相關論文。老人從善如流，連聲說：「好！好！」並送我他新出的著作。上高野山，看望土生川正道先生，拜訪田寺則彥、靜慈圓先生。看望仲田順和先生。他在東京有一寺院。談話間，一年輕女子進出端茶送水，有點疑惑，又不敢問，後來纔知道是仲田順和先生的年輕夫人。

在京都，工人峰下順三在一家特色餐館款待我。偶爾和女服務員聊了幾句。問我哪裏人，我說天津，女服務員搖頭，說：「不知道。」我說南開大學，仍搖頭不知。我問：「知道周恩來嗎？那是周恩來的母校。」又搖頭不知。再問：「知道毛澤東嗎？」還是搖頭不知。最後問：「知道天津甘粟嗎？」這纔終於點頭，說：「知道，知道！原來是天津甘粟。」

老先生，老朋友一一看望見面。祇是沒有見林田慎之助。九州太遠，沒有時間專門去。

資料，古抄本，仍是我的工作重點。

有一個抄本，藏於田中穰氏私家。田中穰氏祖上，於明治時代經商，致富後由商轉文，購置藏書，其後代好幾位都是大學教授。上次在立命館，就查得有一田中穰氏藏本，幾經詢問，知田中穰氏在東京。看了他家自編藏書目錄，藏書真不少。但川合康三告誡我：「他家的藏本看不到的。」

藏書目錄公示於世，告訴大家有哪些藏書，就是不給看。

我不死心，心想，寺院那麼多本子，我都看到了，這麼一個私家藏本，憑我三寸不爛之舌，應該沒有問題。因臨近回國，日程緊張，來不及，就按地址給田中穰氏家去了一信，陳述意思。回國後，又去信問候。此次一到早稻田，便著手聯繫。

先去信，並寄去從國內帶來的禮物。田中穰氏家也在新宿，從地圖查看，乘車十分鐘也就到了。祇要回信，就登門拜訪。不料一封信，不行，第二封信，仍不行。於是按查得的號碼直接撥打電話。是主人的女兒接的電話。我說明來意，並說想去拜訪，問是否收到禮物。說是收到了，謝謝謝謝地說了一通。但說她父親外出了，不在家，不敢麻煩我到家裏來。這是不希望我去。再後來，倒是收到回信，也是拒絕，說：「不是什麼好的本子，對你的研究沒有什麼用。」

終於沒有看成。第一次遇到這種情況。不過，從目錄和刊載的一頁圖版看，那是一個江戶之後的抄本，並不重要。

其他古抄本都順利。高野山又看了幾種。主要任務，是取得古抄本的圖片，還有申請發表權。也順利。醍醐寺本，仲田順和先生就在東京，「你隨便用吧！」我說，還需要正式的許可書。仲田順和先生先說：「要那個東西幹什麼？」後來還是很快給我辦了。

京都大學人文學部圖書室有一藏本，學部長就是興膳宏先生，二話沒說，辦下來了。還有幾個都辦下來了。茶水圖書館成簣堂藏本已影印出版，聽說要刊載，給我寄來一張特別清晰的攝影件。有的付一些刊載費之類。

　　高山寺本有點巧遇。東京大學一教授編有《文鏡秘府論》傳本目錄，誤將慶應義塾大學的仿真影印本作為一抄本。上次在立命館時，我第二次去看高山寺本，和鄰座交換名片，正是東京大學那位教授，叫月本雅幸。我告訴他，我到慶應義塾大學看過，您目錄所載的，是仿真影印本，並不是一種抄本。他說：「是嗎？我是根據資料，沒有去實地看過。」

　　於是兩人有交往。我順勢問，能不能幫忙取得一張高山寺本的照片，供我的書刊載用。他說：「我來試試。」月本雅幸先生是古籍專家，日本寺院的經藏本，經常要請他們去整理，關係熟。高山寺本照片和刊載權問題，很順利得到解決。

　　第二次赴日，三個月很快過去。

三、校對，那工作量真大

　　沒想到，在國內，傳本調查還有意外收穫。

　　那是到北京查資料，看到一條，好像是潘重規的資料，説是一九三〇年他在北京大高殿圖書館看過一個藏本，説是楊守敬從日本帶回來的。

　　我眼睛一亮，這是從未聽説過的本子。大高殿圖書館？在哪裏？時我正在北京大學圖書館，於是問管理員，先問年輕的，後又問一位年長的。都搖頭。但他們建議，北京圖書館（現國家圖書館）旁邊有一中國圖書館協會，「他們肯定知道。」

　　於是到北圖，到中國圖書館協會。一位中年老師接待了

我。他是圖書館協會的秘書長。「大高殿？」他在腦子的記憶裏稍搜尋了一下，十分肯定的回復：「國內的圖書館，都有註冊，北京的，我更熟悉。就我所知，北京沒有叫大高殿的圖書館。」

我不死心，到旁邊的北京圖書館，到特藏部。我常到那裏查資料，熟悉。特藏部的李曉明女士說：「好，我為你留心一下。」不久，她給我來信，說：「大高殿在故宮，確收有楊守敬的書，這批書一部分轉到松波圖書館，解放後由北京圖書館接管。」但經查，北京圖書館未見此書。

我不願就此甘休。故宮深邃，沒有認識的人，無法查問。我向傅璇琮先生彙報。傅先生介紹八十多歲高齡的王世襄先生。王老先生回信，他雖是老故宮，但藏書的情況卻不熟悉。王老先生一手小楷毛筆字真是蒼勁秀逸。王老先生又介紹朱家溍先生。朱家溍先生是故宮博物院研究員。朱先生不久又回信，又是一手秀美遒勁的小楷毛筆字。朱家溍先生信告，楊守敬藏書在抗戰前確全部在故宮。朱家溍先生於一九七六年至一九八〇年，參加編纂全國善本總目，具體主持編纂故宮善本現存書目，得以遍覽館藏群書，但未見到《文鏡秘府論》一書。朱先生告我，一九四九年以後，除南遷的以外，故宮現存善本或移交北圖，或支援地方。

線索似乎斷了。恰在此時，電視播放，抗戰時故宮文物的南遷，顛沛流離。故宮！文物南遷！但往南打聽，仍無消息。猛然想到，可能遷往臺灣去了。於是又托人查找。果然在臺灣

故宮找到了。

一千年多前，空海一葉木舟不辭數千里把中國典籍帶回日本，編成《文鏡秘府論》，三四百年後，由不知名者抄錄，而後藏於狩谷掖齋，再五六百年後，由楊守敬飄洋過海從日本帶回北京，再五十多年後，這從日本帶回的本子竟在日本軍隊的炮火轟炸之下，不知輾轉多少千里萬里，跋山涉水，又渡一海，流落到另一海島。而今終於找到了它。

這是第一次在日本之外發現古抄本。這個本子，我命名為楊守敬本。包括日本的，一共新發現四個本子。就像建新房子，又有了幾根大支柱。

做整理本，真學到東西。中華書局，真是一流。

確實把主要精力放在資料搜集上，放在對問題的考證、研究上。資料有了，問題研究透了，怎樣編纂成書，做成高水平的整理本，真沒想到有那麼多學問。

體例！

資料都有了，編纂成書，嚴謹的體例就是第一要義！這一點，我是逐步體會到的。在大問題上，有傅璇琮先生為我規劃，這樣具體的問題，我不敢打擾他。

有幸的是，我又遇到了一位好老師。許逸民先生。

也是中華書局的老先生，人稱中華「四君子」之一。所謂「四君子」，就是中華有聲望、元老級的人物。許先生對古籍整理，對其規範、科學性，當然也是學術性，有專門研究。記不得什麼時候認識了許先生，許先生也知道我。我請教了他。

　　我做了一點樣稿，去中華送呈許先生。許先生看過，説：「不行。」我心裏嘀咕：「不至於吧？」許先生卻不理會我，指著樣稿一點一點講：「這個要刪去。刪去纔清楚。」「這樣寫，到後面就亂了。」説著，他給我一份東西，是他寫的《古籍校點釋例》，發表在《古籍整理出版情況簡報》。「這個你拿去看看。」

　　又問，國家語言文字工作委員會《關於出版物上數字用法的試行規定》，「你看過嗎？沒看過？去找來看看吧。」

　　回到天津，不幾天，收到一封信件。卻是許先生另起爐灶，親自動手為我寫的幾頁校稿。果然清晰。我一下明白，做整理和寫論文不同。它需要用極簡潔、極明瞭、極規範的體例格式，表達最準確、最豐富的內容。

　　當然有一點是後來我纔明白的，交往並不多，許先生為什麼花那樣的精力幫我？他對古籍整理，對中華情有獨鍾，看到不規範的，忍不住就要糾正，中華出的東西，他忍不住要把關。當然，他也愛護年輕人，希望年輕人在古籍整理上能接班。這是中華的先生！

　　果然如傅先生所説的，徐俊為人忠厚，正直，且業務亦精熟，可以信賴。徐俊高個，俊秀，先是文學編輯室主任，後是中華副總編輯、總編輯、總經理。還有顧青，顧青個子敦實，爽直，後來是中華副總編輯。俞國林，後來是文學編輯室主任。對俞國林不熟悉。一次聚餐閒聊，我偶問起，俞國林哪個學校博士畢業。顧青説：「我們中華祇看才能，不看文憑。」

俞國林果然很有才能。

責編。最先安排的是冷衛國。冷衛國後來調青島中國海洋大學，成為那裏的學科帶頭人。於是安排了另一位先生。以後的數年時間，我得以很深地親身體會，體會中華編輯的謙和、嚴謹、細緻和極高水平。

張文強先生。

先祇是通信聯繫。審稿。補上《凡例》，以及《前言》、《後記》，還有書影相片。繼續就體例商量，怎樣更統一、細化。頻繁出現的長詞條怎樣統一簡稱而又合於規範，《凡例》怎樣表述更嚴謹，更統一，更規範。原文沒有但又必須擬出的標題怎麼處理。抄本不規範的地方，整理本如何使之規範而又保留抄本面貌，等等。

不久出來校樣。真正瑣碎繁重的工作纔正式開始。

校對正文。一手底本，一手校樣，一個字一個字對。校對底本的同時，還要校對其他校本，也是一個字一個字對。出現異文，則要斟酌，該用哪個字。異文怎麼處理，出校，還是不出校。

校對引文。引文又有兩種，古籍原典的引文，研究論著的引文。三四百種著作，必得找到最好的版本，全翻出來校對。都是一個字一個字校對，一百六十多萬字啊！有時為核對僅幾個字的一句引文，須查遍一篇大文字。

多年的心血，自然傾注全力。自認為很細緻了，但是張文強先生一看，卻是問題多多。

體例，錯字，標點，其他錯誤。

商量。用「遊」還是用「游」，用「升」還是用「昇」。「耀」改作「曜」，「制」還是「製」，「於」還是「于」，「藉」還是「籍」。用「鄭玄箋」、「鄭箋」、「鄭注」、「鄭氏注」，還是「鄭玄注」，作「《四庫全書》本」，還是「四庫全書本」，「封氏《聞見記》」還是「《封氏聞見記》」，孔穎達正義還是孔穎達疏，《元首》之歌還是「元首」之歌，作《風俗通》還是《風俗通義》，是否用「影印本」、「排印本」、「點校本」之類，用「南朝宋」還是「劉宋」，「北魏」還是「後魏」，「東漢」還是「後漢」，段玉裁《六書音均表》還是《六書音韻表》，「集解」、「正義」、「索引」、「集傳」等要不要書名號，平頭、上尾、八病，六對、八對，加不加引號。引文出處正史某某傳是否要寫卷數？

張文強眼光真利。「孽」錯作「蘗」，「候」錯作「侯」，「王」錯作「玉」，……某處漏一字，密密麻麻中一眼就能看出來。

真細緻。涉及詩的數量，他一篇一篇數過，來信：

「惟佚詩數似有誤，應為七十八首（原為七十六首）。」

「另有一處稱詩二百三十首，我祇數出二百二十九首。」

作家生卒年一個一個核對。又來信：

「諸音韻家生卒年時有誤，如隋煬帝（五○八——六一八）顯誤。」

為核對作家生卒年，又親自查史書。「昨晚核對天卷調聲『五言平頭正律勢尖頭』考釋之錢起生卒年時，發現與傳統說法不同，想核一下，但根據書中提示查舊唐盧綸傳所附錢起附傳，反覆翻檢，未見盧綸傳，後經查索引，在舊唐盧簡辭傳，盧綸是他的父親，新唐確有盧綸傳。」

還斟酌標點。他把標點通核了一遍。「您在『白』前用的句號，『蹄』後用的逗號，愚意以為，『白』前用逗號，『蹄』後用句號似更好。」「又，……似應在第二句用分號。」

非常謙恭。「您意下如何，請告知。麻煩了，謝謝。」「您以為可否，望示下。」「請您斟酌。」「請您定奪。」「我不大懂，如方便您給我個解釋好嗎？」

夜以繼日。連春節也在忙校稿，我很過意不去，他回信：「至於我，節不節的無所謂，那主要是給老人和孩子過的，您是否也如此呢。」

我太太說：「張先生太辛苦了。」他回信：「幸好和您合作非常愉快，也自有一番樂趣，我們本來就是念書的，說不上辛苦。」我表示感謝他。他說：「這是編輯應該做的。我們文人之交淡如水吧。」堅決不要我的感謝之禮。

一封一封郵件。總計有近十萬字吧！發現問題，常常就是排查。有的可以用電腦，但很多時候，必須手檢查找，這就意味著，要將那一百六十多萬字全部看一遍。一處錯誤，排查一遍，又一處錯誤，又排查一遍。那工作量，真是大啊！

　　北京有一些職業人員，他們是校對專家，他們的校對工夫絕對了得。出版社編輯校對多少遍的稿子，到他們手裏，又能校正出錯誤。秋風掃落葉，最後幾片落葉，他們往往能掃下。他們不屬於哪家具體的出版社，但北京幾家出版社一旦有了重要書稿，必要請他們把關。當然要付報酬。我的書稿，中華書局也外請了一位職業校對專家，趙明先生。於是我，作者，張文強，責編，趙明，職業校對。三個人都校。三個人關係很融洽，但校對上互不相信。我校過的，張文強要重校一遍，我和張文強校過的，趙明要重校一遍。

　　一校，我用了九個月，張文強用了六個月。二校，我用了六個月，張文強用了三個月，三校，我用了三個月，張文強又用了幾個月，這期間，趙明又用了幾個月。

　　校對過程，中華允許我對書稿修改補充。從發排，到最後出書，整整用了五年時間。書送評圖書獎，有專家專門查錯。按規定，萬字祇有一處錯，就算優。這部書，專家查來查去，查了二十萬字，沒有查出一處錯。

　　到中華書局，我見到了張文強先生。和我年紀相仿。瘦高個，臉略黑，略瘦長，嗓音渾厚，略帶磁性。「我覺得做編輯挺好的，每編一本書，都可以跟著讀很多書，學很多東西。錢？夠用了，就可以了。做編輯挺好的。」說話和他人一樣，樸實。

四、任你眼花繚亂，安放平靜的書桌

從學問中抬頭四望，世間真是桃紅柳綠，著實眼花繚亂。

經商大潮席捲大地。高校產業化，公司遍地開花，成了二十世紀九十年代後期以來一大奇觀。創收，成了時興名詞。拓寬創收途徑，誰有門路、有辦法找到創收途徑，可以提成。提成，回扣，也是時興名詞。於是八仙過海，各顯神通。學校有總的產業公司，下面一些單位也有小公司，寒酸一些的，也開個小門市部。各種培訓班遍地開花。各院系貧富不均。經濟金融最富，辦班的學生都是老總大佬，年終獎金一萬元，發牢騷：「纔這麼一點點。」哲學系年終獎金八百元，老師非常滿意，炫耀說：「今年獎金八百元。」老師貧富不均。自辦公司的最富，有門路找到創收任務途徑，可以拿到提成的次之，成天在外上課賺錢的再次之，什麼也不做，祇顧埋頭學問的最窮。

跑博士點，學科評估。各地要上博士點和碩士點。南開是重點高校，又有博士點和碩士點的評委，於是各地跑博士點和碩士點的，都往這裏跑。跑院系，跑評委家。那些日子，院系領導和評委，忙得不亦樂乎。幾乎每天都要接待，有時一天接待兩撥甚至三撥。都是兄弟單位，都有各種關係。南開不需要像一些地方高校一樣跑博士點碩士點，但學科評估仍須重視。「二一一」工程，即二十一世紀建設一百所高水平高校，應該沒問題。如果南開進不了前一百所，那真不可思議。但「九八五」，即一九九八年五月決定，二十一世紀建設十所左

右國家級重點高校，這卻是要高度重視的。北大、清華，另加上三所，所謂二加三，是國家一梯隊，這是沒有問題的。那麼，另外五所，有沒有南開？曾有過輝煌時期，但近況不容樂觀。經費短缺，傳言校長曾急出了眼淚。內耗多，行政化。評等級，凡院長副院長，除太年輕的之外，七年八年祇在很一般的刊物上發表四篇五篇三四千字的短文，也評上二級教授。於是人心散淡。有本事的，調走了，北京，北大，清華。頭們急了，拼命爭取。好在天津是直轄市，不管怎樣得有一所。但還有天津大學，上哪一所？最後平衡，兩家都上。這纔皆大歡喜，但已驚出一身冷汗。後來又有重點學科、重點基地，都是評估，又一番熱鬧。

還有合校，省部共建。折騰！中國的高校就是折騰。種種折騰之下，難以放下一張平靜的書桌。

寫其他書的誘惑擋不住。

先是《魏晉玄學與中國文學》。江西一家出版社約稿。關於玄學，早就有一些想法想擴展深化。家鄉的出版社，系裏孫昌武先生推薦，江西又有陳良運老師推薦勸說，出版社副總親自上門勸說。副總是陳良運的老友。於是答應下來，一氣順當寫下，用了一年多的時間。書還好，一版之後，又再版。

接著是《中國古代文學作品選》。這時中文系已叫文學院，合併藝術類專業，分出傳播類專業。羅宗強先生早已不任系職，新任先是系主任後是院長，找到羅先生：「我們系學科發展，不僅要有科研，也要有自編教材。」於是羅先生領銜，

編文學史，編作品選。我推掉了《唐代文學史》，但《作品選》必須承擔下來。古典教研室就那麼幾個老師。羅先生特別認真，《作品選》，從先秦到唐宋，親自看全部作品，從中選篇。他以為，《作品選》，選篇是第一位的。這花了羅先生好幾年時間。我們自然不敢馬虎，都認真寫，也花了不少時間。

為筧文生先生夫婦出譯著《唐宋詩文的藝術世界》。早就想報答筧先生，恰天津師大王曉平教授有在中華書局出版《日本中國學文萃》的計劃，便將筧先生夫婦的部分論文譯成中文，編為一集出版。譯著也不容易，頗費一些時間。

為商務印書館寫書。幾個人想編《國學教程》，經、史、子、集各寫一部。我寫《集部教程》。原計劃中華書局出，後來移至商務印書館。好友推薦，且也頗有誘惑，於是答應下來。擬提綱，定要求，寫樣稿，一次又一次討論，包括和商務印書館高層共議，反復多次。進到另一個領域，看材料，深入下去，按要求寫成全稿。商務印書館卻否定整個計劃。白費了好幾年時間，至今想到商務印書館，心裏就不舒服。

更費時間的是上課。上課是主業。人說，課比天大。

一開始，課不多。那幾年系裏創收，有錢，按工作量算錢，上課多，年底獎金或說津貼就多。大家爭著上課。後來工作量的計算方法有變化。教學科研占百分之八十，行政工作占百分之二十。我沒有行政職務，教學科研拼死拼活，也祇能達到工作量的百分之八十。永遠拿不到滿分。這時課反而多起來了。批評史之外，開了其他選修課，比如《文心雕龍》研究之

類。再後來，有碩士生的課，博士生的課。古代文學的作品選
之類，別的文藝學專業的研究生的課，什麼「中國古典美學
史」之類，也找你開課。這時已經是教授，南開有過規定，教
授必須為本科生一年級開基礎課。於是又得上「中國思想文化
史」之類公共課。因為我在《江西師大學報》有過編輯經歷，
編輯教研室找我為他們應急開了一門「雜誌編輯學」的課。

　　院系每年要填寫工作量表，我隨手查了一下，二○○三年
到二○○四年度，上學期，本科生「中國古代文學作品選」
課，碩士生的「諸子概論」，都是每週二課時，美學專業的
「中國古典美學史」，博士生的「儒家道家經典選讀」、「學
術思想與研究方法」，都是每週三課時。下學期，本科生的
「中國思想文化史」，每週三課時，「雜誌編輯學」，每週二
課時。碩士生的「經學概論」、「古文論研究史」、「中國文
學批評史」，博士生的「中國古代文學思潮研究」、「中國文
學批評史要籍研究」，都是每週三課時。

　　上課有時比較累。有一次，上大課，三個班一起上，一百
好幾十號學生，一個大教室。麥克風壞了。打電話教務處，對
方冷冷地丟下一句話：「沒有麥克風就不能上課嗎？」老天，
這麼大的教室，這麼多學生，全憑嗓子喊，虧他們說得出來。
按學校規定，沒有麥克風，影響教學，是事故，責任是教務
處，我可以不上課。但教師的職責催促我把課講下來。天氣已
經有點熱，沒有空調，教室裏學生躁動不安。整整三節課，全
憑嗓子喊著講下來。課後找到院裏，說：「教務處不解決，就

我們院裏自己買一個耳麥。」也不予理睬。就這樣好幾週的課，都是憑著嗓子喊著講下來。

更多的時候，是下午剛把一門課講完，接著便準備第二天的課，甚至上午剛講完，就準備當天下午的課。馬不停蹄，連喘息的空隙也沒有。

另外還培養碩士生、博士生，還有訪問學者和博士後，指導他們的學業和論文。這是彈性極大的工作。不負責任，可以甩手不管，任其自由發展。不會把握的，傾全副精力也不夠用。一開始我就不會把握。有點急，恨不得一下子把他（她）們培養起來，把什麼都給他（她）們。一個碩士寫論文，問我寫什麼。我告訴他題目。轉眼，這個學生問我：「這個題目怎麼寫？」我又把我想到的，分哪幾章，每章寫哪些，怎麼寫，一一告訴他。過幾天，學生又來：「老師，這一章怎麼寫？」我又告訴他，這一章下面可以分哪幾節，每一節可以寫哪些內容。最後到節，又問：「這一節怎麼寫？」我又告訴他，有哪些材料，可以寫什麼。後來發現，這樣不行。學生沒有獨立思考，全是老師告訴他的。而且，這樣帶學生，老師會累死。每個學生都是一個題目，每個題目都是一大堆複雜的問題和大量的材料，事事跟下去，根本跟不過來。

都是自己的學生，有如兒女，要確保他（她）們畢業。要在他（她）們原有基礎上因勢利導，提升一步，讓優秀的更優秀，讓不太入門的入門。學生都聽話，但需投入大量精力。

一次一篇論文，說的話都對，四平八穩，就是沒有創新，

沒有亮點。很聽話的一個學生，但是擰不過來，跟我辯開了。「我這樣寫怎麼就不行？」於是反復給她講。

一個學生，枝節問題寫了好幾萬字，輪到核心問題，卻沒有時間寫，篇幅也失衡。於是給她調，加強核心論題，調整論文架構，想辦法把枝節問題的幾萬字與整體框架協調。

又一個學生，思路堵住了，論文框架大，問題複雜，怎麼也理不清頭緒，一大堆材料和問題在腦子裏全攪亂了。於是順著她的構想，幫她理一個頭緒。依然不行，依然擺脫不了她原來的框架。於是讓她寫，「不管寫成怎樣，把想到的全寫下來。亂也寫下來。」寫下來果然亂。於是調，刪去重複，把支離在各處的同一問題歸到一起。……

每年五月下旬論文答辯。四月下旬論文需定稿。定稿之前，每年的上半年，特別是二月三月四月，論文都堆到一起，審讀，修改。特別忙。

那些年，除週末，基本上每天有課。有經驗的都知道，一天有課，這一天基本上做不了事。碩士生、博士生的學業和論文，更是隨時的事。

眼花繚亂的事，放不下，也得放。不想經商，任你花紅柳綠，我自心境淡泊。上課，帶研究生，要認真負責，馬虎不得。做科研，基本上都是利用課餘時間、業餘時間。此外就是假期。基本上沒有週末，也沒有寒暑假。寒暑假這樣集中的時間，對於我們來說，真是非常寶貴。前面的那些書，玄學，三國，是這樣寫下來的。《文鏡秘府論》的整理和研究，也是這

樣寫下來。

五、吠陀三聲，真讓人費心

做《彙校彙考》整理本的同時，做理論研究本。《彙校彙考》出版之後，理論研究本繼續在做。

每一步都很艱難。

像探深洞，探啊探啊，前方黑洞洞的，不知還有多遠，纔能抵達堅實的洞底。有的簡直就像無底洞，怎麼探，也到不了底。整個人像在半空中懸著，上不著天，下不著地。

像爬山，氣喘吁吁爬上一處陡坡，往前一看，還有一個更陡的坡，再爬上去，還是沒有到頂。硬碰硬，招招要來實的。有一招虛的，就像辛辛苦苦蓋房子，一層一層蓋上去，很可能因為用了一根朽木柱子，最後整個建築轟然坍塌。思緒在無限的空間探尋，尋找著前行的線索。有時，那線索就像空中遊絲，飄啊飄啊，就是抓不住。好不容易抓住了，有時卻發現，它根本承受不起你的份量。像在深山密林中探路前行。有時走出好一段，發現前方斷崖，無路可走，祇有回頭，另尋路徑。那路真難走，撥開亂草，披荊斬棘。

經過一代代大師的耕耘開掘，留下的未能解決的都是難題，再要發現新礦，祇有更往深處，祇有做得更細。

考證真難。不容半句空話。處處要實證，一環扣一環，缺少任何一環，整個考證鏈條就無法銜接。而尋找那銜接考證鏈條的實證材料，往往像大海撈針。

　　古音韻真難。皇晃璜鑊，禾禍和。紐聲反音，雙聲反音。霜字輕中重，瘡字重中輕。重濁可用，輕清不可用。月雪相撥，羅何相撥。是另一個陌生的領域。

　　聲病聲律真難。平頭、上尾、蜂腰、鶴膝，大韻、小韻、旁紐、正紐，據傍聲而來與相忤，字從連韻，而紐聲相參。從魏晉到初唐，清理詩歌用聲，平上去入，就像白紅藍綠的絲線，每句五個字，五個聲調，就是繡花的五色絲線，近二千首詩，一萬七千多句，近九萬根絲線，攪在一起，一一要清理出來，哪是白的，哪是紅的，哪是藍的，哪是綠的。不敢用電腦，擔心不準確。不敢讓學生做，韭菜和雜菜混在一起，怕分不清。全靠自己手檢手查，一首一首，一句一句，一個字一個字。

　　最難的是印度梵語，是吠陀三聲。沒有想到我會遇上印度梵語，遇上吠陀三聲，遇上《波你尼經》，遇上……。

　　太難了！可以繞過去。很多人就繞過去了。但是我想試試。

　　於是啃。陳寅恪的，季羨林的，金克木的，饒宗熙的，俞敏的，梅祖麟的。圖書館有的，國內有的，國外有的，都找來。買來比磚塊還厚的梵漢大詞典，德漢詞典，英漢詞典。複印大本英語資料，德語資料，日語資料。英語、德語叫人翻譯，我的博士魏靜為翻譯了大本英語資料。天津科技大學的王穎老師翻譯了大本德語資料。看得懂和看不懂的，都拿來啃。

　　但僅靠自己，是啃不下來的。考證可以自己啃下來，漢語古音韻，詩歌聲病聲律，可以自己啃下來。但是，印度梵語，吠陀三聲，自己啃不下來。

　　我想到了拜師，求教。自己啃過之後，需要最後下判斷的問題，關鍵的問題，向行家請教。

　　我請教了裴文教授。

　　她正好出版了一部《梵語通論》。我寫信人民出版社。書是那裏出的。回復說，是南京大學的。又聯繫南京大學的朋友，找到裴文的聯繫方式。那時已有電子郵件。我小心翼翼，聽說裴文身體欠佳，第一個郵件不敢拿問題打擾，「先致問候，請先生安心靜養」，「正值新年，也順致新年問候」。

　　確實佩服。劍橋一年，寫了三本書，都出版了。《梵語通論》，流暢、明快、嚴謹、清晰，那麼冷僻深奧的知識，寫得生動，吸引人。還有《劍橋悠然間》，隨筆，那文筆真是優美有文采。

　　她很快回信。「如果能夠與您共同探討梵語問題，我會非常樂意的。」她說她不過是外出開會，偶染風寒感冒。「過兩天就會好的。」

　　我感到她的爽直、真誠。元旦放假，不敢打擾。假期過後，想她身體應該大好，始再寫信。問候之外，「謝謝惠允指教我梵語問題」，說到我的研究情況，說我讀過哪些東西，說，關於梵語，「腦子裏滿是問題，解決不了」。說讀她的著作的感受，要請教的問題「可能會比較多」，「我的工作習慣，是形成整體的可靠的印象，找到最原始的材料和根據，再去解決問題，因此所問問題可能會涉及比較廣，可能會追根究柢，可能會問到一些現在學術界無法解決的問題。」這些希望

她鑒諒。

接著一封信，一口氣問了七個問題。裴文很快回信，看出她行事利索的風格。真有耐心，每個問題都作答。直接在郵件上批語：

「是的。」「是的。」「劍橋圖書館有藏。」「是帕尼尼的後代留下來的，是梵文。」「是在帕尼尼的《語言結構規則》中。」「我明年會再去劍橋，或許，我應該能夠為您找到第一手資料。」疑問得到解答，一個個判斷得以確定，就可以走向下一步。

再一封信，問了另四個問題。接著是第三封信，又是問題，後來是第四，第五，第六，已經數不清有多少封郵件。有時一天好幾個郵件。都是問題，一個郵件兩三個，三四個，五六個，總計也數不清。

「詞的音調是在語境中得以體現的，同一個詞在不同語境中的不同音調彰顯它的辭彙意義和功能意義。同時，詞與詞之間有深刻的音調相互制約作用。」

「在帕尼尼結構規則中所描寫的誦讀，基本上都是以升調、平調和升降調為基準的。區分了重讀音節和輕讀音節，即 guru 和 laghu。在誦讀的時候，強調的是兩類格律或節拍，即 anustubh 和 āryā，前者節奏強音落在重讀音節，後者節奏強音落在輕讀音節，並伴有停頓。界定了 pāda（韻部）。」

「以上的四個問題，我想，這取決於之後的語言學家所分析的對象，是吠陀梵語，還是古典梵語，是經文誦讀，還是日

常交流。倘若是他們自己時代日常交流，便無從談論吠陀三
聲，基本上都是以重音、音級等來描寫語音的。」

「這是一個有趣的問題。從方法論來看，當時的印度語言
學家嘗試以規定語言學的方法來研究語言並推廣語言，也就是
說，他們對經典範本進行語音、語法、意義等方面的分析，並
以分析的結果作為語言規範，進行推廣，這使得語言的使用受
到極端的限定。當吠陀三聲不再成為規範，它便不能夠合法地
流傳。」

「是否有這樣的可能：吠陀三聲以另外的形式進入古典梵
語，這需要對吠陀梵語和古典梵語做出一個聲調對比圖，從中
或許可以追索吠陀三聲的殘存形式。」

　……

真是不厭其煩。天津，南京，資訊在空中傳遞。面對著電
腦，敲擊著鍵盤。有時我剛剛發出，她馬上回復。她剛回復，
我又有新疑問，又一封郵件發出，她馬上又回復。

有時，裴文把握不住，便會說：「我馬上再發個郵件請教
劍橋的老師，好嗎？」第二天，「劍橋回復：他印象中，古典
梵語基本上沒有對三聲的描寫。特告。」好幾個月，幾乎每天
郵件，請教，指點。

兩人還沒有見過面。一年過去，沒有見面，兩年，三年，
還沒有見面。我的著作完成，出版了，兩人還沒有見面。直到
一次開會，在南京，終於見到這位耐心細緻，爽快真誠的傳奇
才女。

個子高挑，穿著簡約大方，很顯氣質。沒有多餘的客套熱情，卻一切安排得細緻妥貼。招待吃，是她認為最有特色最好的餐館，送我南京鹽水鴨，買最好最貴的。看出她的追求檔次。知道她是大院的。所謂大院，就是省委大院或軍區大院。也就是說，她是高幹子女。可一點看不出。謙和，隨和，說話語氣平和，悠悠的。祇是談話中，再次體會到讀她的著作所能感受的才氣和學養。

我請教了段晴教授。

北京大學季羨林先生的兩大開山高足之一。另一位是王邦維教授。我先認識王邦維。他聘我為他們東方文學研究中心的兼職研究員。王邦維雖也研究印度，但他另有側重。離我研究的問題方向更接近的還是段晴。於是請王邦維引薦。但王邦維說：「她不會見你的。」後來知道，段晴也是大院的，學問又確實做得好。她的論文我讀過，確實一流。自然眼光很高。但我想試試。梵語專業，我需要解決的問題，她應該是國內第一專家。

她答應了！於是到北京大學，在她那間研究室。

個子不高。精幹，眉宇間透著嚴謹不苟。這時我的《文鏡秘府論彙校彙考》已在中華書局出版，作為見面禮送給她。拿著厚厚的四卷本，她脫口讚歎：「真棒！」氣色平和了許多。

早有充分準備。知道她的性格，也知道她很忙，不敢打擾太多。直接一個接一個問題，都是祇要她作簡單判斷。有她把關，下判斷，思考就可以往下走。她思維真是敏捷，回答簡

潔，痛快，直截。

「是！」「不是！」「沒錯！」「是這樣！」「此説毫無道理！」問到某某著名教授的梵語水平，因為我要根據這一點，判斷這位教授的論文是否可信。段晴連想都沒想，脱口便説：「他不行！」

午飯時間到了。我本想請段晴用餐，一來表示謝意，二來，用餐時間也可利用請教問題。她帶我到食堂，説：「你就在這裏吃吧。」説完，把我丟下，她自個徑直到另一處用餐去了。午飯後，回到研究室繼續談問題。

問題全部解決。沒有一句多餘的話，沒有一件多餘的事。

我還拜訪了中國社會科學院的黃寶生先生和黃心川先生。兩位八十歲的老先生，一位是印度詩學研究專家，一位是印度佛學研究專家。

黃寶生先生住一樓，那房子有年頭，破舊，窄小。我問《高僧傳》的問題，黃寶生先生説：「我這裏有《高僧傳》，你能找到那條材料嗎？」我説能。黃老先生於是拿出《高僧傳》，我找到要問的那條材料。他仔細看，又仔細看上下文，説：「你的解釋是對的。」

黃心川先生住潘家園，房子好一些，但幾個房間全堆滿了書。四壁滿是書架，書架滿是書，這不必説，連臥室、客廳的正中，也滿是書。每一「堆」書，都「堆」放得高高的。我想借看一本資料。因為跑遍幾家圖書館，都沒有。某些專業的書，往往這一專業的專家購藏最全。黃心川先生指著那堆得連

腳也難插進去的書，臉露愁容，說：「你說的書應該是有，也可以借給你看，但是怎麼找呢？」終於，印度梵語，吠陀三聲，佛教吟誦，呈現出比較清晰的一幕一幕。

做梵語和吠陀三聲，用了五年時間。做詩歌聲病聲律，手檢魏晉到初唐的詩歌聲病聲律，用了三年時間準備，三年內，一個字不敢寫。三年之後，暢開來寫。

六、修訂再版，繁瑣細緻而繁重的又一工作

《文鏡秘府論研究》的出版很是順利。第一時間得到消息，獲准國家社科後期資助。我後來問：「你怎麼知道是我的。」回答：「《文鏡秘府論》，不是你的是誰的？」二卷本，八十五萬字，在人民文學出版社出版，總編管士光，編輯室主任周絢隆，都很看重。祇是周絢隆有些調皮。我的學生白一瑾，博士畢業後找工作，人民文學出版社決定要她。但後來決定北京大學做博士後，白一瑾放棄了。一次聚餐，帶著酒意，周絢隆對我說：「你還欠我的。」我莫名其妙，周絢隆接著說：「白一瑾本來要到我們社，後來又沒來。」我恍然大悟，連聲說：「該罰，該罰，敬酒！敬酒！」一杯酒敬過去。周絢隆不依不饒，又說：「這得有點賠償。這樣吧，你給我們做一本書吧，《文鏡秘府論》的簡注本給我們吧。」這可不能隨便答應。我忙說：「中華提攜了我，我不能忘了中華，得首先考慮他們。這樣吧，如果他們不要，我第一就考慮你們。」這纔算過了一關。

責任編輯葛雲波，花了不少心血。校樣出來，校對，我讓我的學生參加。學生們都特別認真。

《文鏡秘府論彙校彙考》出版沒幾年就售罄。於是考慮修訂再版。這是繁瑣細緻而繁重的又一個工作。

先是修訂。近年學界的進展要反映，要作出回應。王斌的問題，《文筆眼心抄》是否偽書的問題，其他問題。個人對一些問題更深入的研究和考證要體現。特別是原典考證。我的想法，每一處有疑問的原典，甚至有疑問的每一句話，都要有一個考證，給一個説法。敍述性文字，想改得更典雅，精煉。

為妨排版出錯，就著原版，增，刪，改。原版複印稿的行間、頁眉頁尾，密密麻麻佈滿了字跡。繁瑣。一個個看似小問題，很多卻要考慮整個《文鏡秘府論》。又要重新全部考慮一遍。

接著排版，校對。

老編輯張文強先生已經退休。這次責任編輯是馬婧女士。校樣出來，她先校改一遍，寄給我。我一看，原校未發現的一些問題，包括詞語解釋上的問題，都被馬婧發現了。馬婧比較年輕，我十分驚訝，深感中華一代一代編輯之嚴謹認真。

再版，是在原版基礎上改，原版校改相當仔細，仔細到苛刻的地步。原以為這次改校樣比較輕鬆。不料……

原版沒錯的地方，這次卻錯了，比如「于」誤作「於」，「文綵」誤作「文採」，「谷」誤作「穀」，「云」誤作「雲」。數量還不少。這都是不能錯的。《詩》的「朝宗于

海」「駿極于天」，《書》「江漢朝宗于海」，「祇承于
帝」，「舞干羽于兩階」等等，「于」都是不能作「於」的。
《詩》的「采芑」、「采薇」，「采」都是不能作「採」的。

我大吃一驚。懷疑是排版師傅擅作主張，擅自統改，比
如，統改成繁體。趕緊給馬婧寫信，用了「觸目驚心」的字
眼。我說，請告排版師傅萬萬不可擅改，萬萬不可在電腦上統
一用「繁體」改，如有疑問，特別是典籍原文的疑問，盼能告
我。因為同樣的意思，原文各處用字可能不一致，原文所據的
原典本不一致，用字不一致，恰恰是考證原典的重要根據。如
果統一改了，那是萬萬不行的。

我用了好幾個「萬萬不可」！馬婧很快回信：「真不知又
有排版師傅誤改的情形，讓人心驚！」她也用了「讓人心驚」
的字眼。她很快專門追查了各校次，並且找排版廠負責人瞭解
了情況，纔知道是使用同一排版軟體的不同級別，修改不同校
次，從而出現了問題。

不敢掉以輕心，擔心還有其他誤改，祇有通校一篇。全書
一百六十多萬字，一個字一個字看下來。找出錯改的「于」
（「於」），「采」「綵」（「採」），「谷」（「穀」），
「云」（「雲」），找出其他错字。僅「于」（「於」），僅
天卷，就六百六十八個。

十分費力。我和馬婧互相鼓勵。我寫信：「仍在改，沒有
辦法。量太大。總想留給學界一份可靠的東西。已經花了那麼
多精力，不想因這點事留下缺憾。」馬婧回信：「留給學界可

靠的東西是咱們的共同心願。」一個一個問題核實、推敲。一封又一封郵件，和前幾年跟張文強先生聯繫一樣。

一次討論，「重復」還是「重複」？原版作「重復」，那是張文強先生反復斟酌之後選擇的。我先提出疑问。

馬婧反復考慮，回信：「這兩個詞都見於詞典，也就是説兩詞都是『合法』的。詞典在『重復』條目下釋義，並在『重複』條下指出『見重復』，那麼真身應是『重復』，但『重複』也不算錯。而且『復』往往指動作之再次發生，『複』往往形容狀態。而原文底本作『重複』，那引原文時還是從底本吧。至於您自己的行文，若是在討論原文，那還是與原文保持一致為妥。」

我經過反復考慮，再去信：「一，凡屬《秘府論》原文，嚴格按照原文（我所查，均作『重複』），二，引自其他古籍原典的，也從古籍原文（我所查，也均作『重複』），三，我的敍述性文字，以及引今人論述的文字，我所見，一般都是狀態，而非動作，從這點看，應該作『重複』。為與《秘府論》原文及其他古籍原文統一，似也應該作『重複』。即使有個別的動作性『重復』，也以統一為『重複』為好。第三種情況，請你再斟酌，第一和第二種情況，似應該作『重複』。」

一一核對了《秘府論》原文，一一核對了古籍原典版本。詞語的解釋，已超出已出權威詞典的範圍。

凡閱稿發現疑問之處，馬婧都在校樣上標出，為方便我尋找，來信一一注明頁碼，要我確認。一次來信，標明有

一百一十七個頁碼。

馬婧又列了一個需要核實的詞語清單，足足有十四張紙，分為簡體字統改，舊字型統改，等等。把易錯的詞語列在一起，統一排查，這是張文強先生也沒有使用過的方法。這樣排查，上下比較，專門查找，確實更容易發現錯誤。

馬婧是用電腦排查的方法，把需要核實的詞語清單列出。我暗想，不愧是年輕人，有新的方法，更科學。

當然工作量也大。畢竟是近千個條目啊！畢竟是要從一百六十多萬字的校稿中一一去查找、核對這些詞語啊！

還有一項，做一個關鍵詞索引。人名，篇目，專業術語。又是一个繁瑣的工作。

學界朋友熱心相助。有的提出寶貴意見。冷衛國先生，一直關注這部書。西卷原文有句：「並是丈夫措意，盈縮自由」，此句中高山寺甲本、醍醐寺甲本作「丈夫」，宮內廳本、高山寺乙本作「大夫」，三寶院本、六地藏寺本作「大丈夫」。我原版作「丈夫」。但冷衛國來信，説，當作「大夫」，因為《漢書‧藝文志》言：「登高能賦可以為大夫。」上言「辭賦」，下言「大夫」，意義關聯，以「大夫」為佳。我採用了他的意見。

我的學生，碩士生，博士生，有的看得特別仔細，居然發現了一處極不易察覺的錯字，還有一處標點。

修訂，用了幾乎一年時間。校對，又用了一年半還多的時間。那又是緊張的一年，一年半。

　　修訂、校對的同時，考慮簡編本《文鏡秘府論校箋》。責編還是馬婧。她說：「那是獨立的一部書。」這部書，正是當年傅先生為我總體規劃時所說的供一般研究者用的本子。於是又商量體例，討論具體問題。

　　一次學術會議，見到了馬婧。高挑挑的個子，苗條，但略顯單薄瘦弱。我暗想，那樣一本大書，那樣嚴謹而繁重繁瑣的編校工作，就是這樣一位單薄瘦弱的女子承擔著？又一次學術會議，她笑盈盈地介紹：「這個是我先生。」我把手伸向馬婧身旁這位帥氣、儒雅的中青年男子。馬婧又笑盈盈地繼續介紹：「他在北京大學工作。」大學同學，畢業後都做學術，又一對學術夫妻！我讚歎：「你們真幸福！」馬婧又盈盈地笑了。

第十章　我很幸運，生逢大時代

一、講課，帶研究生，是工作，也是享受

　　教學，是工作，有時很累，費精力，但也是享受。

　　感受著青年學子的求知欲。純為取悅學生而無實貨的生動，學生並不歡迎。碩士生、博士生的課，更需要實貨。

　　我上課喜歡提問，用提問的方法，引導的方法，把學生引導到問題的核心和深處。後來學生對我說，他們不怕我，又怕我。不怕我，是因為我沒有什麼可怕的。怕我，是因為，「您老是提問。逼著我們去看書。不看書，就回答不了問題。」「想上您的課，又不敢上您的課。不敢上您的課，又想上您的課。」

　　我聽了哈哈大笑。

　　又一次，校運動會開幕式，本科生分區在看臺觀看。我隨老師儀仗隊進場。從文學院學生觀眾席下行進中，觀眾席上有人對著老師儀仗隊伍在喊什麼，先我還沒太注意，後來聽得真切，一群學生齊聲在喊：「盧爺，加油！盧爺，加油！」

　　文學院老師那時祇有我一個人姓盧，我的年齡也稱得上「爺」了。抬頭望去，可不正是我上課的那班學生。「盧爺」是他（她）們私下對我的昵稱。他（她）們見我抬頭看，喊得更加得意。這個時候，感覺真好。

　　帶研究生的感覺更好。很有幾個不錯的學生。

　　白一瑾。南開大學讀本科時，我就給她們班上過課。她被推薦讀研，要選導師，路上遇見我，怯怯生地問：「不知道先生要不要我？」我說：「當然要。」她馬上高興得臉上像開了一朵花。讀碩士，關於寫論文，我祇給她講過一次，她就很快上路了。後來給她講過幾次，講的時候，她不作聲，祇靜靜地聽。講完了，她會說一句：「我明白了。」碩士論文，寫吳梅村敘事詩的人物形象，那文筆真是流暢，後來二十二萬字，成為她出版的第一部著作。

　　博士論文，清初貳臣心態與文學研究，文筆流暢之外，架構那樣宏大，史料、問題那樣複雜，而能輕鬆駕馭。答辯時，請北京大學著名教授葛曉音先生作答辯主席。葛老師看她的論文，先看前面四頁，便放不下來，一口氣看下來。答辯決議措辭一個勁地往上拔。接下來，力薦到北京大學做博士後。北京大學中文系博士後名額，一年祇有一個，競爭相當激烈。葛曉音先生對其他專業的老師說：「祇要你們沒有特別的人選，今年的名額就給她。」憑著葛先生的聲望和地位，其他專業都讓路，白一瑾順利過關。博士後出站，葛曉音先生一面力薦白一瑾留北京大學，一面又動用關係，為白一瑾在北京其他高校找

工作而四處聯繫。「如果她不能留北大，你這裏一定為她保底。」她下命令似地說。在葛曉音先生的努力之下，白一瑾終於留在北京大學任教。

博士論文出版，五十多萬字，非常厚實。學界很快有反響，臺灣有學者很驚訝：「白一瑾是你的學生？」他們還以為是老資格的學者，沒想到這麼年輕。大陸、臺灣的一些國際學術會議，紛紛邀請她參加。很快又申請得到國家社科項目。

楊伯。高中時就喜歡中國古典文學，就買書，看書，看中國古典的書，也看其他書。買書多，藏書也多。後來家裏藏書已經超過我，一百好幾十平米的房子，外加閣樓，全是書房，全是書架，全是書，廳是直上閣樓的兩層，要用樓梯纔能看上層的書。

也是本科就聽我的課。後來先跟我讀碩士，沒讀多久，轉直攻博。我的《文鏡秘府論彙校彙考》和《文鏡秘府論研究》兩部書，二百多萬字，他一字不拉全看下來了。一次師生聚宴，他帶著酒意，跪著抱住我：「我一定要做先生這樣的學問。」

博士論文選的是硬骨頭，中唐古文運動。人家啃了不知多少遍，經過多少名家大家耕耘。但他硬是啃出新味道。現在的博士論文，不少都夾雜著水貨，但他的博士論文，基本上是乾貨。全是問題，而且是多少名家大家耕耘之後提出的新問題。博士論文出書，取了一個詩意的書名，叫「欲采蘋花不自由」，他又名士風度，不喜推銷自己，學界很多人因此不知道。後來我告訴他們，他們找來，讀過的沒有不稱讚的。

　　畢業後到天津師範大學，第一年上課，大受學生歡迎，評優秀教學獎，學生一致投票。領導找他商量：「我們這裏有某某老師，等這個獎已經等了好幾年，能不能……」楊伯二話不說，爽快回答：「沒事，可以！」

　　自籌自辦青年學術沙龍，評點學術，每每有精到之論。每週一次，在辦公室，也在教室，有時就在他那大大的住宅。每次滿座。他才氣兼帥氣，身邊好些忠實跟從者，是沙龍的核心成員。另有好些男女粉絲，但決不動心。師大文學院領導一次見我，說：「立場堅定。」酷愛學術，卻瀟灑曠達，不擅也不屑相關經營之道，不喜也不想名利之途。

　　郭麗。一個嬌弱女子，真是苦讀，連假期也不回家。讀博士三年，發表論文二十篇，《文學遺產》一篇，其他核心刊物八九篇，臺灣刊物三篇。真是拼命。博士論文六十多萬字，幾個博士生一起答辯，有答辯委員讚歎，座中博士生身材最柔弱的是她，論文最厚重的也是她。又能幹，頭腦清楚，辦事利索。長得漂亮，身材苗條，體態輕盈，從小學過跳舞，性格又活潑開朗。每次佈置什麼事情，都跟跳舞一樣蹦跳著跑到你跟前，沒等我說完，她會搶著說：「我明白了！不就是……」

　　接著，會一五一十說出怎樣辦這件事，跟我的想法完全一樣，那聲音跟喜鵲一樣又快又歡。那年天津由我承辦唐代文學年會，她在讀，協助，諸事料理得井井有條。首都師範大學吳相洲教授看中，把她要過去。兩年晉升副教授。參加吳教授的樂府學研究國家社科重大課題，主持其中一個子課題。博士

畢業六年，完成約三百萬字的《樂府詩集續編》，另外獨立主持並完成一項國家項目，四項教育部、北京市等省部級項目。還負責編纂《唐代文學研究年鑒》，協助唐代會秘書處相關工作，都做得有聲有色。

張培陽，也在《文學遺產》發表論文。林大志紮實嚴謹。魏靜、石祥、袁亞錚都肯下史料功夫。方麗萍思路開闊。劉曉珍善於理論分析。李謨潤擅長史料整理和考證。智宇暉能駕馭大局。張立克就具體問題鑽研得深。李超，小個子，志氣卻不小，論文架構也不小，畢業沒幾年，就晉升副教授，評上這個獎那個獎。彭進有詩才，他和趙錦飛、李松榮都辦事周到，重情義。尹博、馮淑然有文采。李慧智做事細緻。葉秀清認準了的研究方向就要走通。劉靚、文爽有靈氣，楊寶珠有學術悟性。李釗看似多書生氣，其實有志向。王敏、劉新萬都踏實，但性子慢。鍾志輝聰敏機靈。鄒欣，年齡小，群體在一起，卻很會關照別人，女同學誇他：「特紳士。」還有⋯⋯

學生真好。他（她）們對老師真好，對你尊敬，跟你親近，跟孩子一樣，年節，甚至生日，一聲問候，一件禮物，讓你心裏暖暖的。甚至外出開會，住在賓館，擔心你著涼，男學生晚上會起來給你蓋被子。講課費嗓子，學生會塞給你一盒潤喉片。也比較隨意。成都和幾個學生一起參加唐代會。會後我提議，遊九寨溝。李謨潤、方麗萍一路隨行照顧。九寨溝海拔高，夜晚較涼，李謨潤和我住同一屋，擔心我著涼，夜晚就不斷起來給我蓋被子。那天兩人起得稍晚，方麗萍則在門外叫

嚷：「兩個大男人，盡睡懶覺。」李謨潤待人熱情周到。那次
天津我主辦唐代會，安排李謨潤送復旦大學蔣凡先生到車站。
上了車，衹顧和蔣凡先生說話，車開動了，還沒下來。一下子
從天津拉到常州。他和女列車長交涉，居然打動女列車長，那
女列車長不但細緻地安排他免費乘另一趟車返回天津，臨走還
硬塞給他五十元作路上餐費。李謨潤後來到廣西民族大學，方
麗萍則在青海師範大學，成為那裏的教學骨幹。那次我在辦公
室練書法，碩士生博士生都在。楊寶珠看我用筆方法不對，急
得叫起來：「哎呀，老師，不是這樣！」一下子就過來，把著
我的手教我。寶珠父親書畫一流，一次一幅自作畫，被人買去
作舊，拿到市面上冒充明人畫作，居然差一點騙過了行家。寶
珠得父親薰陶，人又聰慧，她自己的書法繪畫也有模有樣。後
來她就經常指點我的書法。

　　學生會把你當親人。生活遇到難處，有的學生會向你傾
訴，在你跟前流淚。這時你會心疼，生起一種父親般的責任，
為他（她）們排解、分擔煩憂。找不到工作，找對象不理想，
戀愛遇到挫折，你會為他（她）們擔心。幾個學生很久沒有對
象，有的是不準備結婚。這很讓我和我的太太操心了好些年。
一個女學生找了對象，決定結婚，我們總覺得不相配。我是男
老師，不好說什麼，我太太硬是好幾個晚上翻來覆去睡不著，
找這個女學生談了好幾次。

　　畢業之後，遍佈全國各地，還有馬來西亞，日本，越南，
都有。

二、各地講學，是一種體驗

最早的一次，在日本立命館，導師筧文生先生安排，給他們的研究生講過一次。講的是玄學。我想鍛煉自己，用日語講，祇見筧先生不住地皺眉。那時我的日語水平，應付一般會話可以，用到專業性很強的講座，就遠遠不夠了。

接下《文鏡秘府論》的書出版期間，《文鏡秘府論》研究專家、香港中文大學王晉光教授，邀請我去講學。自然講《文鏡秘府論》的有關問題。自認為題目很偏，擔心學生能否聽懂，是否感興趣。不意效果很好，研究生提的問題很細，很專業。我暗想，不愧是著名的香港中文大學。

後來，又應黃耀堃教授之邀，再赴香港中文大學，參加博士論文答辯。他的博士做的題目，也跟《文鏡秘府論》有關。論文答辯程式與內地稍有不同，答辯委員會主席是他們本校的，但校外專家評審意見是論文評定的主要依據。內地答辯，論文一般會通過，但他們告我，不要祇說論文怎麼好，要明確、客觀地指出不足，答辯可以通過，也可以不通過。我很謹慎。論文讓通過，但按他們的要求，很到位地指出一些問題。

關西大學講過一次，長谷部剛教授邀請。效果卻一般。日本的學生，對中國的瞭解本來隔一層，至於《文鏡秘府論》，他們更陌生。

主要是中國內地講座。北京、上海，還有浙江、福建、江西、廣東、山東、廣西、寧夏、貴州、湖北、青海、海南，都

講過。少的時候十幾個人，多的時候一個兩三百人的大教室，甚至一個禮堂，四、五百人有吧。

講學是一門學問，一門藝術。首先要有貨，其次要看對象，還有一點，要營造氛圍。不同的高校和學生，不同的要求，既講學術，講專業，又讓一般聽眾也愛聽，確實不容易。我因此常常準備兩套，一套專業一些，一套通俗一些。看下面聽眾反應，隨時變更。

復旦那次效果很好。純學術，純問題。研究生們聽得很認真，提了不少純學術的問題。我暗想，不愧是復旦。

但在上海大學和北京大學效果就不太好。上海大學那次董乃斌教授主持，想講得生動一點，實貨少了一點，結果學生不買賬。北京大學，東方文學研究中心，我是他們的兼職研究員，王邦維教授邀請。辦假期講習班，各地學員都有，對象不明，不知深淺，我無所適從，講的題目對不上學員的口胃。

講座效果有時很難預料。在杭州講過一次詩歌藝術，效果不好。但到青海，效果卻出奇的好。青海師大文學院院長給我定題目，「怎樣學好古代文學」，我著重講詩歌，一個可容二、三百人的大教室，座無虛席，過道還加了座。院長告訴我，平時他們學生聽講座，離座的特別多，但這次沒有一個離座，臺上臺下呼應還很熱烈。在南寧我講過一次玄學，應該是一個小小的禮堂了，四、五百人，效果也很好。時間到了，我不準備講了，底下的學生硬要我把下面的內容接著講完。但同樣的題目，到了海南，卻沒有多少效果。明顯看出下面的學生

聽得不耐煩。

廈門一次，同時講座有劉躍進先生。南寧還有一次，我在四樓講，另一個著名教授在同一教學樓的二樓講。劉躍進先生學問好，名氣大，肯定受歡迎。我很擔心。還好，撐下來了。南寧那次，不但聽講學生一個沒走，中途還有學生加入。

韓國、臺灣的講學，是特有的體驗。

韓國任教一年。目的在體驗異國風情和風景。濟州，一個火山小島，果然秀麗。祇是地方太小，韓國也小。

課是系教學辦公室安排的。提前有課程安排，課名，上課時間，學生多少，都清清楚楚。但有一次，辦公室突然來電話：「盧先生，上午有你的課。」我一愣，印象中這天上午沒課，趕緊查看他們給的課程安排，也沒有。正要詢問，對方又說話了：「沒錯，是您的課！馬上就去，學生在路上等著您。」一看，離上課時間不到半個小時，路上還得花時間，可不得馬上就去。路上連考慮的時間都沒有。講什麼，怎麼講話呢？腦子空空的。走進教學的一刻，我靈機一動，問學生：「你們希望我講什麼？」學生說：「講中國的情況，現在的情況，改革開放的情況。」

這是一門與中國狀況相關的課。具體課名忘了。說到講中國的現狀，我一邊問學生：「你們知道些什麼？」趁他們七嘴八舌答話的時候，一邊在腦子裏迅速理清頭緒。很快，就自己熟悉的情況，放馬講開了。好在是研究生，聽力很好，隨便講什麼，都能聽懂。

　　新生剛入學，老生帶他們到校外某地集中住下，進行「入學教育」。拜神，拜師。我們站在一旁，新生整齊排列，在老生的帶領下向我們行拜見禮。拜神，卻未見「神」，祇是佇列前方，一張供桌樣的桌子上，擺放著熟豬頭等祭品。禮儀剛完，學生們一哄而上，把作祭品用的食物搶著吃得一乾二淨，說是這樣可以得到神的護佑。

　　很講禮節。一起用餐，學生向老師敬酒，必要右手端酒杯，左手把右手袖子往後撸。這是他們表示敬意的方式。喝自己杯中的酒，必不敢正對著老師，必要轉過身去。

　　等級特別嚴重。資歷淺的老師，必對資歷深的老師畢恭畢敬。一次聚餐，議論某事，一年紀稍輕的老師談著他的看法，頗有點高談闊論的意思，一年長的老師咳嗽一聲，他沒聽到，仍滔滔不絕。那年長的老師隨即厲聲大喝。說的韓語，當時聽不懂。事後問別的老師，纔知道，那年長的老師原來厲聲喝道：「有我在這裏，還容得你這麼說話！」那年紀稍輕的老師馬上停下，一聲也不敢吭。學生中也是這樣。低年級必要恭恭敬敬地稱高年級的為「前輩」，新生必要尊敬老生。所以新生入學，是由老生進行「入學教育」。

　　男人不做家務。學生班裏什麼活動，也是女學生忙上忙下，男學生把手一往口袋裏一插，百事不管。

　　民風倒是淳樸。特別是濟州島。鄉間同居一樓，每月定要各家輪流聚餐，這個月到這家，下個月到另一家，都輪一遍，再從頭輪起。各家自帶菜肴，願去幾個人就去幾個人。幾次聚

餐下來，同住一樓的都認識，再聚幾次，都熟如一家，不但和睦相處，而且這家在某單位，那家在某公司，有事都可關照。

　　住校園內，三層公寓樓，前後兩幢。地板下安暖氣管採暖，燒柴油。陰臺上一個碩大的燒柴油的取暖爐。那樓真是老舊，一次颱風，簡直要把那老舊的窗扇吹落，把窗玻璃生生吹破。一夜擔心，也一夜沒睡。颱風夾著暴雨，屋外山溪水流暴漲，但暴雨過後，一點水也沒有。濟州島儘是火山岩，那水轉眼就順著火山岩的縫隙滲走了。

　　漢語課自然再簡單不過。衹是我發現，本科學生聽力不行。稍微離開課文講點別的，從表情就知道，他們聽不懂。於是儘量講課文。一門課二三十人三四十人不等。很有幾個學習認真的。但也有找竅門的。一次下課，一個胖胖的女學生對我說：「老師，我請你吃飯。」我以為像中國一樣，請吃飯一般在餐館。不料那胖學生帶我到學生食堂，和往常吃飯一樣，打了一份普通的飯菜。我也無所謂，希望借此機會和學生多有些接觸。不料那胖學生吃飯間說：「老師，我的這門課，成績能不能給我高一點。」後來我知道這胖女學生家裏是經商的，讀書期間就在幫著家裏做事。

　　我問學生：「你們來學校讀書的目的是什麼？」有學生不答。有學生坦言：「到學校，看不看書其實無所謂，主要是多認識一些人，以後做事多一些人脈。」不答的學生，多是認真讀書的。認真讀書的，多是農家子弟。

　　他們的成績是分等的，優，良，及格，九十分以上為優，

八十到八十九分為良，七十九分以下為及格。在他們那裏，及格就是不及格。優，良，及格是有比例的。比如二、三十個學生，優不能超過二、三個；及格，也就是不及格，必須有二、三個。他們的成績與畢業前途掛鈎。比如，老師地位高，待遇好。大學畢業，成績前幾名者，再經專門考試，合格者方可成為教師。因此成績很重要。怪不得那個胖女學生要請我吃飯，請求加分。期末，批考卷，我就很為難。不及格的比較好辦，確有幾個比較差的。為難的是優等的成績。我教的班，有幾個學生學習特別努力，成績確實優秀。不管三七二十一，我硬給了九十分以上，超出了名額。教學幹事稀裏糊塗登到網上去了，校教務處一查，打下來，一定要把成績減下來。學生已經從網上知道成績，堅決不讓減分。把辦公室教學幹事夾在中間，急得哭了。

韓國，我沒有特別去交朋友。但濟州大學的曹圭百老師特別熱情。語言不通，生活不便，曹老師總是問我缺什麼，少什麼。曹老師又介紹認識一位郭老闆和一位中學老師。他們時不時陪著在濟州島內遊玩。老闆做庭院設計。我沒想到，做庭院設計在韓國居然很有市場，當然也就很賺錢。多是私家請，由此可見韓國一些人家生活水平還是比較高。中學老師叫金泰局，夫人是小學老師。他們很滿足他們的生活，據他們說，韓國老師收入高，中學老師收入又比大學高，小學老師又比中學高。金泰局的姐姐患肝癌，我們在中國幫聯繫醫院做了肝移植，十幾年過去狀況很好。金泰局感激不盡，每年都要給我寄

好茶葉。

一年時間太長，剛去幾個月，新鮮，後來就覺得枯燥乏味。韓國女孩子確實多情，祇給她們上了一年課，離別的時候，那依依不捨，那眼淚。那要我加分的胖女學生好像沒見到，不知是不是因為我沒有滿足她，沒有給她加分。

臺灣。先是二〇〇六年，臺灣大學和清華大學講學。后是二〇一二年，臺灣東吳大學客座教授半年。客座半年，又到臺灣各高校講學。

真是寶島。日月潭，阿里山，真美。島東太平洋，那海水真藍，藍得像藍寶石。中臺禪寺，真是雄偉壯麗。張學良被軟禁十多年的新竹五峰清泉，山青水秀。我們一去，當地人就告訴我們，張學良剛遷離，背後的山體就坍塌下來，把原住地全埋了。島東海面的綠島，是當年關押政治犯的地方。國民黨當年在這裏讓政治犯學三民主義，進行政治教育和思想改造。

走在街上，店老闆聽口音，看模樣，常常會問：「那邊過來的吧？」接著鼓掌：「歡迎！歡迎！」入臺遊的大陸人，確實給他們帶來極大商機。墾丁，那是民進黨的地盤。和入住旅店的職員閒聊。他們説：「如果大家都要統一，那我們也就統一吧。」

東吳大學真好。座落在外雙溪，校舍依山而建，清清溪水從旁邊流過，遠眺可見臺北故宮。我的住房，兩間臥室，加上客廳，廚房，衛生間，洗衣間，烘乾房兼儲藏室，大小竟有七間，前後還各一個陽臺。站在陽臺，伸手可觸山上茂密樹林伸

展過來搖曳多姿的枝葉。東吳大學和大陸的蘇州大學是姐妹學校，蘇州大學的前身就是東吳大學。蘇州大學的黃鎮偉教授和我一起在東吳客座。

東吳上課，講李白，《文心雕龍》，文學概論。臺灣去中國化厲害，很多普通的傳統典故歷史事件，學生卻不知道。後來我見到一位中學老師，問他要中學的教材看了。文化課基本上沒有中國的東西，全是歐美各國的。

研究生卻不一樣。研究層次不一樣，深的要求特別深，但也有淺的。大陸的研究生要求的問題都偏大，而臺灣研究生要求的問題都偏窄，偏具體。有些國學經典，有些具體問題，他們鑽研得很深，但很少有總體觀照。

也有夜校，相當於大陸的自考班，函授班吧！都是工作了好些年，回來要拿文憑的，大姐大哥們。社會經驗十足，第一次上課，就有好些學員跟你套近乎，熱乎得不得了。等跟你熱乎之後，就說：「老師，我很忙，可能沒有多少時間上課。」我心裏清楚，跟這麼一班人上課，不能老板著臉，但上課還要嚴格要求。於是他們熱乎，我也熱乎，上課時則一邊帶著笑，一邊認真地宣佈：「最後成績，最後的考試是依據，但不是唯一的。平時也很重要。上課要點名，平時不來上課的，都要紀錄在案，最後成績都要體現。」這一着唬住了好些人，他們摸不清我的底細，不敢太亂來。

行政絕對簡化。東吳的學生也不比我們少，但管理層，就一個系主任，下面好像四五個管理人員，所有事情就管住了。

不過系主任和幾個管理層幹事也確實忙。系主任整天坐班，忙得團團轉。

最後學生考試。我請示系主任：「要注意什麼問題？」系主任很有分寸地說：「我們作為名校，當然要嚴格要求，要體現東吳的水平。但是，如果不及格的太多，也影響生源。」

我明白了。臺灣島內高校很多，比我的家鄉贛南稍大一點的地面，說是一百七十多所大學，有人說，祇要你有錢，交得起學費，一個人同時讀三、四所大學都可以。高校多，招生競爭就激烈。東吳是名校，師資力量，學術底蘊，社會聲望，都有優勢。但也面臨競爭。我明白出題閱卷判分要把握什麼度。

東吳之外，也應邀到臺灣各地講學。一些大學的校園真美。臺灣大學、清華大學，老校名校，自然蔥郁開闊，氣度非凡。東華大學、暨南大學，校園真大。暨南大學從賓館到教學區，一片高爾夫球場般的翠綠草地，足足要走二三十分鐘，四周全是原始樹林。東華大學立於中心塔樓樓頂，四周幾乎需極目眺望，纔能達其邊界。政治大學依山而建，學生上課下課，稱上山下山。背後貓空山上，遠眺臺北全景，風景絕佳。那茶館之內，居然有小橋流水，極為幽雅。臺灣師範大學則是老式建築，看出它的悠久歷史。淡江大學在一片山上，像個大園林，中午用餐，在濃濃的榕蔭樹下，別一番風味。中央大學的校門，設計成文房四寶，樹著一枝高高的筆，展開紙張和硯臺，開闊而別致。

每場講座都有主持人。按說，應該主要由我講。但有一

次，一位教授主持我的講座，開場便滔滔不絕地自己講開了。一氣講了二十多分鐘，還沒有收尾的跡象。八十多歲的老教授，大家尊敬他，不便打斷。系主任也在場，終於忍不住，提醒，講座人等著講呢。他說一句：「我知道，馬上結束。」說完，又講了五六分鐘，纔依依不捨地把話筒交給我。

我基本上一個學校講一個題目，不重複。臺灣大學是系列講座，一個大題目下面分作幾個小題目講三次。有些衹是講，沒有多少回應。有的則有實質性的學術交流。臺灣師範大學講學，不但研究生，而且教研室老師全體參加。提問都很認真，很專業，有很實質性的交流討論。中央大學一次，是朱曉海教授的學生安排的，給我的題目是講《文心雕龍》，朱曉海的學生對《文心雕龍》很有研究，就想通過講座認真討論一些問題。還有記不得哪所大學，講了一個六朝的問題，一位七十多歲的老教授主持，講完，這位老教授很認真，提了好幾個問題，都是實質性的問題，有的問題需要現場查資料，回答完，還有爭辯。幸虧我對那個問題的材料比較熟悉，又帶了電腦，纔算能夠回答那位老教授的問題。

三、生逢大時代，學界真是廣闊的天地

二○○六年，四卷本《文鏡秘府論彙校彙考》在中華書局出版，一百二十一萬字。二○一五年修訂再版為三卷精裝本，一百六十五萬字。二○一三年，二卷本《文鏡秘府論研究》在人民文學出版社出版。

　　傅先生本來慨然答應為《彙校彙考》一書寫序，但後來他有更多的考慮，寫信說：「鄙意此次關於《文鏡秘府論》之研究著作，更應保持超然獨立，堅持品格。無他人之序，更顯示氣節。」他想得更為深遠。書前有名家的序，是一種提攜，一種評價。但書前沒有序，書的評價完全交由學術界，讓整個學術界作出評價，讓時間來進行檢驗，可能更為客觀，也更能保持獨立品格，顯示氣節。傳世的許多古籍整理本，都沒有他人作序。但傅先生慨然為此書題簽。傅先生為學界情誼，也為提攜後進，為很多書寫過序，但很少題簽。傅先生的墨寶清峻剛勁有骨力，正體現他所說的獨立品格和氣節。

　　四卷本《文鏡秘府論彙校彙考》出版，最高興的是傅璇琮先生。拿樣書的第一時間，我把第一本樣書送給傅璇琮先生。在中華書局附近的餐館，傅先生笑得跟小孩一樣。我很少見傅先生喝酒，那天卻見他和眾人一樣頻頻舉杯，好像傅先生自己出了書一樣。

　　一次北京唐代會，大會上，傅璇琮先生專門評介了我新出的這部書。傅璇琮先生對他所熟悉的臺灣學者說：「你們可以安排他去臺灣講學，半年，三個月，都可以。」

　　羅宗強先生也很高興，說：「書寫得好。」

　　學界真是日新月異，萬紫千紅。有幸得到學界那麼多老先生指點自己，認識這麼多學界朋友，人生朋友。

　　日本。筧文生先生，松浦友久先生，小西甚一先生，興膳宏先生，清水凱夫先生、川合康三先生，林田慎之助先生。寺

院的，土生川正道先生，仲田順和先生，……

　　還有芳村弘道先生。立命館大學教授，做古籍版本，極為細緻嚴謹。筧文生先生年事已高，後來幾次我去日本，去立命館，筧先生介紹芳村弘道教授接待，真是細緻熱情。後來我推薦我的兩個博士生到日本留學，都是芳村先生接受。

　　長谷部剛先生。他原是早稻田大學松浦友久先生的博士，現在已是關西大學的教授，初任教授時，還不到四十歲吧。長谷部剛教授治學之細，對學術狀況瞭解之深入，讓我驚歎，我因此知道，日本學術年輕一輩也後繼有人。他邀請到關西大學講學。

　　國內，大陸。有幸接觸一些前輩學者，他們的學問、為人和風度，真是讓人欽佩。華東師大的徐中玉先生，當年八十多歲，還能和我們青年人一起爬山。復旦大學的王運熙先生，八十年代就瘦瘦弱弱，三十年過去，還那樣瘦瘦弱弱，人特別隨和，他主編的七卷本《中國文學批評通史》，真是宏大精深。他的好些著作，都送給我。蔣凡先生，自日本相識以後，我每到上海，必要去看望他，向他請教，每一次，都受益匪淺。山東大學的袁世碩先生，也瘦瘦弱弱，也很隨和。北京大學楊忠教授和他夫人馬老師，原來也在贛南師院，是羅宗強先生的老朋友，後來到江西大學（現在稱南昌大學），在古籍整理方面，得楊忠教授教益非淺。畢萬忱先生，吉林《社會科學戰線》的編審，人爽快，講情誼。他們很多，都是在我學術道路的關鍵時刻，幫助提攜過自己。我不能忘記他們。

　　唐代文學學會，真是一個溫暖的大家庭。

　　老會長傅璇琮先生。每次開會，總是早早地來到會場。大家自然很自覺地按時到會。趙昌平、陶文鵬和董乃斌先生的唐詩藝術研究，薛天緯教授的李白研究，真是令人欽佩。

　　葛曉音教授，一位女性學者，而能駕馭宏大格局。對詩歌句式、體式的分析又那樣細緻深入。葛老師尤為愛才。前述我的博士生白一瑾，就是她力薦留在北京大學任教。後來每次見面，我總要說些感謝的話。她卻淡淡地說：「那有什麼。」沒把它當一回事，意思好像完全應該做的。

　　唐代文學新會長，復旦大學陳尚君教授，真捨得做學問，真捨得買書。剛畢業留校那陣，傳每月一領到工資，第一時間就上書店。等回到家，交給太太的，祇有一大堆書。他的太太真好，孔老師，全力支持他。他每到一地開會，最有興趣的就是逛書店。我見識過幾次，一次在臺北，一次在北京，都是為買書一擲千金的氣慨。

　　我看過他的藏書，真多。一次去上海，陳尚君到賓館接我到他府上。他兩處房子，每處都有兩間書房，另外還有學校給的研究室，也是書房。一個題目一個書房，把書集中起來，轉身就是，如在書海裏游泳。查好的書，夾好紙條，一排一排，一堆一堆，碼放在書房的地板上。真有才氣，真有水平。

　　也是知青，在農場，重體力活，農忙時，凌晨四點多鐘出工，午飯送到田頭，晚上七八點鐘纔收工回家。他也是工農兵學員，大學二年級，在老師的鼓勵下考取研究生。

他的導師，著名的朱東潤先生斷言，陳尚君會給復旦帶來光榮。後來果不其然。他記憶力超群，別人看書是一本一本，他說他看書一架一架地看。而且過目不忘。

一次在浙江蕭山開賀知章的會，晚上幾人聚在住處閒聊。陶敏教授在場，陶敏在湘潭師專（後改為湖南科技大學）任職，也經歷坎坷，一九五八年被打成「右派」，做過農民、工人，雖偏處湘潭，但唐代文獻考訂做得特別出色，記憶力也超群。那天陳尚君先是展示他新得出土碑刻拓片，接著和陶敏教授對談史料。你一句，我一句，哪條史料，出處在哪，原文怎麼樣，何處有誤，哪條史料可以訂正印證，兩人對談如流，那史料簡直滾瓜爛熟，都不是常見的史料。我和華南師大的戴偉華教授當時在場，簡直聽呆了。真是見識了。

陳尚君利用遍覽唐宋以後數千種典籍，先是補編《全唐詩》，後又補編《全唐文》，重編《舊五代史》，又用個人之力，重編《全唐詩》。別人治學深感孜孜倦倦，他卻精力充沛，輕鬆自如。人也壯實。讀書之餘，每逢網球、足球比賽，他必上電視觀看，而且隨時可說出近期各隊世界排名。那次我應邀到復旦參加他主辦的會，一天半時間，竟見他轉場三次，在上海參加了三個不同的會。那次開會，別人發言，我見他閉目靜坐，以為在休息養神，不意輪到他評點，一二三四，優長不足，十分到位，分毫不差。著大部頭書之餘，又常寫學術小文，那次他頗為得意地說：「現在我差不多每週甚至兩三天就可有一篇。」學界有老先生去世，要寫悼念文章，一般先讓報

紙預留版面，老先生下午去世，第二天一早文章就可以見報，三四千字，甚至整整一版，生平事蹟，學術評價，應有盡有，又非常到位。近又見他吟作詩篇，也頗有味。

現任副會長，李浩、尚永亮、戴偉華、羅時進、吳相洲、徐俊、蔣寅，還有常務理事錢志熙。研究園林、貶謫文學、方鎮使府與文學、江南文學與家族文學、樂府學、敦煌學、詩學，都個個了得。

還有《文心雕龍》學會，會長詹福瑞教授，著名學者詹鍈先生的高足，六朝文學研究專家。古代文論學會，會長胡曉明教授，文化詩學研究專家。宋代文學學會，我沒有參加，但幾位學者是熟悉的，莫礪鋒、王兆鵬、周裕鍇、蕭瑞峰。其他學會，吳承學、趙敏俐、曹旭、陳慶元、郭丹、胡旭，說得上人人握靈蛇之珠，家家抱荊山之玉，其中不乏名家大家。

有些學者，不太見參加哪個學會，但也著實厲害。王小盾教授，揚州大學任半塘先生的開山弟子。據說他的博士論文答辯，是在學校大禮堂，學校書記、校長全數參加。別人研究一個領域，已經很費力氣，王小盾既研究音樂文學，又研究古代神話和域外漢籍，三個領域，都有卓越建樹。王小盾，還有張伯偉，做域外漢籍，到日本，韓國，越南，都是攜金幾十萬元購書。我也看過王小盾的藏書。在成都，四川師大。系裏給他兩間寬敞的研究室，家裏幾間房，也有兩間書房。全是書架，全是書。王小盾的路途有順有不順，先在揚州，後到上海，再到北京清華大學，後轉到四川師院，現在浙江溫州大學。不論

在哪裏，始終沒有放棄學問，每到一地，都有一個大項目，越做越深，越做越大。

都有才。陶文鵬、蔣寅是才子。陶文鵬瘦小個，大大眼。他有傳奇經歷，知道的當今掌故多，對學界人物往往有精當的月旦評。當然，他對詩歌的藝術分析也是一流的。蔣寅則個子高高，帥氣，屬風流才俊型。才思敏捷，學界事務，古今人物，社會新聞，總有他的看法。學術會議，會上會下，聽他們高談闊論，真是享受。趙敏俐、曹旭攝影有一招，隨意取景，到他們鏡頭底下，畫面必更美，人物形象必更傳神。曹旭還有詩才，嚴謹得有點刻板的學術會上來一段自作的高聲朗誦，必引得大家喝彩。戴偉華則時時亮出他的書法之作。徐俊書法是一流的，早就聞說他剛到中華時，就以漂亮的書法贏得中華老一輩的贊許。但他的書法不輕易展示。善寫古體詩則有好幾位，錢志熙、周裕鍇、戴偉華，寫的詩都有古人風範，很有功力。

都重情誼。一些學者比我們年紀稍長，或年齡相仿，或更年青，有才氣，有水平，有幸和他（她）們結識。同輩而又知已的學人在一起，真是暢快。談學論道，堪比稷下學壇；呼朋喚友，則慕梁山義氣。年長的，稱老師，先生；年齡相仿的，稱兄道弟。不乏豪飲之士，盡抒慷慨之情；幾杯佳釀下肚，無限衷腸可傾。

學會內外，真是群賢畢至。

那一屆唐代會，傅璇琮先生推薦，我成為中國唐代文學學會的常務理事。再一屆唐代會，傅璇琮先生再次推薦，我成為

中國唐代文學學會副會長。我還是《文心雕龍》學會和古代
文論學會的常務理事。唐代文學學會、《文心雕龍》學會和古
代文論學會，都是大陸改革開放以後成立較早，影響很大的學
會。和一群大家名家交往，受薰陶，受感染，可得眾家之長，
共探學術妙境。這是人生的一大快事，也是人生的一大幸事。

　　生逢大時代，始得以走出小圈子，走入無限廣闊的天地。

　　浙江大學人文高等研究院，是又一個溫暖的學術之家。

　　跨學科交流。每週至少一次的報告，討論，學術觀點和思
想可以針鋒相對，而氣氛極為融洽。小範圍的討論，一杯咖
啡，一張小圓桌，幾把沙發，圍坐一起，暢所欲言。每日接送
的中巴車上，也成了學術討論的場所，號為「中巴論壇」。中
午的工作餐，餐桌上仍在熱烈地討論學問。工作坊，可以聚國
內國際各地學者為一堂，作深入的專題討論。

　　這是斯坦福特色，這是體制外研究模式的探討。跨學科交
流，寬鬆的環境，沒有任何指標要求和壓力的自由的研究，沒
有任何約束的自由的思想，一流的服務。

　　學者一流。學者們來自各個研究領域，政治學、社會學、
哲學、歷史，還有文學。年紀大的，中年的，年青的，都是一
時之選。劉真倫，韓愈整理和研究專家，韓愈集的整理成果真
是厚重。靳希平，海德格爾研究專家。趙聲良，敦煌藝術研究
專家。陳靜，老莊研究專家。李義慶，農村社會學的調查和研
究水平令人讚歎。還有年輕的，劉成國、張長東，林岩，陳文
龍，丁義玨、張卜天……

學術委員劉寧，葛曉音老師的高足。年輕，學術一流，卻很謙讓。合作過一次工作坊，出頭露面的事總是讓給別人，自己則默默地做著實事。

院長副院長，都是一流的學者。羅衛東，浙江大學副校長兼人文高等研究院院長，語氣平和中透著辦院的高瞻遠矚的戰略眼光。趙鼎新，美國芝加哥大學終身教授兼人文高等研究院院長，本科讀生物，碩士研究昆蟲生態學，在加拿大取得昆蟲生態學博士學位，後又取得社會學博士學位。研究政治社會學，視野真是開闊。朱天飆，常務副院長，雖職在管理，卻有才，有學問，「男神」，是北京大學學生們聽了他的課之後給他的昵稱。

服務一流。辦公室的李菁、揚子們，辦事極為細緻周到熱情。圖書館借書，開個書單，很快借來了。住處缺個什麼東西，有些什麼不便，告訴一聲，很快給解決了。下雨天，去食堂用餐不方便，甚至把盒飯送到辦公室。

駐訪九個月，享受了學術的盛宴，也和杭州學界老友溫舊情，新朋建新誼。胡可先，研究新出石刻文獻，成果斐然。周明初，全明詞研究專家。王勇，日本文學研究專家。林家驪，六朝文學研究專家。蕭瑞峰，不但作學問，當領導，而且寫小說，不是寫一篇兩篇，而是寫大學生活系列，發表在最高層次的小說刊物上，而且得小說最高獎。那文筆，那情節展開，真如行雲流水。還有沈松勤，宋代文學研究專家。朱則傑，清詩研究專家。江弱水，用現代眼光研究古代詩歌，真是細緻入

微。舒羽，那新詩和散文，文筆真是清新生動，那才氣，令人讚歎，而且組織國際國內詩會，讓我看到新詩原來也那樣有活力。還有年輕的學者，林曉光，葉曄，真有才氣……

一到杭州，周明初就請我到浙江大學文學院講學。林家驪找到我，「走，吃飯去。」到茅家埠一農家，桂花樹下，那鯔魚的鮮嫩，土雞湯的鮮美，真是令人難忘。朱則傑則陪我散步，他說，散步可以去西湖，也可以去植物園，還可以到玉泉校區後面的山上。他說，他在郊外還有一處房子，屋旁有空地，種了很多蔬菜。「享受桃園生活。」在杭州的還有張樹國。還有我的學生劉曉珍和她的丈夫小韓。還有劉建明，那是我的師弟。他們都陪我到杭州和周邊遊玩。南開畢業的石明慶在湖州師院，邀請我去講學，遊太湖和南潯古鎮。

杭州，真美。杭州的人，真好。

有幸結識民間的學者。新昌，浙東一個普通的縣。竺岳兵，新昌一個普通的老人。他不但首創一個大題目，「唐詩之路」！而且自四十九歲辭去公職，自費進行研究。自籌經費，在新昌舉辦六次國際國內學術研討會和四次學術考察團的考察活動，有一次國際研討會，除中國（包括臺灣、澳門）之外，有澳大利亞、德國、俄羅斯、韓國、加拿大、美國、日本等十個國家的學者參會。我參加過多次學術研討會，還沒有一次有這麼多個國家的學者參會。他出版了由六部書組成的《唐詩之路系列叢書》。

一次學術會議，見到他的兩位助手。應邀到新昌。見到了

這位傳奇式的民間學術人物。我們一見如故。老人陪我遊唐詩之路，天姥山，天臺山，六朝松……

　　縣城老舊的小巷，破敗的板壁房。荒蕪的院落，一口古井，不知誰種著稀稀拉拉的蔬菜，在春光裏顯露著生機。陰暗的屋裏整一排書架，滿是書籍，彰顯著亮色。

　　「這房子還不是我的。」老人個不高，胖臉，大耳朵，八十歲了，還很精神。「我沒有房子。這是公房。」

　　我知道老人為籌資做學術，自辦公司，不料陷入一場莫名其妙的財產官司。他籌辦各種學術會，除了靠他的人緣在縣裏募資，也把自己的錢投進去了。他因此沒有房子。他的兩個助手，其中一個跟從他十幾年，最初也是他個人發工資。

　　縣裏不錯，給他成立了「唐詩之路研究中心」，給了編制。但老人超齡，祇能是編外人員。那個跟從他十幾年的助手，因為超過了年齡，也祇能算編外，每月一千多元收入。

　　至到今天，我仍時時牽掛著新昌，牽掛著這位自費做學問的老人。

　　臺灣的朋友真是熱情、待人真誠。

　　東吳大學。林伯謙教授，當時的系主任。一次學術會議初次見面之後，他就決定聘我為客座教授。一位非常和善的謙謙君子。他的佛教文學研究得很好，但他總是說，祇能寫寫小文章充數而已。

　　沈心慧教授，非常慈和，熱情好客。剛到，她知道住處有廚房，少炊具，便送來鍋子等。數次陪我和夫人，由她的謝先

生駕車，一起遊陽明山。

東吳之外，也有好些熱情、真誠的臺灣朋友。

邱榮裕，臺灣師範大學歷史系的教授，在日本立命館時期認識的朋友。攜夫人，陪我和夫人，入住日月潭的賓館，就是當年蔣介石行宮的旁邊。傍晚，兩家人一同散步，沿著蔣介石當年早晚散步的湖邊木棧道，看那滿湖晚霞斜照。

黃必嶸，臺北泰山高級中學的教師，韓國曹圭百教授的朋友。在家宴請我們。家在一處山清水秀之地。陪我們游臺北林氏花園，花園極具閩南風格。遊陳誠墓地。臺灣國民黨失勢，民進黨上臺，要清算，陳誠親屬和原來的部下驚慌萬狀，擔心墓地被掘，不顧風雨交加，連夜把陳誠棺槨遷走，留下一座空墓。這讓我感慨。

臺灣的學界，學界的朋友，領略了他們的誠懇、熱情、風采和水平。

何寄澎，臺灣大學教授。風度翩翩，溫文儒雅的內裏，是明徹的洞察力，帶有個人魅力的組織感召能力。他有比較高的行政和學術地位，但隨和平易。我第一次去臺灣大學講學，就是他邀請的。後來我每次去臺灣，大陸重要學者到臺灣，他都要聚宴一次，和臺灣一班弟兄見面，暢飲暢聊。學術會議發言，方知他的學術水平，常在不易察覺處發現問題，並且分析得頭頭是道。

朱曉海，清華大學教授。身材魁梧，臉卻經常笑得跟小孩似的。愛抽煙，愛養貓。每次外出開會，首先考慮托人照看

的，就是他那寵養的貓。他研究先秦兩漢，對史料和問題的熟悉讓人驚歎。對學術的執著也令人驚歎。因為對史料和問題熟悉，一旦發現觀點或材料有誤，不論對方地位高低，他必要痛快淋漓地駁斥，口中說道：「打死我也不相信。」

學術講座，一首尋常小詩小賦，他可以足足講兩個小時，旁徵博引，搖曳生姿。

呂正惠，原是清華大學，後是淡江大學教授。個不高，大嘴，大眼，穿著也隨意。愛喝酒，而且幾乎每喝必醉，醉後必出疏狂之態，有魏晉阮籍、劉伶之風。他有一個好太太。太太嬌小清秀，卻是呂正惠的保護神。有一次呂正惠在外醉酒，是太太把他綁在摩托車後架上護送回來。又是他的秘書。呂正惠不會電腦操作，每寫文章，便背著手踱來踱去，一邊口述，太太一邊為他敲入電腦。外出講學，或開會，太太隨行，必是嬌小的太太為他背那又大又沉的背包。這時，呂正惠會悠然地點著一支煙，在前面慢悠悠地走著。呂正惠愛書，愛 CD。不管家，每月工資，全交由太太，但轉眼，就從太太手裏要出，全買了書。太太從無怨言。家住一樓，書房、臥室、過道，乃至客廳，全是書。地下一層也全是書，還有整一面牆的 CD 片。專為 CD 寫了一本書，叫《CD 流浪記》。

呂正惠教授貌不驚人，才思卻真是驚人。知識面廣。分析問題，總能看到更深一層。許多複雜的現象，紛亂的線索，到他筆下，卻能清晰得如一泓清水。學術文章極易枯燥乏味，他卻能寫得引人入勝。

　　三位都是好朋友，我願稱之為臺灣學界三傑。三位對我的稱呼卻不一樣。朱曉海稱為「兄」，盧兄，盛江兄。何寄澎稱我「盧先生」，呂正惠稱為「盧老師」。我稱呼他們也是，曉海兄，何先生，呂老師。

　　何寄澎教授愛點小幽默，在一起愛開點小玩笑，聚宴席間，念上「盧家少婦鬱金堂」之類。他指的是我夫人，而我夫人早已不是「少婦」了。

　　朱曉海教授則讓他那班學生一起接待我。王學玲、呂文翠、郭永吉、李欣錫、李宜學，都跟他特親。曉海連工資都交給他的學生管。都是大學教師，有的是教授，清華大學，中央大學，暨南大學。也極有才，李欣錫、李宜學是兄弟倆，人稱陸機、陸雲，據說可以背誦很多古詩。他這樣的學生據說有三四十位。他的學生陪我游五峰清泉張學良故居，日月潭，中臺禪寺。當然，還安排我講學。我也牽掛曉海。曉海腰椎有傷，做手術，我到墾丁，巧遇一賣新鮮鹿茸的，那鹿茸是整根的，上面還帶著血。說是腰椎受傷可以用它配藥治療。那人是養鹿的，手頭祇有一根，再要，則要等日子。我於是請他留下電話號碼，準備給曉海預購。

　　呂正惠則是懇談。在東吳我的住處，我太太弄幾個小菜，一邊喝酒，一邊暢談。雖然控制，但他還是醉了。東吳到他家，乘車轉車，有不少路，而且拐七拐八。我於是送他回家。一路聽他指揮，在哪上車，在哪下車，往哪走。還好，雖然醉了，但他還認得路。一次在北京開會，賓館安排不過來，我和

他兩人一間。他要抽煙，坐在地毯上，我斜靠牀頭，兩人談到深夜兩三點鐘。我實在堅持不了，便説：「睡覺吧。」這纔罷了。我因此知道他也歷盡坎坷，有一顆赤誠之心，對朋友的赤誠之心，尤其對中國的赤誠之心，比大陸人還赤誠，我每每為他所感動。所以他每每雖醉酒而心坦蕩，外隨意而內剛強。

還有廖美玉，原是成功大學，後是逢甲大學教授。俠骨義膽，而溫柔似水，女性學者，而文章有大氣魄，大駕馭。康韻梅，臺灣大學教授，古代小説研究專家。她家門前那株木芙蓉，據説那樣大的木芙蓉樹，臺灣祇有兩株。滿樹盛開的花，真漂亮。在她家，見到了臺灣老一輩的著名學者羅聯添教授。鄭阿財、朱鳳玉夫婦，都是敦煌學研究專家，陪我看臺中客家民俗街風情，去看他興建中的新居。張蜀蕙，唐代文學研究專家，細緻安排花蓮臺東之遊。政治大學高莉芬教授，何寄澎先生的高足，中文系主任，出色的女學者。

四、頒獎典禮，人民大會堂，「全球華人國學大典」，我想了很多

《文鏡秘府論彙校彙考》先獲教育部社會科學研究優秀成果三等獎，修訂本再獲鳳凰網、嶽麓書院主辦的「第二屆全球華人國學大典獎」。《文鏡秘府論研究》獲教育部社會科學研究優秀成果二等獎。

北京，人民大會堂，金色大廳，隆重的頒獎儀式。中共中央政治局委員、國務委員劉延東出席頒獎。嶽麓書院，那有特

色的大禮堂，「全球華人國學大典」舉行盛大的頒獎典禮。一起獲獎的有李澤厚、余英時、杜維明等著名學者，還有德高望重的星雲大師。

寫下這篇文字的時候，我想了很多。

從偏遠小縣鎮，從深黑的煤礦井下走出來，走過來，關鍵時刻，總能遇到貴人。感謝在人生道路上幫助、提攜我的老師、朋友。

很幸運，在後半的人生道路上，遇上改革開放的大時代。

父母養育之恩，兄弟親人的愛，家鄉之情，時時縈記在心。

母親去世時，我很年幼。父親去世時，我大學剛畢業，諸事未成。不能報答父母，一生奔波，未能在父母跟前盡一份孝心。

三個哥哥給我深切的愛。我一直想著，請三個哥哥，一起到天津來，兄弟四人，一起游天津，遊北京，盡享兄弟之情。但是，沒能實現。

我祇有牽掛著他們的後代，我的侄兒侄女們。

走上《文鏡秘府論》的研究之路，就無法回頭。不能參加我的恩師，羅宗強先生的《中國文學思想史》的撰寫。遺憾無法彌補。

小西甚一先生九十三歲高齡仙逝。我去日本，到府上祭奠，在先生靈前獻上鮮花，那旁邊，擺放著日本天皇送的百合花。松浦友久先生也已逝世，謹祝先生在天之靈安息。

筧文生先生身體已經很虛弱。已經有幾年沒有去日本，沒

有去看望他老人家了。祝他老人家身體健康長壽。

傅璇琮先生不幸仙逝。我沒法把修訂本獲獎的消息稟告傅先生。送別之前，我到靈前守夜，和我的幾個學生，傅先生的幾個學生。我永遠懷念尊敬的傅璇琮先生。

當年出生入死的煤礦戰友，有的還很困難。我是從貧困中走了出來，但我無法使他們擺脫貧困。我記掛著他們。

寫這篇文字的時候，我到浙江大學人文高等研究院駐訪研究。看到了另一片天地，看到了年輕人的奮起。長江後浪推前浪。我還要繼續往前走。

前面，應該是一片更為廣闊的天地。

後記

感謝呂正惠教授提議，讓我寫一部回憶錄，並惠予在他所主政的臺灣人間出版社出版。

應該是 2013 年 8 月首都師大「樂府學會成立大會」，北京紫玉飯店，我和呂正惠教授同住一個房間，呂教授坐在地毯上鋪一張報紙抽煙，我斜倚在床頭，兩人暢談至凌晨兩三點。應該是那一次，呂正惠教授提議，讓我把自幼經歷寫下來。

從那時起，到今年，2019 年書出版，六年時間。這期間，當然也做了其他一些事，但基本泡在這部回憶錄裏。2013 年 12 月，2015 年 6 月，我兩次回老家，江西南康，唐江，到我知青下放的李村，還有其他知青點。2014 年 10 月，2015 年 6 月，我兩次回南昌，回我的母校，江西師範大學，到高安我工作過的八景煤礦。回憶錄完成初稿，需要進行修改，2017 年 7 月，我又一次回老家，江西南康唐江。至於電話聯繫諮詢，就更不計其數。

採訪。採訪家人，幼時朋友，小學中學大學同學，老師，知青戰友和老鄉，煤礦戰友，我生活經歷每一階段的當事人，

過來人，知情人。調查。南康檔案館，贛州檔案館，江西師大檔案館，當然還有南開大學檔案館，二十世紀五十年代以來報紙資料，包括《贛南日報》、《江西師大》校報，《南開大學》校報，其他檔檔案，都翻過一遍。自 1964 年我讀初中，就有每天寫日記的習慣，除文革兩年和知青兩年，1966 年下半年到 1970 年 8 月，沒有留下日記，其餘時間，日記都留下來了。所幸的是，在堆積如山，雜亂無章的資料和書堆中，居然找了出來。這給我寫回憶錄帶來了極大的便利。

我要把記憶喚起，要讓生活經歷的每一階段活起來。目的就是一個，要使筆下的每一段描寫都是真實的，每一個感受都是真切的。

呂正惠教授為這部書付出了極大的心力。他提議寫這部書，對這部書提出了總體的構想。他希望通過個人的真實經歷，展現一代人的成長歷程。他是希望把這部書作為歷史來寫的。他讓我參看陳明忠的回憶錄《無悔》。寫作過程，初稿完成，一章一章地看，每一章都反復看過多遍，有時看得比我還仔細。提出很多修改意見。可以說，這部回憶錄是在他細緻指導下一步一步成型的。校稿完成，呂教授慨然惠允賜序。呂教授要照顧 95 歲高齡的老母親，學術活動繁多，在非常繁忙之際抽空寫序，而寫序之精心認真是令人驚歎又佩服。先擬一稿，否定，又擬一稿，又否定，現在寫成的已是第三稿。這樣一部小書的序，前後竟然整整用了七八個月時間。我讀過呂教授的《詩聖杜甫》、《抒情傳統與政治現實》等著作，將材料

和問題久久醞釀於心，爛熟於心，把控大局，爾後高屋建瓴，透徹淋漓，一語驚人，成典範之作，他是把寫學術著作的功夫用在寫序，那功夫真是令人驚歎佩服。我確實擔心，人們讀了他的序之後，不再想讀這部回憶錄的正文。

這部書，未必完全實現了呂教授的意圖。幾十年來，習慣寫理論文章，極少寫紀事性文字。怎樣把個人經歷寫得生動可讀，通過典型的細節描寫，展示歷史的面貌，需要另一種修養。

呂教授的家國情懷，和他的學術水準一樣，令人欽佩。他是從整個國家近幾十年發展的高度來看待這一代人的成長，看待我的人生經歷，把它看作「中國農民精神」的展現。我遠沒有這樣的意識，遠沒有這樣的思想高度。我只是如實地客觀地把經歷和感受寫下來。

我始終懷著一顆感恩的心。我答應寫這一部回憶錄，不光為自己，很大程度上，是為我的人生道路上，養育關心幫助過我的人們，我的父母兄弟，知青時的老鄉，煤礦的戰友和郭隆金主任，小學中學大學的老師，我的碩士導師，當然，還有後來我的博士導師羅宗強先生，尊敬的傅璇琮先生，日本的筧文生先生，做《文鏡秘府論》過程中，幫助過我的所有的人。沒有他們，我的人生會是另一個樣子。想到他們，我常常抑制不住內心的激動。我不能忘記他們，我要把這部書獻給他們。當然，和生活在今天的每一個中國人一樣，包括我們的臺灣同胞一樣，衷心地希望我們的祖國更加繁榮昌盛。每個人的經歷會有不同，但這應該是我們共同的人生奮鬥目標。

寫作時常常只顧行文，忘了交待時間，現在不好回去改重書稿，謹將重要日期彙列於下：

- 1951 年 11 月生於江西省南康縣唐江鎮。
- 1958 年 9 月至 1964 年 9 月，江西南康唐江第三小學讀書
- 1963 年，母親逝世，時年十二，讀小學五年級。
- 1964 年 9 月，進入江西南康唐江中學讀書。
- 1966 年 6 月，文化大革命開始，停課，參加文化大革命。
- 1968 年 8 月 19 日，至 1970 年 8 月，下放至本縣沙溪公社（後改稱內潮鄉）李村大隊李村生產隊，離唐江鎮 35 里。
- 1970 年 9 月 3 日至 1975 年元月，招工到江西八景煤礦四分礦（原稱中國人民解放軍江西生產建設兵團二十七團六營），在採煤隊一線挖煤。地點在江西省中西部的宜春地區高安縣八景鎮。
- 在礦期間，1972 年 4 月加入中國共產主義青年團，1973 年 10 月加入中國共產黨。
- 1975 年元月至 1977 年 12 月，由煤礦推薦到江西師範學院中文系讀書。為一九七四級，因學校教室被占，推遲半年入學。
- 1977 年 12 月，江西師範學院畢業，留校在江西師院學報工作。
- 1980 年，父親逝世。
- 1982 年 9 月，考取江西師範院學院（1983 年改稱江西師範

大學）中文系古代文學專業研究生，導師為胡守仁教授和陶今雁教授。

● 1985 年 6 月研究生畢業，獲文學碩士學位，江西師範大學中文系任教。

● 1986 年 9 月，考取天津南開大學中國文學批評史專業博士研究生，導師羅宗強先生，為羅宗強先生的第一個博士研究生。

● 1989 年 6 月，通過博士論文答辯，有幸請傅璇琮先生為答辯委員會主席。博士研究生畢業並取得文學博士學位後，留校在天津南開大學中文系任教至今。

● 1995 年 5 月至 1996 年 9 月，為研究《文鏡秘府論》，第一次赴日本，為日本京都立命館大學高級訪問學者，客座研究員，導師為筧文生教授。

● 1996 年約三四月間，時在日本立命館大學，給傅璇琮先生寫信，彙報在日查資料和研究《文鏡秘府論》的情況和設想。及時得到傅璇琮先生回信指導。1996 年 9 月回國後，應傅璇琮先生之約，到中華書局（時在北京王府井三十六號）拜訪傅璇琮先生，親受教誨，大致確立《文鏡秘府論》整理研究的藍圖。

● 1998 年 8 月至 1998 年 11 月，為研究《文鏡秘府論》第二次赴日本，為日本早稻田大學高級訪問學者，導師為松浦友久教授。

● 2006 年 4 月，四卷本《文鏡秘府論彙校彙考》（120 萬字）

由北京中華書局出版。《彙校彙考》出版後，繼續《文鏡秘府論》的理論研究。

- 2009 年，四卷本《文鏡秘府論彙校彙考》獲教育部「高等學校科學研究優秀成果（人文社會科學）三等獎」。

- 2013 年 8 月，二卷本《文鏡秘府論研究》（85 萬字）由人民文學出版社。

- 2015 年，二卷本《文鏡秘府論研究》獲教育部「高等學校科學研究優秀成果（人文社會科學）二等獎」。

- 2015 年 10 月，三卷本《文鏡秘府論匯校匯考》（修訂本，165 萬字）由北京中華書局出版。

- 2016 年 10 月，三卷本《文鏡秘府論匯校匯考》（修訂本）獲「第二屆全球華人國學大典獎」。

2019 年 3 月 14 日

國家圖書館出版品預行編目 (CIP) 資料

從煤礦工人到大學教授：我的回憶 / 盧盛江
作. -- 初版. -- 臺北市：人間, 2019.04
面；　公分
ISBN 978-986-96302-1-4(平裝)

1. 盧盛江 2. 回憶錄

782.887　　　　　　　　　　　　107014165

從煤礦工人到大學教授──我的回憶

作者	盧盛江
發行人	呂正惠
社長	陳麗娜
總編輯	林一明
封面設計	仲雅筠
校對	盧盛江、劉昭仁
出版	人間出版社
	台北市長泰街59巷7號
	（02）2337-0566
郵政劃撥	11746473 · 人間出版社
電郵	renjianpublic@gmail.com
排版印刷	龍虎電腦排版股份有限公司
總經銷	聯合發行股份有限公司
	新北市新店區寶橋路235巷6弄6號2樓
	（02）2917-8022
初版一刷	2019年4月
ISBN	978-986-96302-1-4
定價	480元